고객이 찾아오는 브랜드는 무엇이 다른가

고객이 찾아오는
브랜드는
무엇이 다른가

실리콘밸리
전략가가 알려주는
4단계 브랜딩 법칙

테레사 M. 리나 지음 | 박세연 옮김

현대
지성

우리는 모두 알고 있다. 브랜드를 만드는 일은 쉬운 지름길이 아닌, 확실한 솔루션이 필요하다는 사실을! 이 책을 읽으면 당신이 어느 비즈니스 분야에서 일하든, 운영상 어느 단계에 있든지 간에 성과를 내는 '실질적인 솔루션'을 얻을 수 있다. 우리는 여기저기 떠도는 지름길이 아니라, 이처럼 확실한 정도(正道)에 집착해야 한다.

_이랑주
국내 최고 비주얼 전략가, 「좋아 보이는 것들의 비밀」 저자

테레사 리나로부터 시장의 리더십을 쟁취하고 차별화를 유지하는 방법에 관해 많은 교훈을 얻었다. 자신이 경험한 풍부한 지혜와 전략을 세상에 공유해줘서 무척 감사하고 기쁠 따름이다.

_티나 실리그
스탠퍼드대학교 교수, 「스무살에 알았더라면 좋았을 것들」 저자

모든 것이 빠르게 변하는 오늘날, 브랜드 전략은 매일같이 이루어져야 하고 조직 모두가 공유하는 핵심 기술과 언어가 되어야 한다. 테레사 리나의 시장 지배를 위한 아폴로 접근 방식은 우리가 액센츄어에서 함께했던 활동에 기반한다. 당신이 속한 조직에서도 공동으로 추구하는 지속 가능한 시장 리더십의 발판이 되어줄 것이다.

_알 버제스

액센츄어 커뮤니케이션 산업 그룹(CIG)의 설립자이자 前 글로벌 매니징 파트너

이 책에서 가격 기반 정책을 그만두고 더 이상 손해 보지 않는 방법을 배웠다. 높은 수익과 매출 총이익을 달성하는 간단한 계획을 제시하는 책이 마침내 나왔다!

_스티브 블랭크

콜롬비아대학교 교수, 린 스타트업의 대가, 『깨달음에 이르는 4단계』 저자

테레사 리나는 시의적절하고 읽기 쉬운 새 책에서 고객에게 높은 가치를 제공하는 브랜드가 되기 위한 실천 가능하고 입증된 인사이트를 공유하며, 최저 가격 경쟁의 함정을 꿰뚫어본다. 평범함이 해악이 되어버린 오늘날 아폴로 접근 방식은 고-투 브랜드가 되고자 하는 기업의 모든 구성원에게 도움을 줄 것이다.

_제임스 M. 스트록

미국의 컨설턴트이자 고위 공무원, 경영 컨설팅 회사 Serve to Lead Group 대표

지속 가능하고 분명한 차별점은 경쟁이 치열한 시장에서 장기적이고 유익한 성장의 핵심 열쇠다. 이 책에서 테레사 리나는 아주 쉬운 4단계의 차별화 계획을 보여준다. 당신이 해야 할 일은 그저 4단계를 실천하는 것뿐이다.

_스킵 배틀

넷플릭스, 링크드인, 익스피디아, 오픈테이블 이사회 멤버, 아스펜 연구소 수석 연구원

실리콘밸리의 기업인들은 이미 알고 있었다. 이제 모두가 알게 될 것이다. 테레사 리나는 내가 아는 사람 중에 가장 전략적이고 창의적인 인물이다. 지금이 그의 기술과 연구를 공유하기에 딱 알맞은 시기다. 이 책이 담고 있는 이야기는 매우 흥미진진하다. 탁월한 브랜드가 되기 위한 테레사 리나의 실용적이고 단계적인 접근 방식은 모든 기업에 유용한 도구가 되어줄 것이다.

_매릴린 슐리츠
샌프란시스코 정신과학연구소 소장, 『깊이 있는 삶』 저자

테레사 리나의 책은 전략 및 마케팅 전문가가 쓴 실용적인 기술과 조언으로 가득한 금광과도 같다. 수익 기반의 성장을 목표로 삼고 있는 경영 실무자들이라면 모두가 읽어야 할 책이다.

_페기 버크
브랜딩 전문가, 실리콘밸리의 전설적인 디지털 브랜딩 회사 1185 Design 설립자

이 책은 아폴로 스페이스 프로그램, 액센츄어, 디즈니, 애플, 테슬라, 아마존 등 이해를 돕는 풍부한 사례를 통해 지속 가능한 시장 리더십의 틀을 제공한다. 비즈니스 리더들은 탁월한 인사이트와 흥미로운 이야기에 고마워하라. 결과가 말해줄 테니.

_아네케 셀리에
오라클 내부영업팀 설립자, 『세일즈 2.0』, 『다음 시대의 판매』 공동 저자

테레사 리나는 비즈니스 사례 연구와 개인적 일화를 한데 버무려 당신의 브랜드를 차별화하는 방법, 제안에 가치를 더하는 방법, 재정적 보상을 얻는 방법을 가르쳐준다. 이 책은 당신이 비즈니스 목표에 도달하는 데 올바른 방향을 제시할 것이다.

_스튜어트 갠
실리콘밸리 스타트업 이사회 멤버, 『포춘』 前 부편집장

젊은 경영자인 나에게 끝없는 기회를 선사하고
고-투가 되기 위해 무엇이 필요한지 가르쳐주고
내 오랜 스승이자 친구이자 롤모델이 되어준 알 버제스에게 감사하다
내 평생의 사랑이자 모든 것을 가치 있게 만들어준
남편과 딸들에게도 고맙다
마지막으로, 이 모든 일을 가능하게 만들어주신
부모님께 진심으로 감사의 마음을 전한다

차 례

1부
왜   Why

2부
무엇을   What

3부
어떻게

프롤로그

1957년 10월 4일, 『뉴욕타임스』의 월터 설리번 기자는 워싱턴에 위치한 소련 대사관에서 열린 행사에 참석하고 있었다. 이때 지국장으로부터 무시무시한 전화를 받았다. 이번 행사는 7개국의 권위 있는 로켓 및 위성 과학자들이 참석한 일주일간의 국제과학회의를 마무리하는 시간이었다. 소련은 시의적절한 홍보와 성공적인 선전의 기회로 삼은 반면, 미국은 그야말로 굴욕적인 시간이 되고 말았다. 설리번은 무슨 이야기를 들었던 걸까? 바로 지구 궤도를 도는 최초의 인공위성인 '스푸트니크 1호'의 성공적인 발사 소식이었다. 소련이 미국보다 한발 앞서 우주로 날아간 것이다.

90킬로그램 미만의 무게에 55센티미터 크기에 불과한 금속 구체인 스푸트니크 1호는 96분마다 지구를 한 바퀴 돌면서 3개월간 궤도에 머물렀다. 스푸트니크 1호의 발사는 우주 경쟁의 공식적인 시작을 알리는 중대한 사건이었다.

이른바 '스푸트니크 위기'로 알려진 이 사건은 일종의 경고였다. 당시 NASA의 자료는 그 사건이 미국 여론에 '진주만 공습'과 맞먹는 영향을 미쳤다고 밝혔다.

이번 충격적인 사건은 일반 시민들에게 우주 시대의 도래를 알렸다. 1950년대 말 (핵전쟁 위협이 떠오르기 시작했던) 냉전 상황에서 이러한 역량 차이는 위협적인 의미를 내포했다.

한 달 후, 덩치가 더욱 커진 스푸트니크 2호는 살아 있는 생명체인 개*를 싣고 우주로 날아가 약 200일 동안 지구 궤도를 돌았다.

자유세계를 대표하는 미국은 이후 몇 년 동안 냉전 시대의 우주 경쟁에서 간헐적이고 점진적인 성과밖에 보여주지 못했다. 당시 미국의 우주 탐험은 수많은 프로젝트가 얽힌 방식으로 진행되었다. 매년 수천 명의 인력과 수십억 달러의 예산을 투자하고 여러 정부 기관과 협력 업체가 참여하는 독립 프로젝트들이 동시에 추진되고 있었다. 이 모든 노력에도 불구하고 가시적 성과는 좀처럼 보이지 않았다.

아폴로 우주 비행사 리처드 고든은 당시를 이렇게 회상했다.

유일한 핵심 주제는 속도였다. 모든 것에서 일등이 되기 위한 속도, 최초가 되기 위한 속도 말이다. 우리가 이를 위해 시간과 돈을 쏟아붓는 동안 소련은 역사적인 성과를 잇달아 내놓으면서 우리의 엉덩이를 걷어찼다.

1961년 새롭게 대통령에 선출된 존 F. 케네디는 미국이 우주 탐험 과제를 수행하려면 집중적인 프로젝트가 필요하다는 사실을 깨달았다. 그는 이렇게 지적했다.

10년 안에 인간을 달에 보내고 지구로 안전하게 귀환시키는 목표를 달성하려면 미국은 국가적인 차원에서 최선을 다해야 합니다.

케네디는 이러한 생각을 혼자 마음속으로 하지 않았다. 그는 우주 탐험 프로젝트에 '아폴로 스페이스 프로그램'이라는 이름을 붙이고 눈에 띄게 공식적인 활동을 시작했다. 1961년 5월 25일 전 세계가 시청한 역사적인 의회 연설을 통해 이 프로그램의 '출범'을 알린 것이다. 자랑스러운 선언과 함께 단 하나의 목표를 세상에 내놓았다. 당시만 해도 정말로 가능한 일인지 아무도 알지 못했다. 만약 목표를 달성한다면 미국을 비롯한 자유세계는 분명히 우주 경쟁에서 압도적 우위를 차지할 수 있었다.

아폴로 스페이스 프로그램을 이끈 리더들은 장기간에 걸쳐 프로그램을 추진하기 위해 전례 없는 규모의 예산과 공적 지원을 촉구했다. 정치인과 일반 대중, NASA 안팎의 영향력 있는 과학자들에게 적극적인 참여와 지원을 요청했다. 특히 아폴로 우주 비행사들은 프로그램의 얼굴마담이 되어 학교를 방문하거나 대중과 만났다. 어떤 이는 이 프로그램을 "역사상 가장 성공적인 홍보 캠페인"이라고 말하기도 했다.

물론 아폴로 스페이스 프로그램은 말로 끝나지 않고 행동으로 옮겨야 했다. 다시 말해, 실제적인 성과를 보여줘야 했다. NASA는 학자와 방위산업체, 도움을 준 여러 파트너 등 조직 안팎의 수많은 인력을 동원해 초기 아이디어로부터 성공적인 달 착륙에 이르는 8년간의 대장정을 헤쳐 나갔다.

1969년 7월 20일에 달 착륙 성공을 선언했음에도 아폴로 스페이스 프로그램은 거기서 끝나지 않았다. 치열한 우주 경쟁의 긴장이 미국과

(사진 출처: NASA)

소련의 협력으로 해소될 때까지, NASA는 지속적인 우주 경쟁에서 미국의 우위를 위해 추가적인 여섯 개 과제를 달성하고자 노력에 박차를 가했다.

아폴로 스페이스 프로그램은 어느 조직이 4단계 접근 방식을 기반으로 특정 문제에 대한 '고-투Go-To(문제 해결을 위해 많은 이들이 찾는 개인이나 조직—옮긴이)'가 될 때 무슨 일이 벌어지는지 보여주는 역사적으로 빛나는 사례가 되었다.

"세상에 어떻게 하루에 5만 달러를 번단 말인가?"

이 질문이 모든 것의 시작이었다.

컨설팅 사업을 시작한 지 몇 년이 지난 어느 날, 한 동료는 내게 우리 두 사람보다 고객 관리 경험은 부족하지만 경영자들에게 자문을 제공해 하루에 5만 달러를 벌어들이던 한 친구에 관한 이야기를 들려줬다. 그 이야기를 듣자마자 나는 질투심을 느꼈지만 한편으로는 강한 도전의식도 생겼다.

당시 우리는 가격 인하를 위해 기업 전략을 새롭게 평가해야 했다. 사업을 운영하던 어느 시점부터 고객들은 우리의 컨설팅 서비스를 하나의 상품으로 여기기 시작했다. 그건 우리의 역량과 전문성을 잘 이해하고 수년간 우리와 함께한 충성스러운 고객들도 마찬가지였다. 그들은 우리에게 수수료를 낮추도록 압박을 가했고, 경험은 부족하지만 더 저렴한 컨설턴트로 대체하는 방안을 이야기했다. 마치 우리가 교체 가능한 부품인 것처럼 말이다. 우리는 고객들에게 영향력을 점점 잃어가

고 있었다.

이런 상황에서 우리가 고객 기업에게 당신들은 경쟁자와 차별화해서 말하거나 행동하지 않는다고, 어떤 소비자층을 공략하는지 분명하지 않다고, 메시지에 뚜렷한 비전이 담겨 있지 않다고 컨설팅하는 것이 참으로 아이러니하다는 사실을 깨닫게 되었다. 앞서가는 기술 기업이라고 해도 경쟁자들이 기능과 특성, 가격을 따라잡기 시작하면 이와 똑같은 난관에 직면하고 만다.

우리의 상황은 내가 글로벌 컨설팅 전문 기업 '액센츄어Accenture'에서 'CIG(Communications Industry Group, 커뮤니케이션 산업)'라는 조직을 만들고 성장시키는 과정에 참여한 경험과는 완전히 상반된 것이었다. 우리는 스타트업처럼 이 조직을 운영하는 동안에 발목을 잡는 많은 시장 요인과 부딪혔음에도 10년이 안 되는 기간에 8억 5,000만 달러가 넘는 매출과 함께 유기적인 성장(organic growth, 기업이 자체적으로 갖고 있는 에너지와 자원으로 생산량과 판매를 증대시켜 성장하는 것―편집자)을 일궈냈다. 그것도 경기 침체가 한창일 무렵에 말이다. 전기 통신 기업을 제외하고 산업 내에서 신용을 증명할 수 없었고, 우리가 누구이며 무엇을 하는지 아무도 알지 못했고, 우리의 서비스를 위한 기존 시장이 존재하지 않으며, 몇몇 거대한 기성 기업이 시장을 장악하고 있었던 데다가, 처음부터 전문가로 출발하지 않았다는 사실에도 불구하고 이뤄낸 성취였다. 우리는 매년 높은 수익과 엄청난 성장을 기록했고, 목표로 삼았던 시장에서 지배적인 존재로 우뚝 섰다. 이때 오늘날 수십억 달러 규모로 자리 잡은 사업부의 기반을 마련했다.

그렇다면 하루에 5만 달러를 벌어들였다던 친구와 CIG는 정확하게 무엇을 잘했던 것일까? 지금 내가 운영하는 기업을 비롯한 대부분의 다른 기업은 수익성이 높고 장기적으로 성장할 수 있도록 '지속 가능한' 차별화를 만들어내기 위해 무엇이 필요할까? 어떤 기업은 지배적인 고-투 브랜드로 성장해 경쟁자보다 더 높은 가격을 요구하는 반면, 그밖에 다른 이들은 미-투me-too 기업(시장에서 가장 인기를 끌고 있는 기업 또는 경쟁 브랜드를 모방해 상품을 출시하는 기업을 일컫는 말—편집자)으로 시들어간다. 나는 두 기업의 차이를 알아내고 싶어서 집중적으로 연구하고 분석하기 시작했다.

어느 날 나는 고객 미팅을 하러 시카고로 가는 비행기 안에서 기업 전략을 대략적으로 그려봤다. 수년에 걸친 액센츄어의 접근 방식과 나의 내면에 자리 잡은 프로젝트 관리 훈련을 기반으로 한 기업 전략은 업무 흐름도의 형태를 띤 일종의 단계별 업무 계획표였다. 나는 그 계획표를 몇 분간 들여다보면서 혼잣말로 중얼거렸다. "이건 모든 고객의 필수 과제야. 기업이 시장을 지배하고 고-투가 되는 방법이라고."

나는 NASA 본부 건물이 있던 지역에서 자라면서 기업의 접근 방식과 인간을 달에 보내는 프로젝트의 접근 방식 사이에 유사성을 발견했다. 냉전이 한창일 무렵 미국은 우주 경쟁에서 소련에 뒤처져 있었다. 케네디 대통령은 점진적인 발전 대신에 곧바로 인간을 달에 보내는 과감한 목표를 선택했다.

아폴로 스페이스 프로그램이 쓸모 있는 이유는 많은 기업이 직면하는 상황과 상당히 유사하기 때문이다. 물론 기술적 우위가 독재에 맞선 자유세계의 힘을 상징했던 그 시절에 위험성은 절대적으로 높았고 도전 과제는 거대했다. 이제 당신은 이 책을 통해 아폴로 스페이스 프로그램을 이끈 리더들이 어떻게 핵심 인재를 끌어모았는지, 어떻게 프로젝트와 비즈니스를 관리했는지, 어떻게 수많은 조직을 세우고 동기를 부여하고 파트너를 끌어들였는지, 그 과정에서 어떻게 획기적인 성공을 이루고 지속적인 지원을 위해 대중과 의회를 설득했는지에 관한 이야기를 접할 것이다. 물론 무수한 우여곡절이 있었고 엄청난 비극도 있었다. 결코 쉬운 여정이 아니었지만, 놀라운 성과와 더불어 새로운 역사를 써나갔다. 마찬가지로 비즈니스 세계에서도 이루지 못할 목표는 없다.

여기서 한 가지 당부하고 싶다. 사례 연구가 늘 그러하듯 기업이나 스타트업, 개인이 직면하는 상황과 아폴로 스페이스 프로그램이 직면했던 상황이 100퍼센트 정확하게 일치하지는 않는다. 하지만 차이점에만 주목한다면 자신의 상황에 소중한 교훈을 적용할 기회를 놓치고 만다. 이 책의 목적은 당신이 앞으로 밟아나가야 할 전반적인 경로를 머릿속에 쉽게 떠올릴 수 있도록 도움을 주고 현실적인 기준을 제시하는 일이다. 너무도 많은 불확실성과 복잡성, 장애물을 헤쳐 나갔던 아폴로 팀의 집단적인 역량은 그들의 성취만큼이나 인상적이었다. 아폴로 스페이스 프로그램은 실로 놀라운 영감을 제공하는 이야기이자, 기업이 시장 지배를 추구하는 과정에서 따라야 할 유용한 롤 모델이다.

그날 비행기 안에서 업무 계획표를 그려봤을 때, 나는 이것을 '시장 지배를 위한 아폴로 접근 방식'이라는 이름으로 불러야겠다는 생각이 들었다.

사실 이 일은 수년 전에 있었던 일이다. 이후로 나는 이 접근 방식의 결함을 찾아보기 위해 노력했다. 이 접근 방식을 실행하는 과정에서 어떤 어려움이 있는지 알아보기 위해 기업의 전략 및 마케팅 책임자로 지내면서 활용해보기도 했다. 더 나은 대안을 모색하려고 계속해서 연구했고 500회 이상 현장 인터뷰를 진행했다. 이 과정에서 1990년대 닷컴 붐과 경기 불황, 2008년 금융 위기를 경험했다. 당시 수백 곳의 기업이 아폴로 접근 방식을 구성하는 핵심 요소를 실행하지 않아 시장에서 내쫓기는 광경을 지켜봤다.

이 모든 과정을 통해 아폴로 접근 방식이 효과가 있으며, 특히 기업 고객과 소비자가 단지 제품이나 서비스만을 원하지 않고 자신의 문제를 해결해줄 완전한 '솔루션'을 요구한다는 점에서 더욱 쓸모가 있다는 사실을 확인했다. 솔루션은 곧 아폴로 접근 방식의 핵심 기반을 의미한다. 다시 말해, 고객이 원하는 것은 단지 기능과 특성이 아니라 '성과', 즉 그들을 특정한 결과로 데려다줄 '제안'이다. 이 말이 무슨 뜻인지, 그리고 어떻게 실현할 수 있는지 당신은 앞으로 많은 것을 배울 것이다.

당신은 아폴로 스페이스 프로그램의 교훈을 넘어서 성공적인 기업이 실행했던 방식으로, 선거 후보자가 정치 캠페인을 통해 인지도와 지지를 얻는 방식으로, 스타가 팬을 만드는 방식으로 자신의 관점과 솔루션을 통해 시장에서 관성을 이끌어내는 방법을 배울 것이다. 디즈니, 구글, 페이스북, 아마존, 테슬라, 레이REI 등 많은 기업이 비교적 협소한 시장에서 어떻게 고-투 기업이 되었는지, 어떻게 확장해나갔는지에 관한 통찰력 넘치는 이야기를 만날 것이다. 그리고 (내 경험을 포함해서) 주목할 만한 실패와 교훈을 발견할 것이다.

당신에게 영감이 될 많은 이야기를 들려줄 기업은 다름 아닌 '세일즈포스Salesforce'다. 세일즈포스는 클라우드 기반의 CRM(Customer Relationship Management, 고객 관계 관리) 소프트웨어를 판매하는 기업이다. 1999년 한 아파트에서 사업을 시작한 세일즈포스의 역사는 다윗과 골리앗의 이야기와 비슷하다. 성장 과정에서 거대 기업과 경쟁을 벌였고 시장 붕괴를 버텨냈다. 당시 사람들은 CRM을 농담조로 "수백만 달러를 긁어모으는 컨설턴트"라고 불렀다. CRM을 실행하기 위해서는 수백 명의 인력과 수백만 달러가 필요했기 때문이다. 세일즈포스 설립자 마크 베니오프는 말도 안 되는 소리라고 믿었다. 베니오프는 자신만의 아폴로 프로젝트를 선언하며 산업 전반의 변화를 주도했다. 클라우드에 기반한 서비스형 소프트웨어를 제공해 기업들을 값비싸고, 복잡하고, 고정된 소프트웨어로부터 해방시키고 싶었다.

　설립 후 3년이 지났을 때, 세일즈포스는 2,400만 달러(한화 약 297억 원)의 매출을 기록했다. 7년이 흘렀을 때는 1억 7,500백만 달러(한화 약 2,160억 원)로 성장했다. 20년이 흐른 지금은 세일즈포스의 매출이 매년 성장하고 있으며, 경쟁이 치열한 CRM 시장에서 16.8퍼센트의 점유율을 차지하고 있다(2위의 점유율은 5.7퍼센트에 불과하다). 2019년에 세일즈포스의 매출은 133억 달러를 기록했고(연 26퍼센트 성장), 아직 장부에 반영되지 못한 계약까지 합치면 257억 달러에 달했다. 게다가 영업 현금 흐름은 34억 달러로, 지난해 대비 24퍼센트 증가한 수준이었다.

　온라인 증권사 이트레이드^{eTrade}의 분석에 따르면, 세일즈포스의 매출 총이익율(운영에 지출할 수 있는 현금)은 75퍼센트에 달한다. 세일즈포스는 『포춘』의 '일하기 좋은 최고의 기업' 목록에서 전체 2위를 차지했고, '세계에서 가장 존경받는 기업'의 목록에서 14위를 기록했다. KBV 리서치가 서비스형 소프트웨어의 글로벌 시장 규모가 2024년까지 무려 1,858억 달러로 성장할 것으로 내다보고 있다는 사실을 감안하면, 세일즈포스는 실제로 혁명을 일으킨 셈이다. 이제 우리는 시장 지배를 위한 아폴로 접근 방식 4단계를 통해 어떻게 세일즈포스가 성공을 거머쥐었는지 살펴볼 것이다.

누구를 위한 책인가

미-투 기업들이 치열한 경쟁을 벌이는 시장에서 사업을 하고 있다면 이 책은 당신을 위한 것이다. 수많은 경쟁자들 사이에서 차별화하는 데 어려움을 겪고 가격만 낮추고 있다면 이 책은 당신을 위한 것이다. 특히 '손으로 만질 수 없는' 제품이나 서비스, 다시 말해 고객이 직접 구매해 사용하기 전까지는 결과를 확인하거나 평가할 수 없다면 이 책은 당신을 위한 것이다. 퍼스널 브랜드를 개발하고 싶은 이들도 마찬가지다. 당신이 어느 분야에 있든 여기서 제시하는 원칙들을 활용한다면 성공을 거둘 수 있을 것이다.

매출 및 이익에 직간접적으로 영향을 미치는 업무를 하고 있다면, 이 책은 당신을 위한 것이다. 이러한 업무로는 사업부 운영 및 관리의 전반적인 역할, 세일즈와 신사업 개발, 협력사 관리, 마케팅, 제품/서비스 및 솔루션 개발과 관리, 고객 서비스 및 지원 업무, 인사 및 교육, 제반 시설 및 IT 시스템, 재무관리 등이 있다.

무엇을 얻을 것인가

간단하게 말해서, 이 책은 혁신과 성장에 투자할 재원을 마련하고 더 높은 매출과 수익을 달성하게 해줄 '실천 가능한' 길로 당신을 안내할 것이다.

전략 및 마케팅 전문가인 내가 이해하기 힘든 사실 중 하나는 시장 지배를 위한 단계별 이론과 접근 방식을 제시하는 책이나 자료가 시중에 거의 나와 있지 않다는 것이다. 많은 책이 이론은 구구절절 논의하긴 하지만 구체적인 실천 과제는 좀처럼 들여다보지 않는다. 앞서 나는 일반적인 전략 수립과 마케팅 방법론에 관한 글을 썼지만 그건 일종의 모형일 뿐이다. 모형은 특정한 비즈니스 성과를 성취하는 방법을 말해주지 않는다. 시스템 개발과 프로젝트 관리, 업무 절차 개선, 제품 개발, 일반적인 마케팅 계획 수립 및 온라인 마케팅 프로그램을 위한 수많은 방법론은 이미 나와 있다. 하지만 상황과 시장, 경쟁, 전략 등을 멋들어지게 분석해놓고, 정작 우리가 원하는 내용물은 하나의 거대한 전술 바구니에 몽땅 쑤셔 넣어둔다는 한계가 있다.

나는 시장에서 승리를 거둘 방법을 단계별로 들려주는 책을 아직까지 발견하지 못했다. 어떤 전략이나 마케팅 전술을 선택해야 할지, 어떻게 그것을 직접 실행에 옮길 수 있을지 효과적인 방법을 제시하는 자료도 보지 못했다. 놀랍게도 지금까지 함께 일한 그 어떤 경영자나 임원도 내게 그런 정보를 물어보지 않았다. 사업 계획에 대해 프레젠테이션을 할 때, 나는 언제나 다음과 같은 질문들을 기대한다.

- 수천 가지 선택지 가운데 당신은 왜 이러한 전술을 선택했는가?
- 각각의 부분은 어떻게 하나로 연결되는가?
- 이를 통해 어떻게 시장을 개척할 수 있는가?
- 이러한 전략을 통해 우리는 어떻게 시장을 지배하고 고객을 끌어 들일 수 있는가?
- 장기적인 로드맵은 무엇인가?

- 이러한 전략들이 어떻게 하나로 뭉쳐서 향후 몇 년 동안 브랜드를 구축하고 기업을 위기로부터 지켜줄 것인가?
- 이러한 투자가 어떻게 사업 성과로 이어지며, 성과는 어떻게 측정할 수 있는가?

이 책은 위의 질문들에 대한 답을 제시해줄 것이다. 1장에서 범용화의 개념이 왜 중요한 비즈니스 문제인지 이야기한다. 2장은 고-투 기업이 누릴 수 있는 우위를 다룬다. 3장에서는 고-투 기업이 다른 기업들과 어떻게 다른지 살펴본다. 4~8장은 시장 지배를 위한 아폴로 접근 방식을 단계별로 살펴보면서 시장에서 고-투 기업이 될 수 있는 방법을 안내한다. 당신은 이론뿐 아니라 실행 방법에 관한 현실적인 조언을 얻을 수 있다. 아폴로 스페이스 프로그램과 여러 다른 기업이 프로그램을 성공적으로 실행한 사례도 살펴볼 것이다. 각 장의 마지막에는 아폴로 접근 방식을 자신의 비즈니스에 곧바로 적용해볼 수 있도록 도움을 주는 실천 항목 및 업무 계획표를 배치했다. 마지막으로 9장은 당신이 간단하지만 확실한 1페이지 비행 계획서를 완성하도록 도움을 준다.

이 계획을 실행에 옮긴다면 차별화, 브랜드 이미지 구축, 경쟁력 있는 가격으로 고객에게 보다 뛰어난 결과물을 제공하는 역량을 키울 수 있다.

나는 경영진과 주요 관계자들 모두가 이 책을 읽고 실천 항목과 업무 계획표를 직접 완성해보길 권한다. 이를 통해 모든 구성원은 같은 용어를 사용하고 서로 협력하며 프로세스 전반을 수월하게 받아들일 수 있다. 더불어 더 효과적인 실행과 더 나은 결과로 이어질 것이다.

고-투 기업이 될 수 있는데 굳이 미-투 기업으로 남아 있을 이유는 없다. 핵심은 확고한 비즈니스 혁신을 통해 고객이 '가격'이 아니라 '가치'에 주목하도록 만드는 것이다. 이 책은 바로 그 방법을 알려준다.

1부

왜

WHY

과거와 현재, 미래에 기업의 경영 상황에 영향을 미치는 모든 문제와 과제를 요약하자면,
바로 '차별화'의 결핍이다. 범용화는 기업이 직면하는 가장 심각한 경쟁 위협이다.

1장
범용화는
최고의 적이다

예전에 애틀랜타 풀턴 카운티 교도소에서 유명 여배우 캔디스 버겐과 함께 토요일 밤을 함께 보낸 적이 있었다. 그날 우리 두 사람은 체포된 신세였다.

마침내 창살 건너편에서 "컷!"이라는 구원의 신호가 들려왔을 때 비로소 더럽고 냄새나는 감방에서 해방될 수 있었다. 그렇다, 그날 밤 우리는 저예산 영화 촬영에 배우로 참여하는 중이었다. 나는 그곳에서 무언가를 깨달았다.

당시 과묵한 젊은 경영 컨설턴트였던 나는 액센츄어에서 일을 하면서 퇴근 후에는 창의력을 키우려고 즉흥 연기 수업에 참석했다. 개성이 강한 연기 수업 동료들을 보면서 손으로 만질 수 없는 무형의 것을 홍보할 때 무엇보다 '차별화'가 중요하다는 소중한 교훈(왜 차별화가 힘들고, 그것을 유지하기는 더 힘들며, 무엇보다 경쟁 환경에서 살아남기 위해 차별화가 왜 그렇게 중요한지)을 배울 수 있었다.

특별할 것 하나 없는 연기 오디션 이야기를 해볼까 한다. TV 광고에 출연해 나와 비슷한 나이의 직장인을 연기할 배우를 뽑는 오디션이었다. 오디션에 참여하는 사람은 모두 비즈니스 정장을 입어야 했다. 그건 내게 어려운 일이 아니었다. 나는 정장을 차려입고 구두까지 챙겨 신었다. 직장 동료들은 아마 그날 내게 고객 프레젠테이션 일정이 있는 줄 알았을 것이다. 나는 점심시간에 회사를 빠져나와 몰래 오디션 장소로 향했다. 그때까지만 해도 '직장인 연기가 얼마나 어렵겠어?'라고 생각했다.

그건 바보 같은 생각이었다.

오디션장에 들어서자 대사가 딱 한 줄밖에 없는 대본을 받았다. 그들은 배역과 상황에 관해 아무 이야기도, 아무 맥락도 들려주지 않았다. 다만 이런 지시만 내렸다. "미식축구 러닝 백처럼 '모두 비켜!!!!!!'라고 외치며 방 한구석에서 다른 구석으로 달려갈 것."

더욱 기가 찬 것은 40명이 넘는 여배우들이 모두 나와 똑같은 모습으로 그곳에 나타났다는 사실이다(우리 모두는 서로 다르게 보이기를 원했지만 현실은 그러지 못했다). 그렇다, 우리는 서로 다른 경험과 재능을 갖고 있었지만 그건 단지 입장권에 불과했다. 그들이 원하는 자격을 갖추고 있지 않다면, 우린 그저 불청객인 셈이었다. 우리 모두는 자신의 운명을 직접 통제할 수 없는 똑같은 상품에 불과했다. 다른 후보보다 더 강인한 인상을 주거나 더 높은 가치를 보여줄 방법은 없었다. 오디션은 예측 불가능한 시합이었다. 차라리 복권을 사는 게 더 나아 보였다.

나는 연기의 세계에 부조리가 존재한다는 사실을 발견했다. 대부분 오디션에서 수많은 지원자를 평가하는 감독들은 자신이 정말로 무엇을 찾고 있는지 알지 못했다. 그들은 다만 "나타나면 알아볼 수 있다"라고만 말했다. 나는 판이 그렇게 흘러간다는 사실을 곧바로 이해했고,

오디션만 쫓아다녀서는 안 된다는 사실을 깨달았다. 오디션을 많이 본다고 해서 도움을 얻을 수 있는 것도, 통제력을 확보할 수 있는 것도, 자신을 차별화할 수 있는 것도, 그리고 자신만의 고유한 가치를 (그것이 대단히 중요한 것인 듯) 전달할 수 있는 것도 아니었다. 게다가 시간과 에너지, 노력을 투자하는 것에 비해 성공 가능성은 너무도 낮았다.

기업의 경쟁 역시 오디션과 별반 다르지 않았다.

그 무렵 액센츄어는 경쟁자들에게 시장을 조금씩 빼앗기고 있었다. 그래서 이 기업에서 현재 무슨 일이 일어나고 있는지 알아보기로 했다. 외부 업체에 의뢰해 손익을 분석하고 「액센츄어를 이기기 위한 지침서」라는 제목의 보고서를 작성하도록 했다. 그들은 액센츄어의 구매자들과 면담을 진행하고, 한 구매자의 답변을 통해 정확한 문제점을 포착했다.

> 모든 제조사가 쏟아내는 다양한 제품은 대부분 아주 흡사합니다. 툴과 소프트웨어 개발 도구, 개발 센터, 고객 목록, 접근 방식의 속도, 심지어 액센츄어가 특허권을 갖고 있다고 생각하는 것조차 말입니다. 우리는 이러한 제품들에 대한 시장 반응이 똑같다는 사실을 발견했습니다. 그래서 0점을 줬습니다.

기업은 실제로 오디션장에 와 있는 셈이다. 자신의 브랜드가 다른 모든 브랜드와 비슷해 보인다면 우리는 이미 다른 99퍼센트의 기업들과 마찬가지로 고객에게 강력한 인상을 전하는 데 실패한 것이다. 이렇게 우리는 그저 그런 미-투 기업이 된다. 경쟁이 치열해지고 수요가 줄어든다면 미-투 기업은 오로지 가격에만 매달리게 된다.

아무도 보지 못하는 차이

우리가 경쟁자로 가득한 시장에 또 하나의 미-투로 존재한다면, 사람들은 아마도 우리와 경쟁자 사이의 차이를 구분하지 못할 것이다. 와인 초보자가 진판델^{Zinfandel}과 멀롯^{Merlot}을 구분하지 못하는 것과 같다. 우리가 활동하는 영역의 전문가가 아닌 이상, 차이는 분명하게 드러나지 않을뿐더러 고객은 아예 구분조차 하지 못할 때도 많다.

하나의 브랜드가 얼마나 빨리 소리 없이 사라질 수 있는지 보여주는 한 가지 사례를 살펴보자. 컴퓨터 프로그래머이자 사업가인 스콧 브린커는 2011년부터 매년 또는 격년으로 「마케팅 기술 시장 슈퍼그래픽」 (Marketing Technology Landscape Supergraphic)이라는 제목으로 보고서를 발표하고 있다. 여기서 그는 특정 비즈니스 분야에서 활동하는 모든 기

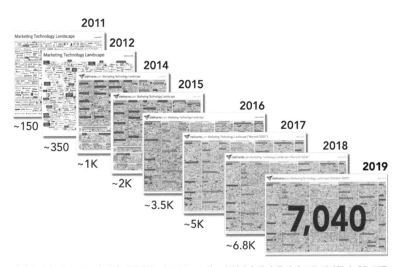

마케팅 기술 시장: 비교적 신생 시장임에도 불구하고 브랜드가 얼마나 빨리 무리 속으로 사라질 수 있는지를 잘 보여주는 사례 (이미지 출처: 스콧 브린커, chiefmartec.com)

업을 보여준다. 2011년 목록에는 겨우 약 150개 기업이 포함되어 있었지만, 2019년에는 7,000개 이상의 기업이 목록에 올라가 있었다.

이처럼 치열한 경쟁에서 살아남기 위해 무엇이 필요한지 생각해보자. 매년 상황은 얼마나 더 힘들어질지 생각해보자.

잠재 고객이 어느 기업을 선택할지 고민하는 일은 주사위를 굴리는 것과 같다. 이러한 상황에서 어떤 기업이 존재감을 드러내려고 할 때, 그 노력이 성공할 확률은 내가 연기 오디션에서 발탁될 확률과 다를 바 없다. 선택을 받는 것은 오로지 운에 달려 있으며, 여기에 비즈니스 운영과 마케팅이 끼어들 자리는 없다.

손으로 만질 수 없는 제품과 서비스는 특히 더 취약하다. 소비자는 구매하기 전까지 제품과 서비스를 경험하지 못한다. 전문 서비스 시장이 대표적인 사례다. 의사나 변호사, 그래픽디자이너, 광고, 실리콘밸리 벤처 캐피털, 건축 회사, IT 서비스 기업, 커뮤니케이션 서비스 기업의 웹사이트에 들어가서 무엇이 각각의 기업을 고유하게 만드는지 한번 생각해보자. 기업들이 자신을 소개하는 설명에서 기업의 이름을 제거한 뒤 한데 섞어놓으면, 어떤 설명이 어떤 기업의 것인지 구분하기 어렵다는 사실을 발견할 것이다.

당신도 미-투인가?

자신을 고유하게 만들어주는 무언가, 그리고 시장에 특정 가치를 가져다주는 무언가를 즉각 제시할 수 없다면, 시장의 관점에서 볼 때 당신은 미-투 모방자다. 시장이야말로 유일하고 중요한 기준이다. 잠재 고객, 잠재 직원, 인플루언서 또는 당신을 잠재 고객에게 소개해줄 누군가가 브랜드의 특별한 가치를 즉각 이해하지 못한다면 당신은 미-투다.

객관적으로 확인하기 위해 다음 테스트를 해보자.

모든 질문에 '아니오'라고 답했다면 상당히 문제가 있다. 절반 이상의 질문에 '아니오'라고 답했다면, 이 또한 미-투 브랜드이며 변화가 절실하게 필요한 상태다.

당신도 미-투인가?

질문	예	아니오
당신의 제품(서비스)과 경쟁할 상대가 없는가?		
경쟁사의 가격을 고려하지 않고 프리미엄 가격을 요구할 수 있는가?		
당신의 제품(서비스)이 어떤 기능을 하는지 잠재 고객이 쉽고 빠르게 이해할 수 있는가?		
당신이 내놓는 제품(서비스)의 어떤 점이 특별한지 잠재 고객이 쉽고 빠르게 이해할 수 있는가?		
잠재 고객이 경쟁사가 아닌 당신을 선택해야 할 분명한 이유가 있는가?		
고객의 입장에서 당신의 제안과 경쟁사의 제안을 단순 비교하기가 어려운가?		
당신이 지향하는 가치를 한 문장으로 표현할 수 있는가?		
이를 짧은 문구로 요약할 수 있는가?		
이를 한 단어 혹은 두 단어로 압축할 수 있는가?		
이와 관련해 직원이나 고객으로부터 동일한 대답을 들을 수 있는가?		
경쟁자가 제공하지 못하는 결과를 제공할 수 있는가?		
제안과 마케팅 자료, 웹사이트 등은 고유한 목소리를 내고 있는가?		
고객이 적극적으로 당신을 찾을 만한 강력한 지위를 시장에서 확보하고 있는가?		
유능한 인재가 경쟁 기업이 아닌 당신의 기업에서 기꺼이 일을 하려고 하는가?		
시장은 당신의 제품(서비스)에 프리미엄을 지불하려고 하는가?		

만족할 만한 결과를 얻지 못했더라도 실망하지는 말자. 시장에서 존재감을 드러내기란 정말로 힘든 일이니까. 이제 그 이유를 살펴보자.

범용화의 악몽: 공감이 되는가?

다양한 분야에서 활동하는 고위 임원들과 인터뷰를 진행하면서 가장 중대한 비즈니스 문제를 하나의 문장으로 말해달라고 요청했을 때, 나는 다음과 같은 공통적인 대답을 들을 수 있었다.

"어떻게 해야 '상품'으로 전락하지 않을까. 경쟁에서 차별화하기가 대단히 힘들다."

"어떻게 수익을 유지할 수 있을까. 경쟁력을 강화해야 하는 상황에서 고객은 계속해서 가격 인하를 요구한다."

"어떻게 시장에서 인지도를 쌓을 수 있을까. 무리 속에서 존재감을 드러내기 힘들다."

"어떻게 잠재 고객이 우리가 무엇을 하는지, 어떤 차별점이 있는지 이해하도록 만들 수 있을까."

"어떻게 비즈니스 모델을 개선해 고객 경험을 극대화하고 서비스 제공 비용을 줄일 수 있을까."

"어떻게 유능한 인재를 끌어들이고 붙잡아둘 수 있을까. 제한적이고 동일한 인재 풀을 놓고 다른 기업과 경쟁을 벌여야 한다."

"어떻게 최적의 비즈니스를 유지할 수 있을까. 비즈니스를 다각화한다고 해서 미래를 보장받을 수 있는 것은 아니다."

과거와 현재, 미래에 기업의 경영 상황에 영향을 미치는 모든 문제를 요약하자면, 바로 '차별화'의 결핍이다. 범용화(commoditization, 제품이나 서비스가 시장에서 평범해져 가치와 경쟁력이 사라지는 현상)는 기업이 직면하는 가장 심각한 경쟁 위협이다.

이는 모든 경영자를 괴롭히는 중대한 문제이자 오늘날 글로벌 경제에서 어느 누구도 자유롭지 못한 문제다. 아마존은 미국 시장에 유통혁명을 일으켰고, 지금은 호주를 비롯한 여러 다른 나라로 진출하고 있다. 인공지능을 갖춘 로봇이나 컴퓨터가 사람의 일을 처리할 수 있을 때, 우리는 스스로 상품이 되었다는 사실을 깨닫는다.

매킨지 글로벌 연구소^{MGI}는 46개국 800개 직종(공장 근로직 포함)을 대상으로 실시한 연구를 통해, 2030년 무렵이면 자동화 로봇이 8억 명(전 세계 일자리의 1/5에 해당)에 달하는 전 세계 근로자를 대체할 것이라는 전망을 내놨다. 사업을 시작하거나 기존 사업을 훨씬 더 저렴한 비용으로 운용하기가 어렵지 않게 되었다는 의미다. 그 이유를 짚어보자.

왜 시장은 끊임없이 우리를 범용화시키려고 하는가

어떤 시장에서 고유한 지위를 차지하고 있을 때조차 미-투 모조품은 언제나 기업을 따라온다.

어떻게 이런 일이 벌어질까? 기업이 고유하고 독자적인(가령 특허권으로 보호받는) 제품이나 서비스를 가지고 비교적 새로운 시장에 진입했다고 해보자. 처음에 소비자에겐 선택권이 많지 않다. 우리는 상당한 시장점유율을 기반으로 높은 가격을 요구하고 높은 수익을 얻는다.

그러나 필연적으로 경쟁자들이 그들만의 독자적인 상품이나 서비스, 또는 우리를 따라한 것을 들고 시장에 나타난다. 아니면 우리의 특허권이 만료될 수도 있다. 갑작스럽게 소비자의 선택권이 넓어지고, 공급자는 차별화하기 점점 힘들어진다. 눈으로 봐서는 다양한 제품과 서비스 간의 차이를 구분하기 힘들다. 5만 피트 상공에 있는 소비자는 지상에 있는 하나와 다른 하나를 구분하지 못한다. 판매는 점점 더 힘들

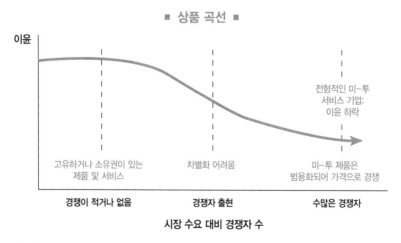

경쟁자가 늘어날수록 가격 압박이 생겨 이윤 감소로 이어진다.

어지고, 매출을 올리기 위해 더 많은 시간과 노력과 예산이 필요하다. 결국 어쩔 수 없이 가격 인하를 단행한다.

성숙한 시장은 경쟁이 치열하다. 공급은 수요를 앞지르고 시장은 미-투로 가득하다. 모두 다 거기서 거기처럼 보인다. 소비자가 한 기업의 제품이 다른 기업의 제품과 어떻게 다른지 이해하려면 더 많은 시간이 필요하다. 소비자는 이제 누구와 함께할지 선택한다. 그들은 기본적으로 모든 제품과 서비스가 동일하다는 가정하에 움직이고, 제품을 선택하는 데 최소한의 시간만 쓰고 싶어 한다. 소비자는 온전히 가격만 보고 구매를 결정한다.

기업의 조달 팀이 개입하면 문제는 더 심각해진다. 4세대 건설 및 건설 관리 기업인 본드 브라더스**Bond Brothers**의 CEO 에드워드 본드는 이와 관련해 전형적인 이야기를 들려준다.

> 건설 사업을 처음 시작했을 때, 우리 기업 매출의 90퍼센트를 차지하는 에너지 기업 고객이 있었다. 죽음의 신이 문을 두드리기까지는 그리 오랜 시간이 걸리지 않았다. 냉철한 구매 담당자는 우리 기업의 가격이 너무 높아서 그들과 함께하고 싶다면 가격을 낮춰야 한다고 말했다. 그는 왜 내가 그러한 가격을 제시할 수밖에 없는지는 조금도 관심이 없었다. 그의 임무는 가장 낮은 가격을 따내는 것뿐이었다. 궁지에 몰린 우리 기업에는 기업의 가치와 비용에 관해 항변할 수 있는 노련한 의사 결정자가 없었다.

그동안 경쟁이 치열해지고 비용이 상승한다. 기업은 차세대 제품 및 서비스 개발을 위해 투자해야 한다. 매출 주기가 길어지면서 영업비가 크게 치솟는다. 업무 흐름은 순조롭게 흘러가지 못하고 조직 내 인력을 충분히 활용하지 못한다. 시장이 성숙하면서 고객 서비스 업무를 개선해야 하는 부담이 증가한다.

이는 쉽게 예상할 수 있는 경제학 개론 시나리오다. 사업 운용에 어떠한 근본적인 변화가 없을 때, 현실적으로 세 가지 힘만이 일시적으로 (오직 일시적으로) 이윤을 되찾아준다. 그 힘이란 첫째, 경쟁자들이 사라지는 것이다(시장에서 쫓겨난다). 둘째, 혁신적인 기술이나 유행이 등장해 비용을 줄여주는 것이다(가령 소프트웨어 관리 업무를 인도나 중국으로 아웃소싱하는 방법). 셋째, 수요가 증가하는 것이다.

이 책에서 말하는 총수익과 총이윤

이 책에서 언급하는 수익과 이윤은 '총수익(금액)'과 '총이윤(비율)'을 가리킨다. 이는 모두 기업이 (가격 책정을 통해) 생성하는 매출에서 제품이나 서비스를 생산하거나 제공하는 데 들어가는 비용을 뺀 것을 의미한다. 이 개념은 연구 개발비와 같은 임의적인 지출 및 투자까지 고려하는 순수익이나 순이윤과는 다르다.

건전한 총수익은 대단히 중요하다. 기업이 혁신과 성장에 투자하도록 만드는 로켓 연료이기 때문이다. 분명히 말하자면, 건전한 총수익은 기업이 고-투 시장의 리더 지위를 추구해야 하는 '근본적인' 이유다.

예를 들어, 아마존과 같은 기업은 순손실을 기록할 때조차 대단히 건전한 총수익과 재무 구조를 유지하고 있었다(또 다른 중요한 개념으로 '공헌 이익'이 있다. 공헌 이익이란 매출에서 매출 생성과 관련된 변동비를 뺀 것을 말한다. 공헌 이익은 어떤 제품 및 고객이 가장 수익성이 높은지 말해준다).

범용화 문제는 B2B 분야에서 전문 서비스 분야와 대부분의 IT 기업, 다양한 소비자 중심적인 기업, 일자리나 프리랜서 계약 업무를 찾는 개인에 이르기까지 거의 모든 영역에서 나타나고 있다. 또한 교육기관(예를 들어, 유능한 지원자나 기부자를 끌어들이려는 기관)과 비영리단체 및 정부 기관과 같은 비즈니스 세상 외부에서도 마찬가지로 나타난다. 돈을 비롯한 다양한 자원, 인지도를 놓고 내외적으로 경쟁할 때, 미-투 브랜드는 언제나 어려움에 봉착한다.

예를 들어, 출판사를 선택할 때 나는 철저하게 구매자의 편에 서 있었다. 많은 출판사가 그들이 원하지 않은 투고 원고를 너무 많이 받는다고 불만을 토로한다. 하지만 그건 놀라운 일이 아니다. 내가 물색했던 수많은 출판사 중에서 스스로를 차별화하고 관심 분야를 구체적으로 밝힌 곳은 거의 없었다. 99%의 출판사가 모두 똑같아 보였다. 선호하는 콘텐츠를 구체적으로 말할 수 있는 출판사가 얼마나 적은지 알게 된다면, 당신은 아마도 깜짝 놀랄 것이다.

실제로 많은 경영자가 이러한 함정을 제대로 인식하거나 이해하지 못한다. 나는 오랫동안 비슷한 상황을 계속해서 마주했다.

'우리를 선택하세요' 테스트

당신이 속한 시장과 관련해 다음 테스트를 해보자. 당신의 기업과 관련 없지만 해당 시장을 잘 아는 사람에게 도움을 청하자. 우선 자신의 기업과 가장 밀접한 경쟁사 5~10곳의 이름을 떠올려보자. 자신의 기업과 더불어 이들 경쟁사의 홈페이지에서 각 기업이 하는 일을 가장 잘 설명하는 1~3개의 문장을 골라보자. 거기서 기업의 이름을 제거한 뒤 잘 섞어서 제삼자에게 전달하자. 과연 그들은 당신의 기업을 설명하는 문장을 골라낼 수 있을까? 당신의 기업이 다르다고 느낄까? 당신이 고유한 무언가를 제안하는지 말할 수 있을까? 시장의 시선으로 스스로를 바라보자. 당신의 기업은 당신이 생각하는 것만큼 특별한가?

왜 상황은 점점 더 나빠지는가

가격 기반 경쟁과 더불어 여러 가지 요인이 기업들에게 경쟁 전략과 제안, 마케팅 접근 방식을 새롭게 평가하도록 강요한다.

첫째, 고객은 주로 온라인에서 첫 구매를 한다. 여기서 고유함을 즉각 드러내지 못하는 모든 기업은 범용화된다. 다시 말해, 고객이 처음에 당신을 발견했다면 그것은 우연이다. 인터넷에서 돌아다니다 보면 당신이 팔고 있는 것과 동일하면서도 더 값싼 대체재를 얼마든지 쉽게 발견할 수 있다.

둘째, 과거에 시장 카테고리별 사이의 차이는 뚜렷했다. 그러나 지금은 그렇지 않다. 가령, 소셜 미디어 플랫폼과 관련해 도움이 필요할 때 어디에 연락해야 할까? 홍보 대행사? 디지털 마케팅 기업? 소셜 커머싱 기업? 브랜딩 에이전시? 아니면 다른 어디? 아마도 나중에 언론의 도움이 필요할 테니 홍보 대행사가 나을 것이다. 잠깐, 고객 관리 시스템(데이터베이스)과 이메일 캠페인도 필요할 테니 디지털 마케팅 기업에 연락해야 할까? 그래픽 디자인은 누구에게 맡겨야 하지? 업무마다 서로 다른 기업에게 의뢰해야 할까? 악! 혼란스럽다!

오늘날 한 가지 중요한 현상은 진입 장벽이 사라지고 있다는 것이다. 많은 산업에서, 특히 기술 집약적 산업에서 경쟁자들은 많은 자본이 없어도 더 저렴하고 더 나은 대체재로 당신을 위협할 수 있다. 누구든지 전 세계 어디서라도 순식간에 기업을 설립하고, 웹사이트를 구축하고, 제품을 판매할 수 있다. 3D 프린터만 있으면 정교한 제품 원형을 만들 수 있고, 심지어 주방에서 제품을 생산하기도 한다. 알리바바, 아마존, 이베이를 비롯한 다양한 온라인 지원 서비스 덕분에 그들은 제품을 재빨리 생산하고, 판매하고, 전 세계로 배송할 수 있다. 그 결과, 새로운 진입자들이 매일 시장으로 뛰어들고 있다.

대규모 사업 일선에서는 비즈니스 관련 문제와 업무 절차, IT 시스템이 지나치게 복잡하고 상호 의존적인 형태로 얽혀 있기 때문에, 고객들은 종종 공급 업체가 제품과 서비스가 하나로 연결된 완전하고 통합적인 비즈니스 솔루션을 제공해주길 바란다. 이러한 솔루션은 대개 여러 협력체가 제공하는 다양한 요소로 구성된다. 그래서 원활한 업무 절차를 위해 대부분의 기업이 기반으로 삼고 있는 것과는 아주 다른 형태의 비즈니스 모델이 필요하다.

지속 가능한 제품이나 'IoT(Internet of Things, 사물 인터넷)'처럼 새롭게 떠오르는 분야에는 중요한 시장 개발 도전 과제가 남아 있다. 기업들은 새로운 기술이나 사업을 운영하는 새로운 방식을 소개하고 있다. 고객에게 태양열 기술 같은 완전히 새로운 유형의 제품을 구매하도록 요구한다. 스마트폰으로 집 안의 보안 시스템을 통제하는 것처럼 기존 제품을 완전히 새로운 방식으로 사용하도록 요구한다. 어떤 방식으로든 업무 방식을 바꾸도록 요구하기도 한다. 이 또한 기존 접근 방식을 뛰어넘는 포지셔닝 및 마케팅 전략이 필요하다.

또 다른 도전적인 현상은 일부 시장과 경쟁자가 움직이는 속도다. 당신이 선호하는 앱과 온라인 툴을 개발하는 기업들은 며칠, 심지어는 불과 몇 시간 만에 다른 기업의 기능과 특성을 그대로 따라잡는다. 광학 시스템과 의료 장비, 이동통신 라우터 및 스위치 같은 첨단 기술 제품 역시 아주 빠른 속도로 범용화된다. 이들 기업은 경쟁이 치열한 환경에서 사업을 운영하는 데 익숙하기 때문에 시장 변화에 민감하고 발

빠르게 대응한다. 한 경쟁자가 새로운 제품이나 기능을 추가하자마자 다른 기업들이 곧바로 따라 하기 시작한다.

많은 제품이 소프트웨어에 기반을 두고 있다. 다시 말해, 과거에 물리적인 실체로 존재하던 것이 이제는 소프트웨어가 되었다. 간단한 사례로 스마트폰을 들 수 있다. 하지만 이러한 흐름은 자동차를 포함한 우리 주변에 있는 모든 장비와 제품에도 똑같이 나타나고 있다. 과거에는 제품의 기능과 특성을 바꾸려면 제조 과정과 공급망을 바꿔야 했다. 그만큼 변화는 쉽지 않았고, 그래서 경쟁자들은 서로를 빠르게 따라잡지 못했다. 설령 그렇게 할 수 있다고 해도, 여전히 고객이 새로운 형태의 제품을 구매하도록 만들어야 했다. 하지만 이제 기업은 소프트웨어 코드를 수정해 고객의 장비에 집어넣으면 된다. 덕분에 기능과 특성의 장벽은 대부분 사라졌다.

미-투 죽음의 소용돌이

미-투 죽음의 소용돌이는 간단한 수학과 경제학의 문제다. 매출에서 비용을 빼면 수익이 된다. 매출이 비용보다 더 빨리 상승하면 수익은 증가한다. 반대로 매출이 비용보다 더 빨리 하락하면 수익은 감소한다. 우리 모두 이를 잘 알지만 문제는 다음이다. 일반적으로 비즈니스 운영비는 시간에 따라 증가한다.

어떤 형태의 서비스를 제공한다면, 고객별로 다양한 제품을 공급한다면, 제품이 고객 지원을 필요로 한다면, 변화가 빠르고 경쟁이 치열해 지속적인 제품 개선과 혁신이 필요하다면, 브랜드 구축에 많은 예산

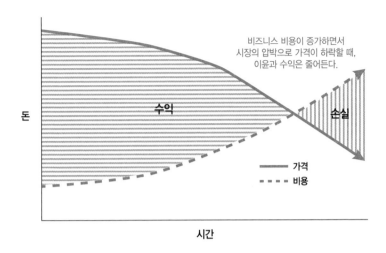

비즈니스 비용이 증가하면서
시장의 압박으로 가격이 하락할 때,
이윤과 수익은 줄어든다.

돈

수익

손실

가격
비용

시간

을 들여야 한다면, 전문가의 기술이 가치 제안에서 큰 비중을 차지한다면, 비용은 항상 증가하기 마련이다.

산업과 시장의 흐름을 따라잡기 위해 지속적으로 인재를 개발하고 훈련시켜야 한다. 직원들은 적어도 인상된 물가만큼 임금 인상을 요구할 것이다. 직원에게 동기를 부여하려면, 기업은 물가 인상 이상을 제공해야 한다. 게다가 직원들의 건강관리, 보험, 세금 등 고용에 들어가는 간접비는 지속적으로 증가한다.

성장을 위해서는 기술 개발 투자도 필요하다. 로봇 수술 장비를 판매하든 화장품을 판매하든 간에, 산업과 시장의 발전 속도를 따라잡으려면 투자가 필요하다. 설비와 지원, 인프라, 다양한 운영비와 같은 요인은 지속적으로 증가한다. 경쟁이 치열한 분야라면, 마케팅과 판매 지원에도 충분히 투자해야 미래의 기회를 잡을 수 있다. 비록 당장에 단기적으로 비용을 줄일 수 있는 방법을 발견한다고 해도 장기적인 차원에서 비용은 항상 증가한다.

비용만을 기준으로 제품 가격을 책정한다면 성공하기 힘들다. 비용이 증가할 때마다 가격을 인상하면 소비자는 반발할 것이다. 더 높은 가치를 제공받을 때 비로소 기꺼이 높은 가격을 지불한다. 동일한 가치에 조금이라도 더 낮은 가격을 제시하는 경쟁사가 있다면 소비자는 주저 없이 거기로 넘어갈 것이다.

실제로 우리 회사가 애틀랜타에서 실리콘밸리로 이사했을 때 이러한 경험을 했다. 기업의 비용이 갑작스럽게 100퍼센트 증가했다고 해서 기존 고객이 100퍼센트의 가격 인상을 받아들일 것이라 생각하는가? 당연히 아니다. 어리석게 들리지만, 실제로 많은 기업이 애매모호한 방법과 메시지 전달로 그러한 생각을 고객에게 강요하고 있다.

비용은 기하급수적이 아니더라도 항상 선형적으로 증가하기 때문에 기업은 두 가지 일을 해야 한다. 우선 비용 상승에 따라 가격을 인상하기 위해 제품과 서비스의 가치를 높이는 방법을 알아내야 한다. 다음으로 비용 절감을 위해 가장 효과적으로 비즈니스를 운영하는 방법도 알아내야 한다.

가격 인상을 정당화하는 방법, 또는 제품 및 서비스를 제공하는 데 들어가는 비용을 줄이는 방법을 알아내지 못한다면 기업은 서서히 시장에서 쫓겨날 것이다.

핵심 정리

대부분의 기업에 가장 중요한 경쟁 위협은 고객과 시장의 관점에서 일어나는 범용화다. 범용화는 소비자가 지불하려는 가격을 내리도록 압박한다. 이로 말미암아 기업의 이윤은 줄어들고, 이는 다시 성장과 연구 개발, 인적 자원의 지속적인 훈련과 교육, 마케팅 및 여러 주요 투자를 위한 자원을 줄어들게 만든다.

실천 🚀 과제

다음 실천 과제를 다른 동료들과 함께 도전해보자. 적어놓은 것을 서로 비교하는 것도 흥미로운 방식이 될 것이다.

평가: 앞서 했던 '당신도 미-투인가?' 테스트를 꺼내보자.

평가: 앞서 했던 '우리를 선택하세요' 테스트를 꺼내보자.

측정: 매출의 대부분을 만들어내는 비즈니스의 현재 총수익과 공헌 이익을 계산해보자. 산업 내 다른 기업들과 어떻게 비교할 수 있을까? 미래의 성장과 투자를 위해 충분한 수준인가? (당신의 기업이 스타트업이라면, 비즈니스가 힘을 얻었을 때 어떻게 될 것인지 예측해보자.)

쓰기: 총수익을 두 배로 높이고자 한다면 재무적인 차원에서 어떤 변화가 필요한가? 지금은 할 수 없는 어떤 것을 할 수 있도록 만들어야 할까?

앞으로 범용화되고, 가격으로 경쟁하고, 줄어드는 수익에서 마지막 한 푼까지 끌어모으다가 결국 시장에서 쫓겨나는 신세가 되고 싶은 기업은 없을 것이다. 다행히 흥미로운 대안이 분명히 있다. 우리는 얼마든지 시장에서 고유한 존재가 되고, 수요가 점점 더 증가하는 가치 있는 제품이나 서비스를 제공하고, 소비자들이 문 앞에 줄을 서는 상황에서 더 높은 가격을 요구할 수 있다.

의심이 든다면 다음 장의 이야기를 살펴보자. 이 놀라운 이야기는 틀림없이 당신의 삶을 바꿔놓을 것이다.

■ 매출 총이익률 ■

매출 총이익이란 수익과 비용의 차이에서 발생하는 금액이다. 매출 총이익률은 총 매출에 대한 이익의 백분율을 뜻한다. 예를 들어, 100달러의 매출, 60달러의 매출원가가 발생했다면, 남은 40달러가 매출 총이익이며, 따라서 매출 총이익률은 40%가 된다. 이는 임대, 보험, 경영 관리비 등 다양하게 발생하는 비용을 남은 40달러로 부담해야 한다는 의미다. 여기서 중요한 점은, 매출 총이익이 늘어날수록 당신에게 더 많은 경쟁 우위를 가져다줄 요소들(R&D, 브랜딩, 시장조사 등)의 간접 비용도 늘어난다는 점이다. 고객에게 제품이나 서비스를 더 높은 가격에 판매하거나, 매출원가를 줄여서 매출 총이익률을 높일 수 있다.

현재 당신의 사업에서 수익 대부분을 창출하는 부문의 매출 총이익과 공헌 이익은 얼마나 되는가? (만약 스타트업이라면, 수익을 창출할 만한 프로젝트나 모델의 매출 총이익과 공헌 이익을 계산하자.)

매출 총이익률 _____% vs 업계 평균 _____%

부문1 _____: 공헌 이익 _____ % vs 업계 평균 _____%

부문2 _____: 공헌 이익 _____ % vs 업계 평균 _____%

부문3 _____: 공헌 이익 _____ % vs 업계 평균 _____%

부문4 _____: 공헌 이익 _____ % vs 업계 평균 _____%

위 수치는 향후 성장과 투자를 달성하기 위해 충분한가?

_____

_____

_____

_____

매출 총이익률을 두 배로 불리는 건 당신의 사업에 어떤 의미가 있는가?

_____

_____

_____

_____

당신에게 투자할 여분의 자금이 있다면 어떻게 할당하고 사용할 것인지 한번 생각

해보자.

_____

_____

_____

_____

비록 지금은 여력이 되지 않지만, 차후에 투자 계획이 있다면 적어보자.

1. _____

2. _____

3. _____

4. _____

5. _____

6. _____

7. _____

8. _____

9. _____

10. _____

2부

무엇을

WHAT

이익을 지키기 위해 안간힘을 쓰는 여타의 상품 기업들과는 달리, 왜 어떤 기업은 더 많은 이익과 관심, 존경을 받는가? 왜 그들은 경쟁 상황으로부터 자유롭고, 고객들이 먼저 그들을 찾고, 또한 그들과 함께하는 '특권'에 대해 기꺼이 높은 가격을 지불하려고 할까? 그 것은 시장을 소유하고 있기 때문이다. 그들은 각자의 영역에서 고-투 브랜드다.

2장

시장 문제 해결사가 되자

2007년 4월 29일 일요일 새벽 3시 41분, 제임스 모스퀘다는 무연가 솔린 3만 3,000리터를 실은 유조차를 몰고 캘리포니아 오클랜드로 향하고 있었다. 유조차는 맥아더 메이즈 구간에서 너무 빠르게 달리다가 그만 가드레일을 들이받았다. 트럭은 이내 속도를 이기지 못하고 전복되고 말았다. 21분 만에 트럭은 화염에 휩싸였고, 그 열로 콘크리트와 강철이 완전히 녹아내리면서 고가도로가 아래로 무너졌다. 샌프란시스코 베이에어리어에서 하루에 8만 대의 차량이 몰리는 주요 통근 간선도로가 끊어진 것이다. 이 사고는 경제적·물류적 차원에서 재앙이었다.

샌프란시스코 베이에어리어에 있는 맥아더 메이즈는 여러 주요 간선도로가 만나는 복잡한 인터체인지 구간이다. 하루에만 28만 대의 차량이 이 구간을 통해 동서남북으로 이동한다. 사고로 피해를 입은 곳은 샌프란시스코에서 베이브릿지로 가거나 오클랜드를 거쳐 남쪽으로 이동하는 구간이었다. 사고가 없었을 때도 이 구간에서는 항상 정체가 있었다. 대규모의 보수공사는 수년이 걸릴 것이 분명했지만 캘리포니아 교통국 공무원들은 하루하루가 중요하다는 사실을 알고 있었다.

그들은 기술력이 대단한 건설 업체를 찾아야 했다. 비슷한 프로젝트를 많이 경험해보고 대단히 효율적인 공급 메커니즘을 갖춘 업체여야만 했다. 유능한 기술자, 최대한 빨리 부품을 조달하는 공급 업체들, 신속하면서도 안전한 고속도로 건설을 위해 증명된 접근 방식이 필요했다. 간단하게 말해서 건설업의 고-투 기업이 필요했다.

이 경우에는 속도와 품질이 돈보다 중요했다. 캘리포니아 교통국은 이미 충분히 시급한 마감 시한을 더 앞당길 수 있는 업체에게 일당 20만 달러의 상여금을 지급하기로 했다. 결국 새크라멘토에 기반을 두고, 빠른 복구 작업으로 유명한 C. C. 마이어스C. C. Myers Inc.가 이번 공사를 맡기로 했다. 교통국은 그들에게 50일의 데드라인을 제시했다. 최대 5백만 달러의 상여금을 받으려면, 기업은 25일 안에 공사를 마무리 지어야 했다. C. C. 마이어스는 계약에 서명을 하고 한 시간 만에 공사에 착수해 17일 만에 완성했다. 그들에게 이번 프로젝트는 돈보다 자부심과 명성을 위한 도전이었다(25일보다 더 앞당길 경제적 동기는 없었다). 이번 공사의 수익률은 50퍼센트에 달했고 수백만 달러의 홍보 효과도 기대할 수 있었다. C. C. 마이어스 경영진이 전몰장병 추모일이 있던 주말에 맞춰 새 도로를 개통했을 때, 베이에어리어 지역 전체는 C. C. 마이어스에게 깊은 감사를 표했다. 그들은 영웅이었다.

이익을 지키기 위해 안간힘을 쓰는 여타의 상품 기업들과는 달리, 왜 어떤 기업은 더 많은 이익과 관심, 존경을 받는가? 왜 그들은 경쟁 상황으로부터 자유롭고, 고객들이 먼저 그들을 찾고, 또한 그들과 함께 하는 '특권'에 기꺼이 높은 가격을 지불하려고 할까?

그것은 시장을 소유하고 있기 때문이다. 아마존, 페이스북, 레고 이들 기업은 독자적인 자리를 차지하고 있다. 각자의 영역에서 고-투 브랜드다. 매킨지는 시장에서 가장 큰 기업은 아니지만 '이사회실 전략 boardroom strategy'을 갖고 있다. 액센츄어는 '대기업을 위한 대규모 고위험 시스템 실행 프로젝트'를 갖고 있다. 가트너Gartner는 'IT 시장 분석'을 갖고 있다. 헤드릭앤스트러글스Heidrick&Struggles는 'CEO 임원 검색'을 갖고 있다. SAP(독일의 다국적 소프트웨어 기업)은 ERP(Enterprise Resource Planning, 통합 전사적 자원 관리) 소프트웨어를 갖고 있다. 이들 기업은 고유한 시장 포지션을 확인하고, 집중하고, 구축했다. 그리고 각자의 영역에서 실질적인 기준으로 인정받고 있다. 그밖에 다른 모두는 낙오자가 된다.

고-투가 된다는 것은 무엇을 의미할까?

고-투는 때로 일을 거절한다. 기간은 스스로 정한다. 잠재 고객은 그들과 거래하기 위해 경쟁까지 벌이기도 한다.

차별화와 집중은 중요하다. 한 걸음 더 들어가서, 자신이 선택한 시장에서 고-투 브랜드가 되면 강력한 힘과 높은 수익성을 확보할 수 있다. 지속 가능한 차별화를 보장하는 것은 물론, 충분한 수익을 유지하고 매출을 계속 증가시킬 수 있다.

시장을 지배한다는 것은 특정 분야의 고-투 브랜드가 되는 것이다. 다시 말해, 시장 수요를 고유하고 뛰어난 방식으로 충족시켜 프리미엄 가격을 요구하고, 프리미엄 고객과 함께 일하고, 프리미엄 직원을 고용할 수 있다는 것을 의미한다. 사업 규모를 떠나 모든 기업은 시장 지배를 추구할 수 있다. 목표는 사람들이 기업을 찾고, 기업의 능력을 확고하게 믿도록 함으로써 무엇을 요구하든 기꺼이 지불하도록 만드는 것이다.

'고-투'가 된다는 것은 실질적으로 무엇을 의미하는 걸까? 정도의 차이가 있지만, 다음 기준을 충족시킨다면 당신은 스스로 고-투라고 말할 수 있다.

- 구매자가 _____(당신의 전문 분야를 집어넣자)을 생각할 때, 당신 브랜드의 이름을 가장 먼저 떠올린다.
- 사람들이 특정한 문제를 해결하고자 할 때, 당신을 가장 먼저 떠올린다.
- 누구도 당신처럼 특정한 문제를 해결하지 못한다.
- 당신의 브랜드는 폭넓은 인지도와 높은 평판을 확보하고 있다.
- 실제 당신보다 명성이 더욱 높다.
- 많은 잠재 고객이 당신과 일하기를 원한다.
- 비즈니스를 위해 경쟁하거나 새로운 제안을 제시할 필요가 없다.
- 무언가를 양보해야 할 필요가 없다.
- 적합한 비즈니스가 아니라서 거절할 때가 있다.
- 가격을 직접 정하고, 자주 성공 보수로 돌아온다.
- 자신이 속한 시장에서 가장 앞서가는 기업이나 성공한 개인과 함께 일한다.
- 자신이 속한 시장에서 하버드 비즈니스 스쿨처럼 분야 최고로 인정을 받는다. 지원자들은 당신 밑에서 일하기 위해 경쟁을 벌인다.

구글은 광고 검색 시장에서 고-투 브랜드가 되어 시장을 지배했다. 오늘날 구글은 시장 지배 스펙트럼에서 가장 꼭대기에 서 있다. 많은 이들이 구글에서 일하기를 갈망한다는 사실에서 이를 알 수 있다. 다른 어떤 기업도 구글에 범접하지 못하기 때문에 구매자는 구글이 제시하는 가격에 함부로 토를 달지 않는다.

아이디오IDEO는 디자인 사고와 혁신 산업 디자인 분야에서 고-투 브랜드다. 전 세계 많은 사람이 아이디오 사무실을 구경하기 위해 몰려든다. 이들의 디자인 접근 방식은 스탠퍼드 대학 디자인 연구소의 기반이 되고 있다.

애플은 '우아하고 사용자 친화적인' 기술 분야의 고-투 브랜드다. 이들은 거의 완전하게 범용화된 시장에서 어느 경쟁자보다 더 높은 가격을 요구한다. 애플은 독보적인 기업이다. 세상에는 애플 제품과 '그 밖의 나머지 제품'이 존재한다는 말이 나돌 정도다.

테드TED는 어떤가? 세상에는 수많은 콘퍼런스와 팟캐스트, 동영상 강의 등 아이디어를 자극하는 콘텐츠가 무궁무진하다. 하지만 테드는 뭔가 다르다. 온라인을 통해 무료 콘텐츠를 제공하고 있음에도, 테드 콘퍼런스는 프리미엄 가격을 요구하며 언제나 매진을 기록한다.

고-투가 되면 무엇이 좋을까

성공을 증명하는 근본적인 기준은 우리가 장기적으로 만들어낸 주주 가치라고 생각합니다. 주주 가치는 시장 리더십 지위를 확장하고 강화하는 역량의 직접적인 결과물입니다. 시장 리더십이 확고할수록 우리의 비즈니스 모형은 더욱 강력

합니다. 시장 리더십은 곧 더 높은 매출과 수익, 더 빠른 자본 속도, 그에 상응하는 더 높은 투자 수익을 의미합니다.

_제프 베이조스, 1997년 상장 후 주주에게 보낸 첫 번째 서한에서

베인앤컴퍼니**Bain&Company**는 "브랜드의 궁극적인 목표는 감성적인 매력을 창조하거나 소란을 일으키는 것이 아니라 더 높은 가격, 더 큰 규모, 또는 그 두 가지의 조합을 통해 소비자 수요를 바꾸는 것"이라고 말한다.

고-투 브랜드가 되는 것의 가장 큰 장점은 경제적인 측면에서 나타난다. 여러 학술 및 산업 연구 결과, 경쟁이 치열한 시장에서 사람들이 선호하는 브랜드가 되면 수익과 가격, 현금 흐름, 시장점유율을 높일 수 있고, 이는 더 높은 기업 가치로 이어진다는 사실을 보여준다. MASB(Marketing Accountability Standards Board, 마케팅책임표준위원회)는 브랜드 지위가 평균적으로 기업 가치의 19.5퍼센트를 차지하며 때로는 50퍼센트까지 이른다는 사실을 확인했다. MASB 대표 프랭크 핀들리는 수십 년간의 연구를 다음과 같이 요약했다.

지난 40년에 걸쳐 학계 및 독자적인 연구소들이 수행한 일련의 브랜드 추적 연구 결과는 브랜드 선호도가 소비자 선택과 비즈니스 성과, 시장점유율, 현금 흐름을 이끄는 주요한 요인이라는 사실을 반복적으로 보여준다.

고-투 브랜드가 되면 가격 경쟁에서 자유로워진다. 일반적으로 경쟁자보다 훨씬 더 높은 가격을 요구할 수 있다. 구매자가 그들이 지불하는 비용보다 훨씬 더 많은 혜택을 얻을 수 있다고 생각하기 때문이다.

MSI(Marketing Science Institute, 마케팅과학연구소)의 연구 결과에 따르면, 인지도가 높은 브랜드는 품질이 비슷한 경우에 평균적으로 26퍼센트의 가격 프리미엄을 요구할 수 있다. 베인앤컴퍼니는 소비자 제품 카테고리를 대상으로 실시한 연구를 통해, 앞서가는 브랜드는 가격을 두 배로 높여도 2위 브랜드와 동등한 시장점유율을 유지할 수 있다는 사실을 확인했다. 많은 이들은 고-투 브랜드와 함께 일하기 위해 훨씬 더 높은 프리미엄 가격을 지불한다(혹은 다른 이들이 지불하는 것을 본다).

앞서 언급한 아마존이 이와는 정반대 사례라고 생각하는가? 물론 아마존이 특정 제품 및 서적에 대해 소비자에게 낮은 가격을 제시하고는 있지만, 광범위한 유통 채널과 배송 서비스를 이용하는 공급 업체 및 출판사들에게는 협상의 여지 없이 높은 가격을 요구한다. 그들의 고수익 비즈니스는 고성장 비즈니스이기도 하다. AWS(Amazon Web Services, 아마존웹서비스)와 아마존 프라임, 그리고 광고가 그 예다. 2018년 1분기 아마존의 총수익률은 무려 40퍼센트를 기록했다. 당해 1분기 아마존 총수익의 성장 규모는 아마존 다음으로 큰 다섯 개 유통 업체를 모두 합친 것을 넘어섰다.

고-투 브랜드로서 누리는 또 다른 이점은 더 이상 무리의 일부가 아니라는 것이다. 당신은 이제 두드러진 존재다. 당신의 기업이 특정 문제에 대해 가장 먼저 떠오르는 해결책이므로 구매자는 적극적으로 당신을 찾는다. 고가도로가 무너졌을 때 C. C. 마이어스의 사례처럼 시간이 중요한 요소인 경우는 더욱 그렇다. 많은 출판사가 아마존을 통해서만 책을 판매한다. 그들은 오로지 아마존의 관점에서 책을 디자인하고 마케팅한다. 마치 아마존이 유일한 시장인 것처럼 말이다.

고-투 기업의 판매 비용은 일반적으로 훨씬 더 낮다. 그 이유는 아무

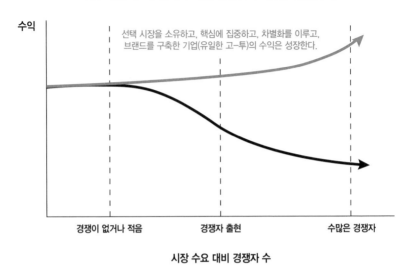

■ 다른 기업이 어려움을 겪는 동안 고-투는 성장한다 ■

수익

선택 시장을 소유하고, 핵심에 집중하고, 차별화를 이루고,
브랜드를 구축한 기업(유일한 고-투)의 수익은 성장한다.

| 경쟁이 없거나 적음 | 경쟁자 출현 | 수많은 경쟁자 |

시장 수요 대비 경쟁자 수

시장에서 확고한 고-투로 차별화할 때, 기업은 상품 곡선을 벗어나고 총수익은 점점 더 증가한다.

것도 없는 상황에서 판매를 하는 것이 아니기 때문이다. 기업의 평판이
이미 높으므로 신용을 쌓아야 하는 무명의 경쟁자처럼 힘들게 일할 필
요가 없다. 스스로 입증할 필요도 없다. 현재 상황과 도움을 주는 방법
을 곧바로 이해한다. 많은 고객이 아마존웹서비스를 이용하기 위해 문
을 두드린다. 구글은 어떤가? 일반적으로 광고 영업은 많은 인력과 협
상이 필요한 관계 중심적인 활동이다. 하지만 구글은 검색 시장을 장악
하고 있기 때문에 많은 인력을 투자하지 않아도 된다. 고객이 스스로
찾아와 알아서 서비스를 이용하기 때문이다. 모든 것은 온라인 툴을 통
해 이뤄지고 그 과정에서 가격 흥정이란 없다.

특정 분야의 고-투 브랜드는 시장에서 놀라운 힘과 영향력을 행사한
다. 고-투는 단지 산업의 일부가 아니다. 고-투는 피라미드의 맨 꼭대
기에 앉아 있다. 산업의 방향을 정하는 과정에 기여한다. 다른 이들이

기꺼이 따르고자 하는 비전도 제시한다. 시장 흐름에 중대한 영향을 미칠 수 있는 지위에 있다.

비교적 덜 알려졌지만 적절한 사례로 세인트루이스의 맥마혼 그룹 McMahon Group을 들 수 있다. 맥마혼 그룹은 회원을 위한 전략 수립 및 컨설팅 분야의 고-투 기업이다. 나는 구매자의 입장에서 그들이 고-투 기업으로서 발휘하는 힘을 직접 체험한 바 있다.

나는 요트를 사랑한다. 내가 속한 요트 클럽은 커뮤니티 전반에 걸쳐 인지도가 꽤 높음에도 불구하고, 최근 미국 전역에 불어닥친 불황(회원의 고령화, 줄어드는 회원 수, 클럽 시설 및 프로그램의 부진한 활용)을 피해가지는 못했다. 우리 클럽은 이 문제를 해결하기 위해 위원회를 설립했고, 나도 그 일원으로 참여했다. 위원회가 처음으로 착수한 과제는 회원을 대상으로 설문 조사를 실시하고, 그 결과를 바탕으로 행동 계획을 수립하도록 도움을 줄 기업을 찾는 일이었다. 물론 우리 클럽은 비용을 중요하게 생각했다. 하지만 더 중요한 것은 결과였다. 우리는 일반적인 시장조사 기업을 선택할 수도 있었다. 회원들이 클럽 시설을 이용하는 방법과 이유, 그들의 니즈에 관한 여러 가지 질문을 하나의 설문지로 엮는 것은 그리 어려워 보이지 않았다. 여차하면 무료 온라인 프로그램을 사용하는 방법도 있었다.

하지만 우리가 원한 것은 단지 설문 조사가 아니었다. 우리는 미래를 열어갈 장기적인 계획을 원했다. 우리에겐 전문가가 필요했고, 프라이빗 클럽 시장조사원과 컨설턴트가 활동하는 시장을 탐색했다. 결국 클럽 지도부는 비용이 조금 더 들어도 클럽이 처한 상황을 제대로 이해하고 해결책을 제시해줄 전문 업체에 의뢰하는 것이 합리적인 선택이라고 판단했다. 우리는 회원들의 피드백과 아이디어가 우리가 원하는 것의 지극히 제한적인 일부라는 사실을 알았다. 그래서 우리가 올바른 질문을 던지고, 피드백을 정확하게 해석하고, 이에 대해 적절하게 대응하도록 도움을 줄 업체를 원했다.

다음 과제는 적당한 업체를 선택하는 것이었다. 대부분의 분야와 마찬가지로 클럽 역시 운영진의 긴밀한 커뮤니티다. 즉, 클럽을 관리하는 매니저들은 다른 산업과 마찬가지로 각자 대표 협회에 소속되어 있고, 회의를 할 때마다 서로 만나서 똑같은 출판물을 읽으며 관계를 형성하고, 경력의 사다리를 오르면서 이 클럽 저 클럽을 옮겨 다닌다. 우리 클럽의 매니저는 컨설턴트 시장에서 유명한 세 명의 전문가를 알고 있었고, 특히 그중 한 사람은 고-투라는 이야기를 들려줬다. 우리는 세 명을 각각 인터뷰했다. 그중 둘은 인상적이었다. 그들은 뛰어난 실력과 화려한 명성, 그리고 파트너로서 고객의 신뢰를 얻고 있었다. 그들은 많은 유사한 프로젝트를 추진했고, 특정 영역에서 깊이 있는 전문성을 확고하게 갖추고 있었으며, 강력한 팀을 운영하고 있었다. 서비스 비용도 대단히 합리적이고 경쟁력이 있었다. 우리는 두 업체 모두가 잘 해내리라 생각했다.

하지만 세 번째 업체인 맥마흔 그룹은 그 이상이었다. 앞서 설명한 것에 더하여, 맥마흔은 그 분야의 '사고 리더(thought leader)'였다. 단지 수익만을 위해 일하지 않았다. 클럽 산업이 어떤 길을 걸어왔는지, 지금 어디에 있는지, 앞으로 어떻게 나아갈 것인지 동향 분석을 실행하고 공유함으로써 실질적으로 산업을 이끌어나가고 있었다. 우리는 맥마흔 대표인 프랭크 베인과 함께 점심을 먹으면서 인터뷰를 진행했다. 우리는 당시 직면하고 있던 문제를 장황하게 설명했고, 그는 귀 기울여 들었다. 물론 그는 그 사안을 우리에게 직접 설명할 수도 있었을 것이다. 그가 함께 일했던 모든 클럽의 상황과 우리가 처한 상황이 별반 다르지 않았기 때문이다. 그는 우리의 이야기를 정리해줬다. 나아가 우리가 걸어온 길도 보여줬다. 무엇보다 그는 정확한 지점에서 솔루션을 제시했다. 게다가 앞으로 무엇을 해야 하는지 정확하게 일러줬다.

프랭크와 이야기를 나누는 동안, 나는 맥마흔 그룹이 클럽 시장의 동향 및 최고의 운영 전략과 더불어 먹고, 살고, 숨 쉬고 있다는 사실을 분명히 깨닫게 되었다. 그것이 그들이 하는 전부였다. 산업 내에서 일어나는 모든 움직임을 파악하고 있었다. 모든 핵심 인재도 알고 있었다. 모두를 대신해 흐름을 관찰하고 분석하며 무엇이 새롭게 떠오르고 있는지 알려줬다. 맥마흔은 시장의 가장 급박한 문제를 이해하고 해결해야 한다는 '심리적인 주인 의식'을 갖고 있었다.

맥마흔 그룹이 제시한 가격이 다른 업체보다 두 배나 높았음에도 우리는 그들에게 의뢰하기로 결정했다. 우리가 그만큼 더 높은 가치를 얻을 수 있다고 확신했기 때문이었다. 설문 조사를 실행해 회원들이 무엇을 원하는지 말해줄 뿐만 아니라, 그 결과에 따라 우리가 최적의 조치를 취할 수 있도록 도움을 줄 터였다. 우리는 단지 시장 조사 서비스를 구매한 것이 아니었다. 우리가 구매한 것은 전문성과 경험, 그리고 지혜라는 귀중한 보물이었다. 그들은 우리가 문제를 해결하도록 만들어 줄 수 있었다.

그리고 실제로 그런 일이 일어났다. 설문 조사 결과는 프랭크가 그날 점심에 우리에게 들려줬던 이야기 그대로였다(그렇다. 지금 돌이켜 보건대 굳이 설문 조사를 하지 않고 프랭크의 말을 그대로 받아들였더라면 많은 돈을 절약했을 것이다. 그럼에도 우리는 회원들로부터 직접 들어야 할 필요가 있었다). 행동 과제 역시 그가 점심에 이야기했던 것 그대로였다. 이후 우리 클럽의 회원 수는 증가했고, 회원들은 클럽 시설을 더 많이 이용했다. 우리 클럽은 심각한 재정 상황에서도 어느 때보다 효율적으로 운영해나갔다.

프라이빗 클럽 시장은 맥마혼 그룹과 같은 업체가 목표로 삼기에는 작고 제한적인 것처럼 보일 수 있다. 하지만 시장의 규모는 260억 달러에 달한다. 맥마혼은 시장에 많은 부분을 할애하지 않아도 효율적으로 비즈니스를 운영해갈 수 있다. 시장의 꼭대기를 차지하고 프리미엄 가치에 프리미엄 가격을 부과함으로써 스스로를 넘어서는 평판을 확보하고 수익성 높은 비즈니스를 구축했다. 맥마혼은 말 그대로 고-투 기업이었다.

기업이 특정 시장에서 고-투 브랜드가 되면 엄청난 경제적·운영적 이익과 더불어 주식 가치와 관련해 장기적인 이득을 누린다. 실제 자신을 넘어서는 평판을 구축하고, 스스로 가격을 책정하고, 고객이 자신을 찾도록 만들어 치열하게 경쟁을 벌이는 무리를 앞서 나간다. 그리고 건전한 수익을 바탕으로 미래의 성장에 투자한다. 그들에게 삶은 누구보다 더 쉽다.

실천  과제

다음의 행동 과제를 수행해보자. 이번에도 동료들과 함께 실행한다면 더욱 도움이 될 것이다.

■ 시장에서 고-투 기업 찾아보기 ■

1. 당신이 활동하는 분야에서 고-투 기업 세 곳을 찾아보고 다음 체크리스트 기준을 어느 정도 충족시키는지 확인해보자.

	회사1	회사2	회사3
구매자가 (특정 주제)를 생각할 때, (기업 이름)을 가장 먼저 떠올린다.			
사람들이 특정한 문제를 해결하고자 할 때, (기업 이름)을 가장 먼저 떠올린다.			
누구도 (기업 이름)처럼 특정한 문제를 해결하지 못한다.			
(기업 이름)은 폭넓은 인지도와 높은 평판을 확보하고 있다.			
(기업 이름) 자체보다 기업의 평판이 더 빛난다.			
많은 잠재 고객이 (기업 이름)과 함께 일하기를 원한다.			
비즈니스를 위해 경쟁하거나 새로운 제안을 제시할 필요가 없다.			
무언가를 양보해야 할 필요가 없다.			
적합한 비즈니스가 아니라서 거절할 때가 있다.			
가격을 직접 결정하고 종종 인센티브를 받는다.			
(기업 이름)이 속한 시장에서 가장 앞서나가고 있는 기업이나 개인과 함께 일한다.			
하버드 비즈니스 스쿨과 같은 수준의 인정을 받는다. 많은 인재들이 (기업 이름)에서 일하기 위해 경쟁을 벌인다.			

2. **분석:** 이들 고-투 기업이 다른 기업들과 다르게 하는 것은 무엇인지 적어보자.

회사1

_____

회사2

_____

회사3

_____

3. **시각화:** 당신의 기업이 시장에서 고-투가 된다면 상황은 어떻게 달라질까? 비즈니스가 물처럼 밀려든다면? 고객이 문제 해결을 위해 당신에게 가격을 조정해달라고 요청한다면 어떻게 할 것인가?

_____

_____

3장
고객이 찾아오는 브랜드는
무엇을 다르게 하는가

자신이 선택한 시장에서 고-투 위치에 오른 기업은 미-투 기업들이 하지 않는 특별한 전략을 따른다. 이제 고-투 브랜드가 다르게 하는 여덟 가지를 살펴보자.

고-투 브랜드는 한 가지 목표에 광적으로 집중한다

고-투 브랜드가 따르는 첫 번째 가장 중요한 전략은 한 가지 목표에 집중하는 것이다. 아폴로 우주 비행사 딕 고든은 아폴로 스페이스 프로그램에서 깨달은 소중한 교훈을 들려주면서 이렇게 강조했다.

집중의 힘. 뚜렷한 목표가 있고, 모두와 함께 목표를 공유하고, 모든 행동이 목표를 중심으로 이뤄진다면 불가능이란 없습니다. 우리의 목표는 달이었습니다.

1961년 5월 25일 상하원 합동 회의에서 역사적인 '달 우주선' 연설을 하고 있는 존 F. 케네디 미국 전 대통령
(사진 출처: NASA)

존 F. 케네디는 "달에 인간을 보낸다"라는 짧은 말로 우주 프로그램에 참여한 모두가 하나의 구체적인 목표와 하나의 구체적인 과제에 집중하도록 만들었다. 인간을 달에 보내고 무사 귀환시키는 것. 그것이 전부였다.

전설적인 마케터 알 리스의 책 『경영 불변의 법칙』(비즈니스맵)은 지금도 마케팅 분야의 고전으로 남아 있다. 리스는 여기서 집중의 강력한 힘을 말한다. 스타트업을 지원하는 아이디어랩IdeaLab의 설립자 빌 그로스는 이 책이 어떻게 자신의 생각과 전략, 운명을 바꿔놨는지 다음과 같이 말했다.

태양은 강력한 에너지원이다. 태양은 매시간 수십억 킬로와트에 달하는 에너지를 지구에 쏟아붓는다. 하지만 모자나 선크림만 있다면 몇 시간 동안이라도 아무런 문제 없이 일광욕을 즐길 수 있다.

레이저는 약한 에너지원이다. 레이저는 몇 와트에 불과한 에너지를 응집시켜 하나의 광선을 만들어낸다. 하지만 우리는 레이저로 다이아몬드에 구멍을 뚫고 암덩어리를 제거할 수 있다.

기업이 집중할 때 똑같은 효과를 창조할 수 있다. 강력한 레이저처럼 시장을 지배하기 위한 역량을 구축할 수 있다. 이것이야말로 집중이 의미하는 전부다.

기업이 집중력을 잃어버리면 힘도 잃어버린다. 너무 많은 제품과 너무 많은 시장에 에너지를 흩뿌리는 태양이 되고 만다.

2003~2004년 동안 레고는 위기를 맞이했다. 오랜 정체기가 이어지면서 매출은 급감했다. 외르겐 비 크누드스토르프가 CEO 자리에 올랐을 때, 핵심 제품과 핵심 고객에 집중하는 차원에서 "블록으로 다시 돌아가자"고 선언했다. 『레고 어떻게 무너진 블록을 다시 쌓았나』(해냄)라는 책에서 상세히 기술했듯이, 레고는 브랜드의 범위를 좁히고 블록 디자인 종류를 46퍼센트나 줄였으며, 5~9세 아동에 다시 집중했다. 이듬해 매출은 12퍼센트 증가했다. 그리고 2004년 2억 9,200만 달러 적자에서 2005년에 세전 1억 1,700만 달러 흑자로 돌아섰다. 『파이낸셜 타임스』 기사에서 언급했듯이, 레고는 12년이 넘도록 매출 상승을 기록했으며 "아이들이 더 많은 시간을 디지털 기기와 함께하면서 많은 장난감 기업이 어려움을 겪는 상황에서도 더 오랫동안 버텼다." 레고는 조립식 완구 시장에서 2/3에 달하는 시장점유율을 차지하고 있었지만, 잠시 집중력을 잃고 2017년에 다시 한번 타격을 입었다. 그러나 재빨

리 방향을 선회하면서 2018년에 다시 성장하기 시작했다.

집중은 우리가 자원에 전념하도록 만든다. 메시지에 집중함으로써 목표 고객층의 불만 및 요구 사항을 그들의 언어로 말하게 한다. 또한 가능성 있는 잠재 고객을 구분해 판매 활동에 필요한 에너지 낭비를 줄일 수 있다. 직원들에게 하지 말아야 할 것을 알려주고 계속해서 우선순위에 집중하도록 만든다.

고-투 브랜드는 핵심 시장을 장악하고 영역을 확장한다

고-투 브랜드의 남다른 집중 방식 중 한 가지는, 자신들의 장점을 기반으로 시작한다는 것이다. 그들은 기회를 제공하기에 충분히 넓으면서도 한정된 자원을 집중하기에 충분히 협소한 시장에 집중한다.

달 탐사에서 분명한 성공을 거둔 직후, NASA는 목성과 토성, 화성과 같은 다른 행성과 다른 은하계로 탐사의 범위를 넓혔다.

고-투 기업은 메시지와 제품, 서비스, 업무 활동을 뒤죽박죽 혼합하는 대신, 핵심 주제와 시장을 기반으로 브랜드를 구축하고 모든 활동은 이를 중심으로 돌아가게 한다. 지배적인 지위를 충분히 확보하고 난 후에야 원래 시장과 인접한 시장으로 비즈니스를 확장해나간다.

오라클Oracle은 관계형 데이터베이스 기술 분야에서 고-투 기업으로 기반을 다지고, 설립 후 10년이 되는 시점에 어플리케이션 시장으로 사업을 확장했다. 세일즈포스는 영업 자동화 어플리케이션 분야에서 기반을 구축한 뒤에 세일즈 및 마케팅 어플리케이션 시장으로 사업을 확장하면서 연 매출 130억 달러 이상을 기록했다.

오늘날 연 매출 300억 달러 규모의 기업인 액센츄어는 1950년대 초 금융 및 제조 라인 자동화에 대한 고객 기업의 수요를 충족시키기 위해 회계 기업인 아서앤더슨^Arthur Andersen의 소규모 컨설팅 사업부로 출범했다. 그 사업부는 1970년대까지도 단 두 가지 영역에만 집중했다.

페이스북은 처음에 하버드 대학교 학생만을 위한 서비스였다. 그곳에서 성공을 거두자 다른 여덟 개 대학의 학생들에게도 허용했다. 페이스북은 이러한 방식으로 특정 시장에서 확고한 기반을 다진 후 다른 대학과 기업에 문을 열었고, 마지막으로 13세 이상의 일반인에게도 문을 열었다. 비록 페이스북이 빛과 같은 속도로 성장했음에도 지금의 궤도에 올라서기까지 2년 6개월의 시간이 필요했지만 말이다.

제프리 무어는 자신의 책『제프리 무어의 캐즘 마케팅』(세종)을 통해 시장 지배 전략에서 핵심 시장이 얼마나 중요한지 설명했다. 그는 디데이 비유를 통해 사업 확장을 위한 '거점'을 마련하기 위해 소중한 자원에 집중하는 노력의 중요성을 역설했다. 그가 불을 붙이는 불쏘시개에 비유해 언급한 이야기를 들어보자.

> 종이 뭉치는 마케팅 예산을, 통나무는 주요한 시장 기회를 의미한다. 통나무 밑에 아무리 많이 종이를 집어넣는다고 해도 특정한 목표 시장이 불쏘시개로서 기능하지 못한다면, 종이는 금방 타버리고 통나무에는 불이 붙지 않을 것이다.

핵심은 거점의 중요성을 이해하는 것이다.

고−투 브랜드는 자기만의 전문 영역에 집착한다

아폴로 스페이스 프로그램과 팀의 모든 구성원은 핵심 과제에 집착했다. 고-투는 단지 전문화만을 의미하지 않는다. 고-투는 열정적인 마니아이자 애호가다. 고-투는 집착한다. 특정 사안에 대해 대단히 완고하다.

나는 예전에 오래된 메르세데스 디젤 세단을 몰았다. 그리고 클래식카의 고-투 업체라고 할 수 있는 샌프란시스코의 실버스타 모터서비스 Silver Star Motor Services의 프레드에게 내 차를 가져갔다. 프레드는 구식 메르세데스를 일감으로만 생각하지 않았다. 그는 클래식카를 '사랑'했다. 말 그대로 마니아였다. 클래식카에 대해 끊임없이 생각하고, 자료를 찾아 읽고, 더 많은 것을 공부했다. 게다가 강한 고집을 갖고 있었다. 프레드는 오래된 벤츠라면 몇 시간이라도 거뜬히 떠들어댈 수 있었다. 그건 허세가 아니었다. 자신이 열정을 갖고 있는 대상에 대해 장황하게 이야기를 늘어놓을 뿐이었다. 오래된 벤츠만 생각하면 눈이 반짝거렸다. 구식 벤츠는 비즈니스나 일이 아니었다. 그의 삶 그 자체였다.

스티브 잡스는 차별화된 디자인에 집착했다. 애플의 모토가 '단순함'이 되어야 한다고 주장했다. 그가 생각하기에 당시 소비자 기술은 너무 복잡하고 사용하기 힘들고 번거로웠다. 그래서 애플은 언제나 혁신적이고 사용하기 쉬우며 소비자가 감성적인 연결고리를 느낄 기술을 개발하는 데 집착했다. 애플이 아이폰 개발을 시작했을 때, 스티브 잡스는 개발 팀에게 컴퓨터를 주머니에 집어넣을 수 있는 기기를 만들라고 지시하지 않았다. 그는 이렇게 주문했다. "사람들이 사랑에 빠질 만한 최초의 전화기를 개발하세요."

전직 애플 프로덕트 매니저인 밥 보처스는 이렇게 말했다. "스티브 잡스는 사람들의 삶에 대단히 유용하고 필수적인 무언가를 개발하고 싶어 했습니다. 사람들이 집에 지갑은 두고 와도 아이폰은 두고 오지 않기를 원했죠."

스티브 잡스는 사람들이 기술과 교류하는 방식에 대해 대단히 열정적이고 집착적이고 완고했으며, 이는 그가 세상을 떠난 후에도 애플이 창조하는 모든 것에 스며들었다.

1999년 마크 베니오프가 세일즈포스를 설립했을 때, 그는 기업들이 설치형 소프트웨어에서 서비스형 소프트웨어(혹은 클라우드) 모델로 이동해야 할 필요성에 뜨거운 열정을 갖고 있었다. 2006년 한 콘퍼런스에서 베니오프는 이제 설치형 소프트웨어 시장은 사양길로 접어들었다는 자신의 생각을 집요하고도 당당하게 역설했다. 당시만 해도 서비스형 소프트웨어는 생소한 아이디어였다. 하지만 세일즈포스는 그 기술에 매우 열정적이어서 모든 광고와 웹사이트, 그리고 회사와 관련된 모든 자료에 등장하는 '소프트웨어'라는 단어 위에 금지 마크를 붙였다. 베니오프는 자신의 상징인 금지 마크를 그날 연단에서는 물론이고, 어디에서나 꽂고 다녔다.

고-투 브랜드는 시장에서 주인 의식을 갖는다

고-투 기업은 이렇게 말한다. "내가 맡을게. 이 문제는 내 거야." 그리고 그 문제는 브랜드의 목표가 된다. 아폴로 프로그램이 해결해야 할 문제는 이런 것이었다. "어떻게 작은 물체 안에 살아 있는 사람을 넣어서 움직이는 천체에 착륙시키고 무사히 되돌아오게 할 것인가?"

기본적으로 기업은 (수익을 올리면서) 문제를 해결하기 위해 존재한다. B2B 세상은 더욱 그렇다. 그러나 고-투는 여기서 한발 더 나아가, 세상에 문제에 대한 주인 의식ownership을 선언하고 주요한 사고 리더로 활동한다.

RSA시큐리티RSA Security는 일찍이 암호화 분야에서 주인 의식을 선언했고, 지금은 사이버 보안 산업에서 주도적인 역할을 맡고 있다. 흔히 "세계가 안보에 대해 이야기하는 곳(Where the World Talks Security)"이라고 말하는 일련의 주요 콘퍼런스를 주최하고, 주목할 만한 조사 결과를 발표하고, 비즈니스 보안 혁신 위원회를 비롯한 다양한 산업 기구를 이끌고 있다.

대규모 의료 기관인 카이저 퍼머넌트Kaiser Permanente는 단순히 통합 의료 시스템 서비스를 제공하는 병원이 아니다. 이 병원에서 개인과 가족은 단일 의료 기록을 바탕으로 한 자리에서 건강관리에 관한 모든 서비스를 받을 수 있다. 종합 의료 팀은 환자의 행복에 집중한다. 이러한 시스템이야말로 미래를 향한 방식이라고 믿는다. 카이저는 15년에 걸쳐 '번영' 캠페인을 이끌어오고 있는데, 이를 통해 건강한 삶을 위한 다양한 방법을 제시한다. 광고에서 카이저를 언급하지 않는 대신 더 높은 목표를 말한다.

예를 들어, 한 지면 광고에서는 줄넘기로 인간의 두뇌 모양을 그려놓고, 그 옆에 다음과 같이 적었다. "운동은 기분을 좋아지게 할 뿐만 아니라 우울과 불안을 예방합니다. 더욱 깨어 있고 더욱 집중력을 발휘하도록 도움을 줍니다. 힘을 다해 마지막 한 세트를 마쳤을 때, 정신은 더욱 맑아집니다. 더 많은 정보를 원하신다면, kp.org/thrive를 방문하세요."

카이저에서 브랜드 전략과 커뮤니케이션 및 홍보를 담당했던 전 선임 부사장 다이앤 게이지 로프그렌과, 브랜드 마케팅과 광고를 담당했던 전 카이저 부사장 데비 칸투의 설명에 따르면, 카이저는 "삶의 어느 단계에 있든, 누구나 최대한 건강하고 행복한 삶을 누릴 수 있도록 집중하는" 건강 수호자의 역할을 목표로 삼았다.

애플은 아이팟 사용자들이 당시 만연한 불법적인 방법이 아니라, 합법적으로 음악을 쉽게 내려받게 하려고 아이튠즈를 개발했다.

아마존 첫 번째 직원인 셸 카판에 따르면, 그 기업의 첫 번째 단일 목표는 "세상 모두가 책을 구할 수 있도록 만드는 것"이었다.

고-투 브랜드는 문제(혹은 도전 과제)를 소유하는 과정에서 시장에 참여한다. 교류를 위해 포럼을 조직하고, 리더의 자격으로 중심에 선다. 스스로를 내세우려는 것이 아니라, 지속적인 혁신과 성과를 향한 논의를 이끌어나가기 위함이다.

디스커버리 에듀케이션Discovery Education은 "학생들의 호기심을 자극하고 교육자들이 학습에 대해 새롭게 생각하도록 영감을 불어넣고자" 했다. 이를 위해 지멘스 STEM 데이Siemens STEM Day나 타이거 우즈 재단과의 협력과 같은 커뮤니티 및 참여 프로그램을 제시한다.

고-투 기업은 단지 시장 문제를 해결하는 것에서 멈추지 않는다. 논의에 활력을 불어넣고 시장과 더불어 협력함으로써 문제 해결을 향한 지속적이고도 집단적인 발전을 일구어나간다.

고-투 브랜드는 문제의 해결책을 알리고 추종자를 이끈다

달 착륙은 NASA 혼자의 힘으로 이룬 성과가 아니다. 많은 협력 업체와 사회 전반의 지지, 의회의 지속적인 예산 지원으로부터 도움을 받았다. 지지와 지원을 확보하기 위해 목표를 향한 관점을 널리 알리고, 의심을 확신으로 바꾸고, 접근 방식을 중심으로 인재를 끌어모았다. 이와 관련된 자세한 내용은 나중에 다시 한번 살펴보도록 하겠다.

기업의 경우, 관점이란 고-투 기업의 도움이 있든 없든 수행해야 할 도전 과제를 바라보는 정직한 시각을 뜻한다. 투자자이자 스타트업 자문가인 가이 가와사키는 관점을 곧 '대의명분'이라고 말한다. 그것은 구매 권유와는 다르다.

스탠퍼드 경영과학 및 공학부에 속한 STVP(The Stanford Technology Ventures Program, 스탠퍼드 기술 벤처 프로그램)는 기술 분야 기업가 정신 교육의 '고-투'로 자리 잡았다. 이러한 사실은 (많은 것들 가운데) 미국국립과학재단이 미국 전역의 공학도를 지원하기 위해 마련한 1천만 달러 후원금의 대상자를 수많은 경쟁 기관 가운데 STVP로 선정했다는 사실에서 분명히 알 수 있다. STVP는 전공이나 경력을 떠나서 모든 학생에게 기업가의 리더십 기술을 가르치는 것이 많은 도움을 줄 수 있다고 확신한다.

STVP의 교수와 직원 및 협력 기관은 기업가 정신 교육 및 연구 분야의 많은 리더 및 인플루언서와 폭넓고 긴밀한 관계를 맺고 있다. 전 세계 기업가 정신 교육 분야의 주요 인사들은 모두 STVP 교수인 캐시 아이젠하트와 톰 바이어스, 티나 실리그를 잘 알고 있다. 세 사람은 STVP

의 비전을 널리 열정적으로 알리고 있다. 그들 모두 '시장'에서 놀라운 성과를 보여줬으며, 다양한 상을 수상했다. 2008년 캐시 아이젠하트는 지난 25년 동안 전략 및 조직 연구에서 저명한 하버드 비즈니스 스쿨 교수로 활동한 마이클 포터를 앞질러 가장 많이 인용된 연구 저자로 선정되었다. 바이어스와 실리그는 공학과 기술 교육 혁신을 위한 권위 있는 버나드 고든 상을 수상했다. 이 상은 NAE(National Academy of Engineering, 미국공학한림원)에서 수여한 것이다. 당시 원장인 윌리엄 울프는 그 상을 본질적으로 공학 교육자의 '노벨상'으로 설립했다며 그 취지를 밝혔다. 세 사람은 STVP의 운영 방식과 통찰력을 공유하는 책을 펴내기도 했다.

고-투는 스토리텔링이나 드라마를 통해 청중의 감정에 관여하는 데 노력을 기울인다. 그 가치를 이해하는 것이다. '문제'는 악당으로서 시장에 극적인 긴장을 가져오고, '관점'은 영웅으로서 문제를 해결해나간다. 마크 베니오프는 세일즈포스 초창기에 소프트웨어를 악당으로, 서비스형 소프트웨어를 악당을 물리치러 온 영웅으로 내세웠다.

고-투 브랜드는 사고 리더십(Thinking Leadership)의 부드러운 힘을 매우 중요하게 여긴다.

맥마혼 그룹의 프랭크 베인이 클럽의 일반 매니저들 앞에 섰을 때, 맥마혼 그룹에 관해서는 한마디도 꺼내지 않았다. 다만 클럽이 직면하는 핵심 문제를 클럽 지도부가 해결하기 위해 할 수 있는 일을 맥마혼의 관점에서 이야기했다. 청중은 그가 하는 모든 이야기에 귀를 기울일 수밖에 없었다. 유명한 레스토랑 앞에서 무료로 나눠주는 시식용 음식과 다를 바 없었다. 일단 한번 맛본 사람은 더 많은 음식을 먹고 싶어했다.

고-투 브랜드는 시장에서 브랜드의 추종자 집단이 기업을 대신해 기업을 홍보하도록 만드는 데 노력을 아끼지 않는다.

애플에게는 '복음'을 전파하는 열렬한 팬이 있다. 인터넷 브라우저 파이어폭스의 자존심 강한 개발사 모질라^{Mozilla}는 사용자들이 제품의 유지와 개선에 참여하도록 허용하고 있다. 모질라 사용자들은 돈을 받지 않고도 기꺼이 그 일을 한다. 스스로 온라인상에서 선택과 통제를 하고 있다고 강력하게 믿기 때문이다.

STVP는 브랜드 철학에 대한 열정과 지지를 공유하는 학자들을 모아 '신뢰자 커뮤니티'를 구축했다. 유럽과 아시아, 남미, 미국에 걸쳐 일련의 연례 콘퍼런스를 주최해 지역의 기업가 정신 교육자를 한곳에 모으고, 교육을 발전시키기 위해 노력하고 있다. STVP는 접근 방식을 공유하고, 다른 이들이 똑같은 노력을 하도록 격려한다. 전 세계 교수들은 STVP의 접근 방식과 역할에 깊은 존경심을 갖고 있다. 더욱 중요한 사실은, 콘퍼런스 참여자들이 놀라운 유대 관계를 형성하고 있다는 점이다. STVP는 이들을 위한 서비스 차원에서 콘퍼런스를 이끌고 있지만, 이러한 노력은 새로운 정보와 브랜드를 구축하고 다양한 기회를 제공한다는 점에서 STVP에 더없이 소중한 보상으로 돌아온다.

고-투 브랜드는 제품을 팔지 않고 문제를 해결한다

고-투 브랜드는 고객에게 중대한 영향을 미치는 놀라운 결과를 선사한다.

아폴로 스페이스 프로그램은 "우리는 놀라운 기능을 수행하는 멋진 최신 장비를 많이 갖추고 있다'라고 말하지 않았다. 메시지는 언제나 결과에 초점을 맞추고 있었다. "달에 인간을 보낸 뒤 무사히 귀환시키고 독재에 맞선 자유의 상징으로 우주 경쟁에서 승리할 것이다."

마찬가지로 고-투 브랜드는 기업이나 소비자의 문제를 이미 잘 이해하고 있으며, 이를 해결하기 위한 처방을 내린다. 고-투는 "무슨 일을 합니까?"라는 잠재 고객의 질문에 "뭐가 필요합니까?"라는 질문으로 반문하지 않는다.

구매를 권할 때, 문제나 문제 해결에 관해서 이야기하는 것만으로는 부족하다. 제품의 기능과 특성, 서비스의 특징을 공유하는 것만으로는 충분하지 않다. 대신에 고-투 브랜드는 약속을 전달하고 결과의 형태로 가치를 제공한다. 고객을 위해 문제를 먼저 해결함으로써 근본적인 영향을 미친다.

- 고-투는 고객에게 제품과 서비스뿐만 아니라, 결과를 가져다주기 위해 필요한 '완전한 솔루션'을 제공한다.
- 고-투는 과정을 이끌고 달성한 결과를 기준으로 성공을 평가한다.
- 고-투의 세일즈 활동은 거래와 '유도'가 아니라 '장기적인 관계와 책임'에 중점을 둔다.
- 고-투는 신뢰할 수 있는 비즈니스 파트너가 되고자 노력하며, 고객의 장기적인 이익을 모든 행동의 중심에 놓아둔다.
- 고-투는 가장 적합하다고 판단되는 일련의 목표 대상을 바탕으로 시장에 접근하며, 이들 목표 대상 사이에서 존재감을 구축한다. 문제 해결에 대한 관점과 접근 방식을 신뢰하는 사람들과 함께 공동체를 구축한다.

당신이 식사를 한다면 상대는 음식과 접시, 도구 등을 판매할 것이다. 고급 레스토랑이 만족스러운 식사 경험을 제공한다면, 당신은 기꺼이 더 높은 가격을 지불할 것이다. 고-투 레스토랑은 여기서 더 나아가 모임의 장소를 제공하고, 고객의 이름과 취향을 파악하고, 고객의 요구에 따라 요리를 하고, 더욱 특별한 제안을 할 것이다.

"최고의 고-투는 아주 구체적인, 때로는 한정된 가치 제안을 한다." 그들은 구체적인 비즈니스 성과 차원에서 이야기한다. 예를 들어, 얼마나 더 빨리, 더 경제적으로 수익성 높게 비즈니스 목표 및 비용 목표를 달성할 것인지 이야기한다.

고-투는 특정 분야에 집중하기 때문에 효율적이고 (겉으로 드러나진 않지만) 탁월한 운영 방식을 바탕으로 모든 일을 처리한다. 그들만의 도구와 프로세스, 기술을 통해 경쟁 업체보다 더 낮은 비용으로 서비스를 제공한다. 고-투는 특정 분야에 뛰어난 인재를 고용하고 훈련함으로써 곧바로 시장에 뛰어들어 가치를 높이게 한다. '탁월한 성과를 가져다줄 신뢰할 수 있는 파트너'의 가치 시스템과 문화를 보유한다.

1990년대 중반, 부가 사업으로 인터넷 산업에 뛰어든 다른 유통 업체들과 달리, 아마존은 단일 사업으로 온라인 채널을 운영했고, 초기에는 서적 판매에만 집중했다. 운영 방식은 대단히 효율적이어서 토이저러스Toys'R'Us와 타깃Target, 시어스 캐나다Sears Canada와 같은 기업들은 자사 사이트를 만들지 않고 아마존과 계약을 체결해 유통 온라인 채널을 운영했다. 아마존 성공의 또 다른 핵심 요인은 바로 업무 효율성이었다. 아마존은 이를 기반으로 배송과 재고 및 여러 가지 비용을 줄였다. 『와이어드』지는 아마존을 "세계에서 가장 신속한 배송 인프라"라고 평가했다.

무엇을 더 선호하는가?

기업을 대신해 소비자 불만을 조사하는 서비스 업체

VS

"불만 많은 고객의 만족도를 6개월 안에 ○○% 높여드리겠습니다"
라고 말하는 서비스 업체

―――

소셜 미디어 계정 관리 비용을 매월 청구하는 홍보 대행사

VS

"○○달러를 지불하시면 향후 1년 동안 최고 잠재 고객을 대상으로
보조 인지율 100퍼센트, 비보조 인지율 60퍼센트를 달성하도록
만들어 드리겠습니다"라고 말하는 홍보 대행사

―――

시간당 수수료를 부과하는 법률 회사

VS

"이번 소송에서 반드시 승리하겠습니다. 승소한 뒤
1퍼센트만 수수료로 지불하시면 됩니다"라고 말하는 법률 회사

고-투 브랜드는 끊임없이 수정하고 적응해나간다

고-투 브랜드는 앞서나가기 위해 멀리 내다본다. 세상은 끊임없이 변하기 때문이다. 시장 환경과 고객 니즈, 경제, 정치, 규제, 기술 등 기업에 영향을 주는 다양한 요인은 계속해서 변화한다.

고-투 기업에게는 겸손함과 건전한 편집증이 있다. 나는 액센츄어가 기록적인 성장과 수익을 올리는 동안 경영진 회의에 참석한 적이 있다. 당신이 회의 석상의 대화를 들었다면 액센츄어가 시장에서 쫓겨날

위기에 처한 게 아닌가 생각했을 것이다. 회의에 참석한 임원들은 다른 기업과 마찬가지로 액센츄어의 운명 역시 하루아침에 달라질 수 있다는 점을 이해했다. 마치 발돋움하기 위해 애쓰는 스타트업처럼 전략적 계획 수립에 성실히 임했다. 그리고 올바르게 움직였다.

고투 기업은 지금 아무리 고유한 제품과 서비스를 내놓고 있다고 해도 언젠가 경쟁에 직면할 것이라는 사실을 안다. 시장은 필연적으로 파이 조각을 차지하려는 모방자로 가득 차게 될 것이다. 그래서 고투는 언제나 뒤를 돌아보며 무리를 앞지르기 위해 노력한다. 가령 에어비앤비는 오늘날 온라인 주택 공유 시장을 지배하고 있다. 하지만 호텔 산업이 그 시장에 뛰어든다면, 에어비앤비는 여전히 선두 자리를 지킬 수 있을까?

특히 기술 분야는 끊임없이 경쟁자가 출현하고 시장 환경이 변한다. 오라클은 처음에 관계형 데이터베이스 기업으로 출범했지만, 이후 많은 경쟁자가 출현했고 신기술이 잇달아 등장했다. 오라클은 데이터베이스 시장 전체에서 40퍼센트의 시장점유율로 견고한 1위 자리를 지키고 있지만, 더 이상 예전의 오라클이 아니다. 원래의 강점을 기반으로 비즈니스를 확장했고 디지털 마케팅 기술을 비롯한 다양한 솔루션 시장에 진입했다.

이 글을 쓰는 시점을 기준으로 『포브스』에 따르면, 애플과 구글, 마이크로소프트가 세계에서 가장 가치가 높은 3대 브랜드다. 하지만 세 기업의 본사에서는 이러한 분위기를 느낄 수 없다. 어느 기업도 초창기의 모습과 같지 않다. 세 기업 모두 지금의 제품과 서비스가 언젠가 쓸모없어지리라는 사실을 잘 안다. 그래서 늘 그다음 혁신을 연구한다.

최근 IBM과 같은 대기업들은 클라우드 컴퓨팅 흐름을 충분히 빨리 따라잡지 못해 어려움을 겪고 있다. 토이저러스 역시 온라인 쇼핑 성장과 같은 시장 변화를 재빨리 받아들이지 못했다. 향후 10년에 걸쳐 블록체인 기술과 사물 인터넷(대부분의 소비자용 및 산업용 장비나 제품에 적용된 네스트**Nest** 스마트 온도 조절 장치를 떠올려보자), 소비자 행동의 변화, 친환경 기술, 성숙한 시장에서 디지털 플랫폼의 광범위한 도입(알리바바나 페이팔 등), 공유 경제(우버**Uber**), 그리고 거의 모든 산업에서 나타나는 빠른 변화의 속도가 혁신의 원동력으로 작용할 것이다.

고-투는 변하지 않는, 또는 '충분히' '빨리' 변하지 않는 기업은 사라질 수밖에 없다는 사실을 잘 안다. 「창조적 파괴의 속도는 점점 더 빨라지고 있다」는 제목의 짧막한 보고서에 잘 요약된 2018년 이노사이트 **Innosight** 연구에 따르면, 현재 S&P 500 기업 중 절반이 다음 10년 동안 바뀔 것이다. 또한 (2012년 연구에 따르면) 1958년에 그 목록에 들었던 기업들이 평균 61년을 머물렀던 반면, 2027년에 그 기간은 12년으로 단축될 것으로 보인다.

앤드류 그로브는 이러한 현상에 관해 자신의 책 『편집광만이 살아남는다』(부키)에서 다음과 같이 설명했다.

> 과거의 스타들은 종종 변화를 가장 늦게 받아들이고, 전략적 변곡점과 흐름을 가장 늦게 따라가다가 가장 크게 넘어지는 경향이 있다.

고-투 브랜드는 더 적게 홍보하지만 더 많이 알려진다

아폴로 스페이스 프로그램은 정부로부터 후원받은 자원을 효율적으로 활용했다.

마찬가지로 고-투 브랜드는 특정 분야에 온전히 집중하기 때문에 세일즈와 마케팅을 비롯한 다양한 판매 활동이 대단히 효율적으로 이뤄진다. 모든 움직임이 하나의 주제를 중심으로 돌아간다. 고-투 기업은 더 적은 마케팅 활동으로 더 많은 것을 제공한다. 다른 사람들이 기업을 대신 홍보하도록 유도하면서 시장에서 관성을 만들어낸다. 그래서 더 적은 잠재 고객과 교류한다. 판매 비용은 그만큼 더 낮다. 현장 마케팅 활동은 더 많은 잠재 고객을 실제 고객으로 전환시킨다. 솔루션 중심적인 제안은 고객과의 장기적 관계와 더 높은 고객 가치로 이어진다. 한 명의 고객으로부터 얻은 경험을 다른 고객에게도 적용한다. 그 과정에서 낭비란 없다.

> 스티브 잡스는 아무리 좋은 프로젝트라고 해도 너무 자주 '예스'라고 말하는 것보다 '노'라고 말하는 것이 더 중요하다고 지적할 것이다. 그가 지적하는 바가 바로 기업들이 자주 저지르는 실수다.
>
> _애덤 라신스키, 『포춘』 수석 편집자이자 『인사이드 애플』 저자

액센츄어에서 우리 팀은 고객이 대기업이든 소기업이든, 자원이 지극히 한정되어 있었기 때문에 대단히 효율적으로 움직여야 했다. 그래서 핵심 목표에 에너지를 집중했다. 일단 제작한 자료는 나중에 다양한 용도로 활용했다. 예를 들어, 프레젠테이션 자료는 블로그 게시글, 보고서, 전자책, 캠페인 자료 및 기사로 활용했다. 시장의 모든 정보는 내부 자료로 통합해 글로벌 팀이 활용할 수 있도록 했다. 연례 고객 콘퍼런스는 강력한 고객 구축 및 사고 리더십 프로그램의 핵심으로 기능했다. 모든 것이 루빅큐브처럼 서로 맞물려 있었다.

핵심 정리

앞서 소개한 고-투 브랜드의 특성과 행동은 당신을 다른 많은 미-투들과 구분해준다. 이는 시장 지배 전략의 핵심이다. 자신의 기업을 특정 시장의 고-투 기업으로 구축함으로써 잠재 고객이 특정 문제와 맞닥뜨렸을 때 가장 먼저 떠오르는 이름이 된다. 이제 당신의 기업은 인지도를 높이고 특정 시장의 주요 사고 리더로서 인정받는다. 특정 시장 내에서 남들이 따라올 수 없는 전문성을 확보하고, 프리미엄 가격을 요구하고, 높은 수익을 달성한다. 이러한 거대한 혜택 덕분에 연구 개발과 직원 및 문화 개발, 브랜드 구축, 고객, 다양한 마케팅 활동 등 당신이 착수하는 모든 과제에 투자할 여력이 생긴다. 더불어 멀리 내다보면서 시장 변화를 적극적으로 받아들이게 된다. 게다가 업계 평균을 훌쩍 넘어서는 매출과 이익을 통해 꽤 높은 수익을 유지하게 될 것이다.

실천 🚀 과제

다음 과제를 동료들과 함께 수행해보자. 다양한 관점을 지닌 이들과 함께할 때 많은 도움을 얻을 수 있다.

■ 시장의 고-투 기업 분석하기 ■

1. **정의:** 당신(혹은 당신의 기업)은 시장에서 특정 주제나 문제에 집중하고, 잠재적으로 그것을 '소유'하고 있는가?

_____

_____

_____

_____

_____

_____

_____

_____

2. **분석:** 2장 마지막에서 분석했던 고-투 기업들을 대상으로 3장에서 소개한 여덟 가지 전략을 잘 수행하고 있는지 1~5점으로 평가해보자. 그리고 다음의 각 항목에서 그들이 어떻게 하고 있는지 적어보자.

	점수	고-투 기업들은 어떻게 하고 있을까?
집중		
거점		
전문성		
주인 의식		
확신		
결과		
변화		
홍보		

이번에는 각 항목에 대해 당신의 기업의 성과를 1~5점으로 평가해보고 바꾸거나 개선하고 싶은 점이 있다면 적어보자.

	점수	바꾸거나 개선하고 싶은 점
집중		
거점		
전문성		
주인 의식		
확신		
결과		
변화		
홍보		

3부

어떻게

HOW

3부에서는 네 가지 모드(발사, 점화, 항해, 가속)를 간략하게 살펴본다. 이 접근 방식의 핵심은 특정 시장을 목표로 삼아 공통적이고, 중요하고, 급박한, 그러나 다른 누구도 충분히 주목하지 못한 문제를 확인하는 것이다. 그리고 이 문제에 대한 고유한 솔루션을 개발하고 이를 기반으로 시장의 흐름을 주도해서 최고의 고-투 브랜드로 스스로를 정립한다. 고-투 기업은 솔루션이 시장으로 확산하는 동안 시장의 흐름을 끊임없이 관찰하고, 변화하는 고객의 요구를 충족시키고 경쟁에서 앞서기 위해 기존 전략과 솔루션을 필요할 때마다 거듭 수정한다.

(사진 출처: NASA)

4장

시장 지배를 위한
아폴로 접근 방식

개관

지금까지 우리는 고-투 브랜드가 무엇을 다르게 하는지, 특히 자원이 한정적일 때 어떻게 최대한 효율적으로 움직이는지 살펴봤다. 명심하자. 고-투 브랜드는 언제나 그렇게 움직인다.

우리는 고-투 브랜드가 수행하는 과제를 '시장 지배를 위한 아폴로 접근 방식'이라는 이름하에 발사-점화-항해-가속 4단계 모드로 구분할 것이다.

이 접근 방식의 핵심은 이것이다. 고-투가 되려는 기업은 특정 시장을 목표로 삼아 공통적이고, 중요하고, 급박한, 그러나 다른 누구도 충분히 주목하지 못한 문제를 확인한다. 그다음 이 문제에 대한 고유한 솔루션을 개발하고 이를 기반으로 시장의 흐름을 주도함으로써 최고의 고-투 브랜드가 된다. 동시에 고객이 솔루션을 성공적으로 실행하도록 도움을 주며 약속을 지킨다. 고-투 기업은 솔루션이 시장으로 확산하는 동안 시장의 힘을 끊임없이 관찰하고, 변화하는 고객의 요구를 충족시키고, 경쟁에서 앞서기 위해 기존 전략과 솔루션을 필요할 때마다 거듭 수정한다.

3장에서 살펴본 것처럼 '집중'은 아폴로 접근 방식의 핵심이다. 많은 기업이 시장을 넓게 비추는 반면, 고-투 기업은 레이저 빔을 쏜다. 그 에너지를 강한 영향력을 미칠 수 있는, 분명하고 집중적인 전략이 뒷받침하는 상호 독립적인 프로그램으로 자신의 브랜드를 목표 시장에 각인시킨다.

이번 4장에서는 네 가지 모드를 간략하게 개괄한다. 다음으로 5~8장에서는 모드별 실행 과제를 각각 살펴본다. 각 모드에서 구체적인 행동 계획과 만들어내야 할 결과물을 확인하고, 세부적인 사항과 몇 가지 관련 사례를 소개한다.

발사	점화	항해	가속
비전을 분명하게 밝히기	흐름을 주도하기	고객의 여정을 안내하기	비전을 새롭게 하고 속도를 높이기
목표 시장의 문제를 해결하기 위한 고유한 접근 방식 제시하기	접근 방식을 중심으로 영향력 있는 인물을 끌어모으고 시장의 관성을 구축하기	고객과 함께 접근 방식을 실행에 옮기고 성과를 만들어내기	시장 변화에 적응하고 입지를 굳히기

모드 1. 발사

우주로 나아가려면 먼저 지면으로부터 떠올라야 한다. 발사는 우주 여행의 시작이다. 로켓이 추진력을 얻고 성공적으로 발사되려면 얼마만큼의 에너지가 필요하다. 비즈니스도 마찬가지다. 당신은 자신만의 비전과 접근 방식을 개발해 공격적으로 밀고 나가야 한다. 왜 시장이 그 문제에 관심을 기울여야 하는지 도발적이고 흥미진진하고 중요한 관점을 개발하자. 초기에 힘을 받기 위해 집중해야 할 거점 시장을 선택하고, 한정된 자원을 분산시키지 않기 위해 특정 범위의 활동에만 주력하자. NASA가 초반에 달에 집중했던 것처럼 말이다.

스스로를 차별화할 목적으로 시장 문제에 대한 주인 의식을 공개적으로 밝혀서 자신의 자리를 차지하자. 케네디가 유명하면서도 담대한 연설로 아폴로 스페이스 프로그램을 출범시켰던 것처럼 말이다.

비즈니스에서 발사 모드란, 중요한 기사를 발표하거나 중요한 컨퍼런스에서 선언하는 것을 의미한다. 여기서 말하는 '주인 의식'이란 시장이 특정 문제를 해결하도록 도움을 주는 과정에서 강력하고 지속적인 열정을 가지고 리더의 역할을 맡는 것을 뜻한다. 애플이 음악 파일 불법 공유 문제를 해결하기 위해 나섰던 것처럼 말이다. 세일즈포스가 많은 기업이 클라우딩 기술을 받아들이도록 밀어붙이는 과정에서 리더의 역할을 맡았던 것처럼 말이다. 여기서 핵심 주제를 벗어나지 말아야 한다. 행동하고 말하는 모든 것이 핵심 주제를 구심점으로 삼아야 한다.

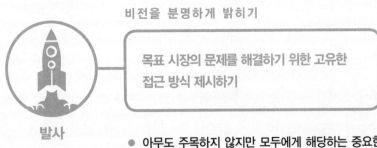

목표 시장의 문제를 해결하기 위한 고유한
접근 방식 제시하기

발사

- 아무도 주목하지 않지만 모두에게 해당하는 중요한
  문제 해결하기
- 관점 개발하기
- 고유한 접근 방식 마련하기

5장에서는 발사 모드의 구체적인 실행과 행동 계획, 그리고 다른 기업들의 사례를 살펴볼 것이다. 예를 들어, 테슬라가 전기차를 주류 모델로 만들겠다는 장기적인 비전과 자율 운행 자동차를 향한 훨씬 더 장기적인 비전을 제시하면서 어떻게 로드스터 모델을 시작으로 '고성능 전기차'를 시장에 내놓았는지 살펴본다. 에어비앤비와 애플, 아마존을 비롯한 다양한 기업의 발사 모드도 들여다본다.

모드 2. 점화

우주선이 지구 중력을 벗어나 탈출속도에 도달하려면 여러 단계의 로켓 추진이 필요하다. 첫 번째 로켓은 지면에서 떠오르는 데 필요하다. 하지만 충분한 속도를 확보해 지구의 중력권으로부터 벗어나 우주로 진입하고, 관성을 얻으려면 로켓을 계속해서 '점화'해야 한다. 비즈니스 역시 마찬가지다. 자신의 주제, 즉 관점을 기반으로 시장을 계속

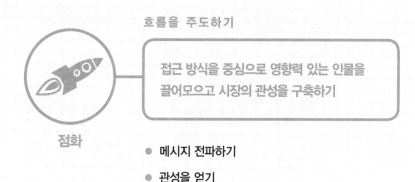

흐름을 주도하기

접근 방식을 중심으로 영향력 있는 인물을
끌어모으고 시장의 관성을 구축하기

점화

- 메시지 전파하기
- 관성을 얻기

점화해서 솔루션을 향해 나아가는 관성을 얻어야 한다. 다시 말해, 끊임없이 메시지를 전파하고 시장 흐름을 주도해야 한다. 아폴로 스페이스 프로그램은 초반에 엄청난 회의주의에 직면했지만, 공격적인 홍보와 로비 활동, 교육 프로그램을 통해 긍정적인 분위기를 조성하는 데 성공했고, 미국 사회의 여론과 의회의 지지를 이끌어냈다.

6장에서는 점화 모드를 설명하고 하위 단계들을 세부적으로 들여다본다. 각각의 하위 단계의 목표는 다음과 같다.

1. 사고 리더로서 시장에서 가치 있고 핵심적인 지위를 차지하기
2. 자신의 접근 방식(솔루션)을 널리 알리고 표준으로 기능하도록 구축하기
3. 솔루션을 시장에 내놓기 전에 소비자가 기꺼이 실험 대상이 되어 솔루션을 개발하고 개선하는 과정에 참여하도록 만들기

공급보다 많은 수요를 시장에서 지속적으로 창출해낼 때 기업은 가격을 높이고 누구를 고객으로 받아들일지 직접 선택할 수 있다.

실제로 거대한 수요를 창출해낸 실리콘밸리의 일부 마케팅 기업은

잠재 고객들이 앞다퉈 선택해달라고 요청한다. 비용을 한 번에 지불하는 것은 물론이고 지분을 제시하기까지 한다.

점화 모드의 초기 목표는 시장에서 영향력 높은 인물을 추종자로 전환해 당신 대신 메시지를 널리 전파하도록 만드는 일이다. 해당 인물로는 산업 분석가나 기자 등 다양한 전문가들이 있다. 벤처 자본가, 금융 분석가, 전·현직 CEO도 포함된다. 이들은 다양한 형태의 네트워크를 확보하고 있는 '독립적인' 사람들이다. 당신이 시장을 잘 안다면 그들이 누구인지도 잘 알 것이다. 당신은 이러한 핵심적인 인플루언서 집단을 통해 자신의 메시지와 스토리를 또 다른 인플루언서와 잠재 고객에게 전할 수 있다. 당신이 초반에 기울이는 노력이 불꽃이라면, 이들의 활동은 불쏘시개다. 당신의 메시지와 솔루션의 인지도는 이들을 통해 티핑 포인트(인기가 없던 제품이 갑자기 폭발적인 인기를 끌게 되는 시점이나 계기—편집자)에 도달하고 들불처럼 번지기 시작한다.

이제 당신은 앞서가는 잠재 고객과 이야기를 나눠야 한다. 그들은 피드백을 주고 메시지를 보다 세련되게 다듬도록 도움을 줄 것이다(시장이 당신의 제안을 받아들일 준비가 되었다면, 당신의 제안을 구매하고 그 제안을 더 개선할 수 있도록 도움을 줄 것이다. 이와 관련해서 다음에 자세히 살펴보도록 한다).

자신의 관점과 솔루션을 중심으로 시장을 '점화'했던 인물에 관한 잘 알려진 사례로는 스티브 잡스와 일론 머스크, 월트 디즈니를 꼽을 수 있다. 6장에서는 이들을 포함해 더 많은 사례를 살펴본다.

아무것도 없는 상태에서 시작할 경우에는 더 많은 불꽃과 불쏘시개가 필요하다. 80년대 후반 액센츄어의 CIG처럼 새로운 시장에 진입한 스타트업이나 기업이 그렇다. 시장에서 인지도나 신용이 전무할 경우,

기업의 성장 곡선은 더욱 더디게 상승할 것이다. 하지만 티핑 포인트에 도달할 때 관성의 힘이 작용하기 시작한다.

다시 세일즈포스 사례로 돌아와보자. 그들은 시장 점화의 대표적인 롤 모델이다. 마크 베니오프는 초기 단계에 전문가이자 대변인 역할을 맡아 서비스형 소프트웨어를 기반으로 시장 흐름을 점화했다. 마크는 멈출 수 없이 정력적이었다. 가는 곳마다 "더 이상 소프트웨어는 없다 (no more software)"라는 문구가 적힌 라벨 핀을 옷깃에 달고서 자신의 메시지를 널리 알렸다. 그의 조직 전체는 단일하고 단순한 관점에 집중하고, 고객의 피드백을 적극 받아들이고, 분석가의 말에 귀를 기울이고, 사람들이 메시지에 관심을 보이도록 최선을 다했다. 사실 그들은 세일즈포스의 제안에 관해서는 아무런 언급도 하지 않았다. 그럴 필요가 없었기 때문이다. 그들의 제안은 다음 질문에 대한 자연스런 답변이었다. "소프트웨어가 없다면 '무엇'이 있는가?" 한때 작은 스타트업으로서 산업 거물들과 경쟁해야 했던 세일즈포스는 오늘날 최첨단 CRM을 필요로 하는, 그러면서도 복잡하고 값비싼 시스템 없이 효율적인 운영을 하고자 하는 많은 기업의 '고-투'로 널리 인정받고 있다. 세일즈포스는 서비스형 소프트웨어의 지도를 그렸고, 영업 자동화를 기반으로 가장 중요한 위치에 자리를 잡은 다음, 지속적으로 확장해나가고 있다.

모드 3. 항해

우주선은 지속적인 점화 과정에서도 목적지를 향해 '항해'해야 한다. 마찬가지로 기업은 고객이 문제 해결을 위한 여정을 '항해'하도록 도와야 한다. 시장 지배는 단지 홍보에서 끝나지 않는다. 기업은 약속을 실현해야 한다. 제품이나 서비스를 넘어서 완전한 솔루션, 즉 고객에게 가치 있는 '결과물'을 내놓아야 한다. 솔루션은 하드웨어를 비롯한 다양한 물리적 제품과 소프트웨어, 서비스, 툴, 방법론, 다양한 지적 재산권, 교육 프로그램, 협력 네트워크의 조합으로 이뤄진다. NASA 역시 이러한 요소를 통해 항해 단계를 실행에 옮겼다. 그들의 솔루션에는 항공 우주 협력 업체와 학술 기관, 시스템 통합 업체 등이 포함되어 있었다. NASA는 이들과 더불어 일련의 아폴로 임무를 수행했고, 각각의 임무는 아폴로 스페이스 프로그램의 궁극적인 목표를 향해, 그리고 이를 넘어서서 나아갈 수 있게 했다.

오라클은 바로 이러한 일을 대단히 효과적으로 해냈다. 데이터베이스 제품과 전문 서비스, 교육, 다양한 업체와의 협력을 통합했다. 오늘날 많은 시스템 업체는 스스로 완전한 솔루션을 내놓을 능력이나 의지가 없다. 그래서 다양한 하드웨어 및 소프트웨어 기업과 컨설팅 업체,

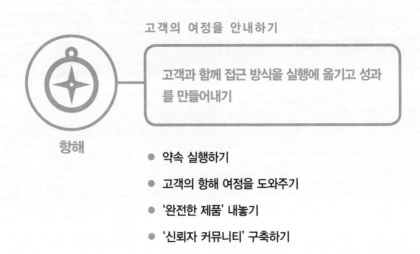

고객의 여정을 안내하기

고객과 함께 접근 방식을 실행에 옮기고 성과를 만들어내기

항해

- 약속 실행하기
- 고객의 항해 여정을 도와주기
- '완전한 제품' 내놓기
- '신뢰자 커뮤니티' 구축하기

여러 서비스 업체와 협력해 스스로를 보완하고 인증하고 강화하는 방식으로 운영한다.

성공적인 '항해'를 위해서는 독보적인 비즈니스 개발과 고객 서비스 기술, 즉 고객의 신뢰를 얻고 유지하기 위한 노력이 필요하다. 이 말은 올바른 인재와 함께 올바른 고객을 위해 올바른 일을 한다는 뜻이다. 이는 기회 관리와 적절한 평가 및 보상, 채용, 뛰어난 서비스 제공, 프로젝트 관리 역량 등 여러 가지 운영과 관련되어 있다. 당신은 아마도 아마존이 뛰어난 무료 배송 서비스를 제공한 것처럼 비용을 줄이고, 시장에 대한 접근 속도를 높이고, 최대한 효율적으로 고객을 만족시키고, 경쟁자들에 대한 장벽을 높이고 싶을 것이다.

솔루션을 판매해야 하는 상황에서 당신은 목표 고객을 정하고, 거래 중심적(일회적) 접근 방식 대신에 관계 중심적 접근 방식을 취해야 한다. '점화' 단계에서 자신을 목표 고객에게 소개하고, '항해' 단계에서 그 노력을 계속 이어나가야 한다. 이 단계에서는 고객의 조직 내부에서 무슨 일이 벌어지고 있는지 확인하고, 고객과 함께 고유한 접근 방식과 솔루션을 기반으로 문제를 해결해야 한다. 또한 소비자와 목표 고객, 산업 전반에 걸쳐 자신의 솔루션을 신뢰하는 이들을 모아 커뮤니티를 구축해야 한다.

자세한 사항은 7장에서 단계별로 살펴볼 것이다. 디즈니와 픽사, 할리데이비슨, 아마존, 바이타믹스, 애플 등 다양한 사례를 함께 들여다보자.

모드 4. 가속

일단 시장의 견인력과 관성을 얻었다면, 이제 속도를 높이고 계속해서 뒤를 확인해야 한다. NASA는 소련의 발전 상황을 예의 주시하면서 그때그때 프로그램을 수정했다. 냉전이 끝난 후에는 기존 접근 방식을 세계적이고 협력적인 형태로 완전히 전환했으며, 다른 행성과 은하계를 탐험하는 목표로 확장했다.

고-투 브랜드인 당신의 기업이 시장을 충분히 점화했다면 그 시장은 조만간 미-투 기업으로 가득 찰 것이다. 그러므로 선두를 계속 유지하려면 '가속'이 필요하다. 달을 향해 나아가는 로켓처럼 기업 역시 움직이는 목표물을 겨냥해야 한다. 가속 모드에서는 지속적으로 흐름(예를 들어, 시장 트렌드나 기술 발전)을 살피면서 자신의 비전을 새롭게 하고, 확장과 집중 사이에서 미묘한 균형을 유지해야 한다. 기업은 변화하는 환경에 진화와 혁신을 통해 신속하게 적응해야 한다. 당신의 기업이 인적 자원 아웃소싱 서비스를 제공한다면, 오늘날 그 시장은 이미 레드 오션이나 다름없으며, 광범위한 기술이 필수 요건이라는 사실을 잘 알 것이다. 이러한 상황에서 어떻게 선두를 유지하면서 존재감을 드러낼 수 있을까? 무엇이 당신을 특별하게 만들어주는가?

레고는 혁신 이후로 전통과 집중 사이에서 신중하게 균형을 유지했다. 혁신 및 제품 확장을 통해 시장에서 입지를 계속 다져나갔다. 고객이 모조품이나 대체품으로 눈길을 돌리지 않고 지속적으로 레고의 제품을 찾도록 기존 블록 집합에서 새로운 블록을 계속 추가해나가는 방법을 찾아야 했다.

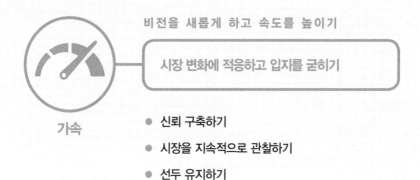

비전을 새롭게 하고 속도를 높이기

시장 변화에 적응하고 입지를 굳히기

가속

- 신뢰 구축하기
- 시장을 지속적으로 관찰하기
- 선두 유지하기

일단 기업이 목표 시장을 성공적으로 장악하고 고-투 기업으로 자리 잡았다면, 확장을 할 것인지, 그리고 확장한다면 어떻게 할 것인지 결정해야 한다. 링크드인LinkedIn은 처음에 실리콘밸리 기술 임원을 대상으로 비즈니스를 시작했다. 다음으로 다른 지역에 있는 IT 임원들을 목표 고객으로 삼았으며, 점점 다른 산업 분야로 범위를 확장했다. 일반적으로 기업은 인접 시장으로 비즈니스 영역을 확장한다. 다시 말해, 기존 시장과 긴밀하게 연결된 시장으로 범위를 넓혀나간다. 인접 시장은 지리와 인구 통계, 소비자 심리, 구매자 수요 및 가치의 차원에서 기존 시장과 유사하다. 예를 들어, 유통 기업은 주로 지역 특성과 인구 구성을 신중하게 고려해 시장을 넓혀간다. 기존 시장에서 제품 및 서비스 제안의 범위를 넓히는 방법도 있다. 새로운 시장을 개척하는 것보다 기존 고객을 대상으로 새로운 제품을 판매하는 방법이 훨씬 더 쉽다. 이러한 방법은 기술 분야에서 종종 확인할 수 있다. 예를 들어, 오라클과 시스코Cisco, IBM, 세일즈포스를 비롯한 많은 기업은 종종 인수 합병을 통해 엔터프라이즈 시장에서 소프트웨어 및 서비스 제안의 범위를 확장해왔다.

경쟁력을 유지하고 비즈니스 기반을 확장하는 방법에 관한 구체적인 내용은 8장에서 다룰 것이다. 더불어 실행해야 할 구체적인 단계, 누가 그 일을 성공적으로 해냈는지에 관한 사례도 함께 살펴볼 것이다. 블록버스터Blockbuster, 시벨Siebel, 테네코Tenneco 등 한때 시장을 지배했던 기업이 왜 오늘날 새로운 세대의 비즈니스맨 사이에서 완전히 잊히고 말았는지 분석해볼 것이다. 이들 기업이 잊힌다는 것은 전성기를 누리던 시절에 상상조차 할 수 없는 일이었다. 다음으로 우리는 넷플릭스와 할리데이비슨, 애플, 세일즈포스, 아마존과 같은 기업이 변화에 적응하고 시장의 도전 과제에 직면했던 모습을 사례 연구로 들여다볼 것이다.

지속 가능한 차별화와 성장을 위한 네 가지 필수 과제

많은 기업이 성과를 거두고 일시적으로 고-투 지위를 얻어 풍족한 수익을 누린다. 하지만 그 성공은 오래 가지 못한다. 당신은 지속 가능한 차별화와 높은 수익, 더 큰 성장을 원할 것이고, 이를 위해서는 4단계가 '모두' 필요하다. 의자가 서 있기 위해 네 개의 다리가 필요한 것과 같다. 각 단계는 지속 가능한 고-투 지위를 확보하는 데 대단히 중요한 역할을 한다.

- **발사:** 이 모드가 없다면 기업은 상위 목표를 상실한, 단지 또 하나의 제품이나 서비스 제공자에 불과하다. 차별화된 관점이 없거나 뚜렷하게 차별화된 포지션을 확보하지 못한다.

- **점화:** 이 모드가 없다면 기업은 존재감을 드러내지 못하고 시장의 관심과 환호, 지지를 얻지 못한다. 이때 시장의 관성을 이끌어내는 일은 길고 힘들고 값비싼 과정이 될 것이다.
- **항해:** 이 모드가 없다면 기업은 고객에게 영향을 미치지 못하고 탄탄하게 성장하는 매출과 이윤을 만들어내지 못한다.
- **가속:** 이 모드가 없다면 기업은 단기적인 성공을 거둔다고 해도 조만간 치열한 경쟁과 시장의 저항에 무릎을 꿇을 것이다.

브르보**VRBO**는 오랫동안 그 자체가 하나의 시장으로, 여행자와 집주인을 직접 연결해주는 통로로 기능했다. 효과적으로 비즈니스를 '항해' 했지만, 새로운 비전과 관점을 개발하거나 전달하지는 못했다(발사). 사고 리더로서 존재감을 드러내지 못하고 시장에서 관성을 이끌어내지도 못했다(점화). 온라인 구매 방식과 여행 트렌드가 변화하는 흐름에 적응하지 못했다(가속).

에어비앤비가 새로운 접근 방식으로 여행자와 지역의 집주인을 연결하고, 획기적인 관점을 제시하면서 시장에서 돌풍을 일으키고, 집주인 사이에서 공동체 의식을 창조했을 때 사람들은 관심을 집중했다. 브르보를 에어비앤비의 경쟁적인 대안이라고 생각하는 여행자는 많지 않다. 에어비앤비가 계속해서 새로운 제안을 내놓고 혁신을 거듭하며 '가속' 모드로 나아가는 동안에 브르보는 홈어웨이**HomeAway**에 합병되고 말았다. 현재 홈어웨이는 일부 서비스를 모방해 에어비앤비의 뒤를 쫓고 있다.

네 가지 모드가 순서대로 이뤄지는 것은 아니다

지금까지 이들 모드가 연속적으로 일어나는 것처럼 설명했지만 일반적으로 그렇지는 않다. 두세 가지 모드, 심지어 네 가지 모드가 동시에 일어나기도 한다. 아폴로 스페이스 프로그램도 마찬가지로 동시다발로 진행되었다.

애플은 아이폰 개발을 결정했을 때 조직 내부에서조차 최대한 오랫동안 기밀을 유지했다. 완제품을 완성하고 난 뒤에 세상에 발표하고자 했다. 애플은 먼저 '발사' 모드를 실행했다(시장을 분석하고 관점과 접근 방식, 전해야 할 메시지와 대략적인 프로토타입을 개발했다). 다음으로 '항해' 모드에 돌입했다. 이를 위해 애플은 AT&T와 같은 업체와 손을 잡고 고객 기업들의 지지를 이끌어냈다. 다음으로 초기 프로젝트 제안자들은 아주 제한적인 형태의 '점화' 모드를 내부적으로 추진했다. 그들은 핵심 인재를 채용했다. 특히 스티브 잡스는 애플이 자체적으로 휴대전화를 생산하도록 설득하고 아이폰 개발을 위한 비전을 제시했다. 약 2년이 흘러 아이폰이 생산에 들어갔을 때, 애플 마케팅 팀은 '발사' 모드에 착수해 프레젠테이션 자료를 비롯한 다양한 자료를 제작했다. 스티브 잡스는 이러한 자료를 활용해 2007년 1월에 공식 발표를 했다. 다음으로는 '항해' 모드의 일환으로 6개월 만에 생산에 들어갔다. 이후 '점화' 모드가 뒤를 이었다. 애플은 언론을 비롯해 시장의 영향력 있는 인물들이 혁신적인 제품을 지지하도록 만들었고, 전 세계 개발자들이 다음 해에 출범할 앱스토어를 위해 앱을 개발하도록 설득했다. 이러한 노력은 아이폰을 강력하고 특별한 제품으로 만들기 위한 '가속' 모드의 일부였다.

일반적으로 점화 모드와 항해 모드는 동시에 일어난다. 기업들 대부분이 제품을 출시하고 매출을 이끌어낼 만큼 시장이 완전히 성숙하기까지 마냥 기다릴 수 없기 때문이다. 실제로 기업이 가장 먼저 집중해야 할 과제는 최초의 몇몇 고객을 확보하고 제안의 핵심 요소를 최대한 빨리 개발해내는 것이다. 처음으로 돈을 지불하는 고객은 흔히 말하는 '개념의 증명(Proof of Concept, 신제품 또는 새로운 프로젝트가 실현 가능성이 있고 기업의 문제 해결에 도움이 될 것인지 효과 및 효용을 기술적인 관점에서 사전 검증하는 과정—편집자)' 차원에서 대단히 중요하다. 이 말은 시장이 실제로 원하고 받아들일 준비가 되어 있으며 돈을 지불하고자 하는 무언가를 개발하고 있다는 사실을 의미한다.

앞서 소개한 접근 방식을 연속적인 흐름으로 받아들이고, 이를 실행에 옮길 시간이 왔을 때, 현재 상황을 분석해 자신이 어느 모드에 위치해 있는지 파악하자. 그리고 행동 계획을 수립하자. 현재 상황과 시장, 자원을 바탕으로 실행 순서를 결정하자.

회사 전체에 적용할 것인가, 일부 조직에 적용할 것인가?

아이폰은 당시 애플에서 추진 중이던 (그리고 조직 내 대부분이 알지 못했던) 많은 프로젝트 중 하나였다. 아이폰의 비전과 포지셔닝, 전반적인 디자인, 시장 내부 파괴자의 역할은 애플의 전반적인 포지셔닝 및 브랜드 이미지와 일치했다. 반면, 스타트업의 경우 첫 번째 제품은 기업과 하나이자 동일한 것이다. 따라서 기업에서 일어나는 모든 일은 첫 번째 제품을 중심으로 이뤄진다.

앞서 소개한 접근 방식을 얼마나 광범위하게 적용할 것인지는 기업의 성숙도, 비즈니스 활동 범위, 비즈니스를 운영하는 시장 등에 달렸다. 당신의 기업이 리처드 브랜슨의 버진 그룹처럼 거대하고 복잡한 조직이라고 해보자. 그렇다면 당신은 아마도 시장 전반에 대한 전체적인 브랜드 전략을 세우고 있을 것이다. 물론 기업은 여러 사업부로 나눠져 있고, 각 사업부는 서로 다른 목표와 구체적인 시장을 갖고 있으며, 맞춤화된 제품과 서비스를 제공한다. 그러므로 모든 사업부는 버진의 브랜드를 일관성 있게 시장에 내놓는 동시에 개별 시장에 적절한 형태로 브랜드를 다듬어야 한다. 이 경우에는 전반적인 조직의 비전과 전략, 브랜드, 비즈니스 목표 등을 기반으로 사업부 차원에서 아폴로 접근 방식을 적용해야 한다.

예를 들어, 각 사업부와 브랜드가 대단히 자율적이고 개별 시장에서 강력한 브랜드 인지도를 보유하고 있는 (가령 타이드 세제처럼) 프록터앤갬블Procter&Gamble의 경우, 이러한 상황을 적극적으로 반영해 아폴로 접근 방식을 계획하고 실행해야 한다. 여러 사업부가 동일한 제품을 서로 다른 시장에 판매하는 것처럼 사업부 간 긴밀한 연결 고리가 존재할 경우, 가장 이상적인 형태는 우선 조직 전체가 아폴로 접근 방식을 실행하고, 개별 사업부들이 이를 이어받아 각각의 시장에 맞춤화하는 것이다. 각각의 사업부는 서로 동떨어진 비전과 메시지, 포지셔닝을 추구해서는 안 된다. 상위 차원에서 비전과 메시지를 먼저 마련하고 이를 각 시장의 요구에 따라 맞춤화해야 한다.

반면, 소기업의 경우 전반적인 기업 차원에서 계획하고 실행해야 한다. 그리고 그 과정에서 충분히 집중해야 한다. 시장에서 긍정적인 평판을 구축한 뒤 특정 시장으로 세분화해 들어가거나, 목표 시장의 영역을 확장할 때 아폴로 접근 방식을 각각의 시장에 적용할 수 있다. 실제로 액센츄어의 CIG 역시 그렇게 했다. 우리는 먼저 결제 서비스 시장에서 성공을 거뒀고, 이후 무선 OSS(Operations Support Systems, 공중교환회선망이 원활하게 작동하도록 하는 정보시스템)와 같은 시장으로 확장할 준비를 했다. 당시 CIG는 하나의 사업부였지만 사실상 여러 하위 부서를 운영할 정도로 충분히 규모가 컸고, 하위 부서들은 각각 특정 시장을 목표로 삼고 있었다. 이들 하위 부서는 특정 시장을 지배하기 위해 독자적인 아폴로 접근 방식(물론 당시에는 그런 이름으로 부르지는 않았지만)을 계획했다.

아폴로 접근 방식에 대한 면밀한 고찰

훌륭한 전략 기반은 이해하기는 쉽지만 실천하기는 어렵다. 실천은 경쟁력 확보의 핵심이다. 비전을 이야기하는 것과 비전을 실현하는 것은 완전히 다른 일이다. 케네디가 달에 인간을 보내겠다는 목표를 발표했을 때, 소련도 똑같은 목표를 세웠다. 그러나 계획을 실행에 옮기고, 여러 조직 사이에서 협력을 이끌어내고, 난관을 극복하는 역량이 차이를 만들어냈다.

다음 네 장에 걸쳐 우리는 각각의 모드를 보다 세부적으로 들여다보고 실행에 옮기기 위한 단계별 접근 방식을 살펴볼 것이다. 모드별로 세부 단계와 핵심 프로젝트 및 프로그램, 관련된 과제를 전반적으로 훑어볼 것이다. 다음으로 사례를 통해 단계를 자세히 살펴보면서 실행 과정에서 중요한 핵심 요소를 짚어볼 것이다. 마지막으로 업무 계획표를 직접 채워 넣으면서 각 장을 마무리한다.

당신은 아마도 여러 세부 단계가 대단히 직관적이며 이미 많은 부분을 직접 실행하고 있다는 사실을 발견할 것이다. 우리는 아폴로 접근 방식을 통해 각 단계를 조직화하고 통합해 전략과 마케팅, 판매 활동을 하나로 묶고 목표 시장에서 지배적인 위치를 차지할 수 있다. 그 과정에 몇몇 특유한 반전이 있는데, 우리는 이를 집중적으로 들여다볼 것이다. 아폴로 접근 방식이 마술적인 힘을 발휘하려면 각 단계에서 올바른 전략을 갖추고 구체적으로 실행에 옮겨야 한다.

시장 지배를 위한 아폴로 접근 방식은 고–투 브랜드를 향한 여정에서 연속적으로, 혹은 동시다발적으로 나타나는 네 가지 모드로 구성된다. 순서와 시점은 기업이 처한 구체적인 상황에 달렸다.

1. **발사:** 첫 번째 모드인 '발사'에서 기업은 시장에서 자신의 목표를 정의하고 공식적으로 선언한다. 여기서 기업은 스스로의 존재를 시장에 드러낸다. 이 모드에는 공통적이고, 중요하고, 급박한 시장 문제에 대한 고유하고 처방적인 관점, 그리고 결과 중심적인 고유한 솔루션이 포함된다.

2. **점화:** 두 번째 모드인 '점화'에서는 시장에서 관성을 구축한다. 영향력 있는 인물들의 지지를 이끌어내고, 자신의 관점과 솔루션을 바탕으로 시장의 흐름을 지속적으로 '점화'한다. 또한 앞서가는 초기 고객을 추종자로 전환시킨다. 추종자는 기업이 제품과 서비스를 개선하고 아이디어를 실현하도록 도움을 준다.

3. **항해:** 세 번째 모드인 '항해'에서 기업은 말을 실행으로 옮기면서 고객이 여정을 따라가도록 안내한다. 기업은 약속한 바를 시장에 입증해 보여야 한다. 여기서 기업은 솔루션을 시장에 내놓고, 인상적인 성과를 고객에게 보여주고, 고객이 기꺼이 돈을 지불하도록 만든다. 또한 인프라와 프로세스를 구축해 운영비를 낮추고 시장에 대한 접근성과 효율성을 높인다.

4. **가속:** 네 번째 모드인 '가속'에서는 속도를 높여서 고–투로서 입지를 더욱 공고히 하고, 미–투 기업이 필연적으로 등장하는 상황에서 계속 앞서 나간다. 기업

은 항상 뒤를 돌아다보며 변화의 상황을 주시하고, 지속적으로 혁신하고 적응

해나간다.

아폴로 접근 방식의 목표는 단지 뛰어난 제품이나 서비스를 내놓는 것이 아니다.

기업을 진정한 시장 리더로 올라서게 하는 것이다. 시장 리더는 산업의 의제를 선

정하며, 시장을 괴롭히는 공통적이고 중요하고 급박한 문제를 해결하기 위해 책임

을 진다. 여기서 핵심은 네 가지 모드 일부가 아니라 전부를 실행에 옮겨 지속적으

로 경쟁이 치열한 시장에서 스스로를 차별화하고, 포지셔닝하고, 지속 가능한 성장

을 일구어내는 것이다.

실천 🚀 과제

다음의 실천 과제를 다른 동료들과 함께 수행해보자. 다음 장에서 실천에 돌입할 때, 팀 접근 방식이 핵심이라는 사실을 이해하게 될 것이다.

1. **시각화:** 아직 구체적인 모습은 알지 못해도 자신만의 달 우주선 프로젝트를 시장에 선언하고, 솔루션을 향한 모든 형태의 환호와 지지를 이끌어내고, 고객들이 기꺼이 솔루션을 받아들이도록 만드는 것이 어떤 일인지 잠시 생각해보자. 자신만이 해결할 수 있는 주요한 시장 문제의 고-투가 된다는 것이 시장의 차원에서 또는 기업의 차원에서 어떠한 일인지 상상하며 적어보자.

_____

_____

2. **분석:** 3장의 실천 과제에서 살펴봤던 산업 내 고-투 기업들이 어떻게 네 가지 모드를 실행에 옮겼는지 간략하게 적어보자.

발사	
점화	
항해	
가속	

5장

발사 모드:
책임감을 가지고
시장 문제 해결하기

다음 이야기는 실화다. 한 유명한 경영 컨설팅 기업의 글로벌 파트너가 엑손Exxon의 CEO를 처음 만났다. 이번 만남은 그 파트너에게 향후 몇 년간 엄청난 비즈니스 흐름을 창출할 수 있는 중요한 기회였다. 그는 에너지 산업 분야의 최고 전문가임에도 최선을 다해 회의를 준비했다. 에너지 산업과 기업에 관한 거의 모든 내용을 담은 80쪽짜리 프레젠테이션 자료를 들고 회의실로 걸어 들어갔다. CEO가 관심을 보이는 모든 사항에 관해 자세하게 이야기를 나눌 만반의 준비가 되어 있었다. CEO는 그를 반갑게 맞이했지만 슬라이드 자료에는 아무런 관심을 보이지 않았다. CEO는 간단한 질문을 던졌고, 파트너는 당황해서 아무런 말도 하지 못했다. 질문은 이런 것이었다. "당신의 기업이 에너지 산업에서 무엇을 의미하길 원하는지 한두 문장으로 말해줄 수 있을까요?"

이 질문에 대한 대답은 바로 '발사' 모드의 모든 것을 의미한다.

발사 모드의 근본적인 전략은 시장의 비전을 파악하고, 문제를 바라보는 관점을 갖추고, 자신만의 고유한 접근 방식을 시장에 제시하는 것이다. 여기서 우리는 시장에서 장기적으로 사고 리더가 되겠다는 의지를 공식적으로 선언한다. 사람들이 테슬라에 열광했던 것은 단지 전기차를 만들어냈기 때문이 아니었다. 일론 머스크에 열광한 것은 지구를 위해 전기차를 보편화하겠다는 숭고한 목표를 밝히고 장기적인 비전과 로드맵을 제시했기 때문이다.

1935년 야외 스포츠 애호가인 매리 앤더슨과 그의 남편은 얼음을 깨는 품질 좋은 도끼를 비롯해 다양한 야외 활동 장비를 구하는 것이 대단히 힘들고 돈이 많이 든다는 사실에 실망했다. 그래서 '장비를 구매하기 위한 더 나은 방법'을 찾아보기로 했다. 마침내 부부는 야외 스포츠에 열정적인 사람들을 위해 강력한 구매력을 가진 협동조합을 만들겠다는 꿈을 실현하고자 REI^{Recreational Equipment, Inc}를 설립했다.

3장에서 살펴본 것처럼 자신의 존재감을 드러내고 고-투 지위에 오르기 위해서는 핵심 시장 영역에 집중하고, '자신이 무엇으로 알려지길 원하는지'를 선택하는 작업이 중요하다. 당신의 모습에 매력을 느낀 고객은 당신을 대신해 그 이야기를 퍼뜨릴 것이다. 이는 당신이 집중하는 바를 고객이 쉽게 머릿속에 떠올릴 수 있을 때 실현될 수 있을 것이다. 당신은 추구하는 바를 최대한 단순하게 표현하고 자신만의 달 착륙선을 한두 단어로 전달할 수 있어야 한다. 가령, 구글은 '유료 검색 광고'로 시작했다. 페이스북은 '모두를 연결'하고자 했다. 스타벅스는 직장과 집 사이를 연결하는 '제3의 장소'가 되길 원했다.

걱정하지는 말자. '집중'이라고 해서 작은 것을 의미하지는 않는다. 구체적이야 한다. 당신은 아마도 자신의 역량에 어울린다고 생각되는 크고 역동적이고 성장 속도가 빠른 시장을 선택하고 싶을 것이다.

그런데 만일 당신이 선택한 분야에 이미 고-투 브랜드가 자리 잡고 있다면? 그렇다면 분야를 더 세부적으로 구분하자. 산업 분석 시장이 좋은 사례다. 원래 가트너가 IT 분야 전반을 장악하고 있었다. 그래서 포레스터 리서치Forrester Research는 소비자 인터넷과 온라인 유통, 마케팅 기술, 소셜 미디어와 같은 하위 영역에서 스스로를 전문가로 '포지셔닝' 했다.

개관

"가는 길을 모른다면 어느 길이든 당신을 목적지까지 데려다줄 것이다"라는 말이 있다. 그러나 비즈니스 세상에서 자원은 대단히 귀하기 때문에 목적지를 찾아 무작정 길을 헤맬 수는 없다. 시장에 어떻게 접근할 것인지 잘 이해했다면 많은 기업이 그렇게 무너지지는 않았을 것이다. 고유한 접근 방식을 마련하는 것이 우리가 발사 모드에서 해야 할 일이다.

당신의 기업은 거대한 산업에 속해 있고, 어느 기업도 전체 시장을 지배하지 못하고 있다. 시장에는 시장의 일부 영역을 목표로 삼는 많은 선수로 가득하다. 이러한 상황에서는 가장 먼저 전통적인 전략과 비즈니스 계획을 수립하고 자신의 영역을 확인하는 데 집중해야 한다. 전체 산업을 테이블 주위에 리더들이 둘러 앉아 있는 회의실이라고 생각해 보자. 리더는 각자의 회사를 대표한다. 여기서 당신이 가장 먼저 해야 할 일은 빈자리를 발견하고 차지하는 것이다.

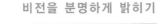
비전을 분명하게 밝히기

목표 시장의 문제를 해결하기 위한 고유한 접근 방식 제시하기

발사

- 아무도 주목하지 않지만 모두에게 해당하는 중요한 문제 해결하기
- 관점 개발하기
- 고유한 접근 방식 마련하기

케네디는 달을 선택했다. 당신은 무엇을 선택하겠는가?

발사 모드에서 우리의 목표는 다음의 중요한 질문들에 분명한 대답을 내놓는 것이다.

1. 시장에 대한 비전은 무엇이며 어떤 시장 문제를 해결하고자 하는가?
2. 그 문제에 대한 우리의 관점과 고유한 해결책은 무엇인가?
3. 시장에서 어떤 고유한 존재가 되길 원하는가?
4. 고객에게 어떤 가치를 가져다줄 것인가?
5. 그 가치가 어떻게 우리 기업에 성공을 가져다줄 것인가?
6. 그 가치를 어떻게 시장에 제시할 것인가?
7. 비즈니스를 뒷받침하기 위해 어떤 인프라가 반드시 필요한가?

위 질문에 분명한 대답을 내놓을 수 있다면, 우리는 투명한 시각을 얻고 기업 이해관계자들(직원, 고객, 파트너, 투자자, 시장에 영향을 미치는 사람들)에게 분명하게 전달할 수 있을 것이다. 발사 모드에서는 말 그대로 시장으로 나아가기 위한 모든 것의 기반을 닦는다.

나는 전체 과정을 논리적인 순서에 따라 살펴볼 테지만, 세부 단계의 순서는 각자의 상황에 따라 재조정해야 한다는 사실을 명심하자. 시장과 조직이 얼마나 성숙한지에 따라서 전체 과정을 반복적으로 진행해야 할 수도 있다. 이 경우에는 특정 과제의 대략적인 형태를 그려보고, 다양한 활동을 실행에 옮기고, 다시 돌아와서 자신이 했던 일을 가다듬자.

이는 책임의 범위와 조직 규모에 따라 기업과 사업부 및 비즈니스 솔루션 차원에서 할 수 있는 일이다. 논의를 위해 당신이 의료와 같은 특정 시장에서 사업부(이익 중심점)를 책임지고 있다고 가정해보자.

발사 모드는 다섯 가지 주요 단계로 구성되며 각각의 단계는 일련의 활동으로 이루어진다. 다음은 간단하게 참조할 수 있는 목록이다.

1. '소유'하려는 공통적이고, 중요하고, 급박한 시장 문제 확인하기
   - 시장 심층 분석하기
   - 시장 구분하기
   - 철저한 내부 평가 수행하기
   - 아무도 차지하지 않은 구체적인 시장 영역을 목표로 삼기
   - 목표 기업과 고객을 분명하게 정의하기
   - 시장이 나아갈 방향에 관한 비전을 세우고 소유하고자 하는 시장 문제를 선택하기

2. 시장 문제에 대한 고유한 관점과 이를 해결하기 위한 신선한 접근 방식 개발하기

- 문제에 대한 고유한 관점 개발하기
- 문제를 해결하기 위한 접근 방식 정의하기
- 잠재 목표 고객 및 시장의 사고 리더와 함께 시장 수요와 목표 시장, 관점을 증명하기

3. 시장에서 무엇을 고유하게 드러낼 것인지, 고객에게 어떤 가치를 전할 것인지, 그것이 어떻게 성과로 이어질 것인지 정의하기
- 포지셔닝 정의하기
- 비즈니스 비전 정의하기
- 비즈니스 전략 수립하기(어떻게 약속을 실행할 것인가?)
- 고유한 핵심 메시지 플랫폼 마련하기
- 접근 방식을 실행에 옮기기 위한 고유한 제안 정의하기(솔루션)

4. 자신의 스토리를 들려주고 접근 방식에 대한 주인 의식 선언하기
- 솔루션을 설명하는 그림과 도표, 인포그래픽 만들기
- 관점과 접근 방식을 담은 연설 자료(경영자 프레젠테이션), 전자 책/백서, 간략한 기사 작성하기
- 관점을 선언하고 분명한 주인 의식 갖기

5. 비즈니스를 뒷받침하는 최소한의 인프라 구축하기

이를 인포그래픽으로 간단하게 요약하면 다음과 같다.

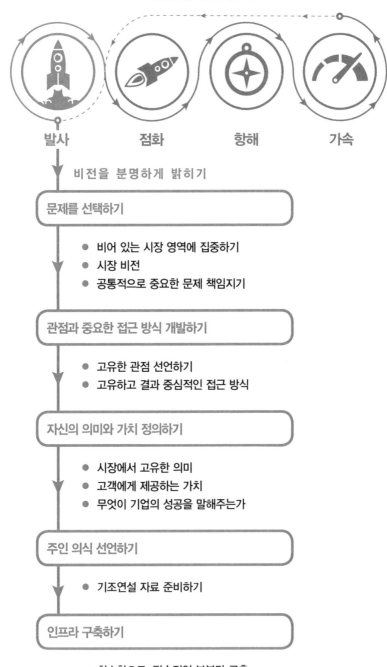

■ 시장을 향해 발사하기 ■

발사　　　점화　　　항해　　　가속

비전을 분명하게 밝히기

문제를 선택하기

- 비어 있는 시장 영역에 집중하기
- 시장 비전
- 공통적으로 중요한 문제 책임지기

관점과 중요한 접근 방식 개발하기

- 고유한 관점 선언하기
- 고유하고 결과 중심적인 접근 방식

자신의 의미와 가치 정의하기

- 시장에서 고유한 의미
- 고객에게 제공하는 가치
- 무엇이 기업의 성공을 말해주는가

주인 의식 선언하기

- 기조연설 자료 준비하기

인프라 구축하기

- 최소한으로, 필수적인 부분만 구축

다음은 위 항목들을 실행하는 과정에서 필요한 프로그램 및 프로젝트다. 아마 전혀 낯설지는 않을 것이다. 아폴로 접근 방식에서는 이들 사이에 강한 집중과 연속성이 요구된다.

- 상황 평가
- 비전 개발
- 시장 선택
- 포지셔닝 전략
- 관점 개발
- 서비스 제안 정의
- 비즈니스 전략
- 운영 계획 수립
- 시장 출시
- 운영 인프라 개발

다음은 발사 모드에서 수행해야 할 과제의 사례다.

- 비전과 전략 계획
- 비즈니스/운영 계획
- 전략 마케팅 계획
- 투자자 프레젠테이션(스타트업이나 내부 예산을 요청해야 하는 경우)
- 신청 서류 작업과 조사 보고서
- 도표 작성
- 경영자 프레젠테이션(연설 자료)
- 중요한 기사, 백서, 책

- 웹사이트
- 서비스/제품 개념 디자인

보다시피 이는 거대한 과제다. 특히 스타트업의 경우, 한 사람 또는 몇몇 사람이 이 모든 일을 처리해야 한다. 반면, 큰 조직이라면 전략, 세일즈, 마케팅, 제품 관리 등 다양한 부서에서 인력을 끌어모아야 한다. 어떤 경우든 업무 계획과 일정, 과제를 책임지는 사람과 함께 시작하고, 전문적인 프로그램 및 프로젝트 관리 방법을 활용해야 한다. 구성원 모두의 동의를 직접적으로 이끌어내 실행 과정에서 영역 다툼을 피하도록 하자. 실행 시점에서 모두의 협력을 이끌어내기 위해서는 세일즈, 마케팅, 제품 관리 등 다양한 조직 사이에서 발생할 수 있는 일반적인 갈등을 피해야 한다.

1단계:
소유하려는 공통적이고, 중요하고, 급박한 시장 문제 확인하기

미국의 대학생은 보통 2년 동안 여러 분야를 공부한 뒤 전공을 선택한다. 3학년부터는 전공을 깊이 있게 공부한다. 물론 다른 전공으로 바꿀 기회는 남아 있다. 하지만 대부분은 선택한 전공에 집중한다.

이제 당신의 전공을 선택해야 할 시간이 왔다. 기억하자. 당신의 목표는 시장에 집중하고, 시장이 나아갈 비전을 세우고, 시장 수요를 충족시키고, 뛰어난 능력을 개발해서 잠재 고객이 적극적으로 당신의 브랜드를 찾고 프리미엄 가격을 지불하도록 만드는 것이다. 당신의 목표는 자신이 활동하는 시장의 일부가 되는 것이다. 가령, 할리데이비슨이 프리미엄 대형 오토바이 시장에서 그랬던 것처럼 말이다. 시장에 없어서는 안 될 구성원이자 독보적인 존재가 되려면 자신이 차지하고자 하는 시장의 자리를 확인해야 한다. 즉, 자신만의 시장을 선택해야 한다.

집중해야 할 시장과 문제를 선택하는 일은 아마도 전체 과정에서 가장 어려운 부분일 것이다. 하지만 기업은 가장 강력한 힘을 확보할 수 있다. 이 과제를 잘 처리하면 탄탄한 기반을 다질 수 있다. 모든 일은 여기서 출발한다.

그렇다면 어떻게 시작할 것인가? 우선 경쟁력을 확보할 수 있는 빈 공간을 물색하자. 공통적이고, 중요하고, 급박하고, 어느 누구도 해결하지 못한 시장 문제를 확인하자. 그 문제와 연결고리를 만들고, 그 문제를 소유하자.

유전자 검사 기업인 23앤미**23andMe**의 공동 설립자 앤 워치츠키는 "사람들이 자신의 의료 데이터를 직접 확인할 수 있도록" 도움을 주고자 했다.

에어비앤비는 숙박 산업의 허점을 발견하고 바로 그곳을 차지했다. 여행자가 잠깐 들렀다 가는 손님이 아니라 "지역 주민처럼 살 수 있도록" 도움을 주는 일에 집중했다.

시장 심층 분석하기

소련이 최초로 인간을 우주로 내보내 세상을 놀라게 했을 때, 케네디는 1961년 4월 20일에 부통령에게 다음과 같은 메모를 전했다.

우주위원회 대표로서 현재 발전 상황에 대한 전반적인 검토 작업을 책임지고 이끌어주셨으면 합니다. 스페이스 프로그램을 통해 극적인 성과를 약속할 수 있을까요?

존슨 부통령은 전문가들에게 시선을 돌렸다. 그는 NASA와 국방부, 의회, 산업 분야에 인간을 달에 보내는 것을 목표로 삼고 있다는 뜻을 전했고 그들의 의견을 물었다.

먼저 자신이 활동하고 있는 시장을 깊이 있게 분석하자. 지금 그 분야의 전문가가 아니라면 다른 이들의 도움을 구하자. 그리고 스스로 전문가가 되기 위해 노력하자. 자신의 기업에 있는 전문가와 산업 분석가, 다양한 권위자 및 동향 분석가와 교류하자. 그리고 사무실에서 걸어 나와 소비자와 잠재 고객, 비즈니스 문제로 골머리를 앓고 있는 전문가들과 이야기를 나누고 시장이 어디로 흘러가는지, 어떤 문제와 맞서 싸우고 있는지, 어떤 문제를 해결 못하고 있는지 확인하자. 시장을 있는 그대로 바라보고 그 흐름을 전망하자.

스티브 잡스가 처음에 휴대전화 시장에 뛰어드는 것을 반대했기 때문에 애플은 모토로라**Motorola**와 손을 잡고 로커**Rokr**라는 이름의 아이튠 전화기를 개발했다. 이 제품이 실패로 끝날 것이라는 사실이 드러난 후에도 잡스는 그 프로젝트를 중심으로 모토로라 및 싱귤러**Cingular**(지금의 AT&T)와 교류했고, 이를 통해 많은 정보를 얻었다. 애플의 아이폰 프로젝트를 이끌었던 리처드 윌리엄슨의 증언에 따르면, "스티브는 이러한 회의를 통해 정보를 수집했다." 그는 전화기를 설계하는 과정에서 무엇이 필요한지 알고 싶어 했다. 잡스는 내외부를 비롯해 많은 논의에 참여했고, 이후 아이폰 개발에 집중했다.

일시적 유행(짧게 지나가는 변화)과 트렌드(오랜 시간에 걸친 지속적인 변화)를 구분하자. 유행을 좇지 말자. 유행은 눈앞에서 왔다가 사라진다. 가령, 상품 가격의 등락은 유행이다. 캘리포니아주 전역에 걸친 가뭄은 단기적인 문제였지만, 이로 인해 발생한 식수 관리 문제는 장기적인 흐름이다.

물론 유행으로부터 단기적인 높은 수익을 얻을 수도 있다. 하지만 오래 이어지지는 않을 것이다. 많은 기업이 페이스북이나 아이폰과 같은 다른 기업의 플랫폼을 기반으로 앱을 개발해 엄청난 수익을 올리고 있다. 그런데 플랫폼 기업이 정책을 바꾸거나 다른 플랫폼이 등장해 더 인기를 끈다면 무슨 일이 벌어지게 될까?

예를 들어, 기술이나 의료 장비 분야에서 가장 인기 있는 기업에 서비스를 제공하는 것(유행)과 중요한 시장 문제의 전문가가 되는 것(트렌드) 사이에는 거대한 차이가 존재한다. 제3자 시스템을 설치하는 작업은, 최고의 기업을 위한 솔루션의 일부로 만들지 않는 이상 하나의 상품에 불과하다. 아마도 잠깐 동안은 최고 기업의 인기에 편승할 수도 있겠지만, 언제든 재빨리 말을 갈아탈 준비를 해야만 할 것이다.

1990년대 말 많은 기업이 새천년 혹은 "Y2K" 공포를 이용해 많은 돈을 벌었다. 당시 두 자리 연도를 기준으로 이뤄진 컴퓨터 프로그램이 새 밀레니엄에 제대로 대처하지 못해 붕괴되고 말 것이라는 두려움이 만연했다. 결국에는 공연한 야단법석으로 드러났지만, 그 두려움은 '4년 동안 1억 달러 지출'을 이끌어내기에 충분히 강력했다. 그러나 막상 2000년이 되어서도 우려했던 문제가 발생하지 않자, 그 시장은 하룻밤 새에 사라졌다. 많은 기업이 수입원을 잃은 것이다.

물론 예외도 있다. 기회를 활용하고 재빨리 떠나는 경우가 그렇다. 이는 Y2K 유행에서 성공을 거둔 기업들이 취한 전략이기도 하다. 그들은 급격한 지출 증가의 흐름을 적극 이용했지만, 유행에 의존해 장기적인 포지셔닝이나 성장을 전망하지는 않았다.

트렌드에 주목하고, 그것이 산업을 어디로 데려갈 것인지 예측하자. 예를 들어, 클라우드 컴퓨팅 기술의 성장은 트렌드다. 지속 가능한 청정에너지는 트렌드다. 모바일 앱의 성장은 트렌드다. 인공지능의 활용은 트렌드다. 사물인터넷(IoT)과 블록체인은 트렌드다. 인구 변화도 트렌드다. 베이비 부머 세대의 고령화 역시 트렌드다. 우리는 이러한 흐름의 의미가 무엇인지, 시장 기회는 어디에 있는지 예측해야 한다.

1990년대 초 제프 베이조스는 헤지펀드 기업에서 일하고 있었다. 그는 시장을 조사하는 과정에서 초기 인터넷이 연간 2,300퍼센트로 성장 중이라고 말하는 보고서를 접했다. 베이조스는 이렇게 말했다. "놀랍군. 미생물을 제외하고는 이렇게 빨리 증가하는 것은 없지." 이후 추가적인 조사를 통해 온라인 판매 가능성이 높은 20가지 품목을 정했고, 그중 첫 번째로 책을 꼽았다. 그러나 당시 그가 속했던 기업이 온라인 시장에 뛰어드는 것을 주저하자, 베이조스는 곧장 퇴사를 하고 지금의 아마존을 설립했다. 그는 티나 실리그가 스탠퍼드 기술 벤처 프로그램 학생들에게 강조했던 일을 실행에 옮겼다. "쓰나미를 발견하고 그 앞에 서라."

가장 먼저 구할 수 있는 모든 자료를 읽자. 대부분 정보는 인터넷에서 무료로 구할 수 있다. 백서와 언론 기사, 산업 관련 출판물, 해당 시장에 집중한 콘텐츠 마케팅 허브를 들여다보자. 그리고 자신이 주목하는 분야에서 주요 콘퍼런스 의제를 살펴보자. 떠오르는 흐름의 패턴을 확인하자. 투자은행이나 가트너와 같은 시장 조사 기관은 유용한 데이터를 담은 시장 동향 및 전망 보고서를 발표한다. 제삼자 기관의 예측과 함께 고객 및 운영 데이터를 확인하고, 예산 흐름(소비자와 기업이 앞으로 얼마나 지출할 것인가)을 조사하고, 벤처 캐피털 투자에 관한 데이터를 분석하자. 즉, 돈의 흐름을 추적하자. 신뢰할 만하고 편향되지 않은 정보를 얻도록 주의를 기울이자. 나의 경험 법칙은 새로운 소식이 들어오기 전까지 파헤치고 조사하는 것이다. 다양한 출처로부터 얻는 정보의 대부분이 중첩될 때까지 조사를 멈추지 말자.

시장이 형성되는 시점을 파악하는 일은 힘든 과제다. 따라서 우리가 원하는 시점에 등장할 시장 과제와 기회에 항상 주목해야 한다. 기회가 클수록 시장이 형성될 때까지 더 오랜 시간이 걸린다. 예를 들어, 모든 자동차는 언젠가 자율 주행 자동차로 바뀌겠지만, 어쩌면 수십 년의 세월이 걸릴지도 모른다.

단기적 성과를 보여줄 가능성이 높은 트렌드는 데이터 분석가처럼 많은 이들이 눈여겨보고 있다. 이미 포화 상태이거나 문제 해결이 너무 쉬워서 조만간 포화될 트렌드는 우리에게 아무런 의미가 없을지 모른다. 그럼에도 트렌드가 여전히 매력적이라고 느낀다면, 그 트렌드를 분석해서 아직 충족되지 않은, 보다 도전적인, 그리고 전문화된 시장 문제를 발견하자.

고려해야 할 핵심 요인은 다음과 같다.

- 현재 어떤 광범위한 시장에서 활동하고 있는가?
- 시장은 어디를 향해 가는가?
- 현재 충족되지 않은 수요는 무엇인가?
- 경쟁적인 위협 요소는 무엇인가?
- 시장은 앞으로 어떤 공통적이고도 중요한 문제에 직면할 것인가?

지금 시장을 분석하고자 한다면, 마이클 포터의 5요인 모형이 훌륭한 분석 사례가 될 수 있다.

목표 고객의 입장에 서보는 노력이 중요하다. 목표 시장에서 경영자들을 만나고 다음과 같은 질문을 던져서 그들이 갖고 있는 정보와 전망을 직접 구해보자.

- 당신의 비즈니스가 현재 직면하고 있는 가장 중요한 세 가지 문제는 무엇인가?
- 그 문제를 해결하는 것이 당신의 비즈니스에 어떤 가치를 가져다줄 것인가?
- 앞으로 5년 이내에 당신의 비즈니스가 직면하게 될 세 가지 중요한 문제는 무엇인가?
- 그러한 문제를 해결하는 것이 당신의 비즈니스에 어떤 가치가 있는가?
- 당신의 비즈니스에서 불가능한 것은 무엇인가? 그게 가능해질 때, 비즈니스는 근본적으로 달라질 것인가?
- 그러한 변화는 어떤 가치가 있는가?

그들과 함께 깊이 파고 들어가자. 그들의 세상에서 무슨 일이 벌어지고 있는지 대화를 나눠보기 위한 출발점으로 이러한 질문을 활용하자. 경영자들은 각자의 세상에서 상황이 어떻게 돌아가는지 살피고 예측 가능한 미래에 어떻게 투자할 것인지 결정한다. 잠재 고객은 물론, 산업 인플루언서 및 전문가와도 이야기를 나누자. 전쟁의 열기 속에서 매일 비즈니스를 운영하는 고객들은 고개를 들어 지평선을 바라볼 여유가 없다. 그들은 이러저러한 문제에 대처하느라 너무 바쁘다. 게다가 대부분은 시장이 어디로 흘러가는지 예측하는 일을 어려워한다. 금융 분석가, 시장 분석가, 비즈니스 기자, 산업 전략가, 데이터 및 다양한 시장 전문가의 가치가 높은 이유가 바로 이 때문이다.

1884년 릴런드 스탠퍼드와 그의 아내는 외아들을 장티푸스로 떠나보내고 나서 캘리포니아 지역의 아동들을 잘 보살필 방법을 찾고 있었다. 이를 위해 두 사람은 코넬과 예일, MIT를 비롯한 여러 대학에 도움을 요청했다. 그러자 하버드대학 총장 찰스 엘리엇으로부터 직접 대학을 설립해보라는 조언을 받았다. 스탠퍼드는 대학 설립에 얼마가 필요한지 물었고, 엘리엇은 이렇게 대답했다. "500만 달러"

시장 구분하기

산업이나 비즈니스 기능(소비자의 경우에는 나이나 소득 등)과 같은 전통적인 기준이 아니라 공통적인 특성에 따라 시장을 구분하자. 문화와 행동, 경쟁 압박, 신기술을 받아들이는 태도, 새로운 흐름이 비즈니스와 산업에서 맡게 될 역할과 같은 공통적인 문제와 패턴을 살펴보자. 특히 매력적인 구분 기준의 특성을 작성해보자. 이는 제프 베이조스가 20개 잠재 시장 목록을 내놓으면서 했던 일이다.

철저한 내부 평가 실시하기

스페이스 프로그램의 목표 달성을 요구하는 케네디의 메모를 받았을 때, 존슨 부통령이 가장 먼저 했던 일은 내부 평가였다. 그 결과는 존슨이 케네디에게 보낸 메모에 잘 요약되어 있다. 존슨은 이렇게 썼다. "미국은 '통신과 운항, 기상, 지도 제작'에서는 앞서 있지만, '대형 로켓 엔진, (중략) 그리고 우주에서 이루어지는 기술적 성취'는 뒤쳐져 있다." "미국은 우주에서 리더의 지위를 차지하기 위해 소련보다 더 많은 자원을 확보하고 있지만, 어렵고도 필수적인 결정을 내리지 못했다. 결국 리더의 지위를 차지하는 데 실패했다."

변화가 지속적으로 빠르게 일어나는 상황에서 어떻게 방향을 선택하고 집중할 것인가? 당시 존슨이 했던 것처럼 (흔히 SWOT 분석이라고 하는) 장점과 약점, 기회와 위협을 살펴보자. 기업은 모든 소비자의 요구를 충족시킬 수 없다. 그러므로 충족되지 않은 외적 수요와 기업의 장점이 만나는 지점을 발견해야 한다.

철저한 내부 평가를 실시하자. 고유한 경쟁력과 장점, 기업의 차별화된 특성의 목록을 작성해보자. 여기에는 조직 가치의 투명함, 문화, 특성이 포함된다. 선택 시장과 기업 조직 사이에는 문화적 적합성이 필요하다. 예를 들어, 기업 문화가 극단적으로 빠르게 움직이고, 조속한 성과를 보여주길 원하고, 끊임없이 치솟는 변화의 아드레날린을 기반으로 성장한다면 공익사업이나 정부 분야가 선택할 수 있는 적절한 시장이 아니다.

캘리포니아 먼로 파크에 자리를 잡고 실리콘밸리 유력 인사를 주 고객으로 하는 고-투 미용 의료 업체인 앙트레누스 에스테틱스Entre Nous Aesthetics의 설립자인 제인 웨스턴 박사와 보조 의사인 샌드라 이워스는 비즈니스를 시작하면서 기업의 가치를 분명하게 밝혔다. 고객이 아주 자연스러워 보이면

■ 장점으로 시작하기 ■

기업의 고유한 역량과
장점, 특성, 잠재력

서도 자부심을 느끼게 만드는 것을 목표로 삼았다. 이는 누구에게 서비스를 제공할 것인지, 고객은 무엇을 원하는지를 판단하는 여러 가지 핵심 가치 중 하나다.

구체적인 시장 영역을 목표로 삼기

목표 시장의 범위를 좁혀 선택하려면 먼저 제거 작업이 필요하다. 베이조스는 20개에 달하는 시장 목록을 단 하나로 좁혔다. 기회가 풍부한 시장에서 시장 선택이란 곧 제거를 의미한다. 평가를 통해 충족되지 않은 시장 수요와 기업의 장점 및 특성 사이에 중첩되는 부분을 찾아야 한다.

어떤 시장을 선택할 것인지 확인하자. 다음과 같은 시장은 목록에서 제거하는 것을 고려해야 한다.

- 미래 가치가 없는 시장(수익성이 없고, 전략적이지 않고, 보상이 낮으며, 기술 개발에 도움이 되지 않는 시장)
- 이미 다른 누군가가 지배하고 있거나 포화된 상태이며, 적절한 방식으로 구분할 수 없는 시장
- 성장이 더딘 시장
- 경쟁 압박이나 변화를 위한 요구와 동기가 부족한 시장
- 가격에 너무 민감해 소비자가 가치에 대해 지불하려고 하지 않는 시장
- 기업의 현재나 미래와 문화적으로 어울리지 않는 시장
- 변화와 혁신 또는 새로운 방법을 수용하는 데 소극적인 시장
- 기업의 장점과 잘 어울리지 않는 시장

- 예외적인 시장(기존의 다른 시장과 공통점이 많지 않은, 즉 소비자 가치가 크게 다르거나 상이한 기술을 요구하는 시장)
- 고객 간에 경제적으로 이전할 수 없는 지식재산권이나 기술을 요구하는 시장
- 뚜렷한 구심점이 없는, 즉 집단으로 접근하기 힘든 시장

누구나 쉽게 접근할 수 있거나 스스로 경쟁 우위를 확보하지 못한 시장은 제거하자.

여기서 어느 시장이 적절하지 않은지 신중한 평가를 내리고, 이를 문서로 정리하는 작업이 대단히 중요하다. 제거해야 할 시장에 대한 미련이 사라지지 않을 때, 그 문서는 대단히 유용한 자료가 된다. 왜 그 시장이 좋은 기회가 될 수 없는지 다시 한번 확인할 수 있다.

이제 당신의 기업이 고-투로서 어떤 시장을 소유해야 할지 결정할 시간이 왔다. 기업이 제공할 준비가 되어 있는 가치를 염두에 두고 기준을 명확하게 가다듬자. 베이조스가 시장 분석을 통해 '책'에 꽂혔던 것처럼, 당신도 이러한 노력으로 하나의 목표에 꽂힐 것이다. 그래도 시장을 확대하거나 여러 시장을 목표로 삼고 싶은 생각이 든다면, 다음과 같은 목표 시장 다트판으로 우선순위를 정하자. 핵심 시장을 한가운데에 놓고 거기로부터 넓혀나가자. 이를 위해 각각의 시장이 무엇인지, 서로 어떻게 연결되어 있는지, 기업의 전문성과 어떤 관계가 있는지를 논리적으로 이해할 필요가 있다. 아마존의 경우, 핵심 시장은 책이었고 다음 순위는 CD와 비디오, 선물 등으로 이어졌다.

가장 이상적인 상황은 핵심 목표 시장의 성공이 두 번째 시장 성공에 도움을 주고, 이는 다시 세 번째 시장의 성공에 도움을 주는 흐름이

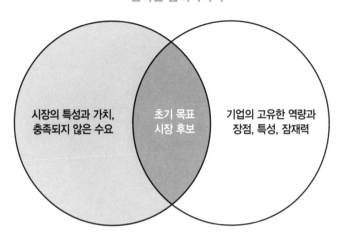

■ 선택권 좁혀나가기 ■

시장의 특성과 가치, 충족되지 않은 수요

초기 목표 시장 후보

기업의 고유한 역량과 장점, 특성, 잠재력

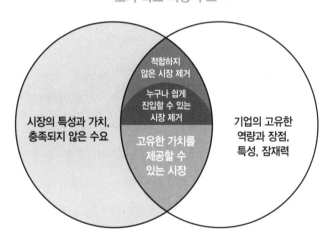

■ 초기 목표 시장 후보 ■

시장의 특성과 가치, 충족되지 않은 수요

적합하지 않은 시장 제거

누구나 쉽게 진입할 수 있는 시장 제거

고유한 가치를 제공할 수 있는 시장

기업의 고유한 역량과 장점, 특성, 잠재력

다. 우리가 원하는 것은 이러한 시장이다.

여기서 중요한 점은 핵심 시장이 확장 과정에서 문제가 되지 않도록 충분히 좁고 구체적이어야 한다는 것이다. 예를 들어, 고프로^{GoPro}는 처음에 서핑과 스키, 산악자전거를 비롯해 다양한 스포츠를 즐기는 사람을 대상으로 비즈니스를 시작했고, 이를 기반으로 점차 시장을 확대해

■ 목표 시장의 우선순위 정하기 ■

세 번째로 적합한 시장/기회

두 번째로 적합한 시장/기회

핵심 목표 시장
(스윗 스팟)

여러 시장을 목표로 삼고 있다면 목표 시장 다트판으로 정렬해보자. 우선순위에서 가장 높은 시장이 가장 중앙을 차지하고, 바깥쪽으로 시장과 기회가 점점 확장된다. 우리는 이를 통해 목표 시장에 집중할 수 있다.

나갔다. 핵심 시장은 초기의 성장 목표를 뒷받침할 정도로 충분히 크고 수익성이 높아야 한다. 또한 효과적으로 접근할 수 있어야 한다는 점이 대단히 중요하다. 다시 말해, 목표 고객들 사이의 네트워크와 그들에게 도달하기 위한 핵심 시스템(주요한 비즈니스 조직이나 효율적인 유통 채널)이 있어야 한다. 다음으로 시장 분석을 다시 한번 검토하고 지평선 너머를 바라봐야 한다. 이 분야는 시장 주기에 얼마나 영향을 받는가? 현재 주기상 어느 지점에 있으며, 다음 하향은 언제 시작될 것인가? 다른 비즈니스와 균형을 맞출 수 있는가? 큰 영향을 미칠 혁신적인 흐름이 나타날 것인가? 예를 들어, 신문 구독을 위한 결제 시스템 시장은 성장 시장이 아니다. 신문 자체가 침체기에 있기 때문이다. 신문 구독자 수는 점차 줄어들고 있다.

처음으로 비즈니스에 뛰어들었을 때, 나는 특정한 시장 영역이 반드시 필요하다는 사실을 염두에 두고서 시장 제거 작업과 함께 전반적인 시장 분석을 실시했다. 가장 먼저 전문 서비스 시장에 집중하기로 선택했다. 당시 전략과 마케팅 서비스에 대한 지출의 관점에서 볼 때, 비교적 규모가 작고, 아직 개척되지 않고, 내가 잘 아는 분야였기 때문이다. 그때만 해도 마케팅은 성숙하지 않은 생소한 분야였다. 소유권을 주장할 수 있는 거대한 기회가 존재했다. 동시에 추가적인 분석을 통해 다음과 같은 사실을 깨달을 수 있었다.

첫째, 이미 충분히 협소하고 특정한 시장 안에는 다음과 같은 또 다른 많은 하위 영역이 존재했다. 법률, 의료, 광고, 홍보, 경영 컨설팅, 사모 펀드, 회계, 환경 컨설팅, 마케팅 연구, 정보 기술 등.

둘째, 이 영역들에 걸쳐 공통적인 시장 요인과 문화, 비즈니스 관행, 용어, 비즈니스 모형 등이 존재했다.

셋째, 이 영역들에서 활동하는 사람들에게 접근하기는 어렵지 않았다. 미시적인 관점으로 볼 때, 각각의 영역은 완전히 다른 시장이었다. 마케팅 관점에서 볼 때, 일부 영역은 다른 영역에 비해 더 복잡했다. 게다가 나는 일부 영역에서 전문성이 부족했고, 다른 일부에는 관심이 없었다.

내가 깨달은 또 한 가지 사실은 많은 사람이 내가 선택한 것을 그대로 모방하기까지 그리 오랜 시간이 걸리지 않을 것이라는 점이었다. 그들은 전문 서비스 기업의 컨설턴트로서 전문적인 지식을 충분히 활용할 수 있었다. 그리고 마케팅 컨설팅 시장의 특수한 수요를 빠른 시간 내에 충족시킬 것이었다. 나의 예상은 곧 현실로 드러났다. 얼마 전만 해도 전문 서비스 시장에 특화된 마케팅 컨설턴트는 찾아보기 힘들었지만, 지금은 활동하는 이들이 많다.

나는 내 전략에 따라 움직였고, 그 자체로 하나의 거대한 시장인 IT 서비스를 핵심 목표 시장으로 정했다. 지리, 산업, 서비스 유형, 기업 문화, 마케팅의 복잡한 정도 등을 기준으로 시장의 범위를 더욱 좁혔다. 내가 목표로 삼은 시장에 관한 구체적인 프로필을 작성했고, 중심 목표에서 (좋은 시장이기는 하지만 선제적인 투자의 가치는 없다고 판단한) 외부 목표에 이르는 목표 시장 다트판을 완성했다. 나는 이 다트판을 통해 사고 리더십 자료와 기사, 웹사이트 콘텐츠 등과 더불어 내가 누구와 이야기를 나눠야 하는지 구체적으로 확인할 수 있었다.

전체 시장을 공략하기 위한, 또는 여러 가지 제품과 서비스를 내놓기 위한 예산이 부족한 소기업의 경우, 핵심 목표 시장은 아마도 구체적인 기업으로 구성된 한정적인 목록일 것이다. 여기서 중요한 점은 이들 기업 고객이 구매자 가치를 서로 공유하고, 동일한 주요 비즈니스 문제로 어려움을 겪고, 동일한 인플루언서 집단에 주목하고, 당신이 제시한 다양한 제안을 공유하고 있다는 사실이다.

시장의 비전을 세우고 시장 문제 선택하기

3장에서는 집중에 관해 이야기하면서 세일즈포스와 시스코, 페이스북, 카이저, 아마존 등 소유하길 원하는 시장 문제에 집착했던 기업 사례를 살펴봤다.

기업은 먼저 시장 비전에서 시작해 이를 가로막는 시장 문제를 확인하거나, 반대로 시장 문제를 먼저 정의하고 그 문제를 해결한 상황에 대한 비전을 확인할 수 있다. 가상화폐 시장을 예로 들어보자. 가상화폐의 가치를 믿는 사람은 다른 이들이 아직 이해하지 못하는 뚜렷한 시장 비전을 갖고 있다. 또한 가상화폐 시장이 어디로 흘러갈 것인지, 무엇이 주요 통화의 지위를 가로막고 있는지 이해한다. 우리는 비전과 현실 사이의 격차를 통해 해결해야 할 많은 잠재적인 문제를 분명하게 확인할 수 있다. 스티브 잡스는 음악 스트리밍 서비스를 제공하는 디지털 장비에 대한 비전을 갖고 있었고, 이를 실현하기 위해 음반사와 손을 잡았다. 당시 음반사들은 무료 스트리밍과 공유 서비스에 분노했고 그 가치를 믿지 않았다. 당시 해결해야 할 문제는 "어떻게 '유료' 스트리밍 서비스로 전환하고 음반사와 소비자가 참여하도록 만들 것인가?"였다.

이와 반대로, 일론 머스크는 중대한 사회문제에서 출발해 마지막 단계에서 비전을 세웠다. 그는 이렇게 물었다. "어떻게 사람들이 '전기차를 받아들이도록' 만들 수 있을까?(테슬라)" "어떻게 사람들이 '다른 행성에서 살 수 있도록'(그래야만 한다면) 만들 수 있을까?(스페이스X)" "어떻게 우리는 '영혼을 파괴하는 교통 문제'를 해결할 수 있을까?(보링컴퍼니**The Boring Company**)"

이제 시장 비전을 세우고 어떤 시장 문제를 '당신'이 소유할 것인지 결정해야 할 시간이 왔다. 어떤 문제를 책임지고자 하는가? 공통적이고, 중요하고, 급박한 시장 문제를 선택하자. 특정 시장에서 대부분의 기업이나 소비자가 직면하는 공통적인 문제를 확인하자. 예전에 애플의 휴먼 인터페이스 그룹을 이끌었던 그렉 크리스티는 이렇게 말했다. "애플은 사람들이 싫어하는 문제를 해결하는 분야에서 최고의 기업이다."

머스크처럼 막대한 자원을 확보하지 않는 이상, 우리는 목표 시장에서 아주 높은 우선순위를 차지하는 중요한 문제를 선택해야 한다. 그 문제는 급박한 것이어야 한다. 그래야 소비자는 당장 행동을 취할 동기를 부여받아 가치에 대한 프리미엄을 기꺼이 지불하고, 비용보다는 빠른 성과를 더 중요하게 여길 것이기 때문이다. 매슬로우의 욕구 단계에서 더 아래 칸에 위치할수록(생존과 더욱 밀접한 관련이 있을수록) 구매자는 더 빨리 반응하고 가격에 덜 민감하다.

열정적으로 파고들 대상을 선택하자. 그것은 조직이 해결하기 위해 집중할 문제가 되어야 한다. 일론 머스크는 전기차를 대단히 중요한 미래 교통수단으로 인식했으며, 다른 누구보다 더 빨리 그 분야에서 성공을 거두고자 했다. 머스크는 CBS 프로그램 〈60분〉의 레슬리 스탈과 인터뷰하면서 GM과의 경쟁에 대해 어떻게 생각하느냐는 질문에 이렇게 답했다. "누군가 테슬라보다 더 나은 전기차를 만든다면, 그리고 그게 훨씬 더 좋다면… 우리는 파산하게 되겠지만, 그래도 세상을 위해 더 좋은 일이라고 생각합니다."

시장 문제 선택이라는 어려운 주제를 한 장에서 모두 다루기란 불가능하다. 그래도 꼭 기억해야 할 중요한 사실이 있다면 시장 선택은 하나의 분석 과정이라는 점이다. 우리는 시장에서 자신이 내린 선택을 객관적인 시각으로 계속 평가하고 검증해야 한다. 자신이 선택한 목표 시장이 위험하고 불안하게 느껴진다면 좀 더 연구해야 한다.

검토하기

시장 문제를 선택했다면, 몇 가지 기준을 통해 그 선택이 올바른지 확인하자.

• 누군가 그 문제를 소유하고 있는가?

많은 사람이 경쟁력 있으며 비어 있는 공간이라고 생각하는 시장을 선택하는 것이 가장 좋다. 자신이 집중하고자 하는 시장 문제를 이미 다른 고-투 기업이 소유하고 있는 것은 아닌지 확인하자.

만약 그렇다면 다시 한번 시장을 분석하거나, 아니면 포레스터 리서치가 가트너가 이미 소유하고 있던 기술 산업 분석 시장을 세부적으로 구분했던 것처럼 그 시장을 구분할 수 있는지 검토하자.

• 자신의 고유한 장점과 조화를 이루는가?

신뢰할 만한 과거 성과가 있는가? 직원들이 그 시장에서 전문 기술을 갖고 있는가? 첨단 컨설팅 시장에서는 사람들이 자신이 알고 있는 것을 팔려고 한다. 나는 예전에 최종 소비자 지원 및 온라인 유통 시스템 분야에서 비즈니스를 운영하던 B2B 클라우딩 시스템 기업에서 일한 적이 있다. 당시 기업의 이사회는 새로운 공급망 관리가 전문 분야인 새로운 사장을 영입했다. 그러나 그 기업은 해당 분야에서 인지도가 전무했다. 그럼에도 신임 사장은 그 분야를 중심으로 전략을 수립했고, 향후 주력 비즈니스라고 선언했다. 당연하게도 우리는 아무런 성과를 보여주지 못했다. 영업 인력 전반이 해당 분야의 전문성과 인맥, 논의 역량은 물론이고 열정조차 갖고 있지 않았기 때문이다.

• 시장은 매출 성장 목표를 뒷받침할 정도로 충분히 빠르게 성장할 것인가?

당신이 선택한 시장은 충분히 클 뿐만 아니라, 비즈니스를 뒷받침할 수 있을 정도로 빠르게 성장해야 한다.

• 문제를 신속하게 해결하기 위해 사람들은 프리미엄 가격을 지불할 것인가?

사람들이 당장 행동을 취하도록 자극할 만큼 문제가 충분히 급박한가? 문제가 급박할수록 더 많은 사람이 적극적으로 문제 해결을 위해 프리미엄을 지불하려고 할 것이다. 사람들은 속도와 전문성, 결과를 중요하게 여기는가? 이에 대해 지불을 할 것인가? 이를 위한 충분한 예산을 확보하고 있는가?

• 시장과 비즈니스 문제에 대한 뚜렷한 구심점이 있는가?

거대한 목표 청중 집단에 효과적으로 접근할 수 있는지 확인하자. 이 주제는 점화 단계에서 보다 자세히 다룰 것이므로, 여기서는 중요한 기준만 확인하도록 하자. 시장에 접근하기 위해 주목해야 할 행사와 출판물, 웹사이트, 10명의 대표적인 인플루언서를 쉽게 확인할 수 없다면, 그 시장은 지나치게 광범위하거나 제대로 정의되지 못한 것일 수 있다. 예전에 나는 이 기준을 무시했다가 비용 효율적인 면에서 오랫동안 애를 먹었다.

요약하자면, 다음 세 질문에 답할 수 있어야 한다.

1. 구체적으로 무엇을 목표로 삼고 있는가?
   (집중해야 할 시장 영역, 이상적인 소비자의 프로필)
2. 시장 비전은 무엇인가? 그리고 해결해야 할 고유한 시장 문제나 도전 과제는 무엇인가?
   (한 문장으로 작성한 뒤 1~3개 단어로 요약하자.)
3. 시장 문제를 해결함으로써 기업이 얻을 수 있는 것은 무엇인가?
   (뚜렷한 핵심 이익과 가치)

사례

시장 분석을 수행하는 방법에는 크게 두 가지 극단이 있다. 대부분의 방법은 두 극단 사이에 위치한다. 하나의 극단은 아주 빠르고 간단하지만, 이 역시 타당한 접근 방식이 될 수 있다. 기본적으로 상황이 어떻게 흘러갈 것인지, 무엇이 중요한 문제가 될 것인지, 중요한 기회가 어디서 떠오를 것인지를 말해주는 해당 분야의 최고 전문가에게 의존하는 것이다.

한 가지 사례는 1980년대 말 액센츄어가 새로운 시장으로 진입했을 때다. 당시 회계 기업의 한 사업부에 불과했던 조직은 글로벌 전략 계획을 수립했고, 그 과정에서 이동통신 시장의 성장 기회를 포착했다. 이후 액센츄어는 선임 파트너인 알 버제스가 새로운 비즈니스를 이끌도록 했다. 그로부터 몇 년 전, 미국 시장에서는 중요한 기업 분할이 있었다. AT&T의 독점은 일곱 개의 '베이비 벨Baby Bell' 지역별 통신 기업과 '장거리 통신' 기업, 그리고 (현재 에릭슨Ericsson의 일부인) 벨코어Bellcore로 쪼개졌다. 벨코어는 모든 통신 기업이 사용하는 복잡한 소프트웨어와 시스템을 관리하고 유지하는 역할을 했다. 대부분 국가에서 통신 기업은 일반적으로 정부가 운영했다. 당시 모바일 기술은 걸음마 단계에 불과했다. 몇몇 대규모 장비 제조 기업만이 복잡하고 고유한 기술이 필요한 전문적인 시장에 모든 형태의 하드웨어와 소프트웨어를 공급할 수 있었다. 이러한 상황에서 버제스의 임무는 그 시장을 비집고 들어가는 것이었다. 버제스는 불과 몇 주 만에 무엇을 기반으로 삼아야 할지 깨달았다.

버제스에게 매출 목표와 함께 몇백만 달러의 초기 예산이 주어졌다. 만약 그가 설득력 있는 계획과 비즈니스 전략을 제시할 수 있다면 더 많은 예산을 요청할 수 있었다.

버제스는 가장 먼저 이동통신 산업에 완전히 집중하고, 특히 미국 시장에 주목하는 전략 컨설팅 업체와 손을 잡았다. 그 업체는 몇 명의 직원으로 이뤄진 소규모 조직이었지만, 고유한 비전과 함께 깊이 있는 전문성을 확보한 기업이었다. 당시 어떤 업체도 이동통신 산업에 무슨 문제가 있는지, 시장이 어디로 흘러가는지에 관해 그들만큼 많이 알지 못했다. 컨설팅 업체의 서비스는 매우 비쌌지만 그만한 가치가 있었다. 버제스는 그들에게 문제가 무엇인지 물었고, 그들은 한 단어로 대답했다. 바로 '결제'였다. 당시 액센츄어의 결제 시스템은 시대에 뒤떨어지고 유연하지 못했다. 그 컨설팅 업체는 이동통신 시장이 더 높은 품질의 서비스와 경쟁, 더 높은 소비자 기대를 향해 이동하고 있다는 사실을 이해했다. 여기서 효율적인 결제 시스템이야말로 핵심 경쟁 무기가 될 것이라 내다봤다. 결제 업무를 효과적으로 처리할 수 없다면 새로운 서비스를 내놓는 것이 아무런 의미가 없었다. 다시 말해, 향후 10년 동안 통신 기업의 운명은 결제 시스템에 달려 있었다. 한 가지 더 중대한 문제가 있었다. 통신 시장이 초고속 열차의 속도로 나아가고 있는 데 반해, 통신 기업들은 산을 오르는 낡은 화물 열차처럼 움직이고 있다는 사실이었다. 이들 기업은 도움이 필요했지만 어느 누구도 도움의 손길을 내밀 준비가 되어 있지 않았다. 당시 그 회계 기업의 컨설팅 사업부가 깨달은 한 가지 사실은 바로 유연한 결제 시스템을 구축해야 한다는 것이었다. 이제 버제스는 자신만의 시장을 확인했다.

그로부터 몇 년이 흘러 버제스는 또 다른 극단으로 나아갔다. 사업부는 결제 시스템의 고-투 기업으로 자리 잡았고, 체계적인 성장을 통해 매출은 수억 달러로 성장했다. 이제 비전을 새롭게 가다듬을 시간이었다. 산업 전문가와 시장 조사 전문가, 전략가들로 팀을 꾸렸다. 이를 통해 다양한 간접 정보를 기반으로 심층적인 시장 성장 전망을 내놓고, 주요 조사를 수행하고, 다양한 외부 전문가의 조언을 구하고, 산업 내에서 중대한 변화를 예측하는 세부적인 동향 보고서를 준비했다. 십 년 뒤 시장이 어떻게 바뀔지, 그동안 어떤 문제에 직면하게 될지 비전도 세웠다. 다음으로 외부 전문가와 함께 보고서를 검증하고 발표했으며 이를 전 세계에 공유했다. 약 4개월 동안 여섯 명이 팀에 상주했고, 그 밖에 많은 이들이 들어오고 나갔다. 새로운 비전과 전략 개발은 짧은 시간 20억 달러 매출로 이어졌고, 그동안 사업부는 다시 한번 체계적인 성장을 일구어냈다.

2단계:
시장 문제에 대한 고유한 관점과 이를 해결하기 위한 신선한 접근 방식 개발하기

1961년 1월 연두교서에서 신임 대통령 케네디는 자신의 입장을 분명히 밝혔다. "군사 경쟁이 새로운 국가로, 새로운 핵무기로, 그리고 우주 영역으로 확산되는 흐름을 막아야 합니다." 이 연설에서 케네디는 소련에게 직접적인 제안을 했다. 냉전을 종식하고 함께 손을 잡고 우주 탐험에 나서자는 것이었다. 물론 소련은 제안을 거절했다. 얼마 후 소련은 우주 비행사 유리 가가린을 인류 역사상 최초로 우주로 내보내는 획기적인 이정표를 달성했다. 그 시점에서 케네디는 자신에게 주어진 임무를 분명히 이해했다. 말 그대로 우주가 전쟁터가 되지 않도록 미국이 우주에 대한 지배권을 보여줘야 한다는 것이었다. 그해 5월 '달 우주선' 연설에서 케네디는 자신의 견해와 솔루션을 이렇게 밝혔다.

전 세계적으로 자유 진영과 독재 진영 사이에 벌어지고 있는 전쟁에서 승리를 거두려면, 우리는 최근 몇 주 동안 우주에서 일어났던 극적인 성취(소련이 인간을 우주로 보낸 일)의 의미와 이러한 도전이 어떤 길로 나아가야 할지 이해해야 합니다. 인류가 어떠한 일을 추진하든 간에 자유로운 인간이 이를 온전히 공유할 수 있어야 하므로 우리는 우주로 나아가고자 합니다.

그러고는 다음과 같이 달 착륙의 목표를 솔루션으로 제시했다.

오늘날 어떠한 우주 프로젝트도 인류에게 이보다 더 인상적이지는 않을 것이고, 어떠한 광범위한 우주 탐험도 이보다 더 중요하지는 않을 것입니다.

몇 년 전 내가 한 스타트업의 최고 마케팅 책임자로 있었을 때, 어떤 로펌이 브랜딩을 주제로 한 프레젠테이션에 나를 초대했다. 나는 좀 이상하다고 생각했다. 보통 로펌을 브랜딩과 연결시켜본 적이 없었기 때문이다. 어쨌든 흥미를 가지고 참석했다. 그런데 놀랍게도 로펌의 프레젠테이션은 대단히 인상적이고 훌륭했다. 나는 그때 로펌이 공유했던 정보 중 일부를 지금도 생생하게 기억하고 있다. 그날 나는 그 로펌을 브랜딩 분야의 전문가로 인정하게 되었다.

그 이유는 그들이 내가 마주할 브랜딩 도전 과제에 대해 분명하고, 설득력 있고, 도전적인 입장을 취하고 있었기 때문이다.

- **분명한:** 나는 충분히 이해할 수 있었다.
- **설득력 있는:** 나의 관심을 자극했다.
- **도전적인:** 나에게 스스로 생각하고, 질문하고, 논의하고, 결국 받아들이도록 만들었다.

그들의 프레젠테이션은 자칫 딱딱하게 느껴질 수도 있었지만 대단히 열정적이고 흥미진진했다. 나는 그 로펌에 대한 기존의 생각을 완전히 바꿨다. 그들을 신뢰하게 되었고, 내 문제를 곧바로 해결해줄 수 있을 거라 기대했다. 결국 나는 회사로 와서 도움을 달라고 요청했다.

시장 문제에 대해 강력한 관점을 취하는 태도는 차별화에 절대적으로 중요하다. 특히 경쟁이 치열한 시장에서 더욱 그렇다. 올바른 관점을 개발할 때, 우리는 사람들이 주목하도록 만들 수 있다. 관점이란 무엇이 잘못되었는지, 무엇을 해야 하는지에 관한 분명한 주장이다. 시장 지배를 위한 아폴로 접근 방식은 강력한 관점이 갖춰야 할 네 가지 'ABCD' 기준을 다음과 같이 제시한다.

- **실천 가능한(Actionable):** 본질적으로 문제에 대한 실질적인 해결책으로서, 청중이 실제로 실행에 옮길 수 있어야 한다.
- **대담한(Bold):** 어떤 측면에서 게임을 바꾸고, 생각을 변화시키고, 전통적인 사고와 접근 방식을 훌쩍 뛰어넘어야 한다.
- **논쟁적인(Controversial):** 도전적이고, 반직관적이며, 논란을 불러일으켜야 한다.
- **특이한(Distinctive):** 전적으로 고유하고, 특별하고, 인상적이고, 차별화되어야 한다.

케네디의 관점은 분명하게 이 기준 모두를 충족시켰다.

지금쯤 당신은 사람들이 기업의 제품이나 서비스에 관한 구구절절한 설명을 원하지 않는다는 사실을 깨달았을 것이다. 이미 그 제품이나 서비스를 구매할 의사가 있거나, 듣고 싶은 중요한 스토리가 있지 않는 한 말이다. 특히 언론과 산업 인플루언서, 그리고 막 구매 경로에 들어선 잠재 고객의 경우에 그렇다. 그들은 어떤 방식으로든 도움을 줄 새로운 정보에 관심을 기울인다. 그들은 기업 자체에 관한 이야기를 듣고 싶어 하지 않는다. 다만 자기 자신에 관해서, 또는 자신과 관련된 이야기에 주목한다. 그리고 무료로 얻을 수 있는 조언을 선호한다. 관점은 바로 이것을 제공한다.

물론 중요한 것은 무료 조언이 아니다. 관점은 공통적이고, 중요하고, 급박한 시장 문제에 대한 것이어야 한다. 당신이 어느 분야에 있든 간에, 그러한 문제를 해결하는 데 필요한 것이어야 한다. 이러한 이야기를 통해 우리는 문 안으로 들어갈 수 있다. 이야기가 더욱 도발적이고 대담할수록 문은 더 빨리, 더 활짝 열릴 것이다. 사람들은 본질적으로 호기심이 많기 때문이다. 사람들의 선입견을 완전히 날려버릴 수 있다면, 브랜드의 이야기에 귀 기울이지 않고는 못 배길 것이다.

테슬라는 "빨리 화석 연료에서 벗어나 제로 배출로 나아간다면 세상은 더 나아질 것"이라고 믿는다. 전기차를 개발하기 위한 많은 노력은 제한된 시장만을 목표로 삼았기 때문에, 다시 말해 '환경 운동가'들에게만 주목했기 때문에 실패로 끝나고 말았다. 공동 설립자 마틴 에버하르트에 따르면, 테슬라는 솔루션을 "자동차를 사랑하는 사람들의 관심을 자극할 수 있는 전기차"로 정했다. 세상이 필요로 하는 것은 일반적인 성능과 효율 사이의 타협을 깨부순, 사람들이 전기차에 열광하도록 만들 전기 스포츠카였다. 그런 차를 어떻게 실제로 개발할 것인지는 알지 못한 채 도전을 감행했다.

북미 시장 조사 기업인 베르데 그룹**Verde Group**은 기업들에게 실제로 "고객의 불만족으로부터 '수익'을 이끌어낼 수 있다"고 강조했다. 베르데는 만족하지 못한 고객을 만족한 고객으로 전환할 때, 처음부터 만족한 고객보다 더욱 충성스런 고객이 된다는 사실을 많은 조사와 경험을 통해 입증했다. 그들의 이야기는 실천 가능한가? 그렇다. 대담한가? 그렇다. 논쟁적인가? 그렇다. 특이한가? 그렇다. 그리고 그 이야기는 그들이 하는 일과 직접적인 연관이 있다. 베르데 그룹은 기업이 만족하지 못한 고객을 확인하고, 그 이유를 파악하고, 그들을 만족시킬 방법에 관한 전략을 수립하도록 도움을 주는 일에 주력한다.

시장 지배를 추구하는 과정에서 기업은 산업 내 사고 리더가 되어야 한다. 기업의 관점은 사고 리더십과 마케팅, 판매, 제품과 서비스 제공을 위한 기반이 되어야 한다. 시장 전반을 이끌고 시장의 의제를 선정하는 바탕이 되어야 한다. 모든 것을 실현하기 위한 출발점이 되어야 한다.

기업은 자신을 차별화시키는 시장 문제에 대한 관점을 개발해야 한다. 그 관점은 솔루션을 제시하기 위한 자연스런 출발점이 되어야 한다. 관점의 개략적인 틀은 다음과 같다.

1. '왜'(트렌드/이슈)가 문제/도전 과제를 야기하는가
2. 그 문제를 해결하기 위해 해야 할 일은 '무엇'인가 (구체적이지는 않아도 자신의 솔루션과 그것이 가져다줄 혜택을 제시해야 한다.)

이는 단지 몇 개의 문장에 불과하다. 우리는 이를 보다 세부적인 형태로 만들어볼 수 있다. 다음을 보자.

- 왜: 해상 선박끼리 의사소통과 경로 설정을 위해 라디오를 이용하는 일반적인 방식은 종종 문제를 일으킨다. 선박 충돌이나 연료 낭비 문제가 발생한다.
- 무엇: 경로와 속도를 최적화하는 모니터링 네트워크를 기반으로 모든 선박을 전자적으로 추적해야 한다. 이러한 방식을 통해 연료 소비를 줄이고 안전성을 높인다.

지금 당장은 자신의 솔루션이 무엇인지 이해하기 어렵더라도 주요한 흐름과 시장 문제, 자신이 집중하는 분야는 알게 되었을 것이다. 여기서 자신의 관점을 분명하게 밝히는 것은 매우 의미 있는 일이다. 분석 과정을 통해 우리를 고유한 솔루션으로 안내하기 때문이다.

솔루션을 정의했다면, 이를 바탕으로 완전하고 간결한 메시지를 마련해야 한다.

문제를 해결하는 솔루션

테슬라는 사람들을 열광시키고 실제로 전기차를 갈망하도록 만들 만한 모델이 시장에 필요하다고 판단했다. 그러고는 진지한 고민 끝에 많은 이들이 원하지만 경제적 여력이 되는 소수의 사람들만 살 수 있는 매력적인 최첨단 스포츠카로 시작하자는 전략적 선택을 내렸다. 그들은 이렇게 생각했다. "전기차의 진면목을 보여줄 수 있는 더 나은 방법은 무엇일까?"

이제 '자신의' 솔루션을 정의할 시간이 왔다. 아직 뭔가를 개발할 준비가 되어 있지 않다고 해도 괜찮다. 이상적이고 이론적인 형태의 솔루션을 개발하자. 솔루션은 어떠한 형태도 취할 수 있다. 가령, 손으로 만질 수 있는 제품이나 서비스, 업무 기반이나 방법, 또는 교육 프로그램이 될 수 있다. 여기서 우리의 목표는 프리미엄 가격을 기꺼이 지불할 준비가 되어 있는 고객에게 인상적인 결과를 당당하게 내보일 수 있는 솔루션을 제안하는 것이다. 우리가 원하는 것은 비용 기반의 가격 정책이 아니라 가치 기반의 가격 정책이다. 다음은 솔루션을 위한 몇 가지 이상적인 기준이다. 더 많은 항목을 충족시킬수록 그 솔루션은 강력하다.

- 문제를 실질적으로 해결한다.
- 고객이 평가 과정에서 쉽게 이해할 수 있다.
- 고객에게 근본적인 영향을 끼칠 수 있는 최고의 결과, 즉 객관적이고 정량화할 수 있는 이상적인 성과를 제공한다.
- 분명하고, 이상적이고, 정량화할 수 있는 가치 제안(비용-효용 기준)을 담고 있다.
- 고유하며 기존 대안에 비해 우월하다.
- 경쟁자의 대안보다 신속하고 쉽게 성과를 가져다준다.
- 실행에 따른 혼란과 고통을 뛰어넘는 가치를 제공한다.
- 대단히 효과적인 방식을 통해 일반적인 산업 기준을 훌쩍 뛰어넘는다.
- 고객이 다른 사람들에게 열정적으로 이야기하도록 자극한다.
- 장기적인 충성 고객 관계를 강화한다.

자신의 아이디어를 다른 사람들에게 보여주고 피드백을 얻자. 이를 기반으로 아이디어를 다시 한번 가다듬자. 준비가 되었다면 스케치나 도표를 작성하고 프로토타입 개발에 착수하자(크게 어려울 것 없다. 신속한 프로토타이핑 기술을 활용하면 쉽고 빠르게 만들 수 있다).

마크 베니오프는 오라클에서 일하는 동안 세일즈포스라는 아이디어를 떠올렸다. 그 시장에서 전문 기술을 갖춘 동료인 막달레나 예실에게 아이디어에 대한 의견을 물었다. 예실의 이야기를 들어보자.

어느 날 마크에게서 전화가 왔어요. "오늘 점심 어때요? 좋은 아이디어가 하나 있는데 당신의 의견을 듣고 싶군요"라면서요. 그가 말한 아이디어는 시벨 솔루션Siebel Solutions(당시 앞서가는 영업 자동화 서비스 기업. 서비스를 이용하려면 수백만 달러를 지불해야 했다)을 대부분이 활용하는 20퍼센트나 10퍼센트의 기능으로 압축해 서비스형 소프트웨어 모델로 전환하는 것이었습니다. 당시만 해도 '서비스형 소프트웨어'는 낯선 개념이었습니다. '클라우드'라는 용어도 없었고요. 그건 아주 근본적인 개념이었죠. 이를 기억하는 사람들을 위한 시장은 있었기 때문에 완전히 허무맹랑한 아이디어는 아니었지만, 기본적으로 다중적인 접근 방식을 취하고 있다는 점에서 고정관념으로부터 완전히 벗어난 것이었죠. 마크와 함께 점심을 나누면서 저는 우리가 알고 있던 엔터프라이즈 소프트웨어의 종말이 다가오고 있다고 확신하게 되었습니다. 중소기업의 경우, 비용 차원에서 너무 부담이 커서 실질적으로 운영이 불가능했으니까요.

다음으로 소비재 시장에서 한 가지 흥미로운 사례로는 프로액티브 솔루션Proactiv Solution을 꼽을 수 있다. 큰 성공을 거뒀던 이 여드름 치료

시스템은 광고를 통해 널리 알려졌다. 프로액티브 솔루션 이전의 여드름 치료법은 처방이 필요한 약물을 사용하거나 처방전 없이 구할 수 있지만 소비자가 혼자서 관리해야 하는 약물을 사용하는 방법뿐이었다. 이러한 상황에서 피부과 전문의 캐티 로던과 캐시 필즈는 다양하고 공통적인 요소를 3단계 시스템으로 압축한 완전한 솔루션을 시장에 내놨다. 오늘날 이 제품은 연간 10억 달러 이상의 판매고를 올리고 있다. 소비자들은 그 제품의 가치를 대단히 높이 평가했고, 기존 제품보다 그 솔루션에 기꺼이 더 많은 비용을 지불하고 있다.

이제 솔루션과 함께 관점을 새롭게 개선해서 더욱 완전한 이야기를 들려주도록 하자(관점을 메시지 플랫폼으로 만드는 방법에 관해서는 뒤에 3단계에서 살펴본다). 자신의 브랜드가 다음 기준을 충족시키는지 확인해보자.

- 고유하며 차별화된다.
- 처방을 제시한다. 즉, 브랜드의 선택/철학, 접근 방식을 보여준다.
- 신선한 관점과 솔루션에 대한 소유권을 구축한다.
- 공통적이고, 중요하고, 급박한 산업 문제를 해결한다.
- 문제를 이해하고 이를 해결하기 위한 고유하고 실질적인 접근 방식을 가지고 있다.

우리는 집중하고자 하는 시장 영역, 소유하고자 하는 시장 문제, 그 문제를 바라보는 독창적인 관점, 고유한 솔루션을 마련했다. 이제 시장에서 검증할 시간이다.

검증

1961년 4월 28일, 우주 경쟁에서 승리하기 위한 미국의 솔루션으로 달 착륙을 제시하면서 케네디에게 보낸 존슨의 메모는 이렇게 시작했다. "시험은 계속될 것입니다." 이제 달 착륙은 미국 역사상 가장 중요한 두 가지 비군사적 프로젝트 중 하나가 되었다(다른 하나는 파나마 운하다). 그러나 어느 누구도 대중이 지지하지 않거나, 여력이 없거나, 불가능한 것처럼 보이는 목표를 미국 대통령이 선포하기를 원치 않았다. 달 착륙에 대한 논의는 몇 년 동안이나 NASA 내부에서, 그리고 그 생태계 내부의 다양한 이해관계자 사이에서 이뤄졌다. 케네디가 달 착륙과 관련해 자신의 생각을 굳혔을 무렵, NASA의 핵심 인물은 모두 동의한 상태였다. 어떻게 그 목표를 실현할 것인지 대략적인 아이디어는 이미 확립되어 있었다. 백악관과 NASA를 비롯한 여러 기관 내부에서는 비용이 얼마나 들지, 인력을 어디서 데려올지, 어떤 협력 관계와 시설이 필요할지, 무엇보다 실제로 실행 가능한지를 결정하기 위해 중요한 논의가 이뤄졌다. 케네디는 기념비적인 약속에 대해 숙고했고, 과학자와 공학자를 비롯한 다양한 전문가로부터 의견을 수렴했으며, 비용과 위험, 대안, 필요한 노력을 모두 고려한 이후에 최종 결정을 내렸다.

마찬가지로 우리도 목표 시장과 비즈니스 문제, 솔루션과 관련한 대략적인 아이디어를 기업 내부 전문가와 시장 인플루언서, 잠재 고객, 그리고 자신보다 더 많은 것을 알고 있는 주변 모두에게 보여줘야 한다. 그들이 아이디어에서 허점을 발견하도록 해야 한다. 그들에게 시장의 수요와 기회에 동의하는지 물어보자. 시장에 시급하게 해결해야 할 문제가 존재하며, 사람들에게 문제 해결을 위해 프리미엄을 기꺼이 지불할 의사가 있는지 물어보자. 우리가 가격을 요구할 수 있는 근거,

즉 고객에게 제공할 수 있는 가치가 타당한지 물어보자. 충분히 협소한 시장에 집중하고 있는지 물어보자. 시장 사안과 관련해 그들의 생각을 알아보자. 경쟁적인 대안으로 어떤 것이 있는지 살펴보자. 자신의 아이디어에서 어떤 결함이 있는지 적극적으로 찾아보자. 이러한 노력을 통해 우리는 세부적인 계획을 완성하고 아이디어를 한층 더 나아지게 개선할 수 있다. 이와 관련해 다양한 구체적 사항을 제시하는 제품 개발 방법론이 있다.

베니오프는 점심을 나누며 자신의 아이디어에 대한 동료의 반응을 살피는 노력을 넘어서서 웹 기반 영업 자동화 도구를 한 달 만에 개발했고, 사람들이 이를 시험해보도록 했다. 그는 당시를 이렇게 회상했다.

저는 친구와 동료 들에게 (제가 실험실이라고 불렀던) 아파트로 와서 프로토타입을 테스트하고 피드백을 달라고 부탁했습니다. 영업부에 있던 가족 지인인 미셰 폰도르프 포브스는 우리가 프로토타입을 가지고 모임에 초대한 첫 번째 그룹에 있었죠. 포브스는 몇 번의 클릭만으로 원하는 걸 찾을 수 있도록 최대한 쉽게 사이트를 설계해야 한다고 계속 지적했어요. 시스코 출신의 친구들은 기존 엔터프라이즈 소프트웨어 제품을 사용하는 과정에서 느낀 불만을 들려줬고, 제대로 작동하지 않은 기능에 대해 알려줬습니다. 우리는 그들의 조언을 바탕으로 우리 사이트 salesforce.com을 기존 소프트웨어와는 완전히 다른 방식으로 설계했습니다.

일반적으로 소프트웨어를 개발하는 방식(철저한 보안을 바탕으로 하는 방식)과는 달리, 우리는 연구소에 방문하는 모든 사람을 환영했어요. 한번은 이 지역을 찾았던 일본 비즈니스맨들이 우리가 뭘 만들고 있는지 보기 위해 연구소에 들르기도 했지요. 미국 스타트업에 많은 관심을 갖고 있던 한국 비즈니스맨들도 우리를 찾았어요. 전 세계 크고 작은 기업에서 파견된 잠재적 사용자들의 방문으로부터 우리는 귀중한 통찰력을 얻었습니다.

이러한 노력은 판매 과정에 착수해 초기 파이프라인을 구축하도록 도움을 준다. 앞서 우리는 사람들이 무슨 문제로 어려움을 겪는지, 무엇을 찾고 있는지 이야기를 나눴다(즉, 수요에 대해 알고 있다). 이제 기업은 잠재적 솔루션을 가지고 돌아와야 한다. 이를 위해 사람들로부터 피드백을 얻고, 그들이 추구하는 것을 더 많이 배워야 한다. 그들의 구체적인 요구에 따라 솔루션을 개발하고 다듬어야 한다. 그 과정에서 우리는 다른 누구와 더 많은 이야기를 나눠봐야 할지 물어볼 수 있다. 사람들은 틀림없이 기업에 있는 또 다른 이해관계자나 인플루언서와 이야기를 나누라고 권할 것이다. 솔루션을 구매하는 담당자나 다른 기업에 있는 동료를 언급할 수도 있다. 이는 윈-윈 할 수 있고 최초 고객을 얻을 수 있는 좋은 방법이다.

사실 나는 이와 관련해 예전에 중대한 실수를 저질렀다. 당시 나는 고객을 제품 개발 과정에 끌어들이라고 말하는 스티브 블랭크의 고객 개발 방법론을 실천하도록 촉구했던 다른 모든 이들과 똑같은 함정에 빠지고 말았다. 예전에 일했던 몇몇 기업에서 나는 개괄적인 아이디어 자료를 IT 산업 분석가에게 들고 가서 의견을 물었다. 혹자는 이러한 과정을 "우리를 얼마나 사랑하세요?"라고 묻는 회의라고 부르기도 한다. 그런데 당시 나는 오로지 긍정적인 피드백에만 주목했다. 한번은 가트너의 분석가들과 함께 회의를 한 적이 있다. 그들은 우리 기업의 아이디어가 조직 규모에 비해 지나치게 포괄적이라고 지적했다. 몇 가지 긍정적인 이야기도 했다. 거기서 우리는 긍정적인 피드백에만 주목했고 부정적인 피드백은 그냥 무시했다. 우리의 아이디어에 너무도 깊숙이 빠져 있었던 것이다. 그래서 부정적인 지적은 도저히 참아낼 수 없었다. 물론 긍정적인 피드백을 원하는 것은 인간의 본성이기는 하지만, 그래도 우리는 더 많은 것을 알아야 했다. 결국 시간은 그들의 지적이 옳았음을 증명했고, 우리는 막대한 비용을 들여 아이디어를 수정해야 했다.

이러한 회의는 "잘못된 점을 모두 말해주는" 회의가 되어야 한다. 아이디어를 들고 전문가를 더 일찍 찾아갈수록 기업은 그 아이디어와 거리를 유지할 수 있다. 그래서 건설적인 비판에 더 주목할 수 있다. 마음을 열자. 비판을 환영하자. 이러한 노력은 장기적인 차원에서 시간과 돈, 위험을 줄여준다. 실질적으로 도움을 주는 더 나은 솔루션을 개발할 수 있다.

3단계:
시장에서 무엇을 고유하게 드러낼 것인지,
고객에게 어떤 가치를 전할 것인지,
그 가치가 어떻게 성과로 이어질 것인지 정의하기

포지셔닝이란 목표 고객의 마음속에서 의미 있고 고유한 경쟁적인 자리를 차지하도록 기업의 제안과 이미지를 설계하는 행위다.

_필립 코틀러, 『최신 마케팅 원론』(석정)

포지셔닝의 목표는 고객의 머릿속에 이른바 '이러한 상황에서 최고의 구매'라고 생각하는 공간을 창조하고, 그 공간을 확실하게 독점하는 것이다.

_제프리 무어, 『제프리 무어의 캐즘 마케팅』(세종서적)

포지셔닝 선언하기

케네디의 목표는 분명히 미국을 우주 탐험 분야의 고-투로 자리 잡게 만드는 것이었다. 목표 시장과 소유하고자 하는 비즈니스 문제, 솔루션을 정의하기 위해 당신은 아마도 장황한 내용을 만들어냈을 것이다. 이제 당신의 과제는 장황한 설명을 기업이 지향하는 바를 잘 담아낸 하나의 포지셔닝 선언으로 압축하는 일이다. 포지셔닝 선언이란 우리가 어떤 비즈니스에 있는지, 어떤 대상을 목표로 삼는지, 무엇이 차별화 요소인지 요약해주는 한두 개의 문장을 말한다. 포지셔닝 선언은 기업의 비전과 전략, 비즈니스 활동을 안내하는 나침반으로 기능한다. 한마디로 기업의 주제다. 포지셔닝 선언은 사람들이 더 많은 것을 알고 싶어 하도록 자극한다. 기업이 무슨 일을 하고 무슨 일을 하지 않는지 말해준다. 포지셔닝 선언은 기업이 하는 모든 일을 설명하지는 않는다. 어쩌면 조직 내부에서만 의미가 있는 것일 수 있다. 이는 전략적 표지판을 의미하기도 한다. 포지셔닝 선언은 야심찬 것일 수 있다. 우리가 되고자 의도하는 바를 담고 있기 때문이다. 비록 지금은 그렇지 않다고 해도 말이다.

내가 좋아하는 형태의 포지셔닝 선언은 실리콘밸리에서 널리 사용되는 것을 살짝 수정한 것이다. 처음에는 내부적인 목적을 위해 사용했다가 나중에 외부적인 목적을 위해 수정할 수도 있다. 선언의 형태는 다음과 같다. 사례에서 볼 수 있듯이 상황에 따라 적절하게 바꿀 수 있다.

_____(목표 시장)에서 우리는 _____(혜택)을 성취하기 위해 _____(고객 문제/결과)를 추구하는 고-투다. _____(경쟁적인 대안)과는 달리, 우리는 _____(고유한 방법/솔루션)을 활용해서 _____(정량화할 수 있는 성과)를 성취한다.

예를 들어, 세일즈포스의 첫 번째 포지셔닝 선언은 다음과 같이 만들 수 있었다. 당시 영업 사원들 대부분이 예측 데이터를 지속적으로 구하기 위해 전화와 연락망을 활용했고, 기업들은 전망을 수립하기 위해 스프레드시트에 의존했다.

우리는 직접 판매를 하는 중소 규모 B2B 기업들이 더 많이 판매하고, 매출을 보다 정확하게 예측하고, 영업 인력이 조직을 떠났을 때 소중한 고객 데이터를 효과적으로 보관하도록 도움을 주는 영업 자동화 분야의 고-투다. 실행과 유지를 위해 몇 달의 기간과 수백 달러의 비용이 필요한 시벨과 같은 설치형 소프트웨어와는 달리, 우리는 클라우드상에서 서비스형 소프트웨어를 제공한다. 고객은 단지 몇 시간 만에 우리의 서비스를 이용할 수 있으며, 사용자당 월 75달러의 비용만 지불하면 된다.

이러한 형태를 활용해 REI의 포지셔닝 선언을 다음과 같이 만들어 볼 수 있겠다.

우리는 미국 전역에 걸친 고급 아웃도어 애호가들이 변혁적인 자연의 놀라운 힘을 충만하게 경험할 수 있도록 도와주는, 훌륭한 아웃도어 활동 분야의 고-투다. 아웃도어 장비와 의류를 판매하는 일반 기업과는 달리, 우리는 회원이 지분을 소유하는 협동조합이다. 고객들이 지구의 건강을 지키고 야외에서 안전하게 활동하면서 자유로운 기쁨을 만끽할 수 있도록 전문가의 조언과 장비 대여, 교육, 영감을 주는 이야기, 여행 경험, 환경에 대한 책임 등과 관련해 빈틈없는 도움을 제공한다.

포지셔닝 선언을 작성했다면, 차별화와 지배 잠재력을 위한 테스트를 해보자.

- 다른 누군가가 똑같은 주장을 할 수 있는가? 그것을 소유할 수 있는가? 자신을 뚜렷하게 차별화시키고 시장에서 고유한 존재로 만들어주는가? 다른 누군가가 이미 똑같은 이야기를 하고 있지는 않은가?
- 특정한 목표 집단을 위한 공통적이고, 급박하고, 중요한 필요성/문제/도전 과제를 말해주는가? 특정한 시장 영역에 적용할 수 있는가? 고유한 관점을 마련하기 위한 기반이 되어주는가?
- 실행이 힘든가? (그래서 베끼고 따라 하기 힘든가?) 방어가 용이한가?
- 마케팅 전문가 필립 코틀러가 언급한 '전략적 구조'(마케팅 전략의 다양한 측면을 활용해 모방하기 어렵게 만드는 구조)의 개념을 요구/의미하는가?
- 자신이 원하는 유형의 산업/기업/구매자/상황을 말해주는가?
- 목표 고객에게 중요한가? 시장은 준비되어 있는가? 고객은 가격보다 결과를 더 중요시하는가? (이익을 정당화할 수 있는가?) 어떤 경우에 성과 기반 계약을 맺을 수 있는가?
- 포지셔닝을 한두 단어로 요약할 수 있는가? 목표 고객을 한두 단

어로 요약할 수 있는가?

- 당신의 조직은 약속을 수행할 수 있는가?
- 직원들은 이 약속을 이해하는가? 그들은 이를 기꺼이 실현하고자 하는가?
- 당신의 고객이 기업과 시장 내에서 더 성공적으로 보이게끔 만들어줄 것인가?
- 당신의 기업에서 하위 조직은 보다 구체적인 형태의 포지셔닝 선언을 그들의 시장에 적용할 수 있는가?
- 분명하고, 단순하고, 투명한가? 시장의 신뢰를 얻을 수 있는가?

비즈니스 비전

1999년에 마크 베니오프는 자신의 비전을 영업 자동화보다 더 방대하게 소개하면서 이렇게 설명했다. "비즈니스 소프트웨어 어플리케이션을 새로운 방식으로 제공할 수 있는 기회를 발견했습니다. 제 비전은 사람들이 설치와 유지, 업그레이드의 번거로움 없이 소프트웨어를 더 쉽게 구매하고 더 간편하게 사용하도록 만드는 것입니다." 이러한 아이디어는 당시 대단히 급진적이어서 많은 기업이 받아들이기까지 오랜 시간이 걸렸다.

2014년 구글이 4년 된 기업인 네스트를 32억 달러에 사들인 이유가 단지 네스트가 개발한 스마트 온도 조절 장치만은 아니었다. 구글의 비전은 더 거대했다. "비록 가정에서 자주 사용하지는 않지만 중요한 장비를 새롭게 개발하기 위해서"였다.

알츠하이머 협회는 비전을 "알츠하이머 질병이 사라진 세상"이라고 밝혔다. 구체적인 시점이 없는 야심찬 목표이기는 했지만, 그럼에도 알츠하이머 협회는 향후 10년을 향한 궁극적인 사명을 웹사이트에 게재했다. 그들이 밝힌 사명은 이러했다. "연구 발전을 통해 알츠하이머 질병을 없애고, 그 질병에 영향을 받은 모든 이를 위한 보살핌과 지원을 강화하고, 두뇌 건강에 대한 홍보를 통해 치매 위험성을 낮추는 것."

제프 베이조스의 비전은 처음부터 '판매할 수 있는 모든 것'을 제공하는 것이었다. 그중 첫 번째 우선순위는 책이었다.

스탠퍼드 대학은 캠퍼스 전역에 걸친 디자인 팀들이 일 년 동안 노력을 기울인 끝에 "빠르게 변화하는 세상을 위한 지식과 학습, 혁신에 집중하는 목적의식을 지닌 대학"이라는 비전을 ourvision.stanford.edu에 발표했다.

포지셔닝 선언은 시장에서 추구하는 바를 잘 담아내야 한다. 이제 비즈니스 비전을 개발해 뼈대에 살을 붙여보자. 이는 (종종 프레젠테이션 형태의) 자료로, 말 그대로 기업이 5년, 10년 뒤에 어떤 모습을 하고 있을지, 즉 최종 목적지가 어디인지 말해준다. 이는 목표 시장, 비즈니스 문제와 솔루션, 최종적으로는 산업에서 당신의 존재 의미를 말해야 한다. 또한 비즈니스 모형과 높은 수준의 매출 및 이익 목표, 조직 모형을 구체적으로 밝혀야 한다. 그 안에는 "… 할 때 우리의 성공을 확인할 수 있다"라는 항목이 들어가야 한다. 이는 리더십 포지션과 시장점유율 같은 객관적인 기준을 담은 목표 몇 가지를 포함해야 한다. 게다가 가상의 헤드라인 목록을 포함한다면 큰 힘을 발휘할 수 있다. 이는 직원들이 당신이 추구하는 바를 선명하게 떠올리도록 하는 데 도움을 줄 것이다.

하지만 놀랍게도 많은 기업이 비전을 문서 형태로 작성하는 노력을 게을리 한다. 어떤 기업은 비전 대신에 '투자자를 대상으로 한 연설문'

이나 연례 계획서를 활용한다. 그것은 기업의 비전이라기보다 비즈니스 계획에 더 가깝다. 비전을 문서 형태로 작성하면 조직 전체가 참여하고, 말 그대로 당신이 추구하는 목적지를 분명하게 보여줄 수 있다.

비전을 작성하고, 합의를 이루고, 모두가 참여하도록 만드는 노력은 필수 과제다. 조직을 앞으로 나아가게 만드는 강력한 도구다.

비즈니스 전략과 기타 계획들

다음으로 비즈니스 전략과 기타 계획을 작성하자(이 책을 기반으로 활용할 수 있다). 비전은 우리가 성취하고자 하는 것이며 전략은 그 비전을 실현하는 방법이다. 전략에는 목표, 비즈니스 개발과 판매에 대한 접근 방식, 시장과 이미지 개발 계획, 솔루션 개발 및 제공 방식, 인재를 고용하고 교육하고 유지하는 방식, 투자 요구 조건 등에 관한 정보가 담겨야 한다. 연간 운영 계획과 마케팅 계획, 세일즈 계획 등을 개발해 이 모두를 어떻게 실행할 것인지 구체화해야 한다. 다음 세 장에서 소개하는 아폴로 접근 방식의 다양한 요소를 이 모두를 위한 기반으로 활용할 수 있다.

알츠하이머 협회와 스탠퍼드 대학은 웹사이트를 통해 상위 전략을 발표하면서 그 기반을 이루는 세부 사항을 소개하고 있다. 이 장의 마지막 부분에서 이들 사례를 확인할 것이다.

메시지 플랫폼

내외부적으로 의사소통을 하려면 핵심 메시지 플랫폼이 필요하다. 메시지 플랫폼이란 자신을 간략하게 소개하기 위해 자신의 이야기를 몇 문장으로 줄인 것을 말한다. 브랜드를 잘 모르는 사람일수록 브랜드에 관한 정보를 기억하는 데 어려움을 느낀다. 따라서 이야기를 간략하게 전달하는 노력이 중요하다.

인간이 받아들이고 집중할 수 있는 이상적인 항목의 수는 3이라는 사실이 밝혀졌다. 그러므로 언제나 메시지를 3의 형태로 전달하자. 가장 먼저 중요한 메시지 세 가지를 정하자. 청중이 세부적인 정보를 원할 때, 각 항목에 대해 하위 항목 세 가지를 전하자. 그리고 보다 세부적인 정보를 원한다면, 각 세부 항목에 대한 또 다른 세 가지의 하위 항목을 전하자. 이런 식으로 이야기는 계속될 수 있다. 이는 마치 양파 껍질을 벗기는 것과 같다. 청중이 핵심을 원할 때, 세 가지 문장만 제시하면 된다. 더 많은 것을 원한다면 한 단계 더 세부적인 항목으로 들어가면 된다.

많은 기업이 메시지를 전달하는 과정에서 저지르는 실수는 ("왜 그게 필요하지?"라고 스스로 묻는 청중에게) 솔루션으로부터 이야기를 시작하거나, 문제로부터 시작했지만 특정한 접근 방식이 다른 방식보다 우월한 이유에 관한 충분한 설명 없이 곧바로 솔루션으로 들어가는 것이다. 마치 농담을 하다가 아무런 사전 설명 없이 갑자기 결론으로 들어가는 것과 같다.

이러한 문제점을 해결하려면 먼저 문제에 대한 이야기를 하고, 다음으로 문제 해결을 위해 해야 할 일에 대한 관점을 제시해야 한다(관점은 이 장의 2단계에서 살펴봤다). 이를 통해 당신이 뭔가를 팔거나 설득하려고 할 때 자연스럽게 떠오르는 심리적 장벽이 없는 상태에서 자신의 솔루션이 전달되도록 청중의 마음을 준비시킬 수 있다. 기업이 문제 해결을 위한 고유한 접근 방식을 이야기할 때, 청중은 아마도 이를 뒷받침하는 근거를 이미 알아듣고 받아들였을 것이다.

이러한 이야기 흐름을 일컬어 '왜/무엇을/어떻게' 스토리 라인이라고 부른다. 처음에는 내가 직접 활용하려고 개발했지만, 나중에는 고객들에게도 도움이 된다는 사실을 발견했다. 여러 다양한 스토리 틀 중에서 이것이야말로 복잡한 기업 및 제품 스토리 라인을 단순하게 만들고 청중의 호기심을 자극할 수 있는 가장 효과적인 형태라는 사실을 확인했다. 이 스토리 라인은 단 세 문장으로 복잡한 이야기를 간단하게 들려준다.

- 핵심 메시지 1: '왜' 고객이 문제에 직면하고 있는지 말해준다.
- 핵심 메시지 2: 문제에 맞서 '무엇'을 해야 하는지 말해준다.
- 핵심 메시지 3: '어떻게' 문제를 해결하고 성과를 올릴 수 있는지 말해준다.

케네디 역시 기본적으로 '달 착륙' 목표에 관해 다음과 같은 스토리 라인을 활용했다. 앞서 소개한 케네디의 연설은 이렇게 정리해볼 수 있다.

- 왜: 우주는 모든 인류에게 도움이 되는 평화와 자유의 공간이 되어야 한다. 하지만 전 세계 자유를 말살하려는 공산주의 소련은 최근 거둔 성취를 통해 우주를 '소유'하려 하고 있다.
- 무엇을: 미국이 세계 강국으로서 우주 경쟁에서 이기기 위해 필요한 과제를 수행해야 한다. 지구는 물론 우주에서도 인류를 독재로부터 지켜내야 한다.
- 어떻게: 우리는 인간을 달에 보내고 무사히 귀환시킬 것이다. 이로써 미국은 자유 세상을 대표하고 우주를 지배하게 될 것이다.

스마트 온도 조절 장치가 세상에 처음 나왔을 때, 사람들은 "왜 그런 게 필요하지?"라고 물었다. 왜/무엇을/어떻게 스토리 라인은 청중이 마음속으로 의문을 던질 때 곧바로 대답을 제시한다. 이 플랫폼을 활용한다면, 우리는 네스트의 스마트 온도 조절 장치를 이렇게 설명할 수 있을 것이다.

- 왜: 설정 가능한 온도 조절 장치가 있어도 많은 가정에서는, 특히 사람이 집에 없을 때 방을 지나치게 덥거나 춥게 유지하면서 1년에 수백 달러의 돈을 낭비하고 환경에 부정적인 영향을 미친다.
- 무엇을: 이러한 가구에 필요한 것은 사람들의 행동을 학습해서 실내 온도를 최적화하고 외출 시 원격으로 온도를 관리할 수 있도록 해주는 (예를 들어, 귀가 전에 실내 온도를 높이거나 난로가 켜졌는지 확인해달라고 지시를 내릴 수 있는) 온도 조절 장치다.
- 어떻게: 그래서 우리는 에너지 요금을 10~15퍼센트 줄여주고, 생활 방식에 따라 스스로 프로그래밍을 하고, 스마트폰 앱을 활용해 언제 어디서나 집을 관리할 수 있도록 해주는 스마트 온도 조절 장치인 네스트를 개발했다.

일단 기본적인 세 문장 스토리 라인을 완성했다면, 우리는 상황에 따라 내용을 적절하게 덧붙일 수 있다. 예를 들어, 영업 상황이라면 '무엇을' 항목에서 청중의 반발에 이렇게 미리 대응할 수 있을 것이다.

어쩌면 이러한 생각이 들지 모릅니다. '우리 집 온도 조절 장치도 내가 외출 중일 때 온도를 자동으로 내려준다.' 그렇습니다. 하지만 그날그날 날씨에 따라 퇴근 전에 집 안을 따뜻하게 하는 가장 효율적인 시간을 파악하고 이를 자동으로 실행할 수 있다면 어떨까요?

거꾸로, 세 문장을 하나로 압축할 수도 있다. 아폴로 프로그램에서 케네디는 이렇게 말할 수 있었을 것이다. "(왜) 공산주의 소련이 우주를 '소유'하지 못하도록 하려고. (무엇을) 미국이 자유세계를 대표해 우주를 지배해야 한다. (어떻게) 인간을 달에 보냄으로써."

사고 리더십 기술을 통해 청중에게 이야기해야 하는 상황이 있다. 일반적으로 사람들은 기업이 무엇을 팔고 있는지 관심이 없다. 그러한 상황은 얼마든지 벌어질 수 있다. 여기서 세 문장 스토리 라인의 장점은 메시지 1(왜 그 문제로 어려움을 겪고 있는가)을 전달할 수 있다는 것이다. 메시지 1은 청중이 메시지 2(그 문제에 맞서 무엇을 해야 하는가)에 관심을 기울이게 만든다. 어떤 경우는 여기서 멈춰도 충분하다. 하지만 많은 사례에서 사람들은 자연스럽게 호기심을 느끼고 메시지 3(어떻게 그 문제를 해결할 수 있는가)을 요구할 것이다. 메시지 3을 전할 때 대화는 양

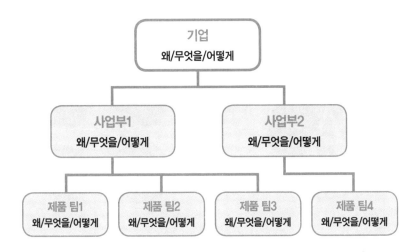

파를 까는 것처럼 자연스럽게 이어질 것이며, 그 과정에서 기회를 잡을 수 있다.

복잡한 조직이나 수직적 체계(예를 들어, 하나의 사업부 안에 여러 제품 팀이 존재하는 체계)에서는 맨 위에 최고의 스토리가 존재하고, 다음으로 각각 하위 조직에 그들의 상황에 맞게 각색된 최고의 스토리가 존재한다.

브랜드 스타일

브랜드 스타일을 말할 때, 흔히들 브랜드의 정체성을 구성하는 로고나 색상, 외형이나 느낌과 같은 요소를 떠올릴 것이다. 하지만 브랜드 스타일은 그것을 넘어선다. 우리는 브랜드의 고유한 개성과 이미지, 즉 기업이 스스로 어떻게 포장할 것인가를 정의해야 한다. 이는 기업의 역량이다. 일반적으로 사람들은 시각적인 측면에 주목하지만, 음성이나 어조, 가치, 행동 등 다양한 비시각적 요소들 역시 브랜드를 정의하는 데 기여한다.

아폴로 스페이스 프로그램조차 지극히 목표 지향적인 브랜드 스타일을 갖추고 있었다. 장기적으로 승리를 거두고 대중의 지지를 얻어야 한다고 판단한 NASA는 공식적인 아폴로 상징(로고)과 더불어 각각의

왼쪽: 아폴로 스페이스 프로그램 공식 마크 (이미지 출처: NASA)
오른쪽: 아폴로 스페이스 프로그램 임무별 마크 (이미지 출처: NASA)

아폴로 임무에 대한 고유한 공식 상징(로고)을 포괄해 시각적인 정체성을 창조했다. NASA는 전반적인 브랜드 스타일, 특히 그 분위기가 개방적이고, 솔직하고, 비정치적이고, 객관적이어야 한다고 결정했다. 이는 제2차 세계대전 동안 사용했던 선전 지향적인 방식이나 소련이 활용했던 은밀한 접근 방식과는 상반되었다.

애플은 단순한 우아함이란 무엇인지 보여줬다. 이것 역시 하나의 브랜드 스타일이었다. 브랜드와 제품의 시각적 요소뿐 아니라, 말로 하거나 글로 쓰는 요소들까지 포함한다. 브랜드 스타일은 전적으로 고객에게 제공하고자 하는 고유한 가치를 뒷받침해야 한다. 사람들을 속여서는 안 된다. 실제로는 보수적인 기업이 스스로를 유행에 민감한 최첨단 기업이라고 포장하는 것은 아무런 도움이 되지 않는다. 시장은 진실을 꿰뚫어 보고 해당 기업을 사기꾼으로 치부할 것이다. 기업 문화에 적합한 브랜드 스타일을 정의하자. 혹은 당신이 정의한 브랜드 스타일에 적합한 기업과 문화를 구축하자. 어떤 방식이든 그 두 가지가 조화를 이루도록 하자.

페덱스는 신속 배송의 고-투다. 이 브랜드 스타일은 '역동적인 효율성'의 느낌을 전달하며, 이는 차별화 요소다. 독창적이

페덱스 로고에 숨어 있는 상징적인 화살이 보이는가?

고 화려한 로고(그 안에 숨은 화살이 보이는가?)와 유니폼, 트럭과 봉투 등에서 전략적으로 드러나는 여백과 더불어 역동적인 효율성이 강조된다. 불필요한 장식은 페덱스가 바라는 이미지와 어울리지 않는다.

매장 설계 방식을 포함한 REI의 브랜드 스타일은 아웃도어 활동의 완전한 솔루션으로, 그 기업의 고-투 지위를 보여준다. 숲속 나무를 상

나무처럼 생긴 목재 구조물을 비롯한 REI 매장 디자인의 다양한 요소는 아웃도어 시장에서 그들이 차지한
고-투 포지셔닝을 보여주는 브랜드 스타일의 일부다.

알록달록한 구글 로고는 유쾌하고 규칙을 파괴하는 구글의 브랜드 이미지를 보여준다.

징하는 높은 목재 구조물을 통해 매장 안으로 걸어 들어가면, 우리는 어느새 건축 기업인 MG2가 전하는 "고객과 자연 사이의 안락한 관계를 보여주는" 인테리어 속으로 들어서게 된다.

구글은 전반적으로 유쾌하고 규칙을 파괴하는 브랜드 이미지를 보여주려고 알록달록한 로고를 사용한다. 이 로고는 모든 크기의 화면에 적합하도록 설계되었으며, 특별한 날에는 홈페이지에서 이를 기념하기 위해 로고 대신 다른 그림으로 대체된다.

일부 기업은 강력한 브랜드를 갖고 있지만 고유성이 부족하거나 아예 없는 경우도 있다. 소중한 기회를 놓치고 있는 것이다. 우리는 고유한 스타일을 통해 실질적으로 고-투 브랜드의 존재감을 드러내고, 보다 차별화시킬 수 있다. 애플은 스타일과 실체 모두를 갖고 있다. 더불어 브랜드 가치와 열광적인 팬들의 감성적인 연결 고리에서 파생되는 차별화에 주목한다.

제안을 정의하기

케네디의 꿈을 현실로 이루기 위한 행동에 착수하기 전, NASA는 광범위한 접근 방식이 무엇인지, 이를 위해 무엇이 필요한지 이해해야 했다. 모든 '디자인' 프로젝트처럼 NASA 역시 처음에 단순한 다이어그램과 몇 가지 보편적인 전략으로 시작했다.

이제 자신의 제안을 정의할 시간이 왔다. 지금 당신은 아직 프로토타입 외에 어느 것도 실제로 개발하지 않은 상태다. 프로토타입이란 제안을 이루는 구성 요소다. 넓은 의미에서 제안을 현실로 만들기 위해 필요한 세부 사항을 담은 개념적 디자인을 말한다. 우리는 프로토타입을 숙고함으로써 개발에 돈을 쏟아붓기 전에 중대한 구조적 결함을 발견

NASA의 존 휴볼트가 인간을 달에 보내고 귀환시키기 위한 달 궤도 이론을 설명하고 있다. 대단히 복잡한 과제조차 단순한 개념적 다이어그램에서 시작된다는 사실을 보여주는 좋은 사례다. (이미지 출처: NASA)

할 수 있다. 예를 들어, 원래 생각했던 것만큼 많은 것을 직접 개발하지 않아도 된다는 사실을 깨닫게 된다. 여기서 몇 가지 전형적인 고객 시나리오와 전체적인 혜택을 생각해보는 것이 도움이 된다(173쪽 표 참고).

아폴로 프로그램 설계자들은 이 모두를 실행에 옮겼다. 물론 비상업적인 환경에 맞게 수정했다. 여전히 진행 중이던 소련의 시도도 지속적으로 견제해야 했으며, 어마어마한 '예산'을 정당화하기 위해 우월한 가치를 입증해야 했다. 즉, 경제 성장과 개선된 기상 예측 기술, 의료 장비(CT 스캐너나 신장 투석 장치 등), 소비자 제품(현대적인 형태의 운동화나 냉동건조 식품 등), 전력망 통제 시스템, 컴퓨팅 기술의 진보, 군사적 역량 등과 같은 혜택을 보여줘야 했다. 설계자들은 이러한 노력 중 어느 부분을 직접 개발하고 어느 부분을 민간 산업으로부터 사들여야 하는지 결정해야 했다. 그들은 프로그램이 진행되는 기간 내내 얼마나 많은 투자가

광범위한 개념	제안을 잘 요약하는 하나의 표현이나 문장
주요 초기 사용 사례	그 제안을 사용하기 위한 초기의 공통적인 고객 시나리오
고유 판매 제안 (USP, Unique Selling Proposition)	차별화하고 게임-체인징 하는 요소
가치 기반 가격 결정 비즈니스 사례	고객이 생산에 드는 기업의 노력 및 비용이 아니라 성과를 기반으로 비용-혜택 분석에 집중하도록 설득하는 방법
매출/가격 결정 모형	가격 결정이 어떻게 이뤄지는가 (여기서는 실제 가격이 아니라 구독 모형이나 일회성 구매와 같은 일반적인 접근 방식을 의미)
기존 대안	시장에서 뛰어넘어야 할 기존의 존재. 점진적 개선이 아니라 획기적인 발전에 주목하도록 만드는 것
초기 고객 파트너	제안을 개발하는 과정에서 도움을 주는 일부 고객 (때로 개발 과정에서 투자하기도 한다)
개념적 다이어그램	제안과 그 작동 방식을 잘 보여주는 간단한 그림이나 인포그래픽
실행 매트릭스 제안	제안을 구성하는 주요 요소의 목록 (소프트웨어, 물리적 요소, 서비스 등) • 구매할 것인지, 만들 것인지 • 내부에서 개발할 것인지, 파트너에게 의뢰할 것인지 • 요소를 개별 소비자에 맞춤화할 것인지 • 요소를 지식재산권으로 등록할 것인지
인프라	제안을 개발하고 뒷받침하기 위해 필요한 기반 (시설과 기술, 지식, 인력, 법률, 회계 등)
높은 수준의 투자	(분석에 기반을 둔) 필요한 예산에 대한 대략적인 예측
파트너	도움을 줄 수 있는 외부 조직 (생산 업체, 데이터 센터, 외주 고객 서비스 센터 등)
채널	그 제안을 어떻게 판매할 것인가

필요한지 예측했다. 유능한 공학자와 박사를 양성하기 위한 학술 프로젝트 및 연구소 발전을 강화하고자 미국 전역에 걸쳐 대학과 협력 관계를 맺었다. 인프라의 차원에서 기술 개발과 미 남서부 지역 시설에 대한 비전을 발표했으며, 이는 결국 휴스턴 기지 설립으로 이어졌다.

'항해' 모드에서는 제안을 현실로 만들기 위한 준비 과정의 세부 사항으로 깊이 들어갈 것이다. 이 단계에서 위의 모든 것을 수행했다면 개념을 만들어내고 소비자에게 제공하기 위해 필요한 것들을 잘 담아낸 1페이지 청사진을 그려보는 노력이 필요하다. 스위스 비즈니스 이론가인 알렉스 오스터왈더가 말하는 '비즈니스 모델 캔버스'에서 영감을 얻어보자. 다음은 우리가 살펴봐야 할 아폴로 접근 방식의 양식이다. 앞서 소개했던 왜/무엇을/어떻게 스토리 라인을 여기서 구축하고 있다는 사실을 명심하자.

추가적으로, 과도한 개발을 하지 않고 시장으로부터 조언을 얻는 동시에 기업의 제안 콘셉트를 효율적으로 창조하는 데 더욱 구체적인 정보를 제공하는 고객 개발, 린 스타트업 등 다른 방법론들이 존재한다.

아폴로 접근 방식 제안 청사진				
제안 개념	주요 초기 사용 사례	고유 판매 제안 (게임 체인저와 이를 완전한 솔루션으로 만들어주는 것을 포함)	(고객에 대한) 가치-가격 결정 비즈니스 사례	매출/가격 결정 모형
뛰어넘어야 할 기존 대안				
초기 고객 파트너				

개념 다이어그램	제안 실행 매트릭스

제안 실행 매트릭스
주요 요소와 항목별 점검을 위한 목록
• 구매 vs. 개발
• 내부 개발 vs. 파트너
• 반복 가능한 vs. 맞춤화된
• 지식재산권 등록 여부

요소	구매	개발	내부	파트너	고객	지식재산권

인프라	높은 수준의 투자	파트너	채널

제안 개념을 청사진으로 정리해보는 것은 대단히 유용하다. 이를 통해 시장의 매력과 시장에 내놓기 위해 필요한 것을 평가할 수 있다. 다른 사람과 함께 빠르게 검토해볼 수도 있다. 우리는 아폴로 접근 방식 제안 청사진을 업무 평가 틀이나 하나의 양식으로 활용할 수 있다.

다음 사례는 2008년 에어비앤비의 청사진이 어떤 모습이었을지 상상한 것이다.

아폴로 접근 방식 제안 청사진				
가상의 사례: 에어비앤비				
제안 개념 여행자와 집주인을 연결하는 웹 기반 서비스 **뛰어 넘어야 할 기존의 대안** 브로보 & 홈어웨이, 호텔 **초기 고객 파트너** 설립자와 설립자의 친구들	**주요 초기 사용 사례** • 여행자는 현지 경험이나 '집에 있는 느낌'을 원한다 • 집주인은 추가적인 수입을 원한다	**고유 판매 제안** • 여행자: 침실 이상의 것– 지역 주민처럼 살면서 손님으로 대우받기 • 집주인: 최고의 실행, 보험, 프라이버시	**가치–가격결정 비즈니스 사례** 단지 집주인의 임대가 아니라, 우리가 연결해준 집주인으로부터 완전하고, 고유하고, 지역적인 경험을 누리기	**매출/가격결정 모형** 손님과 집주인 모두로부터 임대료의 몇 %를 받기

제안 실행 매트릭스

개념 다이어그램 	요소	구매	개발	내부	파트너	고객	지적재산권
	웹사이트		V	V			V
	온라인 재산 플랫폼과 지도 그리기/ 업체		V	V	벤더		V
	콘텐츠 관리 시스템/ 제품	V		V	제품		
	등록, 지불, 회계 데이터베이스/ 제품	V		V	제품		
	집주인 교육과 자원 (체크리스트 등)		V	V		처음 몇몇	V
	기타						

인프라 • 개발 팀과 기술 • 집주인 모집자와 교육자 • 집주인 보험 • 집주인 등록을 위한 전문 사진사	**높은 수준의 투자** 개념의 실현을 위한 초기 투자금	**파트너** • 웹 개발 업체 • 사이트를 위한 제삼자 제품 • 보험사 • 사진사 네트워크	**채널** • 크레이그스리스트 통합 • 대규모 행사와 호텔 부족 • 만남과 모임

2008년 에어비앤비가 아직 스타트업이었을 당시의 가상적 제안 청사진이다. 여기서 세부 사항은 중요하지 않고 다만 예시를 보여주기 위함이다.

4단계:
시장에 내놓기

핵심적인 스타터 툴킷 마케팅 자산

'달 착륙' 목표를 선언한 케네디의 연설은 대통령 자신과 언론에 밝은 NASA가 신중하게 조율한 공식적인 노력의 결과물이었다. NASA 공보부는 그 연설이 대중으로부터 각계 지도자들까지 사회적 호기심을 불러일으키고 질문을 자극할 것이라는 사실을 알았다. 이에 정보를 입수하고 기자회견 자료, 브리핑 자료, 대변인 등을 미리 준비했다.

시장 출시가 화려한 데뷔 같지는 않더라도, 커뮤니케이션 툴은 미리 마련해놓아야 한다. 모든 메시지는 앞서 살펴본 왜/무엇을/어떻게 스토리 라인에서 나온다. 다음의 간략한 사례를 살펴보자.

1. 브랜드 스타일: 브랜드 정의, 정체성, 표준
2. 인포그래픽: 솔루션에 대해 시각적인 개괄을 보여주는 기본적인 다이어그램
3. 연설: 상황과 청중에 따라 줄이거나 늘릴 수 있는 개괄적인 프레젠테이션. 스타트업이라면 두 가지 형태로 만들어놓는 것이 좋다.
   a. 프레젠테이션 형태: 실제 청중을 위한, 설명이 적고 시각적인 부분이 강한 자료
   b. 완성된 형태: 살펴보면서 핵심을 파악하기에 충분한 정보
4. 백서나 시각적인 흥미를 주는 전자책: 더 많은 설명을 제공하고, 연구와 사례를 인용하고, 근거를 제시하는 선언문(일반적으로 5~10쪽)
5. 간략한 기사: 블로그나 산업 출판물, 소셜 미디어에 게재하기 위

해 연설문과 선언문을 700~1,500개 단어로 줄인 요약본

6. 웹사이트: 홈페이지나 랜딩 페이지(홈페이지 방문이나 키워드 검색, 배너 광고 등으로 유입된 인터넷 이용자가 최초로 보는 페이지—옮긴이)는 '왜/무엇을/어떻게'를 분명하고 직접적으로 전달해야 한다. 일반적인 웹사이트 콘텐츠 이외에도 제안 개념과 인포그래픽, 선언문과 기사에 대한 링크를 담아야 한다. 많은 사이트는 효과를 높이기 위해 전체 요약 영상을 활용한다.

여섯 가지 항목 모두 형태나 방식은 다르지만 똑같은 이야기를 들려준다. 모두 핵심 메시지 플랫폼의 구조를 따르며 적절하게 수정된다. 우리는 청중이 획기적인 메시지로 받아들이도록 만들어야 한다. 논란을 불러일으키는 것도 중요하다. 이를 통해 대중의 관심을 촉발해야 한다.

많은 관심을 불러일으킬 중대한 행사를 기획한다면, 언론 보도 자료와 미디어 트레이닝(언론과 접촉하는 임직원을 대상으로 언론에 대한 이해를 높이고 언론과 접촉 시 자신감을 갖도록 만들기 위한 의사소통 훈련—옮긴이), 핵심 안건을 파악하는 대변인 등이 필요하다. 이 상황에서 청중이 바라는 것이 무엇일지 미리 생각하고 준비하자.

이러한 방법을 내부는 물론 외부 이해관계자들과 함께 활용하고 시험해보자. 메시지를 효과적으로 전달하는 방법에 대한 중요한 피드백을 얻는 것에 더해, 내부적으로 동의를 얻고 조직 내 모든 구성원이 한마음이 되도록 만들 수 있다. 또한 지금까지 해왔던 것을 더 다듬을 수 있도록 해준다.

어느 정도 수정을 했다면, 우호적인 인플루언서나 고객 및 잠재 고객과 함께 시험을 해보자. 그 과정에서 피드백과 조언을 얻을 수 있다.

대규모 기성 조직에서 일하고 있다면, 몇 가지 다른 도구가 더 필요하다. 예를 들어, 핵심 메시지를 구체적으로 기술한 참조 메모, 비전문가도 쉽게 메시지를 전달하도록 도움을 주는 엘리베이터 피치(함께 엘리베이터를 타는 짧은 시간 동안에 투자자를 설득할 수 있는 간략한 연설—옮긴이), 비전과 관점, 솔루션 개념 및 전략을 주제로 사람들을 가르치기 위한 교육 프로그램 등이 있다.

단단한 말뚝

이제 당신은 황금 시간대를 위한 준비가 다 되었다. 관점을 선언함으로써 말뚝을 박자. 이는 케네디가 연설을 통해 했던 일이기도 하다. 이 시간은 소중한 데뷔 무대다. 시장 문제에 대한 소유권을 공식적으로 선언하고 솔루션을 소개할 기회다. 상황에 따라 거대한 행사의 형태로, 혹은 '간소한 모임'의 형태로 진행할 수 있다.

이 시점에서 반드시 제품이 필요한 것은 아니다. 여기서 중요한 것은 관점과 접근 방식에 대한 소유권을 주장하는 것이다.

시장이 충분히 성숙했고 자신의 제안이 어느 정도 안정적이라고 생각한다면, 다시 말해 자신의 제안을 충분히 설명하고 근본적인 특성이 당분간 크게 변하지 않을 것이라고 믿는다면, 당신은 공식적으로 놀라운 순간을 만들고 싶어 할 것이다. 이를 위해 새로운 발표와 주요 언론사 및 블로거 접촉, 이메일 캠페인, 산업 박람회나 고객 행사의 공식적인 발표가 필요하다. 여기서 우리의 목표는 짧은 시간에 최대한 많은 관심을 끌어모으는 일이다.

2000년 2월 세일즈포스는 비즈니스 출범과 함께 '소프트웨어 종말' 캠페인을 시작하면서 이 일을 멋지게 해냈다. 가장 먼저 신제품 소개를 위해 앞서가는 IT 콘퍼런스인 DEMO 행사에 참여했다. 몇 주 후, 당시 산업 골리앗인 시벨 시스템이 주최한 사용자 콘퍼런스에 참여해 떠들썩한 모의 시위를 벌였다. 세일즈포스가 고용한 '시위자' 24명은 소프트웨어 반대 팻말을 들고 행진하면서 "레드로버^{Red rover}(어린이 놀이의 일종—옮긴이), 레드로버, 소프트웨어는 끝났다"라는 슬로건을 외쳤다. 이를 통해 많은 관심을 얻은 세일즈포스는 그날 저녁에 열리는 파티의 초대장을 사람들에게 나눠줬다. 그 파티는 '소프트웨어의 종말'을 주제로 세일즈포스가 모습을 드러내는 무대였다. '기성 소프트웨어 산업과의 전쟁'을 선포하기 위해 파티장을 군사적인 스타일로 꾸몄다. 심지어 베니오프는 전투복을 입고 등장했다. 행사장에 입장하는 사람들은 오래된 소프트웨어를 쓰레기 더미에 던져 넣어야 했다. 행사장 안에는 '소프트웨어 프리'와 '소프트웨어 죄수' 존이 있었으며, '디스크를 변기에 던져 넣기'와 같은 게임도 마련되어 있었다. 『월스트리트저널』, 『USA투데이』, 『배니티페어』, 『포춘』 등 언론사 30여 곳이 행사의 도발적인 메시지와 기발한 아이디어에 관심을 기울였다. 재미있고 신선한 방식으로 분명한 주제 및 차별화된 사고 리더십을 전달한 그 행사는 무명의 기업치고는 대단히 인상적인 등장 무대였다. 당연하게도 세일즈포스는 엄청난 관심을 끌었고 100건이 넘는 언론 기사가 쏟아졌다. DEMO 행사에서는 '주목해야 할 최고의 기업 상'을 수상하기도 했다. 당시 세일즈포스는 2주 만에 1천 곳이 넘는 고객과 계약을 맺었다.

밖으로 나가 시끌벅적하고 값비싼 파티를 열기 전에, 청중과 시점에 대해 생각해볼 필요가 있다. 최근 사치스런 파티는 일반적인 행사가 되어버렸고 그만큼 쓸모가 적어졌다. 무료로 참석한 사람들은 행사가 끝나고 자신이 어떤 파티에 다녀왔는지 기억하지도 못했다. 그러나 세일

스포스의 경우에는 큰 도움이 되었다. 마크 베니오프는 이렇게 지적했다. "손님들이 파티를 그냥 즐겨주길 바랐지만 그 행사에는 더 큰 목적이 있었죠. 기업이나 제품을 소개하는 일반적인 닷컴 파티와는 달리, 우리는 완전히 새로운 시장(온디맨드, 서비스형 소프트웨어, 클라우드 컴퓨팅)을 사람들에게 소개하고 새로운 비즈니스 방식을 알려야 했습니다."

출범 행사를 계획할 때, 기존 시장의 문제, 목표 청중, 목적, 예산을 신중하게 생각하자. 목적을 달성하는 방식은 많고, 출범은 '점화' 모드에서 계속될 마라톤의 시작에 불과하다.

계속 성장하는 시장이거나 시간이 핵심 요소라면, 모든 문제를 해결하지 않았다고 해도 무난한 출범을 기대할 것이다. 시장에서 피드백을 계속 받을 수 있다면 메시지와 콘텐츠를 거듭 수정해나갈 수 있다. 실리콘밸리에 기반을 둔 미용 의료 업체인 앙트레누스 에스테틱스는 문을 열었을 때, 새로운 시설 구축을 마무리하고 관점과 고유한 접근 방식을 다듬고 있었다. 그 비즈니스는 성형외과 의사 제인 웨스턴의 의료 서비스에서 떨어져 나온 것이었기 때문에, 다행스럽게도 비즈니스 초창기부터 고객은 존재했다. 이들 고객은 충성심이 높았고, 앙트레누스가 사무실 공사를 마무리했을 때 새로운 모험을 함께 한다는 사실에 기뻐했다. 앙트레누스는 초기 '출범' 활동에서 기존 고객에게 집중했으며, 그들이 관점과 새로운 제안을 이해할 수 있도록 공을 들였다. 덕분에 앙트레누스는 기존 고객의 반응을 확인하고 소중한 피드백을 얻었다. 그 정보와 경험을 기반으로 새로운 목표와 더불어 공식적인 출범을 실행에 옮길 수 있었다.

이와 같은 무난한 출범은 기업들끼리 얼마나 다른지와는 상관없이, 시장 전반이 기업들의 집합에 어떤 이름표를 붙여야 할지 아직 확신하지 못하는 신생 기술 분야에서는 지극히 일반적인 모습이다. 특히 실리콘밸리에서는 기업이 출범하고 한참 뒤에 카테고리와 포지셔닝, 비즈니스 모델, 제품이나 서비스를 새롭게 정의함으로써 방향을 '전환'하는 것이 드문 일이 아니다. 이는 혼란을 야기할 수도 있지만, 떠오르는 시장에서 "빨리 실패하고, 빨리 배우고, 적응하라"라는 주문은 투자 유치와 협력 관계의 관점에서 매우 중요하다. 예를 들어, 페이팔의 초기 콘셉트는 소형 기기에 대한 암호 기술이었다. 그러나 페이팔은 수차례 방향 전환을 한 뒤, 개인 간 송금 서비스 업체로 거듭났다.

어떤 접근 방식을 선택하든 간에 여기서 우리의 목적은 튼튼한 말뚝을 박는 일이다. 나중에 미-투 기업들이 등장해 자신이 첫 번째라고 우길 때, 우리는 구체적인 시점을 들이댈 수 있다. 특히 보호하고자 하는 저작권이나 상표권과 같은 지식재산권이 중요하다. 게다가 시장이 복잡해지기 시작하고, 사고 리더이자 혁신가로서 고-투 지위와 평판을 지키려고 할 때 스스로를 첫 번째라고 내세우는 자랑스러운 권리를 확보할 수 있다.

동시에 웹사이트 구축도 필요하다. 웹사이트를 통해 관점과 솔루션을 보다 분명하게 제시할 수 있다.

5단계:
비즈니스를 뒷받침하는 최소한의 인프라 구축하기

케네디가 인간을 달에 보내겠다는 발표를 하자마자 NASA는 수천 명의 인재를 영입하기 위한 준비를 서둘렀다. 인프라를 배치하는 방식에 대한 정치적 의사 결정은 많은 우선 과제 중 하나였다. NASA의 관리자 제임스 웹은 관료제에 따른 업무 지연을 예방하기 위해 예산의 80~90퍼센트를 제삼자에게 투자하고, NASA는 감독과 관리를 맡도록 했다. 이는 일찍이 시행되어 지금까지도 이어지고 있는 NASA의 관행이다. 달 착륙 프로젝트 발표 후 몇 달이 흘러 케네디는 야심차고 혁신적인 SUP(Sustaining University Program, 지속적인 대학 프로그램)를 설립했으며, 이를 기반으로 새로운 인재를 지속적으로 영입해 국가적인 '성과'와 과학 및 공학 분야 인재의 다양성을 확보하고자 했다. 이를 위해 당시 많은 엘리트 대학에서 과학 및 기술 프로그램을 강화하고 상당한 연구 지원금 및 설비 확장을 위한 예산을 마련했다.

이제 당신의 기업은 시장에서 존재감을 드러내면서 서서히 움직이기 시작하고 있다. 그렇다면 지금은 비즈니스 기반을 구축할 시간이다. 스타트업이라면 관리 절차와 업무 공간, 인사나 재무 같은 비즈니스 기능을 구축해야 한다. 그러나 매출 흐름이 안정화될 때까지 비즈니스 기반은 최소한으로 유지하는 것이 중요하다.

마크 베니오프는 가장 먼저 프로토타입 개발을 위해 기술과 고객 관계 관리 소프트웨어에서 경력을 쌓은 세 명의 직원을 채용했다. 다음으로 샌프란시스코의 자택 바로 옆에 있는 침실 하나짜리 아파트를 임대하고는, 작은 탁자와 접이식 의자, 빈백, 조명, 컴퓨터를 마련했다. 여름 동안 애플에서 일한 경험으로부터 영감을 얻은 베니오프는 벽난로 위에 달라이 라마 사진을, 벽에는 알베르트 아인슈타인의 그림을 기업이 나아갈 방향을 보여주는 상징으로 삼아 걸어두고 기업 문화를 강조했다.

스타트업이 아닌 기성 기업이라면 (직원이든 외주든 계약이든 간에) 팀과 제품 개발, 제조 기술처럼 제안을 개발하고 판매하는 것과 관련된 인프라를 구축해야 한다. 패러다임 컨설팅(가명)이 사물 인터넷 사업부를 출범하기로 결정했을 때, 처음에 리더 한 명과 몇 명의 비즈니스 개발 임원, 한 명의 비즈니스 분석가만 확보했다. 게다가 연구 관리 및 시장 개발을 위해 몇 가지 툴을 마련했고, 나머지 조직을 활용해 다른 제반 시설 및 지원을 제공했다.

세일즈와 마케팅, 실행 분야는 점화와 항해 모드에서도 다루고 있지만, 채용은 여기서도 이뤄져야 한다. 일단 네 가지 모드 전반에 걸쳐 실행 계획을 세웠다면 당신은 아마도 적절한 타이밍을 이해할 것이다(나중에 자세히 다룰 것이다).

이제 인프라의 근간을 마련할 때다. 이를 통해 우리는 세일즈 업무에 집중하고 비즈니스를 본격적으로 시작할 준비가 되어 있어야 한다. 직원들이 학습 곡선을 따라 성장하고 그 과정에서 문제를 해결할 수 있도록 만들어야 한다. 여기서 주의해야 할 점은 과도한 투자를 하지 말아야 한다는 것이다. 또한 지속적인 투자를 뒷받침하는 건전한 이익과 안정적인 매출 흐름을 구축해나가는 과정에서 시기적절하게 인프라를 건설해나가야 한다.

핵심 정리

발사 단계에서 중요한 목표는 고–투가 되고자 하는 영역을 확인하고 선언하는 일이다. 이는 우리가 목표로 삼는 '하나의' 특정한 시장이다. 우리는 이를 몇 단어로 요약할 수 있어야 한다. 특정 시장에서 소유하고자 하는 문제를 정의하고 고유한 솔루션을 만든 다음, 이론적, 실천적인 소유권을 공식적으로 선언해야 한다. 또한 그 문제를 바라보는 단순한 관점을 개발해야 한다. 이는 세 문장으로 요약이 가능하다.

- '왜' 문제가 존재하는가
- 문제에 대해 '무엇을' 해야 하는가
- 문제 해결을 위해 '어떻게' 고유하게 해야 하는가

고–투 지위를 발견했다면, 소유권을 선언하고 비즈니스를 시작하기 위해 필요한 기본 요소를 마련하자. 다음으로 튼튼한 말뚝을 박고 자신의 관점과 접근 방식을 기반으로 시장을 '점화'할 준비를 하자!

실천 🚀 과제

이 장에서 개략적으로 소개한 단계를 실천한다면 최적의 성과를 얻게 될 것이다. 물론 자신이 현재 서 있는 곳을 기반으로 삼아야 하지만, 그래도 다음의 업무 계획표 요약본을 작성해보자. 작성을 마쳤다면 자신이 무엇을 추구하는지, 어떻게 시장을 향해 '발사'할 것인지 이해하게 될 것이다. 지속적으로 점화하기 위해 무엇이 필요한지도 알 수 있을 것이다.

발사

비전을 분명하게 밝히기
업무 계획표

자신의 전체적인 목표 시장은 어떤 모습인가?

_____

_____

목표 시장 다트판을 채워보자.

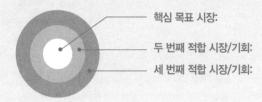

핵심 목표 시장:

두 번째 적합 시장/기회:

세 번째 적합 시장/기회:

당신의 시장에 어떤 비전을 가지고 있는가? 소유하고자 하는 공통적이고, 중요하고, 급박한 문제는 무엇인가?

_____

_____

이 문제에 대한 당신의 관점은 무엇인가?

_____

_____

이 문제에 대한 고유한 솔루션은 무엇인가? 솔루션의 가치를 입증할 증거는 무엇이 있는가?

_____

_____

시장에서 솔루션의 가치를 입증하기 위해 무엇을 해야 하는가?

_____

_____

당신의 고유한 포지셔닝 선언은 무엇인가?

"_____(목표 시장)에서 우리는 _____(혜택)을 성취하기 위해 _____(고객 문제/결과)를 추구하는 고-투다. _____(경쟁적인 대안)과는 달리, 우리는 _____(고유한 방법/솔루션)을 활용해서 _____(정량화할 수 있는 성과)를 성취한다."

당신의 비즈니스 비전은 무엇인가?

_____

_____

메시지 플랫폼은 무엇인가? (세 문장으로 정리)

1. 왜 그들은 문제를 겪고 있는가

_____

2. 이 문제에 대해 그들은 무엇을 해야 하는가

_____

3. 문제를 해결하기 위해 어떻게 해야 하는가

_____

자신의 브랜드 스타일을 정의하자

_____

_____

솔루션을 간략하게 다이어그램으로 그려보자.

'소유'하고자 하는 문제를 언제, 어떻게 선언할 것인가?

_____

_____

소유권을 선언하기 위해 어떤 객관적 기준이 필요한가? (웹사이트나 기사 등)

_____

_____

최소한 어떤 인프라가 필요한가?

_____

_____

6장

점화 모드:
문제와 솔루션을 중심으로
시장 흐름 주도하기

예전에 앨 고어가 기후변화와 관련해 프레젠테이션 하는 것을 현장에서 흥미롭게 지켜본 적이 있다. 당시 대부분의 사람들과 마찬가지로 나 역시 그 주제에 별로 아는 바가 없었지만, 그의 이야기에 호기심을 느낄 수 있었다.

이제는 많은 이가 알고 있듯이 당시 고어의 프레젠테이션은 엄청난 사회적 영향을 미쳤다. 연설이 끝났을 때, 나는 감격의 눈물을 흘렸다. 그의 프레젠테이션은 인상적인 통계 데이터를 전하는 것 이상이었다. 고어는 너무나 열정적이었고, 나는 저 멀리 떨어져서도 뜨거운 기운이 밀려오는 것을 느낄 수 있었다. 그날 청중석에는 약 2만 명이 들어차 있었다. 고어는 우리 모두를 열렬한 추종자로 바꿔놨다. 나중에 사람들과 이야기를 나누면서 알게 되었는데, 꽤 많은 이가 고어의 전도사가 되어 기후변화 메시지를 확산하는 데 크게 기여했다.

논란이 되었던 2000년 대선에서 패배한 이후로 고어는 많은 경험을 했다. 먼저 내슈빌로 돌아가 마음을 추스르고 자신의 미래를 생각했다. 아내 티퍼는 그가 정치가로서 가장 중요하게 생각하고, 많은 시간을 바친 주제인 '기후변화'를 선택할 것을 권했다. 그는 지하실로 내려가 오랫동안 먼지를 뒤집어쓰고 있던 낡은 슬라이드 한 무더기를 끄집어냈다. 70년대 말 하원에 입성한 이후 프레젠테이션에서 사용한 자료였다. 당신은 아마도 그 이야기가 어떻게 흘러갔는지 짐작했을 것이다. 오스카상과 노벨 평화상 수상. 하지만 기후변화의 전도사로서 내디딘 첫발은 그리 화려하지 않았다. 그 슬라이드를 처음 사용했을 때는 그야말로 뒤죽박죽이었다(티퍼가 그 자료를 컴퓨터로 옮기도록 설득하지 않더라면 혼란은 계속 이어졌을 것이다).

앨 고어는 2,000회가 넘는 프레젠테이션을 했다. 처음에는 관심을 보이는 모든 사람을 찾아갔다. 그는 소수의 청중에게 집중해 흐름을 만들어내고자 했다. 자신의 이야기를 듣고 싶어 하는 10명이 어딘가에 모여 있다면 즉각 달려갔다. 하지만 처음에는 조롱의 대상이었다. 미국의 부통령까지 했던 사람이, 게다가 대선에서 더 많은 표를 얻은 사람이 어쩌다가 지구온난화를 홍보하는 방문판매 영업 사원이 되었단 말인가? 게다가 사람들이 별로 중요하게 여기지 않던 주제를 떠들고 다닌단 말인가? 당시만 해도 기후변화는 사람들의 주요 관심사가 아니었다. 사람들은 9·11 테러에 온통 관심을 쏟고 있었다. 그 정도 지위에 있는 사람이라면 더 중요한 주제를 이야기해야 하지 않았을까? 하지만 고어는 고집을 꺾지 않았다.

천천히, 그러나 분명하게 이야기가 퍼져나가기 시작했다. 청중 규모는 점점 늘어났다. 약 1,000회의 프레젠테이션을 하고 난 뒤, 고어는 티핑 포인트에 도달했다. 미국 드라마 〈사인필드〉의 공동 제작자인 래리 데이비드의 당시 아내인 로리 데이비드는 청중석에서 고어의 프레젠테이션을 들었다. 그리고 너무도 감동을 받은 나머지 수천 명의 미국인이 아닌 전 세계 수백만 명에게 그의 이야기를 전할 플랫폼을 만들기로 결심했다. 그녀는 고어에 관한 영화를 만들고 싶었고, 실제로 그렇게 했다. 영화《불편한 진실》은 흥행에 성공했다.

앨 고어는 지구온난화라는 주제를 지도 위에 올려놨고, 이를 바라보는 세상의 관점을 바꿔놨다. 자신이 생각하기에 공통적이고, 중요하고, 급박한 문제에 집중하는 방식으로 그렇게 했다. 그 문제란 다름 아닌 '기후변화'였다. 논란이 될만한 도발적인 관점을 제시해 사람들의 시선을 사로잡았다. 메시지는 중요하면서도 간결했고, 무한한 확장이 가능했다. 고어는 지치지 않고 메시지를 전했으며, 많은 인플루언서가 그의 전도사가 되어줬다.

여기가 바로 '점화' 모드다. 점화 모드의 핵심 전략은 자신을 대신해 메시지를 전하는 영향력 있는 인물과 함께 고유한 관점과 접근 방식을 중심으로 시장 흐름을 이끌어나가는 것이다. 점화 모드에서 우리는 관성을 지속적으로 만들어나가고, 이를 통해 항해와 가속 단계에서 이뤄지는 세일즈 및 마케팅 활동을 강화한다.

입소문 내기

특정한 시장 문제에 집중하고 자신이 제시하는 고유한 솔루션을 확인하는 작업이 아폴로 접근 방식의 가장 중요한 전략적 요소라고 한다면, 점화 모드는 아마도 가장 중요한 실행 요소가 될 것이다. 점화 모드는 기업이 가장 흔하게 시도하면서 가장 많은 실수를 범하는 지점이기 때문이다.

왜 그런가 살펴보기에 앞서, 이 모드에서 성취해야 할 과제를 살펴보겠다.

한번 생각해보자. 지금까지 우리는 기업과 소비자에게 정말로 중요한 문제를 중심으로 시장에서 자신이 추구해야 할 방향을 확인했다. 그렇게 자신의 비전과 공통적이고 중요하고 급박한 문제를 바라보는 관점을 구축했다. 솔루션도 정의했다. 그렇다면 이제는 리더십을 발휘할 때다. 점화 모드에서 기업의 목표는 자신이 선택한 주제에서 스스로 탁월한 사고 리더가 되고, 다른 이들이 자신의 관점으로 문제를 바라보도록 만들고, 그들이 행동에 나서도록 영감을 불어넣는 일이다. 기업은 흐름을 만들어내고 모두가 참여하도록 이끌어야 한다. 무엇보다 다른 이들이 기업을 대신해 메시지를 전파하도록 만들어야 한다. 말 그대로 기업의 관점을 기반으로 시장을 '점화'해야 한다.

기업은 처음에 대화를 주도하고 논의의 중심에 서야 한다. 그 대화는 결국에 스스로 퍼져나간다. 모든 일이 잘 풀린다면, 브랜드의 '메시지'는 시장에 확산된다. 그 과정에서 브랜드의 이름이 종종 거론되며, 영향력 있는 핵심 인사들 간의 대화 속에서 두각을 드러낸다. 이를 위해 초반에는 핵심 인플루언서를 만나기 위해 노력해야 한다. 변화는 점차 일어난다. 스스로 핵심 인플루언서이자 영향력 있는 인사가 되고, 다른 사람이 만나고 싶어 하는 존재가 된다. 사람들이 당신을 찾기 시작한다.

마크 베니오프가 처음에 기업용 서비스형 소프트웨어에 대해 이야기를 시작했을 때, 완전히 생소한 개념은 아니었다. 1960년대에 시분할(time sharing, 여러 사용자가 단일 컴퓨터 시스템을 동시에 사용할 수 있도록 하는 기술)이라는 개념이 있었다. 1970년대에서 1990년대까지는 '서비스 접수처', '아웃소싱 업체', '어플리케이션 서비스 업체'라는 개념이 있었다. 여기에는 다른 기업의 데이터 및 소프트웨어를 관리해주는 기업이 존재했다. 그럼에도 기업 내부에 설치된 소프트웨어를 완전히 없애버리자는 베니오프의 주장은 당시에 굉장히 급진적이었다. 오라클, 시벨, 마이크로소프트, IBM, SAP, 액센츄어와 같은 기업이 시스템을 고객 기업에게 판매하고 설치해 막대한 수익을 벌어들이던 시절에는 말이다. 그래서 벤처 캐피털 기업들은 처음에 세일즈포스에 투자하지 않으려 했다. 당시 초창기 투자자였던 막달레나 예실은 베니오프가 투자를 받을 수 있도록 도움을 주고 싶어 했다. 하지만 자신의 벤처 캐피털에서 활동하는 파트너뿐만 아니라 새롭게 접근했던 다른 모든 기업으로부터 부정적인 대답을 들었다. 그들은 예실에게 이렇게 말했다. "기업들이 당신에게 고객 데이터와 세일즈 데이터, 방화벽까지 내어줄 것이라는 건 터무니없는 생각입니다. 비즈니스 모델을 바꿔야 합니다."

그러나 세일즈포스는 '믿음'을 버리지 않았다. 고독한 선동가로 시작한 베니오프는 기존의 설치형 소프트웨어의 종말과 기업을 위한 혜택을 이야기했다. 1999년의 일이었다. 베니오프는 주장을 굽히지 않았고, 머지않아 많은 이들이 동참했다. 초기에 기업용 서비스형 소프트웨어는 '세일즈포스', 특히 '베니오프'만을 의미했다. 하지만 이는 점차 하나의 흐름이 되었고 표준적인 운영 시스템으로 자리 잡았다.

우리는 제한된 자원과 다양한 시장 잡음을 극복하고 자신의 솔루션을 전략적 방식으로 만들어야 한다. 여기서 많은 기업이 저질렀던 실수를 살펴보자.

콘텐츠 마케팅 실수 바로잡기

새로운 기술은 아니지만, 오늘날 많은 기업이 콘텐츠 마케팅 프로그램을 운영하고 있다. 그들은 "~를 위한 다섯 가지 방법"과 같은 유용한 정보를 만들어서 블로그나 소셜 미디어 등을 통해 시장과 공유한다. 그러나 콘텐츠 마케팅 프로그램 운영에 관한 한 가지 문제는 콘텐츠와 메시지가 핵심 관점의 중심에 자리 잡고 있는 것이 아니라, 지도 전반에 흩어져 있다는 것이다. 그렇다. 모든 콘텐츠는 일반적으로 기업이 제안하는 것과 관련 있다. 결국 콘텐츠 마케팅의 목적은 기업의 인지도를 높이고, 잠재 고객이 판매 경로를 따라 이동하도록 만들고, 나아가 고객이 정보나 재미를 제공하는 콘텐츠에 참여하도록 만드는 것이다. 하지만 마케터들은 일반적으로 기사와 전자책, 백서, 소셜 미디어 게시글, 사례 연구, 인포그래픽, 다양한 형태의 단편적인 이야기 등 온갖 잡다한 자료를 만들어낸다. 마치 무작정 화살을 쏘고 무엇이 맞았는지 확인해보는 것과 같다.

어느 B2B 기업도 이와 같은 자료를 매년 수천 건 만들어냈다. 그 자료를 나열하면 그 기업이 어느 시장에서 활동하는지 알 수 있을지언정, 기업의 핵심 관점과 접근 방식은 알 수 없었다. 당신은 아마도 '한 가지' 인상을 받지는 못할 것이다. 대신에 약 90가지의 다양한 모습을 발견하게 될 것이다. 그 기업의 수많은 자료는 저마다 다른 인상을 보여준다. 그 결과, 엄청난 마케팅 투자와 탁월한 제품 및 서비스에도 불구하고 시장 인지도는 대단히 낮은 수준에 머물러 있었다.

블로거 데이비드 파커는 이러한 기업의 문제점을 개인의 소셜 미디어에 빗대어 다음과 같이 설명했다.

장님과 코끼리 이야기를 떠올려본다. 장님들은 코끼리의 일부분을 만지고 나서 자신이 생각하는 코끼리의 모습을 설명한다. 모두들 코끼리가 자신이 만졌던 '일부분'의 모습을 하고 있을 거라고 추측한다. 이와 똑같은 상황이 여러분에게도 일어날 수 있다. 전체적인 모습을 보여주려는 노력에 주의를 기울이지 않는다면 말이다.

처음에 나는 일자리를 찾기 위해 소셜 미디어를 시작했다. 트위터, 링크드인, 페이스북에 용감하게 뛰어들었다. 하지만 이런 의문이 들었다. '나는 사람들에게 내 모습 전체를 보여주고 있는가? 혹시 코끼리의 일부만 보여주고 있는 것은 아닌가?' 트위터에서 나를 팔로우하는 이들은 기업의 사회적 책임에 관심을 기울이는 나의 모습을 본다. 사회적 기업에 관심을 기울이는 내 모습도 본다. 내가 트위터에서 오픈애즐^{OpenAgile}과 관련해 이야기하는 모습도 본다. 동시에 나는 이란의 바하이교 신자들이 겪는 박해에 관한 글을 쓴다. 나의 소셜 미디어들은 나를 정확하게 묘사하고 있는가? 혹시 서로 다른 조각들이 사람들의 혼란을 자극하는 것은 아닌가? 무엇보다 그 조각들은 핵심 주제와 조화를 이루며 나의 일관적인 브랜드를 구축하는가? 아마도 그런 것 같지는 않다.

기업들 대부분이 데이비드와 같은 방식으로 콘텐츠 마케팅에 접근한다. 그 결과는 별반 다르지 않다.

반면, 스탠퍼드 기술 벤처 프로그램은 양산하는 모든 콘텐츠에 대해 대단히 일관적인 접근 방식을 취한다. 모든 메시지와 자료는 기술 분야의 '기업가적 리더십'을 기반으로 삼고 있다. 팟캐스트와 영상물, 학술 논문, 구독자 이메일, 강연 등 다양한 콘텐츠를 만들어낸다. 그럼에도 콘텐츠는 그 형태와 무관하게 핵심 관점과 긴밀한 연결고리를 유지한다.

적은 것이 많은 것이다

점화 모드에서 발견할 과제, 그리고 항해와 가속의 단계로 가지고 가야 할 과제는 모든 기업이 활용하고 정확하게 일치하는 전술적인 활동이다. 하지만 이러한 과제는 서로 연결되어 있으며 대단히 전략적이고 체계적인 접근 방식과 더불어 일관적인 주제를 기반으로 삼는다. 우리에게 가장 힘든 실행 과제는 무엇을 하는가가 아니라 무엇을 하지 않는가다. 시장에는 너무나 많은 선택권이 있다. 수천까지는 아니더라도 수백 가지가 가능한 광고와 프로그램, 후원, 언론, 소셜 미디어, 전술, 행사 등의 목록이 끊임없이 나열된다. 아이디어가 메마를 일은 없다. 다만 예산과 실행 역량이 부족할 뿐이다. 점화 모드의 핵심 과제는 폭넓은 선택권 속에서 가장 중요하고 큰 영향력을 미칠 아이디어를 골라내는 일이다.

여기서 우리의 목표는 최고의 결과를 가져다줄 '중요한 몇몇 인물'과 활동에 집중하고, 서로를 연결하고 체계적인 방식으로 실행해 최소한의 노력과 비용으로 최대한의 시장 관성을 만들어내는 일이다. 이제 시장은 점차 우리를 위해 일하게 될 것이다. 그 결과 일관적인 브랜드 이미지, 우리의 메시지를 전달해줄 외부인의 유입, 잠재 고객을 평생 고객으로 전환하는 추가적인 혜택이 따른다.

아폴로 프로그램이 진행되는 동안 NASA 공보부는 미국 전역 15개 지역에 걸쳐 146명의 인원으로 이뤄져 있었다. 전반적인 프로그램 규모와 비교할 때 대단히 적은 규모였다. 당시 공보부의 전략은 외부 자원(주로 뉴스 기자와 아폴로에 관여한 기업의 홍보 및 마케팅 부서)을 활용했던 정보 흐름 피라미드의 맨 꼭대기에 앉아서 메시지를 하달하는 것이었다. 시각적인 요소가 감성적 차원에서 아폴로 프로그램을 뒷받침해줄 수 있다는 점에서, 당시 세 주요 TV 방송국과 시선을 강탈하는 사진 기사를 집중적으로 보도하는 잡지사들이 중요한 역할을 해줄 것으로 기대를 모았다.

많은 사람에게 영향력을 발휘할 수 있는 적절한 인물을 목표로 삼는 것이 핵심이다. 전술과 도구의 사례에 관해서는 이 장 후반부에서 자세하게 논의하겠지만, 기술이 진화하고 다양한 채널의 영향력이 변화하면서 전술과 도구도 달라질 것이다. 기존 언론(신문, 잡지, 산업 출판물, 라디오, TV 등)은 점화 전략을 위한 핵심 채널이었지만, 소셜 미디어와 디지털 마케팅이 성장하면서 이제 많은 시장에서 기존 언론과 경쟁하고 있다. 변하지 않는 것이 있다면, 소수의 영향력 있는 채널과 개인을 효과적으로 활용해 많은 잠재 고객 사이에서 인지도와 신뢰도를 높여야 한다는 근본 원칙뿐이다.

채널과 개인을 제대로 활용하면 수익을 올리기 위한 최고의 기회를 가져다주는 대단히 강력한 전략이 된다. 우리는 아마도 자신이 바라는 이상적인 규모의 세일즈 및 마케팅 예산을 확보하지는 못할 것이다. 브랜드를 구축하고 세대를 선도하는 기회를 모두 활용할 수는 없을 것이다. 그렇다면 한정된 자원을 어디에 집중할 것인가? 어떻게 관점을 마련할 것인가? 어떻게 솔루션의 인지도를 높이고 지지를 이끌어낼 것인가? '혁신가'와 '얼리어답터'를 어떻게 발견하고 관계를 맺을 것인가? 어떻게 그들이 스스로 우리를 찾아오도록 만들 것인가?

답은 자명하다. 우리가 흐름을 만들어내야 한다.

티핑 포인트 겨냥하기

도널드 트럼프를 싫어하든 좋아하든 간에 그의 선거 운동이 2016년 미국 대선 국면에서 언론 기사와 국가적 화두를 장악했다는 사실은 부인할 수 없다. "미국을 다시 한번 위대하게(Make America Great Again)"라는 붉은 모자에 쓴 슬로건에 잘 드러나 있듯이, 트럼프는 미국의 현재 상황을 바라보는 뚜렷한 관점을 구축하고 이민과 경제, 힐러리 클린턴(여러 가지 하위 주제 중 세 가지)을 둘러싼 공포와 조급함을 자극해 탄탄한 정치 기반을 확보한 노련한 공화당 후보자들을 물리쳤다. 부적응자라는 조롱을 받는 것을 겁내지 않았던 트럼프는 자신의 관점을 끊임없이 강조했으며, 주요 시장에서 이미 영향력을 확보하고 있던 수많은 추종자의 지지를 이끌어냈다. 이를 통해 그는 엄청난 관성과 20억 달러가 넘는 무료 홍보 효과를 얻었고, 수만 명의 관중이 모인 집회에 참여한 지지자들의 뜨거운 열정을 자극했다.

점화 모드를 정치 캠페인이라고 생각해보자. 여기서 우리는 자신의 관점을 널리 알리고 시장이 열광하도록 만들어야 한다. 급박함도 자극해야 한다. 핵심 인플루언서의 도움을 받아 주요 사안에 대한 관심을 자극하고 메시지를 널리 전달해야 한다. 기존 시장의 관점에서 점화 모드는 집중적인 방식을 통한 시장 개발과 이미지/인지도 구축으로 이뤄진다.

이와 관련해 우리는 이 장 전반에 걸쳐 구체적인 방법을 살펴볼 것이다. 최악의 시나리오도 생각해볼 것이다. 아직까지 그 누구도 당신이 누군지, 무엇을 하는지, 왜 관심을 기울여야 하는지 알지 못한다. 그러나 자신의 영역에서 인지도를 쌓을 수 있다면 시작은 훨씬 쉬울 것이다.

점화 모드에서 어떻게, 왜 성공할 수 있는지에 대한 최고의 설명은 말콤 글래드웰의 탁월한 저서 『티핑 포인트』(김영사)에서 확인할 수 있다. 아직 읽지 않았다면 꼭 읽어보기를 권한다.

간단하게 말해서 티핑 포인트란 '변화의 움직임이 멈출 수 없게 되는 지점'을 뜻한다. 글래드웰은 이 책에서 사회학적 관점을 바탕으로 티핑 포인트를 "임계 질량이나 한계점 또는 끓는점"으로 정의했다. 그는 에이즈, 사스와 같은 전염병이 소수 감염자로부터 시작되었다가 특정 지점에서 들불처럼 번지는 과정을 설명한다. 우리는 많은 사람에게 감염시킨 몇몇 핵심 인물을 중심으로 들불이 시작된 지점을 추적할 수 있다. 다양한 사례 연구에 의해 입증된 글래드웰의 주장은 아이디어와 제품, 메시지, 행동의 확산에서도 똑같은 현상이 벌어진다는 사실을 보여준다.

나는 샌프란시스코 베이에이리어로 넘어오고 나서 얼마 지나지 않아 흥미로운 티핑 포인트를 경험했다(소셜 미디어가 등장하기 전이었다). 나는 금요일 퇴근 후에 정기적인 모임을 갖기를 원했고 직접 그 기회를 만들어보기로 했다. 많은 사람을 알지는 못했지만 나에게는 인맥이 넓은 여섯 명의 친구가 있었다. 그들은 공동으로 모임을 주최하고 그 자리에 각자의 지인들을 초대하기로 했다. 그리고 몇 주일 후, 우리 모임에는 약 50명이 참석했다. 비슷한 모임을 주최하고 있던 알프라는 사람이 우리 모임의 소식을 듣고 함께 행사를 열었고, 참석자 수는 90명 정도로 늘어났다.

머지않아 우리는 티핑 포인트에 도달하게 되었다. 이메일 목록에 있던 누군가가 빅터라는 사람에게 메일을 보냈다. 실리콘밸리 스타트업 CEO였던 빅터는 동시에 '사회적 연결자'였다. 그는 (밋업**Meetup**이나 이벤

트브라이트^{Eventbrite}와 같은 사이트의 전신에 해당하는) 사회적 모임을 위한 웹 사이트와 이메일 목록을 장대한 데이터베이스로 갖추고 있었다. 빅터는 우리 모임을 많은 이에게 알렸고 6주 만에 참석자는 약 250명으로 늘었다.

그중에는 마리아라는 사람이 있었는데, 그녀 역시 사회적 연결자로서 우리 모임의 이야기를 자신의 방대한 이메일 목록을 통해 많은 이에게 전했다. 이후로 우리는 이와 비슷한 몇몇 이메일 목록을 활용해 모임을 열었다.

우리 모임이 입소문을 타고 번지면서 주간 참석자 수는 500명 이상으로 늘었다. 머지않아 우리 모임은 별다른 홍보 활동을 하지 않아도 저절로 성장하기 시작했고, 기술과 금융 커뮤니티를 위한 고-투 모임의 중심이 되면서 전성기를 맞이했다.

이제 이 똑같은 흐름을 당신의 시장에 한번 적용해보자. 수요를 충족시켜줄 제안을 내놓고, 자신이 추구하는 바를 신뢰하며, 목표 시장에서 거대한 네트워크를 확보한 영향력 있는 몇몇 인물을 발굴하자. 특히 초반에는 더 광범위한 청중에게 접근하는 데 도움을 줄 수 있는 인물에 집중하자.

이러한 노력을 통해 소셜 미디어를 강력하게 만들고 마케터의 꿈을 현실로 이룰 수 있다. 물론 채널에 대한 충분한 연구가 선행되어야 한다. 여기서 중요한 것은 양이 아니라 질이다. 우리는 핵심 인물, 즉 목표 시장의 영향력 피라미드에서 맨 꼭대기에 서 있는 인물에 집중해야 한다. 일단 그들의 마음을 얻는다면 수백 혹은 수천 명의 마음을 얻는 일이 한결 쉬워질 것이다.

어떻게 흐름을 이끌어낼 것인가

당신의 브랜드가 인지도를 높이지 못해 어려움을 겪는 동안, 모두가 그들의 이야기를 하도록 만드는 데 성공한 기업의 사례를 부러워해본 적이 있는가?

가장 먼저 티핑 포인트에 도달하기 위한 기본 원리를 생각해보자. 말콤 글래드웰은 유행을 만드는 세 가지 법칙을 제시했다. 우리는 이 원리를 통해 흐름을 이끌고 사람들이 우리의 관점에 주목하도록 만들 수 있다.

소수의 법칙

중대한 변화를 만들어낼 수 있는 사람은 상대적으로 많지 않다. 글래드웰은 이렇게 지적했다. "모든 형태의 사회적 유행이 성공을 거두려면 특출한 사회적 재능을 지닌 인물이 뛰어들어야 한다." 여기에는 세 가지 유형이 있다. 이들은 어느 조직의 어느 자리에라도 앉아 있을 수 있다. 테슬라가 고-투 지위로 나아가는 여정의 점화 단계에서 큰 성공을 거둘 수 있었던 이유 중 한 가지는 일론 머스크가 세 가지 유형 모두를 실현해냈기 때문이다. 다음 글을 읽으면서 여기에 들어맞는 주변 사람을 떠올려보자.

- **커넥터**(Connector)는 많은 사람을 안다. 모든 사람을 아는 사회적 접착제다. 다양한 하위문화 및 시장의 틈새에서 활동하며, 그 과정에서 지인을 끌어모은다. 네트워킹 촉수는 어디로든 뻗어나간다. 모든 공동체와 산업에는 커넥터가 있다(네트워킹 범위와 영향력

이 눈에 보이는 부분을 훌쩍 뛰어넘는다는 점에서, 나는 그들을 '거대한 뿌리 시스템을 갖춘 나무 둥치'라고 부른다. 이에 대해서는 나중에 다시 살펴보자). 비즈니스 세계에서 이들은 절대적인 금광이다. 한 명의 커넥터를 알게 되면, 큰 노력을 들이지 않고서도 아주 많은 핵심 인물과 관계를 맺을 수 있다. 하지만 누가 커넥터인지 쉽게 드러나지는 않는다. 직접 발견하거나 평판을 통해 배워야 한다. 커넥터는 직함이 아니라 개인적인 성격이다. 이들은 때로 자연스럽게 특정한 기능을 수행한다. 컨설턴트나 법률가, 비즈니스 협회 지도자, 인력 에이전트, 로비스트, 임원 리크루터, 홍보 담당자, 경영자 등으로 활동한다. 물론 그렇지 않은 경우도 많다. 곰곰이 생각해보거나 주변에 물어본다면 당신은 아마도 자신의 분야에서 누가 커넥터인지 알 수 있다.

• **전문가**(Maven)는 정보 수집자다. 정보와 사회적 기술을 모두 갖추고 있어 많은 사람의 신뢰를 얻는다. 덕분에 '구전 효과'라는 놀라운 힘을 갖고 있다. 이들은 관심 분야에 뜨거운 열정을 갖고 있으며 자신이 가진 정보를 기꺼이 나누고자 한다. 비즈니스 세계에서 이들은 기자나 블로거, 산업 분석가, 금융 분석가, 다양한 분야의 연구원, 전문가, 컨설턴트로 활약한다. 가령 컴퓨터가 말썽을 부릴 때 우리가 항상 찾게 되는 그런 인물과도 같다. 그들은 언제나 해답을 알고 있는 듯 보인다.

• **세일즈맨**(Salesman)은 설득하는 사람이다. 그들은 매력적이고, 카리스마 있고, 에너지가 넘치는 호감형이며 인간관계 형성에 대단히 능하다. 비즈니스 개발이나 마케팅, 세일즈 분야에서 종종 찾아볼 수 있다. 법률가나 정치인, 사회 운동가, 로비스트, 대변인으

로도 활약한다. 우리는 이들을 고객으로 만날 수도 있다. 이들은 광범위한 네트워크와 인지도 덕분에 산업 분야의 사고 리더로 인정받는다.

고착성의 법칙

고착성의 법칙이란 얼마나 기억에 남을 만한지, 그리고 얼마나 영향력이 강한지에 관한 법칙이다. 인간을 달에 보낸 사건이나 "소프트웨어는 죽었다"라는 말, 크고 시끄러운 할리데이비슨 오토바이를 탄 반항자를 떠올려보자. 고착성이 높다는 것은 사람들이 마음속에 쉽게 떠올릴 수 있고, 본능적으로 전달하고 싶은 욕구를 느끼는 것을 뜻한다. 고착성은 사람들의 행동을 자극한다. 점화 모드에서 우리는 자신의 관점과 포지셔닝, 메시지의 고착성이 충분히 높은지 확인해야 한다. 그렇지 않다면 새롭게 다듬어야 한다(고착성을 높이는 방법을 보여주는 훌륭하고 흥미로운 책을 소개한다. 칩 히스와 댄 히스의 『Stick 스틱!』(웅진지식하우스)).

아폴로 스페이스 프로그램은 '달' 메시지가 60년대에 걸쳐 사람들의 뇌리에서 떠나지 않도록 다양한 전략을 채택했다. 하나는 희망에 기반을 둔 것이었으며, 다른 하나는 공포에 기반을 둔 것이었다.

케네디는 마흔 넷의 나이에 젊음과 활력을 기반으로 '뉴프런티어'라는 슬로건을 내세워 리처드 닉슨을 물리치고 대통령 자리에 올랐다. 그의 비전에서 과학과 기술을 기반으로 하는 우주 프로그램은 중요한 부분을 차지했다. 여기서 '탐험'이라는 주제는 영웅적인 이야기와 거친 서부 개척자, 그리고 최초가 되어야 한다는 급박함으로 이어졌다.

다음 전략은 패배의 두려움을 자극하는 것이었다. 50년대와 60년대는 냉전에 대한 강박관념이 뚜렷하게 존재했다. 학교에서는 교사들이 핵폭탄이 떨어질 경우를 대비해 학생들에게 몸을 숨기는 훈련을 시켰다. 케네디는 달 착륙 목표를 세계 리더십을 쟁취하기 위한 핵심 과제로 삼았다. 이를 통해 다른 국가들이 미국과 함께할 것인지, 아니면 소련과 함께할 것인지 결정하도록 촉구했다.

언론도 적극적으로 달려들었다. 그 시나리오 속에는 흥미진진한 무용담의 모든 요소가 들어 있었다. 영웅(우주 비행사가 상징하는 미국)과 악당(소련), 8년 동안 엎치락뒤치락 드라마처럼 전개되었던 서사적인 여정. 각각의 임무는 모두 사람들의 손에 땀을 쥐게 했다("과연 성공할 것인가?"). 그리고 (어떻게든 성공을 거둔다면) 달 표면에 첫 발자국을 남길 아폴로 11호가 시나리오의 절정을 이루게 될 것이다. 아폴로 11호가 지구로 돌아와서 우주 비행사들이 모두 무사히 빠져나올 때까지는 아무도 안심할 수 없었다.

맥락의 법칙

글래드웰은 이렇게 말했다. "유행은 일어나는 시간과 장소의 조건과 환경에 민감하게 반응한다." 시장이 티핑 포인트에 도달하려면 올바른 조건이 충족되어야 하며, 작은 것이 큰 차이를 만들어낼 수 있다. 올바른 조건이 항상 주어지지는 않는다. 따라서 그러한 조건을 파악하고 이용할 줄 알아야 한다. 예를 들어, 두 번의 결정적인 순간이 없었다면 아폴로 스페이스 프로그램은 성공을 거두지 못했을 것이다. 1961년 3월 케네디는 스페이스 프로그램의 진행 속도를 높여야 한다는 고문들의 재촉을 받아들이지 않았다. 그는 예산 문제와 더불어 그 프로그램이 정치적으로 어떻게 받아들여질지 걱정했다. 그러던 1961년 4월 12일, 소련이 유리 가가린을 우주로 보내는 데 성공했다. 미국의 수치스러운 패배였다. 그리고 며칠 후, 피그만 침공이 일어났다. 미국의 지원을 받은 쿠바 망명자 1,400명이 소련의 지원을 받은 공산주의 지도자인 피델 카스트로 정권을 전복하려고 했다. 결과는 처참한 실패였다. 1,100명 이상이 체포되고 114명이 사망했다. 이러한 상황에서 케네디는 쿠바에 군대를 파견할 것인지 결정해야 했다. 결국 그는 한발 물러서기로 했다. 자칫 소련과 제3차 세계대전이 벌어질 수도 있다고 우려했기 때문이다. 여기서 케네디는 국가의 자부심을 회복해야 할 필요성을 느꼈고, 여론의 움직임을 파악해 우주 프로그램에 대한 새로운 도전을 검토했다. 그해 5월의 마지막 날, 케네디는 연설을 통해 '달 탐사' 계획을 발표했고, 거대한 바퀴는 서서히 굴러가기 시작했다. 우주사학자 로저 라니우스에 따르면, 그것은 "외교정책의 위기와 정치적 필요성, 개인적인 약속과 행동, 과학과 기술적 역량, 경제적 번영, 그리고 여론의 분위기가 만나는 고유한 지점"이었다. 이 이야기를 통해 글래드웰은 무엇보다 시점이 중요하다고 강조했다.

'맥락'은 우리가 발사 모드에서 앞으로 벌어질 일을 예측하기 위해 그토록 많은 분석과 준비를 했던 이유다. 시장에 너무 일찍 뛰어들어서는 안 된다. 만약 그렇게 한다면 시장은 우리를 따라오지 못할 것이다. 1967년 아마나Amana라는 기업은 시장에 처음으로 주방용 전자레인지를 내놨다. 그러나 미국 가구의 25퍼센트가 전자레인지를 받아들이기까지는 20년이라는 오랜 세월이 걸렸다. 사람들은 1970년대에도 전자레인지에 주목하지 않았다. 그러다 1980년대 초, 세 가지 조건이 함께 작용하면서 많은 가구가 집에 전자레인지를 들여놓기 시작했다. 첫째, 시간 절약과 편리함을 추구하는 직업여성의 수가 급증했다. 둘째, 식품 기업인 스완슨Swanson이 전자레인지용 식품을 내놓기 시작했다. 마지막으로 셋째, 해외 제조 업체들이 전자레인지 시장에 뛰어들면서 가격이 떨어졌다. 사람들이 전자레인지의 편리함을 눈으로 직접 확인하면서 사용자 수는 기하급수적으로 늘어났다.

우리는 아마나가 아니라 세일즈포스를 설립한 마크 베니오프가 되어야 한다. 많은 기업이 수년 동안 버틴 후 결국 영업 자동화 시스템을 받아들이기 시작했다. 닷컴붐이 한창이던 당시에 많은 소기업이 세일즈포스의 서비스를 필요로 했다. 그리고 경기 침체가 찾아왔던 2000년대, 많은 대기업이 대규모 소프트웨어를 구매하거나 장기 계약을 위한 예산을 마련하는 데 어려움을 겪었다. 바로 이러한 시점에 한 번에 높은 비용을 지불하지 않고, 사용하면서 비용을 지불하는 세일즈포스의 서비스가 갑작스럽게 매력적으로 보이기 시작했다.

2006년 테슬라가 320킬로미터 이상을 달릴 수 있는 혁신적인 고급 전기 스포츠카를 발표했을 때 시장의 반응은 매우 좋았다. 사실 최초의 전기차는 1800년대 말에 나와 1900년대 초에 널리 알려졌다. 그러나 결국 포드가 모델 T를 대량 생산해 시장에 출시하면서 전기차에 대한 대중의 관심은 등락을 반복했고, 1990년대 초 규제가 바뀌면서 많은 자동차 기업이 움직이기 시작했다. 1996년 제너럴모터스**GM**는 EV1 모델을 출시하면서 많은 추종자를 양산했다. 1997년에는 토요타가 하이브리드 프리우스 모델을 내놨다. 많은 유명인이 프리우스를 타면서 세계적인 인기를 끌었다. 다른 한편, 앨 고어는 지구온난화에 대한 대중의 관심을 꾸준히 끌어올리고 있었다. 마침내 테슬라가 모습을 드러냈을 때 시장은 완전히 무르익어 있었다.

앞서 살펴본 유행을 이끈 조건은 성공적인 정치 캠페인을 가능하게 만들어주고 투표권, 시민권, 성소수자 권리 등 다양한 사회적 운동이 티핑 포인트에 도달하도록 도움을 준 요인이다. 바로 이와 같은 과정을 거쳐 1970년대 농담의 소재에 불과한 음주운전이 그로부터 10~20년 후에는 교도소에 들어갈 정도로 심각한 범죄행위가 되었다. 미국 성인 인구의 흡연율은 1965년 42퍼센트에서 2014년 14퍼센트로 줄어들었다. 이는 대단히 중독적인 담배의 특성과 TV 프로그램이나 영화에서 쉽게 찾아볼 수 있는 흡연 장면(많은 사람이 조기 흡연을 시작하도록 만드는 잘 알려진 요인)을 감안할 때 대단히 놀라운 변화였다.

연예계에서 깜짝 스타가 된 배우나 가수, 뮤지션, 코미디언도 사실은 갑자기 그렇게 된 게 아니다. 해당 업계에서는 '티핑 포인트'라는 말 대신에 '획기적인 순간' 혹은 '스타로 만들어준 배역'이라는 단어가 사용된다. 사람들은 2008년 레이디 가가가 22세의 나이로 메가 히트를 친 〈Just Dance〉를 들고 나왔을 때 깜짝 스타가 되었다고 알고 있다. 하지만 가가는 이미 8년 넘게 활동을 이어 오고 있었다. 그녀도 티핑 포인트에 도달하기 위해 똑같은 법칙을 활용했다.

뮤지션이나 코미디언은 처음에 내쉬빌에 있는 블루버드카페나 로스앤젤레스에 있는 코미디스토어처럼 작은 무대에서 공연을 시작한다. 그러고는 점점 더 큰 공연을 하거나 더 큰 무대에 오른다. 그들은 소셜 미디어를 통해 팬을 끌어모으고, 위험 요소가 적은 공간을 활용해 자신의 재능을 갈고닦아 성장하고, 청중 앞에 서는 것에 익숙해진다. 레이디 가가는 자신의 파트너와 함께 맨해튼의 클럽에서 공연한 〈레이디 가가와 스타라이트 레뷰〉(Lady Gaga and the Starlight Revue)라는 익살스런 연극을 통해 자신의 공식적인 캐릭터를 실험하고 개발했다. 이처럼 충분한 경험을 쌓은 아티스트는 빅리그에 진출할 때 청중이 무엇을 원하는지 안다. 노래를 내놓을 때 즈음에는 그 곡을 메가 히트로 만들어줄 팬을 이미 충분히 확보하고 있다. 무엇보다 자신이 창조한 모든 것을 열렬하게 소비해줄 충성스런 기반을 확보하고 있다. 덕분에 한 번의 성공으로 사라지지 않는다.

우리도 그런 아티스트가 되어야 한다.

개관

다시 한번 강조하건대, 점화 모드에서 우리의 목표는 시장에서 자신의 입지를 탄탄하게 지속적으로 뒷받침해줄 관점과 접근 방식을 강화하는 것이다. 정치에서는 이러한 관점을 '플랫폼', 초기 단계의 활동을 '기반 구축하기'라고 부른다.

이러한 노력은 일반적으로 시장 개발 범주에 속한다. 우리가 정의하고 해결하려는 문제를 중심으로 시장과 수요를 실질적으로 창조하기 때문이다.

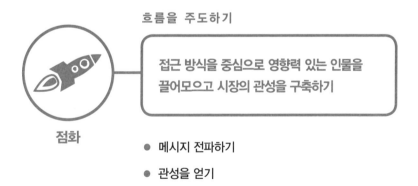

흐름을 주도하기

접근 방식을 중심으로 영향력 있는 인물을 끌어모으고 시장의 관성을 구축하기

점화

- 메시지 전파하기
- 관성을 얻기

점화 모드에서 우리의 과제는 다음과 같다.

- 시장의 관심을 끌어 문제에 집중시키기 — 문제에 관한 시장의 논의를 주도하기
- 메시지를 내부와 외부에 적극적이고 지속적으로 널리 퍼뜨리기
- 주요 경영자와 여러 인플루언서의 생각을 전환하기
- 자신의 고유한 메시지를 공통적인 논의 주제로 만들기
- 목표 고객이 자신과 메시지 사이의 연관성을 쉽게 떠올리도록 만들기
- 관성을 이끌어내기
- 앞서가는 고객에게 판매를 시작하기

핵심 전략은 효율성과 지속성을 중심으로 구축된다. 식물은 꽃가루를 한 번에 100만 개의 다른 식물에게 직접 전달하지 않는다. 대신에 날아다니는 벌이 일상적인 활동을 통해 꽃가루를 다른 식물에게 전달한다. 누가 당신의 벌이 되어줄 것인가?

점화 모드는 판매가 이뤄지는 지점이 아니라는 사실을 명심할 필요가 있다(판매는 항해 모드에서 시작된다). 점화 모드에서는 관점과 문제 해결의 접근 방식에 대한 이론적 지지를 끌어모아야 한다.

점화 모드를 잘 보여주는 최고 사례 중 하나는 아폴로 스페이스 프로그램의 기반이 되었던, 잘 조율된 마케팅 및 홍보 활동이었다. 케네디가 달 착륙 목표를 발표했을 때, NASA는 그것이 앞으로 오랫동안 이어질 홍보 작업의 시작이라는 사실을 이해했다. NASA의 문서에는 이렇게 기록되어 있다.

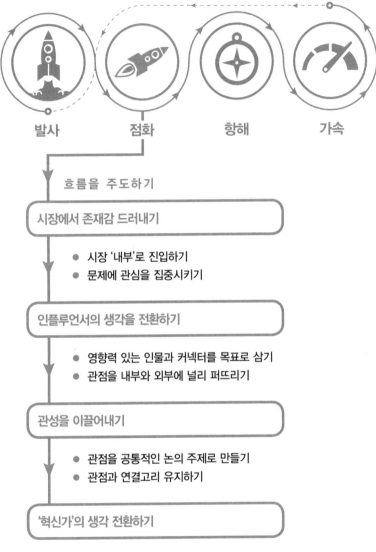

■ 기업의 관점을 중심으로 시장을 점화하기 ■

발사   점화   항해   가속

흐름을 주도하기

시장에서 존재감 드러내기

- 시장 '내부'로 진입하기
- 문제에 관심을 집중시키기

인플루언서의 생각을 전환하기

- 영향력 있는 인물과 커넥터를 목표로 삼기
- 관점을 내부와 외부에 널리 퍼뜨리기

관성을 이끌어내기

- 관점을 공통적인 논의 주제로 만들기
- 관점과 연결고리 유지하기

'혁신가'의 생각 전환하기

- 존재감이 큰 고객(혁신가)의 생각을 전환하기
- 그들과 함께 제안을 다듬기

대통령 발표 직후에 하원은 아폴로 프로그램을 위한 예산 마련에 적극적으로 나섰지만, NASA 관리자인 제임스 웹은 위기감이 조만간 사라질 것이며, 1961년 아폴로 프로그램에 대한 정치적 공감대도 위축될 것으로 우려했다.

아폴로 프로그램은 1960년대에 연간 연방 예산의 3~4퍼센트를 차지할 것으로 보였으며, 편성 과정에서 베트남전쟁과 경쟁을 벌여야 했다. NASA는 예산 확보를 위해 의회에, 지지를 위해 대중에게, 약속 실행을 위해 쉬지 않고 노력하고 희생해야 할 직원 및 계약 업체에게 계속해서 '달'을 팔아야 했다. 그런데 어떻게?

여러 주요한 전략적 결정이 중요한 역할을 했다.

첫째, NASA 공보부는 세 곳의 전국 TV 뉴스 채널과 도시 지역의 신문, 그리고 『라이프』 잡지가 벌(핵심 인플루언서)의 역할을 해줄 것으로 기대했다(자세한 내용은 나중에 다시 살펴보자). NASA는 언론에 자세한 정보를 제공해 그들이 자신을 대신해 TV 뉴스 및 일간지를 통해 메시지를 널리 퍼뜨리도록 했다. 다음으로 협력 업체의 자격으로 아폴로 프로그램에 참여한 많은 기업의 홍보 및 마케팅 부서를 집중적으로 활용했다. 이를 통해 NASA의 부족한 자원을 효율적으로 활용할 수 있을 것으로 기대했다. NASA는 이처럼 다양한 커뮤니케이션 채널과 파트너를 지원해 사회적 관심을 증폭시켰다. 이후 지역 라디오 및 TV 방송국 등 많은 언론기관이 참여했다. NASA는 과학 교육에 필적할 만한 풍부한 정보와 더불어 거의 모든 미국 시민과 전 세계 수백만 인구에게 메시지를 전할 수 있었다. 그 과정에서 아폴로 프로그램을 지지하는 열정적인 팬 기반을 구축하고 유지할 수 있었다.

둘째, 언론 채널, 특히 기자들의 신뢰를 얻고 유지하고자 했다. 이를 위한 핵심은 '투명성'이었다. 의회는 NASA에 투명성을 요구했다. 하지만 NASA 공보부의 전략가이자 리더인 줄리언 쉬어는 여기서 한 걸음 더 나아갔다. 그는 이렇게 강조했다. "우리는 정보를 공개하고 진실을 말할 것입니다." 기자 생활을 했던 쉬어는 정부로부터 신뢰할 만한 정보를 얻고자 했을 때 느꼈던 좌절감을 잘 알았다. 예전에 국방부는 우주 프로그램의 커뮤니케이션 정책에 상당한 영향을 미쳤고, 언론이 정보에 접근하지 못하도록 가로막았다. 그러나 아폴로 정책은 정반대였다. 그들은 대단히 구체적이고, 직접적이고, 정확한 정보를 왜곡 없이 적극적으로 전달했다.

이러한 노력에는 입을 다물지 못하게 만든 역사적인 달 착륙 생방송도 포함되었다. 당시만 해도 생방송은 거의 사례가 없었다. 생방송 아이디어가 처음 제기되었을 때, 우주 비행사와 공학자 모두 반대했다. 그것은 불필요해 보였고 (달 착륙 계획에서 가장 민감한 요소 중 하나인) 우주선의 무게를 가중시킬 것이기 때문이었다. 하지만 쉬어를 비롯한 몇 사람은 도전을 결심했다. 몇 년이 걸렸지만, 그들은 결국 승리했다. 쉬어는 공학자들과의 논의 과정에 대해 이렇게 말했다.

당연히 무게는 중요한 문제였습니다. 그럼에도 저는 이렇게 주장했습니다. "다른 걸 버리면 됩니다. 카메라는 반드시 우주선에 들어가야 합니다."

우주 비행사 톰 스태포드 역시 쉬어의 말에 동의하며 이렇게 덧붙였다.

시청자를 달로 데려가기 위해 컬러텔레비전보다 나은 게 있을까요?

비록 카메라가 인간의 실수(우주선에 있는 동안 우주 비행사가 실수로 욕을 하는 경우)와 실패(아폴로 13호는 기내 폭발로 달 착륙에 실패했으며, 지구로 귀환하지 못할 뻔했다)를 그대로 담아낼 위험이 있기는 했지만, 극단적으로 높은 투명성과 진정성은 NASA 공보부와 시장을 점화시킬 주요 통로인 기자들 사이에서 강력한 신뢰와 공생 관계를 만들어냈다. NASA는 우주 비행사를 전면에 놓고 그 뒤에서 일하는 엔지니어와 과학자 들에게 기자들이 쉽게 접근할 수 있도록 허용해 우주 탐사 프로젝트에 전례 없는 인간적 요소를 추가했다. 임무나 우주 비행사에게 곤란한 질문을 제외하고는 거의 모든 질문에 답변했다. 이 전략은 수년에 걸친 아폴로 프로젝트에 대중이 관심을 기울이도록 만드는 데 대단히 효과적인 방법이었다. 오늘날 기업들이 소셜 미디어를 투명하게 운용해 소비자와 강한 연대를 형성하는 것 역시 같은 원리다. 당시 일부 사람들은 이러한 개방성이 자칫 국가 안보를 위협할 수 있다고 우려했다. 그러나 고유한 '미국적 방식'의 일부로 받아들인 사람들도 있었다.

마지막으로 셋째는 콘텐츠에 대한 언론적 접근 방식이었다. 오늘날 일부에서는 이를 '브랜드 저널리즘'이라고 부른다. NASA는 가장 먼저 기자 출신을 고용했다. 이들 전직 기자는 동료 기자가 무엇을 원하는지, 어떻게 완성된 정보를 제공할 수 있는지 이해했다. 아폴로 프로그램은 미리 포장된 충실한 정보를 지속적으로 제공해 쉽게 뉴스 기사로 전환될 수 있도록 했다. 덕분에 기자들은 일이 한결 수월해졌고 기술적·과학적 차원에서 많은 것을 배웠다. 그만큼 청중에게 정확한 정보를 전달할 수 있었다.

이 정보 캠페인은 '뉴프런티어'를 핵심 주제로 삼았다. NASA와 기업 파트너들은 프로그램 전반에 걸쳐서 필자명을 표기한 기사, 보도 자료,

배경 자료, TV 뉴스 영상, 라디오 방송 등 인터뷰와 음향 효과까지 담은 언론 자료를 수천 건 제작했다. 게다가 월터 크롱카이트와 같은 뉴스 앵커가 저녁 방송 시간에 소품으로 사용한 우주선 모형을 만들기까지 했다. 학교와 시민단체를 위해 다큐멘터리를 제작하거나 우주 비행사를 비롯해 최전선에서 일하는 전문가를 파견해 연설도 하게 했다.

NASA가 이러한 콘텐츠 캠페인에 얼마나 많은 정성을 들였는지 잘 보여주는 사례로 「아폴로 우주선 뉴스 레퍼런스」(Apollo Spacecraft News

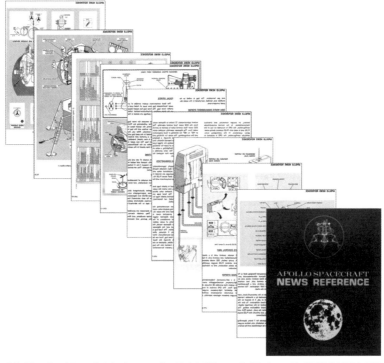

위 「아폴로 우주선 뉴스 레퍼런스」는 NASA와 그루먼이 공동으로 제작한 자료로, 달 착륙선과 사령선, 우주 비행사 개인 장비 등에 관한 세부 정보와 다이어그램을 담은 267쪽으로 구성되었다. 이 자료는 콘텐츠에 대한 NASA의 언론적 접근 방식을 보여주는 하나의 사례다. 이는 아폴로 프로그램에 대한 인플루언서들의 지지, 나아가 대중의 지지를 확보하기 위해 제작되었다. (표지 이미지 출처: David Meerman Scott and www. apollopresskits.com, 내부 이미지 출처: NASA)

Reference)를 꼽을 수 있다. 이 자료는 캠페인 기간 동안 제작된 거의 모든 자료와 마찬가지로, NASA와 그러먼Grumman이나 노스 어메리칸 록웰North American Rockwell과 같은 파트너들 간의 협력으로 완성되었다. 이 언론 자료에는 우주선과 기내 시스템에 관한 세부 정보가 담겨 있다. 정교한 다이어그램과 삽화, 사진, 도표로 완성된 100쪽 이상의 이 자료는 세 개의 링으로 묶인 바인더로 제공되었다. 월터 크롱카이트는 이에 대해 이렇게 언급했다. "NASA의 매뉴얼과 책을 받아보았습니다. 그리고 숙제를 했죠. 열심히 공부했습니다."

모든 콘텐츠의 제작(자료 작성, 단어/다이어그램/자막 확인, 디지털 이전 시대의 타자기와 수작업 그래픽, 인쇄 등)은 어마어마한 과제였지만, 인간을 달로 보내는 주요 임무의 핵심은 아니었다. 그럼에도 NASA는 이를 경제적·정치적·사회적 지지를 지속적으로 이끌어내기 위한 시장 점화의 핵심으로 삼았다.

세부 사항을 더 깊이 파헤쳐보고자 한다면, 연구에 기반을 둔 놀라운 책 『달을 마케팅하다』(Marketing the Moon: The Selling of the Apollo Lunar Program)를 읽어보길 권한다. 마케터인 두 저자, 데이비드 미어먼 스콧과 리처드 주렉은 그밖에 알려지지 않은 많은 이야기를 들려준다.

그렇다. 그때는 다른 시대였다. 인터넷과 케이블 TV, 소셜 미디어, 개인용 컴퓨터 같은 것들이 없었다. 어떤 면에서는 훨씬 더 힘들었고, 어떤 면에서는 더 쉬웠다. 하지만 근본적인 도전 과제는 과거나 지금이나 다르지 않다. 한정된 자원으로 어떻게 시장의 문제나 과제에 대한 기업의 관점과 접근 방식에 사람들이 주목하도록 만들 것인가? 어떻게 시장을 앞서갈 것인가?

이 장에서 우리는 티핑 포인트를 향해 시장을 점화하는 데 필요한 단계를 공유할 것이다. NASA가 프로그램에 대한 지지를 얻고, 몇 차례 폭풍을 일으키고, 대중의 상상력을 '점화'하기 위해 적절하게 활용했던 전형적인 전략 마케팅과 브랜드 구축 활동의 구체적 사례도 살펴볼 것이다. NASA는 이러한 노력을 통해 점진적으로 뜨거운 분위기를 조성했으며, 이는 결국 8년 후 TV로 중계되고 전 세계 6억 인구가 간절한 마음으로 지켜봤던 달 착륙으로 이어졌다.

이러한 확장의 노력이 얼마나 중요한지 잘 보여주는 사례가 있다. 달 탐사선 새턴 5호의 최고 설계자 베르너 폰 브라운은 아폴로 11호 우주 비행사들이 지구로 향했을 때 NASA의 유인우주센터에서 벌떡 일어나 모여든 기자들 앞에서 이렇게 감사를 표했다.

이번 프로그램에서 보여주신 뜨거운 지지에 대해 여러분 모두에게 감사를 드리고 싶습니다. 이번 프로그램을 대중에 알리는 홍보 노력과 훌륭한 프레젠테이션이 없었더라면, 우리는 해낼 수 없었을 것입니다.

다음은 시장을 점화하기 위해 밟아야 할 단계다.

1. 계획과 자료 준비하기
2. 대변인 역할을 맡기기 — 메시지를 다듬고, 훈련하고, 연습하고, 지도하기
3. 존재감 있는 주요 인플루언서를 만나서 관점을 공유하고, 정보와 피드백을 얻고, 자신을 대신해 메시지를 널리 전파하는 열렬한 지지자로 전환하기
4. 신중하게 선택한 목표 청중을 대상으로 메시지와 관점을 널리 전

파하기(언론, 행사, 소셜 미디어 등)

5. 사고 리더십을 드러내고 관심을 끌어모으기

6. 비즈니스 의제를 선정하고, 관점을 널리 알리고, 영향력을 행사하기 위해 핵심 조직에서 리더 역할 맡기

7. 목표 고객 및 잠재 고객에게 존재감을 드러내고 추종자를 끌어모을 혁신가와 얼리어답터 사이에서 인지도 구축하기

8. 관찰하고, 평가하고, 다듬기

여기서 나는 점화 모드를 하나의 장으로 요약했지만, 이 모드의 원리와 방법은 그 자체로 한 권의 책이 될 수 있음을 이해하자. 각각의 하위 단계에 포함된 구체적이고 자세한 전술은 시장과 제안, 산업, 예산, 시간 압박, 상황에 따라 크게 달라질 수 있다. 이러한 전술을 자신의 상황에 직접 적용할 수 없다면, 이후에 소개할 구체적인 사항에 얽매이지는 말자. 유사점을 발견하고 현실적인 조언을 구하자. 이 모드에서 중요한 것은 발사 단계에서 구축한 전문성을 활용해 효과적으로 의사결정을 내리는 일이다.

여기서 나는 구체적인 전술에 관한 정보를 제시하고자 한다. 하지만 그 전술의 영향력은 기술과 도구, 시장 역동성이 달라짐에 따라 변화한다는 사실을 명심하자. 어쩌면 당신의 경우에는 전혀 적용되지 않을 수도 있다. 그렇다고 해도 원칙은 불변한다. 그러므로 점화를 뒷받침하는 전략에 집중하자. 그러면 관점과 솔루션을 중심으로 시장을 점화하는 바람직한 결과를 성취하고, 브랜드 인지도와 평판, 강력한 비즈니스 기반을 구축하게 될 것이다.

1단계:
게임 계획과 자료를 준비하기

케네디의 달 착륙 연설 한 달 후에 미 상원은 연설 이전에 하원이 통과시킨 예산안에 NASA가 그해 요구했던 18억 달러(오늘날의 기준으로 약 185억 달러)를 포함시키도록 수정했고, 이는 양원에서 문제없이 통과되었다. 이처럼 전례 없는 의회의 합의는 부통령인 린든 존슨이 두 달에 걸쳐서 지극히 전략적으로 의회 핵심 지도자들과 함께 초당파적 지지 기반을 마련해놓았기 때문에 가능한 일이었다.

시장에 접근하자마자 모든 목표 고객에게 접근할 수는 없다. 우리는 제한된 시간과 자원을 신중하게 활용해야 한다. 그러므로 시장에서 활동 범위가 넓고 영향력이 강한 사람과 함께 시작해야 한다. 그들을 설득하고, 그들이 우리를 대신해 메시지를 널리 전파하도록 만든다면 엄청난 도움을 얻을 수 있다. 이를 위해 우리가 가장 먼저 해야 할 일은 '중요한 소수'가 누구인지 알아내는 것이다.

핵심은 자신이 있는 시장에서 영향력 있는 존재(개인이나 언론, 채널 등)를 파악하고 최고의 결과를 만들어낼 소수에 집중하는 일이다. 여기서는 80/20 법칙(20퍼센트 소수의 사람들이 80퍼센트의 성과를 낸다는 파레토 법칙—편집자)이 아니라 99/1 법칙이 적용된다. 자신이 이용할 수 있는 수많은 비즈니스 개발 및 홍보 수단 중 어떤 1퍼센트가 티핑 포인트에 도달하기 위해 필요한 99퍼센트를 만들어낼 것인가?

스탠퍼드 대학에서 주최하는 '기업가 주간(Entrepreneurship Week)'이라는 프로그램을 지역 공동체에 홍보하는 일을 할 때면, 나는 언제나 대학 동문인 가이 가와사키에게 연락한다. 유명 저자인 가이는 우리가 목표로 삼는 청중과 상당 부분 겹치는 거대한 블로그 팔로워를 확보하고 있다. 나는 우리 프로그램을 홍보하는 가이의 게시 글이 그의 블로그에 올라왔을 때 우리 웹사이트 트래픽에서 나타난 즉각적인 변화로 그러한 사실을 알 수 있었다. 그의 게시 글은 100가지 다른 홍보 활동만큼의 가치가 있었다.

우선순위를 정할 때, 에버렛 로저스 교수의 책『개혁의 확산』(커뮤니케이션북스)으로 유명해진 종 모양 곡선과 구매자 분석을 바탕으로 접근해야 할 청중의 지도를 한번 그려보자.

이 그래프는 동일한 사회적·경제적 시스템 내 다른 구성원에 비해 언제 혁신에 이끌리는지를 기준으로 구매자 집단의 구성과 특징을 이해할 수 있는 중요한 모형이다. 19세기 말부터 수천 건의 연구와 논문이 주목했던 이 주제는 1950년대에 '농민들은 어떻게 새로운 아이디어를 받아들이는가'에 대해 로저스를 비롯한 다른 많은 사람이 내놓은 여러 논문을 통해 이목을 끌었다. 하지만 우리는 이 모형을 광범위한 분

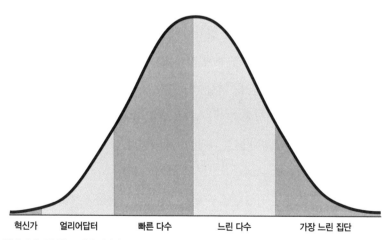

혁신가 | 얼리어답터 | 빠른 다수 | 느린 다수 | 가장 느린 집단

'혁신 수용 곡선'은 구매자 집단이 언제, 어떻게 혁신에 이끌리는지 잘 보여준다. 수십 년 연구를 통해 완성된 이 그래프는 에버렛 로저스에 의해 널리 알려졌다. (이미지 출처: 『개혁의 확산』)

야에 적용해볼 수 있으며, 누구를 목표로 삼을 것인지, 그리고 언제, 어떻게 그렇게 할 것인지를 가늠해볼 수 있다(학계와 비즈니스 분야에서는 이 곡선을 다양한 이름으로 부른다. 여기서는 '혁신 수용 곡선'이라고 부르기로 한다).

- **혁신가**(시장의 2.5퍼센트)는 아무런 증거가 없어도 획기적인 제안에 무작정 뛰어들려고 하는 '극단적으로 높은' 위험 성향을 지닌 소비자 집단을 말한다. 그 제안이 기대한 만큼 성공적이지 못할 때, 그들은 제안을 개선하는 데 도움을 준다. 비전을 확인하고 기꺼이 실험용 쥐가 되어 실험 과정의 일부로 참여하고자 한다. 이들은 처음 출시된 아이폰을 사기 위해 밤새 줄을 섰던 사람들이다. 그 제품이 정확하게 뭔지 모르는 상태에서 말이다. 그들은 생명을 위협받는 상황이 아님에도 불구하고 임상 실험에 기꺼이 참여한다. 스타트업의 시리즈 A 투자(기업이 초기에 서비스의 시장 검증을 어느 정도 마친 후 시장 진출을 준비하는 단계의 투자—편집자) 라운드에도 뛰어든다.

  일론 머스크는 혁신가가 얼마나 관대한 집단인지에 관한 이야기를 들려준다. 테슬라는 첫 번째 모델인 '로드스터'를 개발하는 과정에서 신기술 기반을 허물어뜨렸다. 그는 나중에 이를 '무모한' 도전이었다고 회상했다. 머스크는 2016년 주주 회의에서 구글 공동 설립자 세르게이 브린과 래리 페이지와 함께 스포츠카를 시험 운행했을 때 시속 16킬로미터를 넘지 못했던 이야기를 들려줬다. "저는 틀림없이 이것보다는 빠를 거라고 말했죠." 그러나 브린과 페이지는 "세계 최악의 시연에도 불구하고 기업에 작은 돈을 투자할 만큼 관대"했다.

이후 머스크가 했던 또 한 번의 시연 역시 절망적이었지만, 그럼에도 성과는 놀라웠다. 2019년 11월 머스크는 한 유명 행사장에서 미래 지향적인 테슬라 사이버 트럭을 공개했다. 그런데 트럭의 철갑 창문을 보여주는 과정에서 그만 유리가 부서지는 사고가 발생했다. 그러나 혁신가들은 실망하지 않았다. 행사 직후 5만 건이 넘는 주문이 폭주했다.

- **얼리어답터**(시장의 13.5퍼센트)는 '높은' 위험 성향을 갖고 있다. 그들은 중대한 문제가 해결되었을 때 뛰어든다. 일찍 접근하는 대가로 위험을 무릅쓰며, 어느 정도의 결함을 수용한다. 얼리어답터는 FDA 승인이 난 직후에 새로운 의료 장비나 약품에 도전한다. 이들은 프리우스가 처음 출시되었을 때 구매한 사람들이다. 토요타의 품질을 신뢰했고, 새로운 하이브리드 자동차를 탈 기회를 잡았다. 스스로의 존재를 입증하고 성장할 준비가 되어 있는 스타트업의 시리즈 B 투자(시장에 진출한 스타트업이 시장에서 어느 정도 인정을 받은 후 사업을 확장하는 단계에서 진행되는 투자—편집자)에 참여한다.

- **빠른 다수**(시장의 34퍼센트)는 '어느 정도'의 위험 성향을 갖고 있다. 이들은 혁신을 받아들이지만, 다른 사람들이 실제로 구매하고 성과를 거두는지 알고 싶어 한다. 성공을 입증해줄 강력한 증거를 원한다. 중대한 문제가 해결되기를 기다린다. 이 집단은 적어도 2년은 기다리고 스마트폰을 구입한 사람들이다. 신약을 복용하기 전에 수많은 환자로부터 증언을 듣고 싶어 한다. 이 집단에 속하는 기업은 사례 연구와 객관적인 성과를 원한다. 이 집단에 해당하는 투자자는 스타트업이 큰 성공을 거둔 뒤 사업 확장을 위한 자금을 모으는 시리즈 C 투자에 참여한다. 얼리어답터들의 수용

과 빠른 다수의 수용 사이에 어느 정도 시간 간격이 있다는 사실에 유념하자. 빠른 다수는 기다리고 관망한다. 그러므로 기업은 이러한 '캐즘'(제프리 무어의 표현) 혹은 '환멸의 수렁'(리서치 기업인 가트너의 표현) 동안 버틸 여력이 있어야 한다.

- **느린 다수**(마찬가지로 시장의 34퍼센트)는 '낮은' 위험 성향을 갖고 있다. 그들은 조심성이 많다. 모든 중요한 문제가 해결되길 바라며 장기적인 증거가 많이 나온 뒤에 혁신을 수용한다. 이 집단에 해당하는 소비자는 스마트폰이 시장을 강타하고 5년이 지나서야 구입했다. '새로운' 약품이 출시되고 몇 년이 흘러야 복용한다. 이 집단에 해당하는 기업은 신중한 계약 절차를 통해 대부분의 위험을 제거하고자 한다. 이 집단에 해당하는 투자자는 스타트업이 유니콘(10억 달러 이상의 가치가 있는 기업)이 되고 난 뒤 투자를 시작한다.

- **가장 느린 집단**(시장의 16퍼센트)은 '레이트어답터^{Late Adopter}'라고도 하며, 위험을 감수하지 않고 혁신이 더 이상 혁신이 아닐 때까지 기다렸다가 제일 마지막에 수용한다. 아직도 스마트폰을 쓰지 않거나 다른 대안이 없을 때에서야 비로소 구매한다. 이들이 소셜 미디어를 하는 이유는 사람들과 소통할 수 있는 유일한 통로이기 때문이다. 이 집단에 해당하는 기업은 기존 제품이 더 이상 지원을 받지 못할 때 시스템을 교체한다. 이 집단에 해당하는 투자자는 블루칩 기업과 증권에만 투자한다.

우리는 책 전반에 걸쳐서, 특히 목표 소비자를 확인해야 할 때마다 혁신 수용 곡선을 참조할 것이다. 지금 반드시 이해해야 할 것은 핵심 인물과 인플루언서를 찾는 노력의 중요성이다. 이들은 기업이 빠른 다수 및 느린 다수와 너무 멀리 떨어지지 않도록 하면서 혁신가와 얼리어 답터에게 접근하도록 도움을 준다. 그러나 기업이 이들보다 지나치게 빨리 등장한다면, 청중은 우리의 제안을 거부하고 허물어뜨리기 힘든 벽을 쌓을 것이다.

곡선에서 벗어나려고 시도했지만 이로 인해 큰 타격을 입었던 사례 가 있다. 주인공은 항공 과학자 조지 로우다. 로우는 1958년 아폴로 프 로젝트의 전신인 머큐리 프로젝트를 이끈 NASA의 유인우주비행국 (OMSF) 책임자였다. 로우의 한 동료는 그의 재능과 영민함에 대해 이렇 게 증언했다. "조지는 모든 일에 능했습니다. 열 사람 몫을 거뜬히 해냈 죠." 달 착륙이 정치인들에게도 낯선 아이디어였던 1959년 로우는 머 큐리 프로젝트를 공개적으로 옹호했고, 1960년에는 그 프로젝트의 가 능성에 대한 논의를 주도했다. 그는 정부와 항공우주 분야 및 학계 관 련자 1,200명 앞에서 인간을 달에 보내기 위한 비전을 아주 자세하게 설명했다. 언론은 이를 기사로 보도했다. 그러나 당시 아이젠하워 대 통령은 머큐리 프로젝트를 '스푸트니크 1호'의 성공에 맞서기 위한 일 회성 프로젝트로만 이해했고, 달 착륙에 대한 새롭고, 과감하고, 지속 적인 계획을 가지고 있지는 않았다. 이러한 상황에서 로우의 앞선 계 획과 발표는 아이젠하워의 심기를 건드렸고, 결국 대통령은 NASA의 1961년 예산에서 우주 비행 부분을 즉각 삭제해버렸다. 비록 다른 사 람들이 나중에 대통령을 설득하여 예산안을 되돌려놓기는 했지만, 달 착륙은 더 멀어지고 말았다. 아이젠하워는 거대한 추진 로켓의 중요성 을 누구보다 잘 알고 있었지만 유인 우주 비행과 관련해서 혁신가나 얼 리어답터는 아니었다. 로우는 너무 일찍 그를 자극했던 것이다.

'혁신가'를 쫓고 있다면, 시장의 블로그나 출판물 기사를 뒤지지 말

자. 대신에 한 분야만 파고들면서 흐름을 포착하고 특정 분야의 진지한 마니아가 부지런히 찾는 블로그나 출판물을 살펴보자. 시장에서 가장 새롭고 충격적인 아이디어가 처음으로 모습을 드러내는 곳은 어디인가? 진정으로 혁신적인 사고 리더는 무엇을 읽는가? 그러한 기사는 어디에 처음으로 게재되는가?(자세한 내용은 4단계에서 살펴본다.)

기업은 발사 모드에서 자신이 개발한 자료와 개념을 들여다보고 그것이 고착성이 있는지, 아니면 청중의 시선을 사로잡기 위해 새로운 방식으로 재포장, 재포지셔닝 할지를 판단해야 한다.

개념의 고착성을 높이기 위해서는 먼저 특정한 주제나 메시지에 접근하는 많은 방식이 존재한다는 사실을 이해해야 한다. 다음은 동일한 개념을 두 가지 방식으로 포장한 사례다. 1992년 조지타운 대학 교수이자 언어학자인 데보라 태넌 박사는『그래도 당신을 이해하고 싶다』(한언출판사)라는 책을 출간했다. 여기서 태넌은 의사소통 방식의 차이가 어떻게 관계를 허물어뜨리는지를 주제로 다뤘다. 출간의 성과는 꽤 좋았다. 4년 동안 뉴욕타임스 베스트셀러 목록에 이름을 올렸고, 8개월 동안 1위를 차지했다. 2년 후 관계 상담사인 존 그레이가 똑같은 주제로 또 한 권의 책을 펴냈다. 그레이는 연인 관계에 초점을 맞추고 제목을 좀 더 자극적으로 포장했다.『화성에서 온 남자 금성에서 온 여자』(동녘라이프)라는 제목의 이 책은 1,500만 부 이상의 판매고를 올렸고, 팝 문화의 슬로건, 세미나, 브로드웨이 쇼, TV 시트콤의 소재로 쓰이면서 하나의 문화적 현상으로 이어졌다.

두 책에서 유일하게 중요한 차이는 개념의 프레이밍이었다. 존 그레이의 접근 방식은 고착성이 훨씬 더 높았다.『USA 투데이』기사는 이렇게 언급했다.

어느 날 밤 그레이는 여성 청중에게 세상의 모든 남편은 다른 행성에서 온, 다른 욕망을 가진, 다른 언어로 말하는 E.T.와 같은 존재라고 했다. 여성들은 웃음을 터뜨렸다. 한 사람은 이렇게 물었다. "제 남편은 어디서 온 걸까요?"

그레이는 대답했다. "화성이요." 그때 자신이 대단히 인상적인 표현을 떠올렸다는 사실을 깨달았다. 그는 당시를 이렇게 회상했다. "팔에 닭살이 돋으면서 털이 곤두서더군요."

'유레카!'의 순간, 그 순간을 마케팅 파워로 활용하는 능력 덕분에 존 그레이는 누구나 아는 이름이 되었다. 세미나와 유료 강연, 제품, 다양한 제안을 통해 '관계 상담'이라고 하는 경쟁이 치열한 분야에서 큰 수익을 만들어냈다.

자신만의 기발한 표현을 발견하자. 메시지의 고착성을 높이는 방법을 이해하자. 이는 하나의 과정이다. 다시 말해, 우리는 시장에서 사람들과 이야기를 나누면서 끊임없이 메시지를 다듬어나가야 한다.

우리는 메시지를 누구에게 전달할 것인지, 시장 영향력을 확대하기 위해 누구를/무엇을 활용할 것인지 구체화해야 한다. 또한 앞으로 필요한 도구를 구체화해야 한다. 만약 구매자의 특성을 정의하는 등의 일반적인 기술에 익숙하지 않다면, 온라인에서 도움이 될 만한 많은 기사를 찾을 수 있다. 이제 우리는 다음 질문에 대답을 내놓아야 한다. 이 장의 나머지는 당신이 대답을 제시할 수 있도록 도움을 줄 것이다.

- 목표 시장을 전체적인 혹은 세부적인 차원에서 어떻게 설명할 수 있는가?(특성, 지역, 구매자 가치, 구조, 문화 등)
- 목표로 삼는 청중 집단 및 경영자는 누구인가? 어떤 구매자 집단

을 추구하는가? 아주 구체적으로 정의해보고, 이들이 혁신 수용 곡선상에서 어디에 속하는지 생각해보자.

- 그들은 누구의 말에 귀를 기울이는가? 누가 그들에게 가장 많은 영향을 미치는가?
- 그들은 어떻게/어디서 모이는가?
- 그들은 소비자 여정의 어느 단계에 있는가?
- 자신의 분야에서 최고임을 입증하기 위해 필요한 증거는 무엇인가? 무엇이 당신을 경쟁 및 대체 상대와 진정으로 다르게 만들어주는가?
- 자신의 관점을 받아들이도록 설득해야 할 가장 중요한 20명의 커넥터와 전문가, 세일즈맨은 누구인가? 시장의 나머지가 귀를 기울이고 따르는 핵심 산업 경영자와 인플루언서는 누구인가? 그들에게 가장 먼저 주목하자. 20명까지 떠오르지 않는다면 10명이나 5명이라도 좋다.
- 주목해야 할 가장 영향력 있는 출판물은 무엇인가?
- 참여해야 할 행사는 무엇인가?
- 시장에서 가장 중요한 협회는 어디인가?
- 시장에서 구성원으로 받아들여지기 위해 어떤 다른 것이 필요한가? 주요한 협력 관계를 맺고 있는가? 다른 이들이 따르도록 만들기 위해 설득해야 할 특정 고객이 있는가?
- 누가 대변인(조직의 얼굴)의 역할을 맡을 것인가? 일단 관성을 구축했다면, 이제 누구에게 주목할 것인가?
- 위에서 언급한 이들과 의사소통을 하고 시장을 점화하기 위해 어떤 객관적인 성과가 필요한가?

이 모두를 하나의 행동 계획으로 조합하고 요약하자. 대답하기 어려운 질문이 있다면 시장의 다른 리더를 살펴보자. 그들은 어디에 자리를 잡았는가? 인지도를 얻기 위해 어떤 여정을 걸어왔는가?

행동 계획을 작성했다면 당신에게 필요한 과제를 준비하자. 다음은 몇 가지 사례다.

- 연설(발사 모드에서 만든 것을 다듬기)
- 특정 청중을 위해 맞춤화된 형태의 연설
- 세일즈 프레젠테이션(혁신가와 얼리어답터 집단의 특성에 맞게 맞춤화하고 제안을 보다 구체적으로 밝힌 여러 가지 형태의 연설)
- 기업 소개 프레젠테이션과 자격(연설에 대한 보충)
- 사례 연구와 추천(가능한 경우)
- 소셜 미디어 편집 일정
- 기자회견 자료(가능한 경우)

점화 모드를 마무리하도록 도움을 줄 사람들에 주목하자. 소셜 미디어 및 홍보 전문가, 커뮤니케이션 전문가, 마케팅 팀 등을 고려해볼 수 있다.

2단계:
대변인 역할을 맡기기 — 메시지를 다듬고, 훈련하고,
연습하고, 지도하기

냉전 시대에는 핵전쟁에 대한 공포가 대단히 현실적이어서 이런 농담까지 유행했다. '만약' 어른이 된다면 뭐가 되고 싶니? 1950년대 말 미국 아동의 60퍼센트는 핵전쟁에 관한 악몽을 꿨다고 보고했다. 다른 한편으로는 기계가 공장 작업을 자동화하기 시작하면서 미국 경제는 더 깊은 수렁으로 빠져들었다. 이러한 상황에서 기술이 인간의 삶을 파고드는 흐름에 대한 불안과 불신의 감정을 더 악화시킨 것은 다름 아닌 할리우드였다. 1950년대를 거치면서 공상과학 장르는 사람들의 두려움을 자극했다. 〈제국의 종말〉 스타일의 시리즈는 방사선 낙진이나 심리 통제, 외계 우주, 외계인이나 로봇의 침공에 관한 무시무시한 주제로 인기몰이를 했다. 이는 핵전쟁으로 인한 대학살이나 공산주의에서 더 나아가 기계의 미국 지배를 은유적으로 암시했다.

다른 한편으로, 우주 비행은 컴퓨터 시스템에 기반을 둔 것이었다. NASA의 일부 인사는 현실적인 이유로 그러한 방식을 고수해야 한다고 주장했다. 반면, 다른 이들은 우주여행을 컴퓨터에게만 맡긴다면 언젠가 기계가 스스로 의식을 찾게 될 것이라고 반박했다. 그래서 그들은 아폴로 이전의 머큐리 프로젝트를 추진하는 동안 우주선에 인간 '파일럿'을 탑승시켰다. 저명한 파일럿인 척 예거의 표현대로 이들은 사실 "캔에 든 스팸"에 불과했지만 말이다. 몇 차례 우주 비행 후, NASA는 우주선 설계를 수동적인 '캡슐' 방식에서 인간의 통제권을 더욱 강화한 '크래프트' 방식으로 변경했다.

이와 관련해 NASA는 아폴로 프로젝트를 위해 우주 비행사들이 이야기의 전면에 나서야 한다고 판단했다. 사람들에게 충분한 이야기를 전달해야 한다고 믿었다. 아폴로 17호의 선장이자 11번째로 달을 밟은 유진 서넌은 이렇게 언급했다.

대중의 열망에 힘입어 우리의 일이 가치 있다고 생각하는 이유를 국민들과 공유하게 되었습니다. 사실 사람들은 더 많은 것을 요구하고 있습니다. 그래서 NASA는 '술집에서 보낸 일주일'이라고 부르는 대외 홍보 행사 차원에서 한 번에 한 지역씩 전국을 순회하도록 했죠. 게다가 각각의 임무를 마친 후, 미국 내 주요 도시는 물론 전 세계 수도로 여행을 가도록 했습니다. '달에 가봤던' 사람과 개인적인 친분을 맺는 것은 모두가 바라는 일이었습니다.

인간적인 이야기는 사람들의 관심을 자극한다. 따라서 우리는 인간의 존재를 메시지 전면에 내세워야 한다. 가장 먼저 조직의 얼굴 역할을 할 수 있는 사람을 선택하자. 물론 처음부터 끝까지 한 사람이 대변인 역할을 맡아야 하는 것은 아니다. 아폴로 프로젝트의 경우, 처음에 케네디가 사회적 관심을 집중시켰고, 이후에는 우주 비행사들이 대변인 역할을 수행했다. 그들은 케네디와 함께 하원과 같은 중요한 자리에 참석했다. 아폴로 프로젝트라는 특수한 상황 때문에 여러 사람이 돌아가면서 특정한 시점에 우주 비행사로서 공식 역할을 수행할 수 있었다. 하지만 비즈니스의 경우, 여러 사람이 공적인 역할을 맡는다면 청중들이 메시지를 이해하기는 더욱 어려워질 것이다. 아폴로 프로젝트에서도 대변인 역할을 맡은 사람은 '우주 비행사'였다. 청중이 쉽게 기억하도록 한 사람이 하나의 목소리를 내도록 하자. 물론 서로 다른 분야의 전문가들이 서로 다른 시장에 접근해야 할 경우는 예외가 될 것이다.

대변인은 맡은 역할이 중요하므로 신중하게 선택해야 한다. 대변인은 산업 문제와 기업이 제안하는 솔루션을 깊이 있게 이해하고 해당 분야의 전문성을 지닌 사람이 되어야 한다. 하지만 그렇다고 해서 반드시 '가장' 전문적인 인물일 필요는 없다. 다만 '조직을 대표하고 공감대를 형성할 수 있는' 인물이어야 한다. 애플 제품에 대한 열정과 그 전파력이 엄청나게 강했던 스티브 잡스처럼, 청중이 감성적 차원에서 유대감을 느끼도록 만들 줄 아는 인물이어야 한다. 더불어 존재감이 강하고, 연설과 프레젠테이션 기술이 뛰어나고, 산업 전문성을 지닌 카리스마 넘치는 외교가여야 한다. 버진 그룹의 리처드 브랜슨은 몸소 브랜드를 보여준 대변인의 좋은 사례다. 대변인은 확신을 전하고, 주요 사안을 논의하고, 마크 베니오프가 세일즈포스에서 했던 것처럼 청중에게 열정을 전할 수 있어야 한다. 그는 자연스럽게 사람을 설득하고 주요 사안에 대해 열정을 가진 인물이어야 한다. 특정 시장을 목표로 삼는 사업부의 대표 임원이 그러한 역할을 맡는다면 가장 이상적일 것이다. 상대적으로 규모가 작은 기업이라면 CEO나 사장이 그 역할을 맡게 될 것이다. 개별 사업부나 프로덕트 팀이라면 임원이나 프로덕트 매니저가 될 것이다. 아니면 CMO나 영업 팀장이 될 수도 있다. 하지만 이러한 지위에 있는 사람이 위에서 설명한 기준에 적합하지 않다면, 다른 인물을 선택하자. 우리는 이야기를 퍼뜨릴, 신뢰할 수 있는 인물을 뽑아야 한다.

서넌은 점화 모드의 중요성과 대변인의 역할, 그리고 이를 효과적으로 활용하는 방법을 다음과 같이 완벽하게 요약했다.

되돌아보건대, '술집'에서 보낸 기간 동안 뭔가를 배웠다는 사실을 인정해야겠습니다. 다른 사람을 자신의 편으로 끌어들이려면 우리가 말하는 바를 우리 스스로 믿고 있으며, 우리의 진정성과 열정이 절대적이라는 사실을 그들이 이해하도록 만들어야 합니다. 우리는 단지 우리의 생각을 말하는 것이 아니라, 그들과 함께 생각해야 합니다. 궁극적인 목표를 달성하고자 한다면 말이죠. 제게 그것은

'마케팅'이었으며, 미국 국민의 지지를 이끌어내기 위한 우주 프로그램의 핵심이었습니다.

대변인을 준비시키자. 그가 메시지를 갈고닦을 수 있도록 도움을 주자. 그가 아무리 언론에 밝고 경험이 많다고 해도, 조직의 새로운 이야기를 전달하는 데 초점을 맞춘 공식적인 언론 훈련 프로그램을 마련하자. 이를 통해 훈련하고, 연습하고, 조언을 얻도록 하자. 이의를 제기하거나 관심을 보이지 않는 청중과 롤 플레이를 하도록 하자. 처음에는 내부자로서, 나중에는 외부자로서 훈련을 하도록 하자.

우리는 메시지와 이야기를 분명하고, 간결하고, 인상적으로 전달해야 한다. 무엇보다 감성적인 차원에서 영향을 미쳐야 한다. 또한 목표 청중의 가슴에 와닿아야 한다.

여기서부터는 책의 논의를 더 진행시키기 위해, 당신이 조직의 대변인이라고 가정해보자.

3단계:
주요 인플루언서를 만나서 관점을 공유하고,
정보와 피드백을 얻고, 자신을 대신해 메시지를
널리 전파하는 열렬한 지지자로 만들기

아이젠하워의 질책에도 조지 로우는 흔들리지 않았다. 로우는 발사 모드에서 실마리를 얻고 자신의 관점을 문서로 정리하겠다는 결심을 굳혔다. 그는 이렇게 말했다. "서류로 정리하는 게 중요하다는 생각이

들었습니다. 정부와 조직 내에서 갑작스런 입장 변화가 있을 때를 대비해 더욱 야심찬 프로그램을 들고 나갈 준비를 해야만 했죠." 지난 교훈을 떠올리며 로우는 작은 실무 팀을 꾸렸고, 이를 통해 10년 안에 달에 가기 위한 방법과 일정, 예산에 관한 세부 보고서를 조용히 마련했다. NASA 내부의 핵심 인플루언서와 소통하면서 자신의 보고서를 공유했다. 당시 케네디는 새롭게 자리에 오른 대통령이었고, 인간을 달에 보내겠다는 목표는 그의 자문들 중 일부가 거부했던, 정치적으로 여전히 받아들이기 힘든 아이디어였다. 일부 자문은 심지어 NASA를 군대와 통합하는 방안을 거론하기까지 했다. 하지만 짐 웹이 NASA의 책임자가 되고 린든 존슨이 야심찬 목표를 지지했을 때, 달 착륙을 향한 '갑작스런 입장 변화'가 (단 3개월 사이에) 이루어졌다. 웹은 로우의 보고서를 공유했고, 존슨은 이를 받아들였으며, 케네디를 전면에 내세웠다. 로우의 보고서는 케네디의 달 착륙을 위한 기반을 마련했고, 아폴로 프로젝트를 위한 기술적·행정적 도약대로 기능했다. 강력한 관점의 힘은 역풍 속에서도 놀라운 힘을 발휘한다. 우리가 인플루언서의 생각을 바꾼다면 마법은 일어난다.

'점화'를 생각할 때, 우리는 다시 한번 고도로 전략적이어야 한다. 올바른 인물을 발견하고 접근해 설득하는 노력이 무엇보다 중요하다.

혹자는 목표로 삼는 인물을 '여론 주도자(Opinion Leader)', 혹은 '영향력의 중심(Center of Influence)'이라고 부른다. 금융 서비스 마케터로 오랜 경력을 쌓은 브라이언 클라겟의 이야기를 들어보자.

'영향력의 중심'이란 추천과 증언, 단순하고 과소평가된 입소문을 통해 시장의 접근성과 신뢰성을 높일 수 있는 인물(혹은 조직)을 말합니다. 일반적으로 이들은 탄탄한 입지를 구축하고 있으며 훌륭한 네트워커로 활동하죠. 이들은 우리가 필요로 하고 찾고 있는 시장(혹은 시장의 구성원)에 우리를 소개해줄 수 있습니다. 이상적으로, 우리는 영향력의 중심들로 이뤄진 네트워크 속에 머물러야 합니다. 왜 이것이 그토록 중요할까요? 로퍼 오가니제이션**Roper Organization**은 수십 년에 걸쳐 영향력 있는 인물을 중심으로 많은 연구를 수행했고, 이를 통해 영향력 높은 이들은 "일관성의 측면에서 뛰어나고 대개 사회적·정치적으로 공동체에 깊이 관여한다"라는 사실을 확인했습니다.

여기서 우리는 천체물리학과 천문학에서나 볼 수 있는 현상을 확인하게 된다. 천체는 비록 태양처럼 훨씬 더 큰 물체가 있더라도 달처럼 근처에 있는 물체에 지배적인 인력을 행사한다. 우리는 이를 일컬어 '영향력의 범위'라고 부른다.

또한 국제 관계 속에서도 이러한 현상을 확인할 수 있다. 한 국가가 공식적인 권한이 없음에도 불구하고 다른 국가나 영토에 힘이나 영향력을 행사할 수 있을 때 '영향력의 범위'가 발생한다.

많은 사람이 세일즈의 차원에서 '영향력의 중심'을 이야기한다. 그러나 이는 제한적인 의미만 담고 있다. 기업은 더욱 광범위한 접근을 위한 시장 영향력을 추구해야 한다.

스탠퍼드 경영공학부 마케팅 조교수였던 톰 코스닉 박사는 '영향권 (Circle of Influence)'이라는 개념을 연구하고 있다. 이와 관련해 그는 실리콘밸리나 싱가포르와 같은 환경을 언급한다. 그리고 이 개념을 다음과 같은 스타트업의 맥락에서 설명한다. 물론 기성 기업에게도 마찬가지로 적용이 가능하다.

영향권이란 초창기 벤처 기업이 목표 시장에서 고객과 자본, 인재를 확보하도록 도움을 주는 비공식적인 네트워크다. 이는 비즈니스 확장 속도를 높이는 동시에 위험을 낮춘다.

좀 더 자세히 말하자면, 첫 번째 우선순위는 자신의 영역에서 '가장 영향력 있는 존재'를 목표로 삼는 것이다. 이러한 존재는 방대한 네트워크를 확보하고 있으며, 모두가 그들에게 귀를 기울인다. 장담하건대, 당신의 시장에도 이러한 조건을 충족하는 인물이 몇몇 있을 것이다. 앞서 나는 이들을 '거대한 뿌리 시스템을 갖춘 커다란 나무 둥치'라고 언급했다.

그러한 개인이나 기업은 겉으로 볼 때는 별로 달라 보이지 않지만, 보이지 않은 땅속에서 우리가 원하는 거의 모든 사람과 만나도록 도움을 준다. 그들이 한 번만 언급해주면 유명 인사가 되는 것은 순식간이다. 샌프란시스코의 윌리 브라운 역시 그런 인물 중 하나다. 이제 80대로 접어든 전직 캘리포니아 주의원이자 전직 샌프란시스코 시장인 브라운의 영향력과 인맥은 이제 영광스런 과거의 유산일 뿐이라고 생각할 수도 있다. 하지만 결코 그렇지 않다. 윌리 브라운은 전화 한 통으로 샌프란시스코, 그리고 어쩌면 캘리포니아에서 벌어지는 모든 문제를 해결할 수 있는 능력을 갖고 있다고 볼 수 있다.

앞서 자신의 분야를 조사하고 작성한 목록을 다시 들여다보자. 그리고 주변에 물어보자. 자신의 분야에 존재하는 이러한 '나무'는 변호사나 산업 분석가, 인재 에이전트, 임원 리크루터, 로비스트, 사모펀드 투자자, 투자은행, 회계사, 블로거, 기자, 사회운동가, 사교계 명사, 조합이나 공동체 대표 등이 될 수 있다. 성공하고자 한다면 이들을 편으로

영향력 있는 존재들은
겉으로 볼 때 별로
달라 보이지 않는다.

만들어야 한다.

마크 베니오프에게는 운이 좋게도, 그의 상사이자 스승인 억만장자 래리 엘리슨이 세일즈포스의 친구이자 초기 지지자가 되어줬다. 베니오프는 엘리슨의 기업인 오라클에서 젊은 스타였고, 거기서 그는 엘리슨의 격려를 받아 세일즈포스를 시작하기로 결심했다. 오전에 새로운 벤처 기업에서 일을 했고, 오후에는 다시 오라클로 돌아왔다. 얼마 후 엘리슨은 베니오프에게 새 기업에서 전일 근무를 할 수 있도록 장기 휴가를 제안했고, 그의 신생 기업에 200만 달러를 투자했으며, 이사회에도 합류했다. 베니오프는 한때 스티브 잡스 밑에서 일한 경험도 있었다. 잡스 역시 베니오프의 친구이자 스승이 되어줬으며, 그에게 앱 시장을 개발해보도록 권유했다. 나중에 베니오프는 애플 앱스토어를 통해 그 조언을 스스로 따랐다. 베니오프가 비즈니스를 시작했을 때, 영향력 있는 인물과 그들의 거대한 네트워크로부터 많은 힘을 얻을 수 있었다.

우리가 목표로 삼는 인플루언서 중 일부는 소셜 미디어에서 수많은 추종자를 거느리고 있겠지만, 여기서 우리가 말하는 인플루언서는 대가를 받고 다른 이의 제품을 홍보해주는 소셜 미디어 인플루언서와는

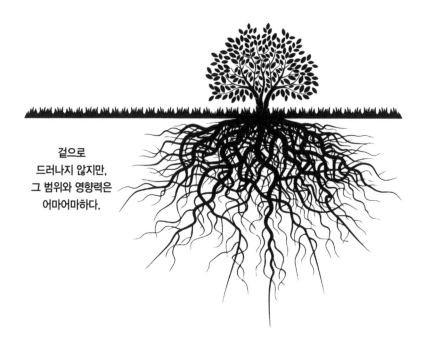

겉으로
드러나지 않지만,
그 범위와 영향력은
어마어마하다.

다르다. 그러한 인플루언서는 항해 모드의 세일즈 및 홍보 과제에서 등
장한다.

그러나 점화 모드에서는 아직 그들의 도움이 필요 없다. 그들이 지
속적으로 신뢰를 주고 당신의 제안과 더불어 당신의 관점을 적극적으
로 옹호하는 진정한 사고 리더가 아닌 한 말이다. 그렇지 않다면 단지
인지도를 일시적으로 높이는 차원의 도움만 줄 수 있을 뿐이다. 여기서
우리가 이야기하는 인플루언서는 다른 리더들의 생각을 흔들어놓을
수 있는 진정한 리더다.

'나무 둥치' 효과는 모든 기업 내부에서, 모든 산업에 걸쳐 일어나며
우리는 그 효과를 적극적으로 활용할 수 있다. 목표 인물의 목록을 재
정비하고 그들을 주목하자. 그리고 만남의 자리를 마련하자.

우선, 내부에 주목하자

NASA의 외부만큼이나 내부에서도 많은 홍보 노력이 필요했다.

_잭 킹 (머큐리, 제미니, 아폴로 프로그램 당시 NASA 공보 책임자)

발사 모드 동안에 내부적인 인정과 수용을 충분히 얻지 못했다면, 조직 내부에서 다시 시작하자. 가령, 기업에서 예산 및 자원을 지원받아야 하는 사업부라면, 돈줄을 쥐고 있는 인물이나 돈줄을 쥔 사람에게 영향력을 행사하는 인물을 찾아가자. 그들에게 시장 수요와 기회, 기업이 할 수 있는 역할에 대한 비전, 기업을 위한 경제적 기회에 대해 설명하자. 가능한 한 많은 사람을 끊임없이 만나면서 내부로부터 지지를 이끌어내자. 소규모 기업이라면 투자자와 이사회 구성원을 개별적으로 만나자. 특히 발사 모드에서 그러한 노력을 충분히 하지 못했다면 이 노력이 더욱 중요하다. 그들이 생각을 바꿀 때까지 계속 노력하자. 동시에 그들은 기업이 이야기를 분명하게 다듬고 개선하도록 도움을 줄 것이며, 또 다른 인플루언서와 영향력 있는 인물을 끌어들이도록 도움을 줄 것이다. 최대한 많은 이들의 지지를 이끌어내는 게 유리하기 때문에 그들은 자발적으로 그렇게 할 것이다. 기업은 이러한 점을 적극 활용할 수 있다.

일단 여기까지 했다면, 조직 내부의 다른 사람에게로 관심을 돌리자. 이러한 노력은 대단히 중요하며, 권력과 영향력이 수직적이지 않은 수평 조직에서 특히 중요하다. 우선 경영진 구성원을 개별적으로 만나보자. 조직표를 따라 내려가면서 모든 직원을 포함시키자. 기업 내 모든 구성원이 참여하고 이야기를 이해하도록 하자. 물론 모두가 이야기를 정확하고 분명하게 이해해야 하지만, 고객이나 기업 외부의 사람에게 스토리텔링을 전하기 위해서는 당신이 반드시 필요하다는 사실을 주지시키자. 또한 파트너나 협력 업체와 같은 유사 내부 이해관계자와도 이야기를 공유하자.

NASA는 조직 전체가 똑같이 일관적이고 설득력 있는 메시지를 전달하고자 했다. 이를 위해 NASA는 관리자들의 이야기를 담은 자료를 공보부 직원들에게 보냈다. 이는 그들이 공식적으로 발언해야 할 상황이나 대중과 접촉하는 경우에 받게 될 질문에 대한 대답을 미리 숙지하도록 준비시키는 것이었다.

달 착륙에 필요한 물리학을 연구하는 과학자들이 컴퓨터 프로그램을 사용할 수 있도록 도움을 줬던 NASA의 수학자 조 영은 아폴로 프로그램 초창기를 흥미진진한 도전 과제로 충만했던 시절로 묘사했다. 그는 당시 사람들 사이에 감돌던 열정적인 에너지를 떠올리면서 이렇게 말했다.

목표는 분명했으며, 사람들은 기념비적이면서도 모두를 결집시키는 중요한 일에 참여한다는 사실에 잔뜩 흥분해 있었습니다.

마크 베니오프는 세일즈포스가 여전히 신생 기업인 시절에 이러한 노력을 충분히 기울이지 못했다는 사실을 떠올렸다.

링컨 센터에 있었던 초창기 시절, 우리 회사의 마케팅 책임자와 개발자, 품질 관리 책임자, 엔지니어가 함께 엘리베이터를 탔습니다. 그때 함께 엘리베이터를 탔던 그 건물의 다른 임차인이 이렇게 물었죠. "세일즈포스닷컴은 정확하게 무슨 일을 합니까?" 그런데 놀랍게도 모두가 서로 다른 대답을 내놨습니다.

모든 사람이 (말 그대로) 같은 페이지에 있도록 만들기 위해, 우리의 홍보 업체인 아웃캐스트 커뮤니케이션즈^{OutCast Communications}는 양면으로 된 얇은 카드를 제작했습니다. 거기에 일종의 마케팅 참조 자료로 우리가 하는 일을 하나의 문장으로 요약했습니다. 그 외에도 우리가 제공하는 서비스 혜택, 신규 고객, 파트너에 관한 정보 및 최근 수상 소식까지 적어놨죠. 우리는 이 카드를 개발자부터 엔지니어, 품질 관리 책임자에 이르기까지 모든 구성원이 마케팅 조직의 일원으로 활동할 수 있게 만들었습니다.

이 카드를 그냥 나눠줬더라면 활용도가 떨어졌을 겁니다. 대신에 우리 기업이 세상에 전하려는 메시지를 모든 직원이 분명하게 이해하도록 만들기 위해 교육 프로그램을 함께 실시했습니다. 초창기에 우리는 모든 직원과 함께 도시락을 먹으면서 기업의 최신 마케팅 전략에 대해 이야기를 나눴습니다. 비록 작은 조직이었지만, 마케팅의 집중력과 수준을 높이는 노력이 무엇보다 중요했습니다.

기존 조직 내에서 변화를 추진하고 있다는 사실에 유념하고, 이를 모든 다른 일처럼 다뤄야 한다. 지지 기반을 마련하기 위해 우선 일대일 회의, 소규모 청중으로 시작하자. 회의실에 더 많은 사람이 있을수록 더 많은 반대자가 나머지를 감염시킬 것이며, 더 많은 저항에 직면하게 된다. 그렇기 때문에 '언제나' 회의에 참석할 거의 모든 사람을 대상으로 사전 홍보를 하고 난 뒤에 회의실로 들어가자. 특히 영향력 있는 인물에 대한 사전 홍보는 대단히 중요하다. 저항은 미리 일대일로 만나서 해결하는 편이 낫다. 그래야 반대가 어디서 비롯되었는지 파악하고 해결할 수 있다. 한편, 반대의 근거는 타당한 것일 수도 있으며, 그렇다면 방향을 수정해야 할 것이다.

액센츄어 시절, 우리 팀은 CIG를 기반으로 내부적인 설득 작업을 훌륭하게 해냈다. 당시 우리의 대변인 역할을 맡았던 인물은 부서장인 알 버제스였다. 그는 끈기 있는 사람이었다. 우리는 새로운 프로젝트를 위해 내부 자원과 예산을 얻어내야 했고, 시장 기회가 액센츄어에게 무엇을 의미하는지를 주제로 프레젠테이션 자료를 준비했다. 다음으로 버제스는 비행기를 타고 돌아다니며 기업 내 영향력 있는 여러 파트너(지금은 지사장이라고 불리는)를 만났다. 각각의 회의를 통해 버제스는 비전에 대한 지지를 이끌어냈고, 프레젠테이션을 하는 동안에 무엇이 공감을 얻고 무엇이 그렇지 않은지 배웠다. 그가 다시 애틀랜타로 돌아왔을 때, 우리는 그의 피드백을 기반으로 자료를 수정했다. 버제스는 다시 비행기를 타고 돌아다니며 더 많은 회의를 했다.

우리가 직간접적으로 보고했던 대상 모두가 비전을 받아들이고 난 뒤, 우리는 그 비전을 현실로 만들어줄, 신뢰할 수 있는 사람들로 구성된 팀을 꾸렸다. 여기에는 세일즈, 비즈니스 개발, 서비스, 마케팅 팀을 비롯한 커뮤니케이션 산업에 관심 있는 조직 내부의 모든 사람이 참여했다. 우리는 3일간 세미나를 주최해 산업 동향 및 주요 안건을 전하고, 비전을 밝히고, 다양한 팀에서 온 사람들 사이에서 소속감과 정체성을 구축하고 열정을 불어넣었다. 그들은 우리가 주목하는 핵심 주제와 메시지에 관심을 기울였고, 그들 자신의 고객에게 전달해야 할 핵심 주제와 메시지를 들고 돌아갔다. 우리는 그 3일 동안에 시장을 향해 발맞춰 나갈 팀을 꾸린 것이다.

정치인들 역시 이러한 방식으로 메시지를 가다듬고, 확장하기 전에 내부적인 지지를 먼저 끌어모은다. 당원들과 함께 일대일 회의를 시작하는 것이다. 그리고 나서 우호적인 지지자들로 이뤄진 모임으로 확장해나간다. 메시지를 시험하고, 피드백을 구하고, 지지 약속을 얻고, 실행 방식을 다듬는다. 그리고 계속해서 모임의 범위를 확장한다. 마치 연못에 돌을 던지면 물결이 원을 그리며 바깥쪽으로 퍼져나가는 모습과 흡사하다.

반면, 앞서 언급했듯이 내가 몸을 담았던 클라우드 시스템 기업은 내부 지지를 충분히 확보하지 못하는 중대한 실수를 저질렀다. 그 기업은 몇몇 업체가 합쳐져서 탄생한 스타트업이었다. 조직 내에는 신뢰할 만한 기업가적 인물이 많이 있었다. 당시 투자자들은 하루빨리 성과를 보여달라고 재촉했고, 이로 인해 우리는 외부 시장에만 집중한 채 내부 지지를 이끌어내고 비전과 메시지에 대한 공감대를 형성하는 일에 충분히 신경을 쓰지 못했다. 사실 그렇게 규모가 크지 않은 조직이었기에 그 정도의 노력을 기울여야 할 필요성을 느끼지 못했던 것도 있다. 그러나 결과는 재앙으로 다가왔다. 우리 모두는 서로 다른 노래를 부르고 있었다. 조직 내에는 불신과 혼란이 팽배했다. 기업의 비전에 대한 의심은 세일즈와 고객 서비스 업무에 부정적인 영향을 미쳤다. 외부로 확장하기 전에 내부의 모든 관계자의 이해를 구하는 노력의 중요성은 아무리 강조해도 지나치지 않다. 그러한 노력은 조직의 규모와는 전혀 상관없다.

이제 밖을 보자

외부로 확장할 준비가 되었다면 많은 사람이 귀를 기울이는 사고 리더와 주요 경영자, 여러 인플루언서를 만나자. 한 번에 한 사람씩 만나자. 그들에게 당신의 관점을 소개하고 대화를 나누자. 기업의 목적은 그들이 문제에 대한 급박함을 인식하고, 이를 해결하기 위해 해야 할 일에 대해 공감을 느끼는 것이 되어야 한다. 스타트업의 경우, 이러한 노력은 투자자를 대상으로 하는 연설이 될 수 있다.

이는 정확히 2003년 스티브 잡스가 아이튠즈 스토어를 통해 음반 산업을 뒤집으려 했을 때 시도한 일이다. 당시 음반 산업은 그야말로 대혼란이었다. 무료 파일 공유 서비스 및 불법 음반과 함께 법률적인 두더지 게임을 벌이고 있었다. 소비자와 아티스트도 이러한 현실에 불만의 목소리를 내고 있었다. 하지만 음반 산업은 갖은 노력에도 해결책을 찾지 못했다. 그때 스티브 잡스가 등장했다. 2002년 잡스는 온라인 뮤직 스토어를 개발하겠다는 비전을 제시했다. 그의 관점은 음원 서비스가 정말로 사용하기 쉽고, 선택권이 넓고, 효과적으로 작동하고, 자신이 찾는 히트곡을 얻기 위해 앨범 전체를 15달러를 내고 사는 것이 아니라 한 곡씩 구매할 수 있다면, 소비자는 다운로드한 음원에 대해 기꺼이 요금을 지불한다는 것이었다. 이러한 아이디어는 당시에 급진적인 비즈니스 모델이었다. 잡스는 모든 음반사가 자신의 관점을 받아들이도록 만들어야 했다.

잡스는 먼저 보노Bono처럼 영향력 있는 아티스트들을 수십 명 만났다. 그는 음반사를 설득하는 데 이들 아티스트가 도움을 주길 원했다. 윈튼 마샬리스는 잡스가 자신에게 두 시간 동안 프레젠테이션을 했다고 말했다. "뭔가에 홀린 사람 같았어요. 얼마 후 저는 컴퓨터 화면이 아니라 그를 쳐다보기 시작했습니다. 그의 열정에 매력을 느낀 거죠." 잡스는 이글스 매니저 어빙 아조프와 같은 산업 내 영향력 있는 인물들도 만났다. 아조프는 『월스트리트 저널』에서 이렇게 말했다. "(다른 온라인 서비스는) 모두 거절했지만 (애플) 제품은 마음에 들더군요."

다음으로 잡스는 당시 산업 거물이었던 AOL 타임워너 대표에게 전화를 걸었다. 『롤링스톤』은 인터뷰 기사를 통해 당시 있었던 일을 이렇게 전했다.

> 대표는 마돈나와 R.E.M. 그리고 닐 영으로 널리 알려진 워너뮤직그룹의 임원인 폴 비디치도 자리에 함께 참석하도록 했다. 잡스는 음반사의 디지털 음악 서비스(불친절하고, 비싸고, 뮤직넷MusicNet과 프레스플레이Pressplay처럼 인기 없는 선택권)가 완전히 엉터리라고 심각한 표정으로 이야기했고, 비디치는 귀를 기울여 들었다. 잡스는 그보다 더 나은 뭔가를, 실제로 소비자가 온라인 음악에 돈을 지불할 어마어마한 규모의 새로운 시스템을 생각하고 있었다. 잡스가 아이튠즈 뮤직 스토어로 탄생하게 될 그의 아이디어를 설명했을 때, 폴은 입을 다물지 못했다. 그는 이렇게 말했다. "우리가 원하던 게 바로 그겁니다."

다음 차례는 유니버설Universal이었다. 그리고 BGM과 EMI, 소니로 이어졌다. 잡스는 그들에게 보여줄 데모를 제작했고, 끝내 계약을 맺는 데 성공했다. 하지만 그것은 "오랫동안 이어진 골치 아픈 협상" 이후에, 그리고 자신의 원래 비전에서 몇 가지를 양보한 이후에(복제 방지된 음원을 맥 기기에서만 재생 가능하도록 한 이후에) 비로소 가능했다. 2003년 4월 아이튠즈 스토어는 시장에 첫선을 보였고, 첫 일주일 동안 100만 곡 이상을 판매했다. 그리고 6개월 만에 잡스는 윈도우 사용자도 아이튠즈 서비스를 사용할 수 있도록 음반사들을 설득했다.

잡스가 성공할 수 있었던 이유는 주제를 향한 진정한 열정 덕분이었다. 유니버설 뮤직 그룹의 회장이자 최고 경영자인 루시안 그레인지는 이렇게 설명했다. "스티브는 흡입력 강한 인물이자 저작권 침해부터 가사에 대한 구체적 논의에 이르기까지, 음악의 모든 것에 관한 치열한 지적 논쟁자였다."

사실 잡스과 같은 존재감이나 인맥, 영향력이 없다면 이러한 회의를 마련하기란 애당초 힘든 과제일 것이다. 따라서 무엇보다 설득력 있는 이야기와 메시지가 중요하다. 우리가 만나고 싶어 하는 인물들은 아마도 대단히 바쁠 것이다. 하지만 그들도 신뢰하는 누군가가 요청을 한다면 시간을 기꺼이 내줄 것이다. 그들은 당신이 시의적절하고 가치 있는 신선한 통찰력을 갖고 있을 것이라 기대할 수도 있다. 이러한 회의를 통해 우리는 그들을 설득해야 한다. 인상적인 표현과 간결한 '왜/무엇을/어떻게' 메시지를 활용해 "내게 무슨 도움이 됩니까?"라는 질문에 대답하자. 그리고 그것을 입증하자.

자신의 시나리오가 완성되었다면, 잡스가 했던 것처럼 영향력 있는 인물들로 이뤄진 피라미드의 맨 꼭대기에서 시작하자. 꼭대기에 있는 사람은 그 아래에 있는 이들을 설득시켜줄 것이다. 보다 '관대한' 인물과 더불어 시작하면서 점차 메시지를 다듬어나가자.

청중이 어떤 이들로 구성되어 있든지 간에 이러한 대화는 '강매' 프레젠테이션으로 이어져서는 곤란하다. 그 회의가 판매를 위해 마련된 자리가 아니라면 말이다(물론 프레젠테이션이 좋았다면 그 자리는 판매의 기회로 이어질 수 있다. 그러니 준비해두자). 잡스는 아마도 우리에게는 없는 평판과 영향력을 갖고 있었기 때문에 강하게 밀어붙일 수 있었다. 반면 우리는 이러한 자리에서 사고 리더십을 발휘하고 관계를 구축해서 더 나은 결과를 얻을 수 있다(실제로 잡스 역시 음반사와의 회의에서 그렇게 했다). 상대방이 아이디어에 기여하도록 허용하고 자신의 관점에 대한 주인 의식을 부여할 수 있다. 우리의 한 가지 목표는 그들의 욕구와 관심, 관점을 배워서 그들이 우리에게 도움을 주는 것처럼 우리도 그들에게 더 많은 도움을 주는 것이다. 우리는 제안의 가치와 가격 결정과 관련한 기준도 확인해야 한다. 이러한 회의의 주요 목적은 상대방의 호기심을 자극하고 다음 회의를 이끌어내는 것이다. 이번 회의가 청중에 대한 일방적인 프레젠테이션이었다면 사고 리더십을 보여주고 다음 만남을 약속하자.

기업을 목표로 삼는다면, 이 시점에서 세일즈 단계로 곧장 뛰어들어서 비즈니스 개발 담당자에게 프레젠테이션을 맡기고 싶은 생각이 들 것이다. 하지만 이러한 유혹에 넘어가지 말자. 이들은 광범위한 시장 상황과 흐름, 관점, 제안된 접근 방식과 제안에 대한 심오한 전문가가 아니다. 그들은 깊이 있는 교육적인 프레젠테이션을 할 수 없으며 필수적인 열정과 확신이 부족하다. 진정한 전문가처럼 가슴에서 우러나오는 프레젠테이션을 할 수 없다. 세일즈나 관계 관리 책임자의 임무는 회의 자리를 마련하고, 참석하고, 대변인이 이야기하고 설득하도록 만드는 일이다. 대변인은 자료를 깊이 파고들어야 하며 이야기를 전달하고 공감을 형성하는 방법을 알아야 한다. 그는 바로 그러한 일을 할 수 있는 사람이다.

이 시점에서 많은 사람은 '올바른 사례가 되어줄 만한 고객'이나 성공 스토리가 필요하다고 생각할 것이다. 하지만 반드시 그럴 필요는 없다. 유용한 정보를 전하고 관심을 자극하고 있다면, 그리고 주요 흐름이나 시장 사안에 대한 관점을 배우려고 하는 올바른 청중(혁신가와 얼리어답터 집단)을 상대로 하고 있다면, 그들은 귀를 기울이고 받아들일 것이다. 하지만 곧장 세일즈 모드로 진입해 이익을 챙기려 든다면 문제가 될 것이다. 물론 청중이 우리의 제안을 절박하게 원하는 상황이라면 예외다.

기술 분야에서 금융 분석가나 전문가가 우리를 열정적으로 지지한다면, 그것만으로도 시장에서 충분한 인지도를 얻을 수 있다. 그들이 보고서에 우리의 이름을 언급하는 것만으로도 게임의 흐름을 완전히 바꿀 수 있다. 소비자 시장이라면 유명인이나 기자가 그런 역할을 해줄 수 있다. 어떤 시장이든 간에 충분한 분석과 집중이 누가 그 역할을 맡아줄 것인지, 누구를 목표로 삼아야 할지 이해하게 해줄 것이다.

4단계:
신중하게 선택한 언론과 콘퍼런스/회의/행사를 통해 메시지와 관점을 널리 퍼뜨리기

아폴로 스페이스 프로그램은 목표로 선택한 다양한 언론 및 행사를 통해 메시지를 전파했다. 그중 한 가지 채널이 지지와 기반을 구축하는 첫 과정에서부터 매우 중요한 역할을 한 것으로 드러났다. 그 채널은 다름 아닌 『라이프』 잡지였다.

NASA 공보부는 객관적인 정보를 제공하는 기본적인 과제를 넘어서 유인 우주 프로그램이 우주 비행사의 삶에 대한 대중의 관심을 자극하게 될 것이라는 생각으로, 우주 비행사의 사생활에 대한 독점적인 권리를 주는 계약을 『라이프』 잡지와 맺었다. 1969년 850만 부의 최고 기록을 올렸던 『라이프』는 포토 저널리즘을 통해 감동을 전하고 유명인을 인간적으로 묘사하는 역량으로 잘 알려져 있었다. 그 잡지는 우주 비행사와 가족을 일반적인 중산층으로 묘사해 대중이 쉽게 공감하고 지지할 수 있도록 분위기를 조성했다. 기자이자 역사가인 데이비드 할버스

텀은 케네디 대통령이 『라이프』를 당시 "미국에서 가장 영향력 있는 (언론) 매체"로 인식했으며, 계약이 지속될 수 있도록 개입했다고 언급했다 (계약에 따른 수익이 우주 비행사와 가족이 지는 부담과 그리 많지 않던 연봉에 대한 보상의 차원으로 그들에게 직접 지급되면서 논란이 일기도 했다).

대중이 이러한 이야기를 사랑한 이유는 그것이 진실처럼 보였고 우주 비행사와 직접 의사소통할 수 있었기 때문이다. NASA는 '라이프'라는 브랜드의 힘과 진실성을 바탕으로 이야기를 전달했다. 이는 오늘날의 인스타그램과 비슷한 것이었다. 사람들은 『라이프』를 통해 영웅들이 집에서 스테이크를 굽고, 아이들과 수영을 하고, 캠핑을 즐기고, 보이스카우트 행사를 위해 팬케이크를 굽는 일상적인 모습을 지켜봤다. 대중은 친밀한 기사를 읽으면서 우주 비행사들과 개인적으로 연결되어 있다는 느낌을 받았다. 이러한 사실은 우주 비행사들에게 매일 엄청나게 쏟아졌던 수많은 팬레터만 봐도 알 수 있다. 2012년 닐 암스트롱이 세상을 떠나면서 남긴 유품에는 7만 통에 달하는 펜레터도 포함되어 있었다. 거기에는 10살 아이가 암스트롱을 주말에 자신의 집으로 초대하는 수기 편지도 들어 있었다. 아이는 예의 바르게 이렇게 썼다. "올 수 있다면 시간을 말씀해주세요. 올 수 있다면 말이에요." 그런데 사실 이러한 이야기를 뒷받침하는 '진실성'은 우주 비행사를 미국의 영웅으로 만들기 위해 신중하게 기획된 것이었다. 비록 그들이 때로는 과음을 하고, 부부싸움을 하고, 잘못을 저질렀음에도 말이다.

이러한 노력은 우주 비행사를 대중의 관심과 존경을 받는 슈퍼스타로 만드는 과정에서 대단히 중요한 역할을 했다. 특히 아폴로 프로그램 초기에 시장을 점화하기 위한 감성적인 불쏘시개로 기능했다.

소셜 미디어 활동과 웨비나webinar(웹을 통한 세미나—옮긴이), 기존 언론 노출, 산업 프레젠테이션은 일반적인 홍보 업무이며, 아마도 당신의 기업 역시 이 업무에 익숙할 것이다. 아폴로 접근 방식과 차이가 있다면 그것은 실행 방식이다.

첫째, 우리는 물건을 판매하는 것이 아니라 흥미진진한 관점과 중요한 문제를 해결하기 위한 접근 방식을 제시하고 있다. 우리는 자신의 관점을 중심으로 사람들을 끌어모으고, 그 문제에 대해 뭔가를 해야 한다는 사실을 시장이 받아들이도록 설득하고 있다. 당신이 새로운 유모차를 출시했다고 해서 사람들이 관심을 보이지는 않을 것이다. 하지만 유모차에 탄 아기가 그것을 미는 어른보다 60퍼센트나 더 많이 미립자를 흡입하고, 여기에 유모차 높이가 중요한 영향을 미치며, 이 문제를 해결하기 위해 무엇을 해야 하는지 이야기한다면 사람들은 관심을 기울일 것이다(그리고 당신이 그 문제를 해결했다고 생각하거나 기대하고 더 많은 정보를 얻고 싶어 할 것이다).

둘째, 모든 대화와 프레젠테이션은 최상위 메시지로 시작된다. 여기서 기업은 반복적이면서도 온전히 일관적이어야 한다. 사람들이 우리의 존재와 메시지를 기억하도록 만들기 위해서는 수많은 노출이 필요하다. 우리는 이러한 노출을 최대한 많이 늘려야 한다. 아폴로 프로그램이 노출된 모든 콘텐츠는 국가의 역량과 영웅적인 우주 지배에 관한 메시지를 강화했다.

세일즈포스는 그 누구보다 명확했다. 그들은 소프트웨어 산업을 뒤집고자 모든 행사와 전술, 콘텐츠를 통해 메시지를 전달했으며, '노 소프트웨어'라는 슬래시 심볼slash symbol을 그 안에 담았다.

앞서 언급했듯이 많은 기업이 이러한 마케팅 전술과 관련해 저지르고 있는 실수는 그들이 '마구 쏘고 명중하기를 바라는' 접근 방식을 기반으로 지나치게 광범위한 주제를 다룬다는 것이다. 비록 광범위한 주제가 기업의 전반적인 시장 영역이나 제안과 밀접하게 연관되어 있다고 해도, 그것들을 임의로 나열해놓는다면 서로 조화를 이루거나 뒷받침하지는 못할 것이다. 이는 오늘날 NASA가 저지르는 실수이기도 하다. 최근 NASA는 서로 동떨어져 보이는 '너무 많은' 프로젝트를 추진하고 있으며, 그 모두를 소셜 미디어와 언론을 통해 홍보하고 있다. 이로 인해 대중은 무엇에 주목해야 할지 알지 못해 혼란을 느낀다. 코끼리 만지기 은유에서 이야기했듯이, 이러한 접근 방식은 당신이 무엇을 추구하고 있는지와 관련해 청중을 완전한 혼란에 빠트리고 만다.

정치 세계는 핵심 주제에 따른 놀라운 효과와 산만한 주제에 따른 파괴적인 결과를 극명하게 보여준다. 이는 기업이 배워야 할 교훈이다. 2016년 대선 과정에서 도널드 트럼프는 "미국을 다시 한번 위대하게"라는 핵심 주제에서 단 한 번도 벗어나지 않았다. 그의 빨간색 모자에 적힌 슬로건은 유기적이고 열광적인 움직임에 힘을 불어넣었다. 어떤 이들은 그 빨간 모자를 평범하다고 생각했지만, 이는 트럼프의 메시지를 뒷받침하고 강화하는 상징이 되었으며 그의 목표 청중은 그 모자를 '사랑'했다. 이러한 트럼프의 저력은 빌 클린턴조차 인정한 바 있다. 그는 공화당 내에서조차 많은 이들이 진지하게 받아들이지 않았을 때도 민주당 후원자들에게 대선을 앞둔 일 년 내내 이렇게 경고했다. "트럼프는 마스터 브랜더이며 그가 호소하는 사람들의 감성적 지평을 잘 이해하고 있다." 반면 힐러리 클린턴은 여섯 개가 넘는 주제를 들고 나왔다(몇 가지를 꼽아보자면, "그녀와 함께 한다", "장벽을 허물자", "함께 더 강하게" 등). 그리고 이들 주제와 관련 없는 아주 다양한 정책을 제시했다. 이에 대해 『디 애틀랜틱』은 다음과 같이 분석했다. "그녀의 팀이 세부적인 메시지 전달에 주목하면서 주제의 통일성은 흐트러지고 말았다." 조지타운 대학 역사학 교수이자 『디슨트』 잡지 편집자인 마이클 카진은 2017년에 지난 대선을 떠올리면서 이렇게 지적했다. "힐러리 클린턴이 저질렀던 한 가지 실수이자 민주당이 여전히 풀지 못한 숙제는 사람들이 우리가 무엇을 지지하는지 알지 못한다는 사실이다."

모든 콘텐츠는 핵심 주제에 집중해야 한다. 특정 청중에게 구체적인 하위 주제를 제시할 때도 상위 주제의 맥락 안에서 보여줘야 한다.

언론과 소셜 미디어 인플루언서, 주요 블로거, 전문가

목표 매체에 접근할 때, 가능하다면 배경 지식을 설명하는 시간을 갖자. 다시 말해, 현재 시장 흐름과 이에 대한 자신의 관점, 그리고 자신의 기업이 하고 있는 일을 설명하는 시간을 갖자. 더불어 관계를 구축하자. 자신의 이야기 속에 앞 장에서 소개한 ABCD 요소가 모두 들어 있다면, 관심을 이끌어내기는 그리 어렵지 않을 것이다. 기자와 블로거는 바로 그러한 이야기를 선호한다. 이들의 욕구를 충족시켜주자. 이들은 당신의 기업이나 제품에 대해 듣고 싶어 하지 않는다. 다만 새로운 무언가를 알고 싶어 할 뿐이다. 돈을 받고 홍보 글을 쓰는 블로거도 흥미로운 정보의 원천으로 자신의 명성을 높여줄 수 있는 충실한 주제를 선호한다. 진정한 사고 리더이자 새로운 사고방식과 솔루션에 관한 정보를 청중에게 전달하려는 열정이 있는 소셜 미디어 인플루언서를 주목하자.

아폴로 프로그램은 누구를, 언제 주목하는지와 관련해 방법론적 접근 방식을 보여준다. 그건 블로그와 출판물, 소셜 미디어 인플루언서, 전문가 들이 서로 도움을 주고받는 방식이자 목표 리스트를 통해 나아가면서 자리 잡아야 할 근간에 기반을 둔 일종의 게임이다. 우리는 시장의 흐름과 문제를 중심으로 메시지를 만들어야 한다. 그리고 특정 블로그나 출판물이 그 메시지를 받아들일 준비가 얼마나 되었는지를 기준으로 우선순위를 정해야 한다.

어쩌면 당신은 아폴로 스페이스 프로그램은 상황이 달랐다고 생각할지도 모른다. 당시 언론은 오늘날에 비해 훨씬 덜 분할되어 있었고, 보다 집중적인 통제를 받았다. 인터넷이 없었고 논란도 적었으며 아폴로 프로그램은 이미 국가적 기반을 갖추고 있었다. 그래서 사회적 관심을 불러일으키기 위해 애써 노력할 필요가 없었다. 하지만 그건 착각이다. 아폴로 프로그램 이전에 유인 우주 탐사와 관련된 초창기 프로젝트는 사람들, 특히 돈줄을 쥐고 있는 정부 인사들이 프로젝트의 비전을 이해하고 받아들이도록 만들고자 매우 열심히 노력해야 했다. 이러한 노력이 없었다면, 오늘날 우리가 사례 연구에서 확인할 수 있는 아폴로 프로그램은 존재하지 않았을 것이다. 마찬가지로 우리는 존재감이 없는 상태에서 시작해야 한다. 게다가 언론과 블로그, 팟캐스트, 유튜브 등으로 가득한, 시끄럽고 붐비고 복잡한 환경에 처해 있다. 그렇다면 여기서 무엇을 해야 할까?

나는 일반적으로 게임이 돌아가는 방식을 설명하고자 한다. 하지만 그 방식은 분야마다 다르다. 그러니 다음을 참고하되 자신만의 분석을 통해 그 방식이 적용 가능한지 판단하자. 항상 예외는 있기 마련이다. 당신이 목표로 삼는 언론 매체들이 어떤 기사를 다루는지 살펴보자. 그리고 그러한 기사가 매체에 게시되기까지 어떤 경로를 거쳤는지 추적해보자. 혹은 당신이 원하는 형태의 기사를 얻은 기업에 직접 접촉해서 어떻게 그렇게 했는지 물어볼 수도 있다(홍보 업체의 도움을 받고자 하는 경우, 시장에서 신뢰를 얻은 업체를 선택해야 한다. 즉, 목표로 삼는 언론 매체들 사이에서 게임이 어떻게 돌아가는지 이해하고 그들과 관계를 맺고 있는 업체를 선택해야 한다). 물론 어떤 이야기는 다음에서 설명하는 일반적인 궤도를 따르지 않고 나오자마자 입소문을 타고 번져나가는 경우도 있다. 이는 아주 운이 좋은 우연한 상황이다. 이러한 상황을 바랄 수는 있겠지만, 의도적으로 만들어낼 수는 없다.

선제적인 노력의 관점에서 우리는 작은 매체에서 시작해 큰 매체로 올라가야 한다. 그렇다. 다른 모두와 마찬가지로 우리에게는 자신만의 언론 에베레스트, 즉 『월스트리트저널』이나 〈CNN〉, 〈오프라〉, 혹은 〈TED〉 강연과 같은 궁극적인 목표가 있다. 이러한 매체에 소개되면 스타 기업이 되어 잠재 고객이 몰려든다고 상상할 것이다. 그렇다. 그러한 일이 일어날 때도 있다. 특히 일반 대중이 큰 관심을 가질 혁신이나 질병을 치료하는 기적 같은 신약의 경우에는 더욱 가능성이 높다. 하지만 기업이 그러한 형태로 노출되는 경우는 극히 드물다. 이를 위한 노력은 엄청난 홍보 예산을 소진시키면서 아무런 성과 없이 끝나곤 한다.

기업의 이야기가 기사나 홈페이지에 실린다고 해도 아무런 도움이 되지 않을 수 있다. 이야기를 계속 이끌어갈 관성이 없기 때문이다. 내 친구의 스타트업 역시 『월스트리트저널』에 소개되었지만 이렇다 할 변화는 없었다. 단기적으로 사람들의 관심과 웹사이트 트래픽이 증가하기는 했지만 머지않아 다시 원위치로 돌아왔다. 이후로 그 기업에 관한 이야기는 어디서도 찾아볼 수 없었고, 결국 흐지부지 끝나고 말았다. 시장에 영향을 미칠 만한 근본적인 무언가가 없었기 때문이다. 이 과정은 기업의 초창기가 아니라, 근본적인 지지 기반을 구축하고 난 뒤 주요한 원동력으로 작용해야 한다. 잠재 고객이 기업을 기억하고, 먼저 전화를 걸고, 다른 사람과 기업에 관해 이야기를 나누려면 그 전에 해당 기업에 대해 수없이 많이 듣고 읽어야 한다.

우리의 최고 전략은 내가 말하는 '언론 먹이사슬'을 따라 올라가는 것이다. 복잡하고 시끄러운 시장일수록 이러한 전략은 더욱 중요하다. 자신의 이야기가 지금 작은 물고기라고 생각해보자. 주요 뉴스 웹사이트와 출판물은 거대한 상어다. 상어의 뱃속으로 들어가려면 먹이사슬을 따라 올라가야 한다. 여기서 우리의 목표는 일단 고등어에게 먹힌 다음, 참치에게 먹히고, 마지막으로 상어에게 먹히는 것이다. 각각의 구독자 수는 먹이사슬의 순서와 일치하며, 그 순서를 따라 올라가면서 다양한 범주의 구매자를 쫓게 된다. 다음 그림을 보자.

매체는 그들이 다루거나 다루려고 하지 않는 내용과 관련해 서로 다른 위험성을 갖고 있으며, 이는 독자의 특성과 일치한다. 언론 먹이사슬에서 하위에 위치하고, 더 많은 위험을 무릅쓰려고 하며, 유행을 선도하는 첫 번째가 되고자 한다. 이 말은 최근 현상을 진단하고자 하는 영향력 높은 인물과 인플루언서, 그리고 새로운 제안을 처음으로 받아들이려는 구매자의 관심을 끌고 싶어 한다는 의미다.

언론 먹이사슬 맨 밑에는 새롭게 떠오르는 영역에 대해 처음으로 이야기하고자 하는 작고 집중적인 소셜 미디어 인플루언서와 출판, 뉴스레터, 블로그, 게시판이 자리 잡고 있다. 1970년대에 사람들은 월드와이드웹(줄여서 '웹')이 나오기 한참 전에 이러한 매체를 통해 인터넷 프로토콜(TCP/IP)에 관한 정보를 처음으로 접했다. 이러한 매체는 혁신가 범주와 얼리어답터의 일부에 속하는 소비자의 관심을 자극한다. 그들은 새롭게 떠오르는 트렌드를 가장 먼저 알고 싶어 한다. 언론 먹이사슬에서 가장 아래를 차지하는 출판물은 대단히 소규모이며 최신 소식만을

혁신적인 아이디어는 일반적으로 언론 먹이사슬을 따라 이동한다. 먼저 주변부의 소규모 정보 매체나 인플루언서가 그 주제를 거론하고, 다음으로 점차 더 큰 매체가 그 이야기를 발견하고 소비한다.

다룬다. 그들에게는 종교와 흡사한 추종자들이 있다. 이 영역에서 영향력 있는 산업 블로거는 생태계 전반에서 대단히 중요한 역할을 한다. 그들은 최신 정보를 적극적으로 모색한다. 언론의 규범으로부터 자유로우며, 편집자도 없고, 편집 일정도 유동적이다. 신속하게 움직이고 스스로 관심 있는 새로운 소재로 글을 쓴다. 즉, 대중의 관심을 자극하고 호기심을 불러일으킬 만한 유형의 재료에 주목한다. 만약 당신이 협소한 시장에서 활동하고 있다면, 기존의 모든 언론이나 웹사이트 대신 블로거에 집중할 수 있다. 그 이유는 그들이 당신의 올바른 메시지를 혁신가 집단에 효과적으로 전달할 수 있기 때문이다.

그 바로 위에는 협소하면서도 수직적인 소규모 출판물 및 뉴스/유행 웹사이트가 자리 잡고 있다. 그들은 특정 영역의 마니아 집단에 주목하는데, 여기에는 혁신가와 얼리어답터, 빠른 다수 일부가 포함된다. B2B 분야에서는 산업 뉴스와 떠오르는 흐름을 따라잡고자 하는 이들이 이러한 매체를 읽는다. B2C 경우에는 열광적인 팬들이 그렇게 한

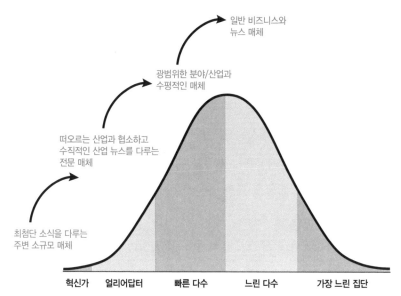

일반 비즈니스와
뉴스 매체

광범위한 분야/산업과
수평적인 매체

떠오르는 산업과 협소하고
수직적인 산업 뉴스를 다루는
전문 매체

최첨단 소식을 다루는
주변 소규모 매체

| 혁신가 | 얼리어답터 | 빠른 다수 | 느린 다수 | 가장 느린 집단 |

언론 먹이사슬을 로저스의 혁신 수용 곡선에 적용하면 목표 소비자 집단을 기준으로 집중해야 할 부분을 알수 있다.

다. 이 단계에 해당하는 출판물은 언론 먹이사슬의 맨 아래층에서 발견되는 콘텐츠를 소비한다. 주변부 매체에서 특정 기업이나 주제가 많이 언급될수록 그들은 더욱 적극적으로 그 이야기를 선택한다. 이들 매체는 직접적인 설명을 듣거나 내부 네트워크를 대상으로 설문조사를 하는 것뿐만 아니라, 주변부 블로그와 게시판, 뉴스레터를 살펴보면서 아이디어를 얻고 새로운 흐름을 확인한다. 그들은 비전문가를 위한 기사를 쓰지 않는다. 그들이 주목하는 대상은 그들의 기사에 관심을 갖고 그들이 하는 이야기를 이해하는 산업 전문가나 그 후보생이다. 이러한 매체로는 금융 전문지 『아메리칸뱅커』와 글로벌 외식업 전문지 『네이션스 레스토랑 뉴스』, 데이터 센터 소식과 트렌드를 다루는 전문지 『미션 크리티컬』이 있다. 또한 법률 전문지 『아메리칸 로이어』도 여기에 속한다. 소비자 시장의 경우 『트로피컬 피시 하비스트』나 『너츠 앤 볼

츠』,『하키샷』처럼 열광적인 팬들이 찾는 출판물이 있다. 반드시 읽어야 할 잡지는 일반적으로 한 분야에 두세 가지 정도 있다. 이들 출판물은 정보에 밝은 청중을 대상으로 기사를 쓴다. 당신이 목표로 삼는 인플루언서나 잠재 고객, 즉 전문 분야에 종사하거나 특정 주제를 깊이 파고드는 사람들이 그 기사를 읽는다. 이들 매체는 지나치게 단순한 방식으로 글을 쓸 필요가 없다. 콘텐츠 내에서 원하는 만큼 전문용어를 사용할 수 있으며, 독자들 또한 충분히 이해한다. 이러한 출판물의 편집자들은 (최첨단까지는 아니라고 해도) 최신 정보를 다루려고 한다. 이들 편집자는 비교적 접근하기가 용이하다. 솔직히 말하자면, 그들은 다소 외로움을 느끼기 때문이다. 다른 출판물만큼 많은 접근을 꺼리는 경향이 있으며 사기꾼 냄새를 즉각 맡는다. 반대로 흥미로운 관점을 지닌 진정한 전문가를 만날 때 뜨거운 관심을 보인다.

『어드버타이징 에이지』와『와이어드』,『스포츠 일러스트레이트』와 같은 협소한 수직적 산업 출판물은 보다 광범위한 산업 출판물 또는 수평적인 출판물의 먹잇감이 된다. 이러한 출판물은 여러 관련 분야를 넘나든다. 이들의 관심을 사로잡기는 더욱 힘들다. 기사로 보도되길 원하는 수많은 기업이 접근하기 때문이다. 그런데 그들은 어디서 아이디어를 얻을까? 시장을 강타한 새로운 아이디어를 발견하기 위해 무엇을 이용할까? 그렇다. 언론 먹이사슬에서 자신보다 아래에 있는 매체들이다. 또한 높은 위험을 감수하려 들지 않는다. 이들 매체가 '새로운 트렌드'와 관련해 글을 쓸 무렵이면, 산업 내부자들은 아마도 그 기사를 이미 오래된 뉴스로 치부할 것이다. 따라서 혁신가와 얼리어답터 집단은 이들 매체에 별 흥미를 느끼지 못한다. 반면, 트렌드에 점차 익숙해지는 빠른 다수들은 많은 관심을 보인다.

언론 먹이사슬 맨 꼭대기에는 일반 비즈니스 및 뉴스 매체가 있다. 그들은 좀처럼 위험을 감수하려 들지 않는다. 이들 매체가 유행이나 주요 시장 사안을 다룰 무렵이면 그 소식은 산업 외부자에게는 뉴스이지만 내부자에게는 이미 익히 알고 있는 정보다. 이 시점에서 느린 다수와 가장 느린 집단은 한때 '새로운' 접근 방식이었던 것을 마지막으로 받아들이게 된다. 그리하여 다소 급진적인 개념을 소개할 때, 이를 뒷받침하는 근거도 함께 제공해야 한다. 그 개념을 단순화된 형태로 출판물을 통해 소개할 때는 청중이 쉽게 이해할 수 있도록 해야 한다. 예외가 있기는 하지만, 이러한 매체에서 일하는 작가들은 일반적으로 전문가가 아니다. 이들 작가에게 일찍 접근하기는 대단히 어렵다. 경쟁이 치열하기 때문이다. 또한 그들은 놀랍도록 냉소적이다(덧붙이자면, 긍정적인 이유로). 어디서도 들어보지 못한 새로운 아이디어를 소개한다면, 극단적으로 회의적인 태도를 드러내 보일 것이다. 게다가 그들이 당신의 이야기를 받아들이는 것은 고사하고, 이해시키기 위해서도 엄청난 노력이 필요하며, 당신이 예상한 것보다 훨씬 오랜 시간이 걸릴 것이다. 그들이 원하는 것은 성공담과 증거, 추가적인 출처다. 하지만 당신은 그때 그것들을 확보하고 있지 못할 것이다. 그렇게 단 한 번뿐인 기회는 날아가버리고 만다. 이러한 이유로 일반 비즈니스 및 뉴스 매체는 언론 먹이사슬에서 그들의 하위에 있는 매체로부터 아이디어를 구한다.

이제 아폴로 프로그램의 성공에 관한 흥미로운 사례 연구를 들여다보자. 한 남자가 언론 먹이사슬을 통해 혁신가, 얼리어답터와 함께 기반을 구축해 비전을 널리 알리는 노력의 중요성을 이해하지 못했다면, 대중은 케네디의 달 착륙 도전 과제를 진지하게 받아들이거나 이를 위해 돈을 지불하려 들지 않았을 것이다. 20세기 우주 탐험의 전반적인 틀 안에서 케네디의 발표는 그 자체로 하나의 티핑 포인트였다. 다시 말해, 지난 십 년에 걸쳐 열광자들이 품었던 우주여행의 희망과 판타지가 광범위한 대중적 인식 속에서 필연적인 과제로 전환되는 순간이었던 것이다.

그 남자의 이름은 베르너 폰 브라운이었다. 유명 로켓 과학자인 폰 브라운은 제2차 세계대전이 끝나고 미 정부가 전후 군사 연구를 위해 비밀리에 채용한 1,500명이 넘는 나치 독일 출신의 과학자와 엔지니어, 기술자 중 한 사람이었다. 폰 브라운은 나중에 아폴로 팀에서 중요한 역할을 맡았다.

폰 브라운이 미국으로 건너오기 오래전, 미국의 대중문화는 공상 과학으로 인해 변화를 겪었다. 1865년 쥘 베른은 「지구에서 달까지」(From the Earth to the Moon)라는 제목의 소설을 발표했다. 이는 과학과 대략적인 산수를 기반으로 인간의 달 착륙을 처음으로 상상했던 최초의 작품이었다. 허버트 조지 웰스는 이 소설을 자신의 작품 「달에 도착한 최초의 인간」(The First Men in the Moon)에서 언급했다. 베른과 웰스의 작품은 모두 최초의 공상 과학 영화인 〈달 여행〉(A Trip to the Moon)에 영감을 제공했다. 주로 아이들과 마니아들이 그 소설과 영화를 읽고 관람했다. 느린 다수에 해당하는 『뉴욕타임스』와 같은 언론은 우주여행을 하는 로켓이라는 아이디어를 "터무니없는" 생각이라고 일축했지만, 현대 로켓 공학 분야의 혁신가들은 어릴 적 베른의 소설을 읽으면서 상상의 나래를 펼쳤다고 증언했다.

1930년대 말에서 1950년대에 이르기까지 아이작 아시모프와 아서 클락과 같은 작가들은 과학자인 자신의 배경에 기반을 두고서 우주 공상과학소설을 썼다. 레이 브래드버리는 이야기를 인간화하는 탁월한 능력으로 공상 과학 분야의 전설적인 존재가 되었다. 그 외에도 여러 많은 작가들이 베른과 같은 선배 작가로부터 영감을 얻었다고 고백했다. 미국의 서부 개척은 여전히 책과 TV에서 지배적인 장르였지만, 공상 과학에 대한 수요도 서서히 증가했다. 달뿐만이 아니라 화성 여행에 대한 비전까지 청중들에게 널리 알렸던 폰 브라운은 우주 공상 소설을 쓰긴 했지만 발표를 하진 못했다.

1951년 한 잡지사의 편집자는 마니아를 위한 첫 번째 연례 우주여행 심포지엄에 미심쩍어 하는 두 기자를 파견했다. 그 잡지사의 이름은 『콜리어스』로 한때 미국 전역에서 200만 명이 넘는 구독자를 거느렸지만, 지금은 사세가 기울어 대중의 관심을 새롭게 자극할 탈출구를 필사적으로 찾고 있다. 폰 브라운을 비롯한 여러 발제자의 이야기를 듣고 흥미를 느낀 코넬리우스 라이언 기자는 몇 주 후에 열린 한 공군 행사장에서 폰 브라운을 다시 만났다. 카리스마와 매력이 넘치는 폰 브라운은 저녁에 라이언과 술을 함께 하면서 자신의 비전을 자세하게 설명했고, 그날 라이언은 그의 열정적인 지지자가 되었다. 출판사로 돌아간 라이언은 편집자에게 그 주제에 출판사의 운명을 걸라고 설득했다. 또한 잡지사 자체로 심포지움을 주최하고, 1952~1954년에 폰 브라운과 같은 전문가가 쓴 우주 관련 기사를 연재할 것을 주장했다. 실제로 폰 브라운이 쓴 기사 중 상당 부분은 그가 썼던 우주 소설에서 가져온 것이었다. 이러한 기사를 더 특별하게 만들어준 것은 깊이 있는 전문가로서 저자의 명성과 인간을 달에 보내는 것이 현실적으로 실현 가능한 일이라는 사실을 깨닫게 만든 획기적인 삽화였다. 1949년 설문조사에 참여한 사람 중 15퍼센트만이 인간이 달에 가는 것이 가능하다고 답했던 반면, 1955년 그 비중은 38퍼센트로 증가했다. 여러 저자의 도움을 받아 대대적으로 홍보했던 심포지엄과 연재물은 큰 성공을 거뒀다.

아폴로 과학자 앨버트 잭슨은 11살 무렵의 경험을 떠올리며 〈달에 간 인간: 과학자들은 우리가 살아 있는 동안 어떻게 달에 갈 수 있는지 설명한다〉(Man on the Moon: Scientists Tell How We Can Land There in Our Lifetime)라는 제목의 발행물이 자신의 삶을 완전히 바꿔놨다고 말했다. 그리고 거기에 실린 삽화를 보고 당시 느꼈던 감정을 이렇게 설명했다. "너무 구체적이다! 어떻게 이처럼 현실 같을 수 있을까?' 저는 그걸 방으로 들고 갔습니다. 아마 그 주에 스무 번이나 읽었을 겁니다!"

『콜리어스』는 유능한 세일즈맨이자 전문가인 폰 브라운을 그들의 대변인으로 만들었다. 그들은 폰 브라운을 기자회견장과 전국 뉴스 프로그램 및 토크쇼에 내보냈고, 거기서 그는 유인 우주여행에 대한 자신의 비전을 작은 모형을 사용해 설명했다. 『콜리어스』의 연재물과 이를 기반으로 한 홍보는 전국적으로 열렬한 지지자와 일반 대중 사이에서 논의를 자극했다. 그 영향은 거기서 끝나지 않았다.

언론 먹이사슬에서 더 높은 곳에 자리 잡고 있던 월트 디즈니는 베테랑 애니메이션 제작자인 워드 킴볼에게 주간 TV 시리즈이자 미국에서 네 번째로 시청률이 높은 프로그램인 〈디즈니랜드〉를 위해 공상 과학 에피소드를 제작해볼 것을 권했다. 킴볼은 『콜리어스』에서 아이디어를 얻고 폰 브라운을 비롯한 여러 전문가의 도움을 받아 세 편의 에피소드인 〈우주에 간 인간〉(Man in Space, 1955)과 〈인간과 달〉(Man and the Moon, 1955), 〈화성과 그 너머〉(Mars and Beyond, 1957)를 제작했다. 이제 카메라 앞에 선 화려한 발제자로 변신한 폰 브라운은 첫 에피소드에서 승객을 태운 4단계 로켓을 어떻게 10년 안에 개발할 수 있는지 프레젠테이션을 해 청중의 마음을 사로잡았다. 폰 브라운은 디즈니 애니메이션 제작자 및 방위산업체와 긴밀한 협업을 통해 과학적인 차원에서 정확한 정보를 전달하고 시청자에게 신뢰를 전할 수 있었다.

폰 브라운의 프레젠테이션을 봤던 시청자 중에는 언론 먹이사슬에서 더 높은 곳에 위치한 인물도 있었다. 그는 다름 아닌 아이젠하워 대통령이었다. 아이젠하워는 많은 국민과 함께 그 장면을 지켜봤고 개인적으로 스튜디오에 연락해 복사본을 요청해 이를 펜타곤 관료들과 공유했다. 몇 달 후 아이젠하워는 미국이 1957년에 첫 번째 인공위성을 발사할 것이라고 발표했다. 다른 한편으로, 네브래스카 상원 의원인 칼 커티스는 디즈니가 〈우주에 간 인간〉을 통해 아주 중요한 역할을 했으며, 정부와 국민 모두를 위해 큰 기여를 했다고 동료 의원들에게 말했다.

『달을 마케팅하다』의 저자 데이비드 미어먼 스콧과 리처드 쥬렉에 따르면, 스푸트니크 2호의 충격적인 발사 시점에서 우주 시대로 나아가기 위한 미국의 준비 과정과, 이와 관련해 언론 먹이사슬에서 정상을 향한 여정은 정부와 대중이 달 착륙이라는 최종적인 계획을 받아들이도록 하는 초석을 깔았다.

> 월트 디즈니와 『콜리어스』, 베르너 폰 브라운은 낙관적인 미래 전망을 보여줘서 프로그램의 준비 과정에서 중요한 역할을 담당했다. 우주여행은 단 10년 만에 아이들의 모험 이야기나 로켓 공학 및 공상 과학 마니아들의 영역에서 전면적인 헤드라인으로 떠올랐다.

중요한 사실은 이렇다. 먼저 전문가와 함께 시작하고, 그들과의 대화와 인용을 통해 계속 나아가야 한다. 이는 훨씬 더 효율적이고 경제적인 접근 방식이며, 결국 더 큰 성공으로 이어질 것이다.

독자들이 행동을 취하도록 자극할 새로운 가치를 제시하기 위해 항상 노력하자. 예를 들어, 기사에서 소개된 당신의 관점을 자세하게 설명하는 전자책을 무료로 받도록 할 수 있다. 이를 통해 누가 관심을 가지는지 확인하고 그러한 사람들로 데이터베이스를 구축해 그들과의 관계를 계속 강화해나갈 수 있다.

콘퍼런스/회의/행사/팟캐스트

산업 관련 행사는 기업의 제안을 재빨리 노출시킬 수 있는 효율적이고 중요한 기회다. 이는 특히 B2B 분야에서 중요하다. 목표 청중의 관심을 집중시킬 수 있기 때문이다. 청중은 새로운 것을 배우고 영감을 얻기를 기대한다.

단, 많은 산업 행사가 '유료'로 진행된다. 이 말은 행사장 연단에 서서 연설을 하려면 직접적이든 후원을 통해서든 비용을 지불해야 한다는 뜻이다. 사람들은 연단에 선 사람이 어딘가 '특별한' 인물이라고 생각한다. 그런데 정말 그럴까? 아니다. 그들에게는 다만 예산이 있었을 뿐이다.

좋은 소식은 그래도 예외가 있다는 점이다. 그것은 누군가 아주 신선하고 도발적인 주제를 갖고 있을 때, 행사 주최자가 생각하기에 청중이 그 이야기를 들어야 할 필요가 있을 때다. 기업은 바로 이러한 지점을 파고들어야 한다. 우리는 도발적인 관점으로 무장하고 산업 관련 매체에 소개될 것이다. 산업을 쥐고 흔드는 인물을 만날 수도 있다. 우리가 들려주는 이야기에 대해 사람들이 웅성거리는 소리가 점점 커질 것이다. 바로 이러한 때 예산이 부족하더라도 연단에 서서 이야기를 전하는 노력이 결실을 맺을 가능성이 높다.

세일즈포스는 초창기 시절 모든 일을 스스로 해야 했다. 그럼에도 마크 베니오프는 언제나 기술 콘퍼런스로부터 초청을 받았다. 그가 청중석의 분위기를 완전히 뒤집어 놓았기 때문이었다. 대체 어느 누가 소프트웨어 비즈니스 분야에 종사하는 수백수천 명의 청중 앞에서 감히 소프트웨어가 죽었다고 선언할 수 있겠는가?

당신의 대변인이 인지도가 있고 인기가 높은 인물이라면, 즉 행사 주최자들이 말하는 '초대 손님'이라면, 주요 안건에 대해 언급할 수 있는 좋은 기회가 마련된 것이다. 예전에 내가 스탠퍼드 대학의 '기업가정신 주간'이라는 행사의 진행을 맡았을 때, 일반적으로 그러하듯 행사의 시작과 마지막을 장식할 유명 연사를 초빙하기 위해 신경을 많이 썼다. 나는 그들의 연설 내용을 세부적으로 신경 쓰지 않았다(다만 청중의 관심사와 부합하기만 하면 되었다). 대신 청중석을 가득 메우기 위해 더 많은 노력을 했다. 이를 위해 행사에 적합한 인물을 섭외해야 했고, 그래서 유명 벤처 캐피털리스트와 사업가를 초빙했다. 특히 한 기업의 대변인은 와이어리스 기술 분야의 유명한 인물이었는데, 우리는 그를 통해 콘퍼런스의 주요 안건을 자연스럽게 소개할 수 있었다.

예산이 없더라도 행사에 참석하자. 이 경우에는 인지도가 낮은 행사부터 시작해야 한다. 그래도 상관없다. 앞서 설명했던 언론 매체와 비슷하게 행사들 사이에도 먹이사슬이 존재하고 이 역시 청중의 특성에 따라 나뉜다.

행사의 오랜 준비 기간에 대비하자. 일반적으로 행사는 몇 년까지는 아니더라도 몇 달에 걸친 준비 기간이 필요하다. 그 과정에서 우리는 힘든 난관을 맞이할 수 있다. 소규모의 그룹이나 지역 비즈니스 조합과 같은 다양한 단체를 눈여겨보자. 충분한 예산 덕분에 인플루언서와 적절한 인사를 초빙할 수 있다면, 직접 개인적인 행사나 웨비나를 조직하고 주최하는 것이 좋다. 하지만 많은 이들이 목표 구매자의 시간을 놓고 치열하게 경쟁을 벌인다는 사실을 명심하자. 사람들을 행사장에 끌어들이기 위한 노력과 비용은 그 이익을 넘어설 수 있다는 사실에 주의하자. 처음에는 위험을 감수하지 않고 다른 행사에 참석한 청중에게 집중하는 편이 더 낫다.

앨 고어처럼 최대한 많은 사람을 대상으로 최대한 많이 동일한 연설을 반복하자. 청중에 따라 내용을 살짝 수정할 수도 있겠지만, 그래도 기반이 되는 스토리라인에서 벗어나지는 말자. 계속해서 연설문을 다듬자. 청중이 어떻게 반응하는지, 연설을 하는 과정에서 자신의 생각이 어떻게 진화하는지 확인하고 내용을 수정해나가자.

이러한 프레젠테이션의 목표는 사람들이 다가오도록 만드는 일이다. 우리는 자신이 했던 획기적인 프레젠테이션에 사람들이 고마움을 느끼도록 만들어야 한다. 우리 주위로 모여들어 질문하고 명함을 교환하도록 만들어야 한다. 우리의 웹사이트를 방문해 프레젠테이션에서 보여준 정보가 가득한 무료 콘텐츠(예를 들어, 앞서 언급했던 전자책)를 내려받도록 해야 한다. 모든 프레젠테이션이 더 많은 청중의 초대로 이어진다면 이상적일 것이다. 다만 이러한 일이 일어나지 않는다면 프레젠테이션과 접근 방식을 바꿔야 한다.

때로는 '행동으로 말하라'라는 전략이 자신의 철학과 고유한 접근 방식을 중심으로 사람들의 관심을 끌어모을 수 있는 최고의 방법이 된다. 1909년 월터 데이비슨은 자신이 설립한 기업의 오토바이가 얼마나 강력한지 보여주기 위해 '제7회 연례 미국 오토바이 연맹 내구성 및 신뢰성 대회'에 출전해 만점인 1,000점으로 우승을 차지하고 할리데이비슨의 강인함을 입증해 보였다.

5단계:
사고 리더십을 드러내고 관심을 끌어모으기

앞서 NASA가 제공했던 완성된 형태의 방대한 이야기, 뉴스영화, 정보에 관해 언급했다. NASA는 이러한 콘텐츠를 수년에 걸쳐 끊임없이 제공해 은밀한 방식을 선택했던 소련과 차별화를 이루었고 스스로 기술 리더로 자리매김했다. 사고 리더로서 NASA가 내놓은 콘텐츠가 얼마나 광범위하고 구체적인지 강조하자면, 일일이 손으로 타이핑한 구체적인 임무 계획과 수작업으로 그린 다이어그램을 포함한 아폴로 11호에 관한 언론 보도 자료만 해도 무려 250쪽에 달했다. 이 자료에는 임무를 수행하는 동안 일어날 일의 완벽한 시나리오와 함께, 카운트다운 과정을 초 단위로 설명한 내용까지 들어 있었다. NASA는 그렇게 많은 기술적인 세부 사항을 제공해 메시지 전달을 통제하고, 언론이 올바른 정보를 얻을 수 있도록 했으며, 수많은 질문을 미리 받았다. 그리고 과학 및 공학 분야의 리더들 사이에서 신뢰성을 구축했다(이와 관련해 더 많은 것을 알고 싶다면, www.apollopresskits.com에서 아폴로와 협력 업체들이 발행한 오래된 보도 자료를 살펴보자).

2장과 3장에서 언급했듯이, 사고 리더십은 지속 가능한 차별화를 위해 절대적으로 중요하다. 기업은 사고 리더십을 통해 미-투 제품이나 서비스로부터 스스로를 차별화할 수 있다. 그리고 자신의 기업이 주목

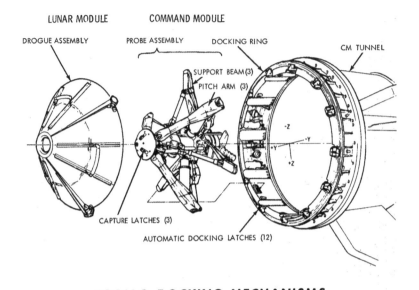

APOLLO DOCKING MECHANISMS

아폴로 11호 보도 자료에 실린 이 그림은 언론이 정확한 정보를 대중에게 전달하도록 NASA가 무료로 제공한 세부적인 기술 정보의 한 사례다. (출처: NASA, 95쪽)

하는 시장 문제를 해결하기 위한 목표와 열정이 있다는 사실을 보여줄 수 있다.

다른 누군가가 기업에 관한 기사를 쓸 때 언제, 어떻게 메시지와 이야기를 전할 것인지에 관해서 기업에게는 아무런 통제권이 없다. 반면, 스스로 자신에 관한 기사나 블로그 게시 글, 보고서 등을 쓸 때, 우리는 거의 완전한 통제권을 확보할 수 있다. 우리는 기사를 읽을 독자의 범위를 예상하고 누가 그것을 읽는지에 관한 데이터를 얻을 수 있다. 독자들이 우리의 경험을 몸소 느끼게 할 수 있다. 이를 통해 신뢰성을 구축하고, 우리의 관점을 전하고, 사람들이 우리를 찾아오도록 만들 수 있다.

1916년 할리데이비슨은 이러한 사실을 분명히 알고『더 엔수지아스트』잡지를 출간했다. 이는 세계에서 가장 오랫동안 발행된 오토바이 잡지로, 지금은 『호그 테일즈 매거진』이라는 이름으로 알려져 있다.

이 단계에서 이뤄지는 활동의 대부분은 일반적으로 '콘텐츠 마케팅'이라고 부른다. 다만 시장에서 고-투 포지션을 구축하고자 할 때 몇 가지 규칙이 있다는 사실을 명심하자.

1. 콘텐츠는 (노골적인 홍보가 아니라) 교육적이고 이론적인 요소를 포함해야 한다.
2. 앞서 언급했듯이 우리가 만들어내는 모든 콘텐츠는 서로 조화를 이뤄야 한다.
3. 콘텐츠는 수준이 높아야 하고 목표 청중에게 많은 가치를 제공해야 한다.

점화 모드에서 콘텐츠를 제작하는 핵심 목표는 말 그대로 특정 사안과 관련해 '시장의 사고를 이끄는 것'이다. 그래서 그 이름도 '사고 리더십'인 것이다. 콘텐츠의 목적이 홍보가 되는 순간, 더 이상 사고 리더십을 유지할 수 없다. 이러한 콘텐츠는 항해 모드의 세일즈 자료 및 부속물에 불과하다. 그렇다, 단일 과제를 수행하면서 사고 리더십과 홍보를 조합한다면 하나의 돌로 두 마리의 새를 잡을 수 있다. 경우에 따라서 당신은 그러한 방식을 원할 것이다. 가능할 때마다 누가, 언제, 어떻게, 어디서 콘텐츠에 접근했는지에 관한 데이터를 얻고자 할 것이다. 하지만 목적의 차이를 분명히 이해해야 한다. 콘텐츠를 제작할 때 홍보 의도를 강하게 드러낼수록 청중의 벽은 높아지고 기업의 신뢰를 구축하기 위한 노력은 더욱 힘들어질 것이다. 그것은 인간의 본능에 기인한다. 사람들은 우리가 우리 자신을 위한 것이 아니라, '그들'을 위한 정보를 제공한다고 믿을 때 마음의 문을 연다. 반면, 이기적인 의도를 눈치챈 순간 열렸던 문은 닫히고 만다.

콘텐츠에는 다양한 종류가 있다. 다시 한번 강조하건대, 이와 같은 표준적인 마케팅 기술을 실행하는 아폴로 접근 방식은 한 가지 주제를 고수한다. 여기서 참고할 만한 방법을 소개한다. 완성된 목록은 아니며 순서에 따른 중요도의 차이는 없다.

- 연례 보고서
- 직접 작성하고 자신의 매체에 출간한 기사
- 직접 작성하고 다른 매체를 통해 출간한 기사
- 평가서
- 자신이 받은 상과 포상
- 자신이 다른 사람에게 수여한 상
- 블로그
- 책(일반 서적 및 전자책)
- 고유한 콘텐츠 도구(퇴직연금 계산기, 양식 등)
- 사례연구
- 대회/시합
- 게임/게임화
- 인포그래픽
- 랜딩 페이지
- 구매한 콘텐츠
- 메시지 전달

- 마이크로사이트

- 뉴스 배포

- 인쇄물 및 전자 매체 형식의 정기 간행물(뉴스레터와 잡지)

- 팟캐스트

- 온라인이나 인쇄물로 배포한 프레젠테이션 자료

- 퀴즈

- 조사 연구 결과 및 보고서

- 소셜 미디어 게시 글

- 영상

- 웨비나

- 백서

콘텐츠 마케팅 사례나 콘텐츠 마케팅 샘플 제품과 같은 온라인 조사는 추가적이고 창조적인 많은 선택지를 산출한다. 매일 새로운 자료가 쏟아져 나오는 상황에서 아이디어는 흘러넘친다. 문제는 바로 여기에 있다. 선택지는 너무 많은데 예산이나 시간은 한정되어 있다. 어떻게 선택할 것인가?

핵심은 청중에게 가치 있는 것을 효과적으로 전달해 도발적인 관점과 타당성을 입증할 증거를 통해 자신을 차별화하는 것이다. 모든 콘텐츠는 다음 세 가지 목적에 기여해야 한다.

1. 자신의 관점을 널리 알려 사람들이 이를 받아들이고 적합한 관점을 스스로 선택하도록 만들기

2. 자신의 메시지에 관심을 보이는 사람을 확인할 수 있게 하기

3. 시장의 논의를 자극하고 내 브랜드가 제안한 방식이 흔쾌히 받아
들여지도록 수요 창출하기(브랜드의 접근 방식이 신선하고 고유할 때,
사람들은 자연스럽게 그 제안에 주목할 것이다.)

주요 목표 타깃인 인플루언서 및 큰 영향력을 가진 사람들에게 효과
적으로 콘텐츠를 전하는 방법을 발견해야 한다. 방법은 다양하다. 관련
산업 출판물에 기사를 소개하기 위한 유료 조사 캠페인, 유료 콘텐츠
신디케이션(콘텐츠를 뉴스 웹사이트와 같은 다른 플랫폼에 홍보해주는 아웃브레
인**Outbrain**이나 타불라**Taboolah**와 같은 서비스)에 이르기까지 다양하다. 링크드
인(B2B의 경우)과 페이스북(B2C의 경우)을 비롯한 소규모 전문 사이트의
기존 청중과 선별된 기술 덕분에 그들은 대단히 가치가 높다. 여기서
문제는 모든 것이 너무 비싸고 빠르다는 것이다. 우리는 최대한 집중해
야 하고, 시장 전체를 태울 불쏘시개 역할을 해줄 초기 핵심 목표 청중
에 접근할 수 있는 최고의, 그러나 보기 드문 방법을 발견해야 한다. 또
한 다양한 매체에 맞게 콘텐츠를 가능한 한 다양하게 이용할 수 있어야
한다. 예를 들어, 핵심 콘텐츠를 백서나 블로그 포스팅, 프레젠테이션,
녹화된 웨비나의 형태로 만들었다가, 팟캐스트나 긴 영상 및 관련 클
립, 일련의 트윗과 인스타그램 게시 글의 형태로도 노출시킬 수 있다.

기억하자. 여기서 우리의 목표는 더 많은 청중에게 도달하는 게 아
니다. 대신 대다수의 청중이 존중하고 귀를 기울이는 소수에게 접근해
그들의 신뢰를 얻는 것이다. 이 소수가 우리를 대신해 대중에게 메시지
를 전달해줄 것이다.

소음을 뚫고 존재를 드러내는 것은 어려운 일이다. 최근에는 신뢰할
수 있는 뉴스 사이트조차 '미끼용 링크'를 내걸거나 조회 수를 높이고

자 유명인의 가십 거리를 활용한다. 오늘날 온라인 세상에는 수많은 콘텐츠가 넘쳐나고, 그만큼 사람들의 관심을 끄는 것은 대단히 힘든 일이 되었다. 수준 높고, 깊이 있고, 획기적이고, 명확한 주제에 집중한 콘텐츠야말로 목표 청중에 도달하기 위한 핵심이다.

사고 리더십에 관한 콘텐츠를 개발하고 게시하는 방법을 알려주는 무수한 자료를 온라인에서 쉽게 확인할 수 있다. 다음은 공통적으로 저지르는 실수를 해결하기 위한 몇 가지 구체적인 사항이다.

- 초기의 콘텐츠는 협소한 측면에 집중하기보다 브랜드의 전반적인 관점을 전달해야 한다. 브랜드가 추구하는 바에 대한 큰 그림을 청중이 분명히 이해했다면, 이제 뉴스 기사와 백서, 게시 글 등을 통해 특정한 하위 주제에 보다 세부적으로 들어가면서 양파의 껍질을 하나씩 벗겨나가자.
- 다른 사람의 청중을 최대한 활용하자(파트너십을 맺거나 블로그를 방문하고 콘텐츠 기사의 필자 명을 확인하거나 콘텐츠 교류 등을 통해 가능하다). 청중과 추종자 기반을 처음부터 구축하는 일은 대단히 값비싸고 시간이 많이 든다. 그러므로 다른 이의 청중을 기반으로 삼아 시작하자.
- 출판물에 관해서도 '언론 먹이사슬' 전략을 그대로 적용할 수 있다. 다시 말해, 특정 주제를 집중적으로 파고드는 웹사이트나 블로그, 출판물로 시작해 굳건한 추종자 기반을 다지자.
- 백서와 전자책은 특정 주제를 세부적으로 파고들기보다 기술적인 설명을 제공하는, 효과적으로 신뢰를 전달하는 도구가 된다.
- 블로그를 비롯한 다양한 소셜 미디어는 꾸준히 먹이를 제공하면

서 키워야 할 야수라는 사실을 명심하자. 그러므로 장기적으로 활동을 유지할 수 있다는 확신이 들 때 시작하도록 하자.

- 무작위적인 아이디어나 브레인스토밍 대신에 전략적인 접근 방식을 통해 콘텐츠 관련 일정을 마련하자. 다시 말해, 우리를 대신해 메시지를 전파할 목표 인플루언서에게 접근하고, 신뢰를 전하고, 그들을 기꺼이 움직이게 만들 콘텐츠 흐름을 계획하자.
- 브랜드의 관점을 직간접적으로 지지해주는, 다른 이들이 만든 콘텐츠를 널리 알리자.
- 웹사이트는 일반적인 세일즈 지원 역할에 더해 시장 개발 역할까지 수행해야 한다. 이는 블로그나 웹사이트를 통해 가능하다. 이를 통해 웹사이트를 특정 산업 내 정보 허브로 만들자. 즉, 사람들이 몰려드는 곳, 브랜드의 주제와 관련된 정보를 검색하면서 자연스럽게 마주치는 곳으로 만들자. 많은 사람이 가입하고 지속적으로 방문하도록 만들자.

일부 기업은 제품을 통해 사고 리더십을 드러내고 차별화를 강조한다. 온라인 설문 조사 플랫폼 사이트인 서베이몽키SurveyMonkey는 이러한 일을 잘 해내고 있다. 우리가 플랫폼을 이용해 설문 조사 자료를 작성할 때, 그들은 유용한 팁과 좋은 질문을 만드는 방법을 알려줘 가치 높은 전문성을 제시한다. 그들의 목표는 고객이 설문 조사를 통해 추구하는 통찰력을 얻을 수 있도록 도움을 주는 일이다. 이러한 작업을 통해 기업의 핵심 포지셔닝을 강화하고 차별화를 높인다.

이와 관련해 우려되는 점은, 경쟁자가 나타나 사고 리더십과 혁신적인 아이디어를 가로채거나 기존 콘텐츠를 통해 이미 너무 많은 정보를 제공받은 고객이 기업의 도움이나 제안을 필요로 하지 않을 것이라는 지적이다. 하지만 모두 사실이 아니다.

소련이 아폴로 프로그램을 면밀히 주시하고 있었음에도 NASA는 수천 건의 세부적인 문서를 계속 발표했고, 언론이 자유롭게 사용할 수 있도록 허락했다. 이를 통해 대중이 더 많은 정보를 요구하도록 만들었다.

텍사스 시골 지역인 마샬에 위치한, 약 3만 명의 청취자를 대상으로 하는 KMHT AM 라디오 방송국 기자인 웨인 해리슨은 이 점을 너무도 잘 알았다. 그는 NASA에게서 얻은 모든 자료(테이프와 소포 및 보도자료 등)를 자신의 청취자들과 공유했다. 사람들은 점점 더 많은 정보를 요구했다. 예산이 없었던 해리스는 휴가를 내 휴스턴에 위치한 아폴로 11호 유인 우주선 센터로 여행을 떠났다. 그곳에서 그는 복도를 따라 공중전화로 이어지는 통신 케이블을 몰래 이용해 시청자들에게 직접적이고 세부적인 보도를 전했다.

아이러니한 사실은 기업이 더 많은 사고 리더십 콘텐츠를 제공하고 그러한 콘텐츠가 더 많은 정보와 구체적인 사항을 담을수록 사람들은 더 많은 제안을 원하게 된다는 점이다. 이러한 노력이 엄청난 신뢰성을 보여주기 때문이다. 청중은 그 주제가 실제로 얼마나 복잡한지, 그리고 그것을 실행하기 얼마나 까다로운지 재빨리 인식한다. 어떤 고객은 자기가 직접 하지 않고 누군가에게 돈을 지불해 처리한다. 기업은 깊이 있는 풍부한 정보를 미리 제공해 브랜드와 브랜드 제안의 타당성을 미리 준비하고 어떻게 고객을 도울 수 있는지에 관한 논의로 곧바로 들어갈 수 있다.

시장을 점화하기 위해 사고 리더십을 무료로 공유하는 접근 방식의 위력은 스탠퍼드 기술 벤처 프로그램(STVP)의 사례에서 분명하게 확인할 수 있다. 몇 년 전 STVP는 웹사이트상에 자료 부문을 만들고, '교육자 코너'라고 이름을 붙였다. 이는 말 그대로 스탠퍼드 대학이 제작한 동영상 클립 및 다양한 교육 자료를 모든 교수가 쉽게 내려받고 활용할 수 있도록 활용되었다. 이후 이 코너가 인기를 끌자 STVP는 이를 별도의 웹사이트로 독립시켜 하나의 서비스로 운용하기 시작했다. 또한 STVP는 새로운 콘텐츠를 비롯해 강의 전체를 담은 팟캐스트와 동영상을 내려받거나 올릴 수 있도록 번역, 기록 등 다양한 기능을 추가했다. 덕분에 몇 년 후 비교육자들 사이에서 폭발적인 인기를 끌었다. 현재는 하루에 5,000건 이상의 팟캐스트 다운로드가 이뤄지고 있으며, 250개 이상의 국가에서 유입된 사용자들이 접속하고 있다. 이후 수차례 개편을 거치고 나서 이 사이트는 현재 'eCorner'라는 이름으로 불리고 있으며, 동영상과 팟캐스트, 기사 등을 담은 풍성한 전자도서관으로서 어마어마한 트래픽을 만들어내고 있다(http://ecorner.stanford.edu). 많은 블로거가 그 콘텐츠를 종종 참조하고 있으며, STVP는 전 세계 사용자로부터 러브레터를 받고 있다. 기자들도 정기적으로 그 팀에 연락을 취한다. 사용자는 이 사이트를 움직이게 만드는 핵심 마케팅 엔진이다. 그들은 세계적인 고-투로서 STVP의 명성과 인지도를 구축하는 데 중요한 역할을 했다. 이 모든 것은 그들의 사고 리더십을 다른 사람들이 자유롭게 활용하도록 허용한 STVP의 관대한 정책에서 비롯되었다.

그러나 주의할 점이 있다. 앞서 언급한 '마구 쏘고 명중하길 바라는' 접근 방식에 대한 경고는 이 부분에서도 적용된다. 우리는 핵심 주제와 존재 이유를 뚜렷하고 분명하게 드러내야 한다. 디지털 마케팅 기술 분야에서 떠오르는 고-투 업체인 허브스팟**HubSpot**은 인바운드 마케팅(소셜 미디어나 검색 엔진 등을 이용해 고객이 찾아오도록 하는 마케팅—옮긴이)에 관한 모든 것을 보여준다. 그들은 인바운드 마케팅과 강력한 인지도를 구축하는 것에 관한 책을 펴내는 등 다양한 활동을 벌이고 있다. 또한 마케팅과 관련된 유용한 콘텐츠를 주제로 많은 콘텐츠를 제작했다. 특정한 디지털 마케팅 주제를 구글에 검색하면 허브스팟 기사가 상단에 노출되는 경우가 많다. 하지만 기사가 너무 많아서 사람들은 처음에 허브스팟을 마케팅 기술 업체가 아니라 언론 기업이라고 착각하기도 했다. 그것은 허브스팟이라는 브랜드에 대한 주요한 노출이 디지털 마케팅에 관한 기사를 통해 이뤄지기 때문이다. 게다가 기술 업체라는 사실을 아는 사람들조차 주제가 너무나 다양해 기사를 살펴보는 것만으로는 그들이 정말로 무엇을 하는지 이해하기 힘들 것이다. 그러므로 브랜드의 핵심 포지셔닝이 언제나 분명히 드러나도록 만드는 노력이 중요하다.

6단계:
비즈니스 의제를 선정하고, 관점을 널리 알리고,
영향력을 행사하기 위해 핵심 조직에서 리더 역할 맡기

앞서 우리는 공상 과학과 우주 탐험 분야에서 폰 브라운의 리더십이 그가 NASA를 대신해 횃불을 든 언론 스타로 도약하는 과정에서 어떤 역할을 했는지 살펴봤다.

메리 앤더슨과 로이드 앤더슨, 그리고 아웃도어 활동의 가치를 믿는 그들의 친구 21명이 설립한 REI는 아웃도어 산업 연합(Outdoor Industry Association)과 함께 12년이 넘도록 아웃도어 산업이 경제 전반에 미치는 영향을 조사했다. 2018년에 완성된 그 연구의 목표는 인플루언서와 정책 결정자들로부터 아웃도어 활동이 미국 사회의 주요한 경제 동인이라는 인식을 이끌어내는 것이었다. 특히 주지사 및 주 의원들에게 아웃도어 활동이 지역 경제와 주민들의 삶의 질에 미치는 영향을 알리기 위해 노력하고 있다. REI는 주 정부가 나서서 아웃도어 활동을 위한 자원을 보호해야 한다고 촉구하고 있다. 건강한 자연환경이 아웃도어 활동에서 중요한 부분을 차지한다는 점에서, REI는 '지속 가능한 의류 연합'과 같은 다양한 조직의 설립에도 참여하고 있다. REI는 이처럼 다양한 활동을 통해 구매자들과 산업 및 정부 기관 사이에서 아웃도어 분야의 고-투 업체로 자리 잡고 있다.

이제 개인의 차원에서 어떻게 실행에 옮길 수 있는지 생각해보자. 나는 예전에 애틀랜타에서 아이들을 대상으로 하는 교육 엔터테인먼트 사업을 한 적이 있다. 당시 나는 그 분야에 생소했고 인맥이나 네트워크도 없었다. 어떠한 자격도 없는 완전한 외부인이었지만 나는 그 산업에서 중요한 일부가 되기로 결심했다.

이를 위해 NATAS(National Academy of Television Arts and Sciences, 전국 TV 예술 및 과학 아카데미)는 내가 반드시 참여해야 하는 주요 산업 기관이었다. 나는 그 지역 조직에 전화를 걸어 활동하고 싶다고 말했다. 내 배경에 대해 설명하고 어떤 프로그램에 가장 많은 도움이 필요한지 물었다. 그들은 미디어 독해력 프로그램이라고 답했다. 그것은 온라인이나 TV 콘텐츠에 대한 비판적 사고 기술을 가르치는 프로그램이었다. 나는 즉각 대답했다. "알겠습니다. 위원회에 들어가도록 할게요."

당시 위원회 회장은 많은 목표를 달성하고 다양한 분야에서 천재적인 역량을 입증한 인물이었다. 그럼에도 그는 스스로 K-12 교육이나 아동 발달에 관해 많은 것을 알지 못한다고 생각했다. 게다가 그는 무척 바빴다. 그래서 내가 나섰고, 전국의 다른 조직에 연락을 취해 그들이 무슨 일을 하고 있는지 물었다. 그때까지 누구도 이러한 일을 하지 않았다. 덕분에 나는 전국에서 벌어지고 있는 일에 대한 전문가가 되었다. 또한 내가 직접 그 프로그램에 참여해 아이들을 가르치도록 허용하는 지역 학교를 발견했다. 이 역시 NATAS에서 누구도 하지 않았던 일이었다. 이후 나는 NATAS를 대신해 그 프로그램을 이끌고 있던 퍼시픽 마운틴 네트워크 사람들을 알게 되었다. 나는 그들과 함께 소식지를 발행했다. 안타깝게도 나에겐 예산이 전혀 없었기 때문에, 그들은 이 소식지를 뉴스 서비스 업체와 지인들에게 발송했다. 아이들은 가상 세계와 현실을 구분하는 비판적 사고 능력이 없는 상태에서 성적이거나 폭력적인 콘텐츠에 노출되고 있었다. 나는 이러한 심각한 문제에 대한 사회적 인식을 높이기 위해 줄곧 언론에 주목했다. 그것은 TV 산업 내부에서 비롯된 고유한 문제였고 많은 사람이 관심을 보였다. NATAS의 지역 및 전국 위원회 역시 이 문제에 주목했다. 그러던 어느 날 위원회 회장이 나를 지역 위원회 모임에 데려가 우리가 하고 있는 일들을 보여주도록 했다. 그러고는 나를 위원회 이사로 추천했다. 대략적인 이야기는 이렇지만, 당신은 아마도 핵심을 이해할 것이다. 아무런 자격이 없는 무명의 신참인 내가 순식간에 지역 위원회 이사가 되었다. 게다가 위원회가 특별히 관심을 기울이는 미디어 독해력 프로그램을 이끄는 주요한 일원으로서 전국 모임에까지 참석하게 되었다.

당신도 똑같은 일을 해낼 수 있다. 자신이 활동하는 분야에서 가장 중요한 조직이 어디인지 확인하고 그 조직에 가입하자. 다음으로 그들이 가장 많은 도움을 필요로 하는 부분을 확인하고, 성과를 올리자. 당신은 아마도 순식간에 리더로 올라선 자신의 모습과 그 과정에서 얻은 영향력과 신임에 깜짝 놀랄 것이다. 일반적으로 이러한 조직은 특정한 과제에 열정을 지닌 사람의 참여를 간절히 원하고 있다. 이러한 기대에 부응할 때, 브랜드는 자신의 인지도를 급속도로 쌓을 수 있다. 인지도는 브랜드의 관점을 널리 알릴 기반이 되어줄 것이다.

7단계:
영향력 있는 혁신가와 얼리어답터 목표/잠재 고객 사이에서 인지도 쌓기

7단계는 3단계와 흡사하다. 3단계에서는 영향력 있는 인물을 통해 지지 기반을 마련했다면, 7단계에서는 목표 고객 내부에 있는 인플루언서와 함께 똑같은 일을 하게 된다. 7단계에서 우리가 만날 인플루언서는 잠재 고객에게 접근하고 신뢰를 구축하기 위한 통로 역할을 한다. 이 단계는 특히 브랜드 인지도가 전혀 없는 경우에 매우 중요하다. 우리는 영향력 높은 인물을 통해 만남의 기회를 얻고, 잠재 고객을 설득하기 위해 충분한 확신을 전할 수 있다.

제안이 고유하고 획기적일 때, 우리는 혁신가 집단에 해당하는 잠재 고객에게 집중해야 한다. 혁신가는 다른 사람보다 앞서가고자 하며, 거의 고민하지 않은 채 새로운 것을 처음으로 받아들이고 싶어하고, 기꺼이 실험 대상이 되어 문제 해결에 도움을 주고자 한다. 그들은 시기적으로 앞서가서 얻을 수 있는 이익을 그에 따른 위험보다 더 높게 평가한다. 다음으로 얼리어답터 집단에 주목해야 한다. 이 집단에 해당하는 기업 및 구매자는 혁신의 가치가 어느 정도 입증되었을 때 뛰어들고자 하며 무리의 선두가 되기를 원한다. 그들은 아직 구매할 준비가 되지는 않았지만, 기꺼이 우리의 이야기에 귀를 기울이고 논의에 참여하고 싶어 한다.

B2B 분야에서 처음 몇몇 기업을 끌어들이고자 할 때, 우리는 기업 내에서 의사결정을 내릴 권한을 가진 한 명의 핵심 인물을 파악하고 그를 설득해야 한다. 그리고 그에게 비즈니스 문제에 대한 새로운 접근 방식을 소개하고 이를 지지하도록 만들어야 한다.

세일즈포스 설립 팀은 비즈니스를 시작한 지 7개월이 흐른 시점에 개인적인 네트워크를 통해 다섯 명의 파일럿 고객을 선정했다. 이들에게 세일즈포스 제품을 무료로 체험하도록 했다. 설립 팀이 선택한 두 번째 고객은 세일즈포스 프로덕트 매니저가 식료품점에서 줄을 서 있는 동안 눈여겨보았던 이들이다. 그들은 고객을 통해 더 많은 수익을 끌어들이기 위한 충분한 피드백과 '개념 증명'을 확보했고, 결국『월스트리트저널』의 관심을 받게 되었다. 「세일즈포스닷컴이 첨단 소프트웨어 혁명의 선봉에 서다」라는 제목의 기사는 무엇보다 마크 베니오프의 도전적인 관점이 없었다면, 그리고 공통적이고 중요한 문제를 해결하기 위한, 기자와 청중이 쉽게 이해할 수 있는 고유한 접근 방식이 아니었다면 나오지 못했을 것이다. 그 기사는 100명 이상의 새로운 사람들의 관심을 이끌었다. 그들은 다름 아닌 그 개념을 이해하고, 제품이 완벽함과는 거리가 있음에도 그것을 원했던 혁신가들이었다(이 사례는 언론 먹이사슬 전략의 예외에 해당한다. 세일즈포스 이야기는 제한적인 성과에도 불구하고 먹이사슬 맨 꼭대기로 도약해 성공을 거뒀다. 시장이 솔루션에 너무도 목말라 있었기 때문에 가능한 성공이었다).

세일즈 과정 전반에 걸쳐 여러 의사 결정자가 다양한 역할을 수행

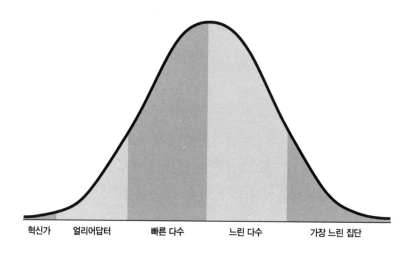

| 혁신가 | 얼리어답터 | 빠른 다수 | 느린 다수 | 가장 느린 집단 |

하는 복잡한 경우, 협상을 재빨리 마무리하는 것은 아마도 너무 성급한 일이 될 것이다. 전체 조직과 기업 문화가 혁신가 집단에 해당하거나 조직 내에서 혁신가들이 특별한 영향력을 행사하는 게 아니라면 말이다. 대신에 우리는 관계 구축을 시작해야 한다. 오랜 시간이 걸릴 것이기 때문이다. 이 단계에서는 목표 고객의 조직 내에서 우리를 대신해 메시지를 전파해줄 지지자를 찾아야 한다. 이러한 활동은 항해 모드로 이어지며, 거기서 우리는 판매 여정에 더 깊숙이 관여하게 된다(자세한 이야기는 다음 장에서 나누도록 하자).

B2C의 경우, 우리는 다른 이들이 귀를 기울이는 고객(예를 들어, 소셜 미디어 인플루언서)을 설득하기 위한 노력에 집중해야 한다. 여기서 신중한 선택이 필요하다. 기업이 주목해야 할 대상은 돈을 받고 홍보해줄 사람이 아니라 진정한 팬이다. 그들에게 적극적으로 물건을 판매할 수도 있지만, 무료로 샘플을 제공해 그들을 끌어들여 브랜드 메시지를 전파하는 사람으로 바꿔야 한다.

할리데이비슨은 초창기에 그들의 오토바이를 시험해보길 원하는 경험 많고 '터프한' 라이더를 대상으로 판매 활동을 했다. 1911년 일곱 가지의 서로 다른 경주와 내구성 대회, 언덕 오르기에서 우승한 이들은 모두 할리데이비슨을 타고 있었다. 이들을 통해 할리데이비슨은 높은 신뢰를 쌓을 수 있었다.

월트 디즈니는 그들의 영화에 등장한 환상적인 세계를 현실에 가져와 깨끗하고 가족 중심적인 테마파크를 구현하기 위해 아이디어를 오랫동안 키워왔다. 1952년 디즈니는 그 아이디어를 실현하기 위해 작은 기업을 설립했고, ABC 방송국과 손을 잡고 〈디즈니랜드 TV〉라는 제목으로 한 시간짜리 주중 시리즈를 제작했다. 이를 통해 디즈니는 두 가지 이익을 얻었다. 가장 먼저 테마파크를 짓기 위한 예산을 마련했다. 더 중요한 사실은 그 프로그램이 혁신가와 얼리어답터 고객에게 지속적인 광고가 되어준 점이다. 그 고객은 다름 아닌 역사상 최대 규모의 베이비부머 세대였다. 이들은 제2차 세계대전 이후에 여행과 여가 시간을 즐기는 데 많은 돈을 지출했다. 1955년 테마파크가 개장하던 날 1만 5,000명이 이미 오전 10시에 입장하기 위해 줄을 서 있었고, 미국 국민의 절반 정도가 TV로 축하 행사를 시청했다. 개장 10주 만에 100만 명이 테마파크를 찾았다.

2011년 여름, 오늘날 전 세계 20만 명이 넘는 사람들을 위한 고-투 커뮤니케이션 플랫폼으로 자리 잡은 넥스트도어**Nextdoor**는 하나의 아이디어에 불과했다. 당시 사라 리어리와 공동 설립자들은 임시 온라인 공동체 툴의 기반이 된 지역 연합을 통해 그들의 관점과 아이디어를 널리 알리기 위해 노력하고 있었다. 그의 설명을 들어보자.

사람들과 함께 이야기를 나누는 동안에 우리는 그들이 많은 관심을 갖고 있다는 사실을 분명히 알 수 있었습니다. 그들은 지역의 지도와 안내 책자, 지역 행사 참석 여부를 추적할 수 있는 기술을 꽤 마음에 들어 했습니다. 그들의 관심은 대단히 뜨거워서, 우리가 서비스를 설명하면서 '테스트'라는 용어를 사용한 것에 우려를 표할 정도였습니다. 그들은 서비스를 곧바로 이용하기를 원했거든요!

혁신가 집단에 해당하는 고객은 기업이 제품을 개선하고 주요한 시점에 대비하도록 도움을 주는 일에 종종 자부심을 느낀다. 마이크로소프트는 베타테스트 프로그램을 통해 고객이 시장에 아직 출시되지 않은 제품을 먼저 시범적으로 사용해보도록 하는데, 프로그램에 참여했다는 표시로 명예의 배지를 받은 고객은 마이크로소프트가 문제를 해결하도록 어떻게든 도움을 주고자 한다. 다른 한편으로 그들은 신제품을 입소문으로 홍보하는 중요한 역할을 담당한다.

8단계:
관찰하고 평가하고 다듬기

이런 말이 있다. 우리는 측정하는 것을 관리한다. 우리가 어떤 발전을 성취하고 있는지 객관적으로 확인시켜주는 기준을 정의하자. 이를 영향력 있는 인물과 인플루언서, 우리가 목표로 삼는 초기 고객과의 관계에 적용해보는 것은 큰 도움이 된다. 그들은 우리를 알고 있는가? 우리의 관점을 받아들였는가? 우리의 고유한 솔루션을 이해하는가? 이를 받아들였는가? 우리의 관점과 접근 방식을 적극적으로 지지하는가? 목표 고객 중 누구에게 얼마만큼 접근했는가? 이와 같은 범주/기준을 활용해 발전 상황을 가늠해볼 수 있다.

　이를 통해 우리는 자신이 어디에 서 있는지, 어디서 관성을 얻지 못하고 있는지 확인할 수 있다. 자신의 발전 상황을 분석하고 조율하자. 메시지를 다듬어야 할 필요도 있을 것이다. 아니면 자신의 접근 방식이나 아이디어가 생각만큼 분명하지 않아 수정이 필요할 수도 있다. 메시지가 일부에게는 공감을 주지만 다른 이들에게는 그렇지 못하다면 무엇이 문제인지 확인해야 한다. 목표 청중일까? 아니면 제안일까? 우리는 때로 너무 성급한 나머지, 빠른 다수에 해당하는 고객에게 이야기를 하면서 사고 리더나 혁신가에 해당하는 고객을 상대하고 있다고 착각한다. 하지만 빠른 다수에게는 더 많은 증거와 시장 흐름을 보여줘야 한다. 점화 모드의 초기 실행 과정에서 우리는 많은 사람을 추적할 필요가 없다. 여기서 중요한 것은 양이 아니라 질이기 때문이다. 우리는 적절한 사람에게 접근하기 위해 노력해야 한다.

　앞서가는 소수의 인플루언서는 우리의 아이디어를 마음에 들어 하지만, 더 많은 사람과의 대화를 통해 시장이 충분히 성숙하지 않거나 급박한 분위기가 조성되지 않았기 때문에 아이디어를 수정해야 한다는 사실을 스스로 깨달을 수도 있다. 이러한 깨달음은 종종 중요한 변화, 즉 시장 피드백 및 상황에 대한 대응으로, 포지셔닝 또는 제품 자체를 바꾸는 시도로 이어지기도 한다.

우리의 목표는 시장을 '점화'하고 관점과 솔루션을 기반으로 흐름을 만들어내는 것이다. 이를 위해 우리는 산업 내 주요 구성원으로서 인지도를 구축하고 간단하게 요약된 주제와 더욱 긴밀한 연결고리를 만들어야 한다.

- 이 주제는 자신의 목표 분야에 있는 대부분의 기업이 직면하고 있거나 미래에 직면하게 될 공통적이고 중요하고 급박한 비즈니스 문제의 핵심에 자리 잡아야 한다.
- 사람들의 관심을 자극하고 시장의 잡음을 뚫고 존재감을 드러내기 위해, 도발적이면서도 직관을 거스르는 방식으로 주제의 틀을 만들어야 한다.
- 똑같은 주제를 반복해서 일관성을 보여줘야 한다. 시장과 주고받는 모든 커뮤니케이션은 그 주제를 중심으로 이뤄져야 한다. 이를 통해 사람들은 브랜드와 주제 사이에 연결고리를 만들 것이다.

시장에서 가장 영향력 있고 강력한 사람에게 많은 이들이 받아들이기 전에 혁신적인 제안을 기꺼이 먼저 구매하려는 고객에게 노력을 집중하고, 이들을 우리를 위한 전도사로 바꿔야 한다.

관점의 전염력이 강력할수록 더 빨리, 더 효과적으로 티핑 포인트에 도달하게 될 것이다. 우리의 목표는 흐름을 만들어내고, 결국에는 스스로의 힘으로 나아가는 지속적인 관성을 구축하는 일이다.

실천 🚀 과제

다음 장의 '점화' 계획표를 작성해보자. 이 장에서 소개한 단계를 실행에 옮겼다면, 당신과 당신의 팀은 최적의 결과를 얻을 것이다. 물론 구체적인 상황과 현재 알고 있는 사실에 기반해 수정해야 하겠지만, 일단 대략적인 초안을 작성해보자.

흐름을 주도하기
업무 계획표

점화

핵심 목표 시장을 전체로 정의하고 세부적으로 구분해보자.
(특성, 구매자 가치, 문화 등)

_____

_____

누가 대변인이 될 것인가?

_____

_____

내부 조직 구성원들을 동원하기 위해 무엇을 해야 하는가?

_____

_____

목표 시장에서 자신의 관점을 설득시켜야 할 영향력 있는 인물과 인플루언서 10명
을 선택하고 중요한 순서대로 나열해보자.

_____

_____

목표 시장에서 혁신가와 얼리어답터에 접근할 수 있는 최고의 10가지 통로는 무엇인가? (언론/팟캐스트/블로그/행사/비즈니스 등) 중요한 순서대로 나열해보자.

_____

_____

해당 분야에서 자신의 브랜드가 최고임을 보여주는 증거는 무엇인가? 경쟁과 대안으로부터 브랜드를 차별화시켜주는 것은 무엇인가?

_____

_____

시장을 점화하기 위해 필요한 것들(콘텐츠 등)을 몇 가지 적어보자.

_____

_____

위에서 언급한 항목을 비롯해 자신의 관점을 중심으로 시장을 점화하기 위해 해야 할 여덟 가지 과제는 무엇인가? 그중에서 가장 중요한 세 가지는 무엇인가?

_____

_____

어떤 혁신가(혹은 얼리 어답터)가 고객에게 신뢰를 보여줄 것인가? 제안을 수정하는 과정에서 협력자가 될 수 있는 사람은 누구인가?

_____

_____

7장

항해 모드: 고객을 문제 해결의 여정으로 안내하기

앞서 우리는 몇 년 전 지구온난화라는 주제로 사회적 움직임을 점화하기 위해 경고를 외쳤던 앨 고어의 성공 사례를 살펴봤다. 그런데 왜 우리 사회는 아직까지 별 진전을 보이지 못하고 있을까? 왜 과학자들은 지금도 경고의 목소리를 내고 있는가? 분명히 당시 사람들은 고어의 메시지를 이해했다. 그는 과학과 공감대를 기반으로 확실한 관점을 제시했다. 지구 온난화라는 주제에 대한 사회적 인식을 미국은 물론 전 세계에 불러일으켰다. 그 공로로 노벨상까지 수상했다. 그런데 무슨 문제가 있었던 걸까?

고어는 솔루션을 제시하지 않았다.

앨 고어는 문제를 선택하고 이와 관련해 해야 할 일을 분명하게 보여줬지만, 청중에게 구체적인 접근 방식을 제시하지는 못했다. 마무리를 짓지 못한 것이다. 중요한 것은 실행이다. 실행이 없으면 아무 의미가 없다.

그렇다. 나는 고어의 연설을 듣고 우리가 사회의 구성원으로서 이 문제를 해결하기 위해 무언가 해야만 한다고 믿게 되었다. 그러나 개인적으로 해야 하는 행동을 실천에 옮기지는 못했다. 여기서 문제는 그 과제가 너무도 거대한 반면, 내 잠재적 영향력은 너무도 작아서 개인적인 역할은 전혀 의미가 없어 보인다는 점이었다. 물론 그건 사실이 아니었다. 우리는 다양한 행동을 통해 누적된 영향력을 발휘할 수 있다. 고어는 이 문제와 관련해 모두의 관심을 자극하는 데까지는 성공했지만, 사람들을 실제로 움직이게 할 기회는 놓쳤다. 그가 연설의 마지막 부분에 추가해야할 사항은 개인과 가정, 공동체가 실행에 옮길 수 있는 행동 계획이었다. 즉, 구체적인 접근 방식을 제시하고, 모두가 그것을 실천에 옮길 수 있도록 도움을 주는 시스템을 마련해야만 했다. 고어는 모든 미국 국민이 한 달에 플라스틱 용기를 한 세트 덜 사용하는 사소한 노력만으로 매년 2만 6,000대의 차량이 도로를 달리지 않는 것과 맞먹는 효과를 보인다고 말할 수 있었다. 개인과 단체가 지구 온난화를 늦추거나 막기 위해 역할을 수행하는 과정에서 도움을 주도록 몇몇 조직을 준비시켜 놓을 수 있었다. 또한 목표를 향한 협동심을 이끌어내기 위해서 사람들이 그가 이끄는 특정 단체에 가입하도록 격려할 수도 있었다. 만약 그랬더라면 많은 이들이 줄을 서서 가입했을 것이다.

솔루션이 없다면 우리의 관점은 그저 멋진 수사에 불과하다. 항해 모드의 근본적인 전략은 적합한 유형의 초기 고객과 함께 일을 시작하고, 시장의 동력을 이끌어내고, 단지 제품이나 서비스가 아니라 높은 가치의 결과물을 제공함으로써 높은 보상을 받는 것이다.

항해 모드가 일반적인 비즈니스 업무와 다른 핵심적인 특징은 제품이나 서비스 그 자체가 아니라 우리가 제공하는 가치, 즉 고객이 기꺼이 지불하고자 하는 가치에 기반해 제안을 판매하고 가격을 책정한다는 사실이다.

개관

항해 모드의 핵심은 '실행'이다. 발사와 점화 모드에서 자신의 브랜드가 무엇을 할 수 있는지 세상에 선언했다면, 이제 항해 모드에서는 약속을 실행에 옮겨야 한다. 이 단계를 항해라고 부르는 이유는 문제의 솔루션을 향한 여정으로 고객을 이끌고 나가야 하기 때문이다. 이 여정은 고객이 기꺼이 프리미엄을 지불하려는 의미 있고 객관적인 결과로 이어진다. 고객의 문제를 실질적으로 해결할 수 없다면, 기업은 자신의 역할을 다하고 있지 못한 셈이다. 또한 매출을 통해 높은 이익을 만들지 못하고 있는 것이다. 그럴 때 기업은 지속적이고 밝은 미래를 기대할 수 없다. 이 모드의 핵심은 제안을 개발하고, 협력 관계를 맺고, 레인메이커(조직에 이익을 가져다주는 사람—옮긴이)와 맺은 약속을 실천으로 옮기는 인재들로 팀을 꾸리고, 고객의 마음을 얻고, 약속을 실행하는 것이다.

목표는 고객에게 긍정적인 영향을 미치는 것이다. 세일즈포스는 단지 소프트웨어를 (클라우드 기반 툴의 형태로) 고객에게 던져주지 않는다. 고객이 플랫폼을 기반으로 비즈니스를 구축하거나 기존 데이터와 업무 절차를 쉽게 전환하도록 도움을 주는 다양한 전문가들을 만날 기회까지 제공한다. 제품 및 서비스의 완전한 생태계를 직접적으로 혹은 파트너를 통해 간접적으로 제공하며, 이는 플랫폼의 가치를 높인다. 고객이 조언을 구하거나 최고의 실행 사례를 찾는 경우, 세일즈포스는 다른 사용자들을 비롯한 커뮤니티 공간을 보여준다. '성공적인 클라우드'를 완전한 형태로 제시함으로써 행정적인 도움과 훈련 기회를 제공하고, 교육과 고객의 문제를 처리하는 과정을 통해 결국 제품으로부터 최대의

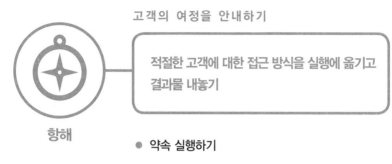

고객의 여정을 안내하기

적절한 고객에 대한 접근 방식을 실행에 옮기고 결과물 내놓기

항해

- 약속 실행하기
- 고객의 항해 여정을 도와주기
- '완전한 제품' 내놓기
- '신뢰자 커뮤니티' 구축하기

가치를 이끌어내는 과정을 가속화한다. 매일 수십 건의 무료 온라인 행사 및 교육 프로그램을 열어서 고객이 그들의 제품으로 비즈니스 성과를 얻도록 도움을 준다.

할리데이비슨의 경우를 생각해보자. 그들이 목표로 삼는 반항아나 반항아가 되고 싶어 하는 이들 사이에서 쌓은 명성에 부응하고 프리미엄 가격 정책을 정당화하는 요란하고, 무겁고, 지구 끝까지 달려나가는 오토바이가 없었다면, 고객이 문을 열고 들어오도록 만드는 마케팅 활동과 단지 오토바이뿐만 아니라 고객에게 라이프스타일을 판매하는 세일즈맨으로 구성된 1,500명이 넘는 딜러 네트워크가 없었다면, 무엇보다 열정적이고 충성심 강한 고객 공동체가 없었다면 아무것도 이루지 못했을 것이다.

항해 모드는 비즈니스의 핵심이다. 여기서 우리는 매출과 높은 이익을 만들어낸다. 우월하고 통합적인 가치를 제공하고 비용을 적절하게 유지해서 기업은 이익을 높이고 고객은 저렴하다고 느낄 만한 가격을 책정할 수 있다.

앨 고어처럼 올바른 발사 모드와 점화 모드를 실행했다면 시장에 고-투 브랜드로 자리 잡을 수 있을 것이다. 하지만 기꺼이 프리미엄을 지불할 의향이 있는 실제 고객에게 약속을 실행하고 진정한 경험을 제공하지 못한다면 그 상태는 오래가지 못할 것이다. 또한 앞으로의 성장을 위한 지속적인 투자를 이끌어낼 비즈니스와 이익을 구축하지 못할 것이다.

항해 모드에서 대부분의 기업에 일어날 가장 큰 변화는 기능이나 특성, 기술이 아니라, 결과와 성과를 기준으로 가격을 책정하는 것이다. 이를 위해 기업은 다양한 제품과 서비스를 통합해 고객이 우리를 경쟁자와 단순 비교할 수 없도록 만들어야 한다. 따라서 고객이 기업의 약속에 주목하도록 만들어야 한다. 간단한 사례를 살펴보자. 한 자동차 기업의 5년 보증 프로그램이 있다. 고객은 자동차와 함께 심리적 안정을 구매하는 셈이다. 그들은 적어도 5년 동안 유지와 보수를 위해 많은 돈을 지불할 필요가 없다는 사실을 안다. 하지만 비용을 어떻게 구분해야 하는지 세세하게 알지는 못한다. 다만 5년에 걸쳐 하나의 가격이 정해져 있다는 사실만 알 뿐이다. 당신이 이러한 차이에 집중하도록 나는 여기서부터 당신의 제안을 제품이나 서비스가 아니라 '솔루션'이라고 언급할 것이다.

디즈니 테마파크에 들어설 때, 우리는 단지 재미있는 놀이기구를 타기 위해 입장료를 지불하지 않는다. 다른 어떤 놀이동산도 흉내 내지 못하는, 어릴 적 즐겨 봤던 영화 속에나 등장할 법한 '세상에서 가장 행복한 곳'에서 누릴 특별한 하루(혹은 그 이상의 기간)를 위해 입장료를 지불하는 것이다. 그것은 하나로 합쳐진 통합된 제안이다. 사람들은 종합적인 판타지 경험을 위해 입장료를 지불한다. 그러한 경험은 정문을

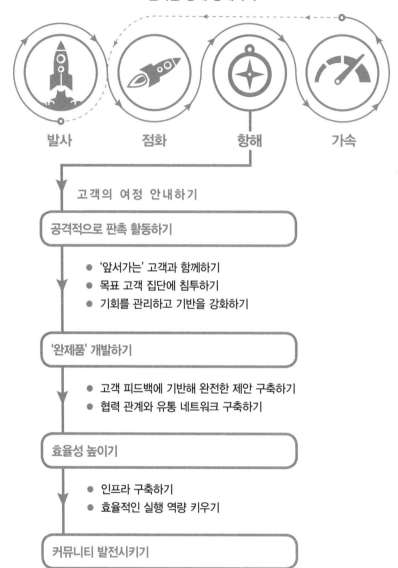

■ 결과를 향해 항해하기 ■

발사   점화   항해   가속

고객의 여정 안내하기

공격적으로 판촉 활동하기

- ‘앞서가는’ 고객과 함께하기
- 목표 고객 집단에 침투하기
- 기회를 관리하고 기반을 강화하기

‘완제품’ 개발하기

- 고객 피드백에 기반해 완전한 제안 구축하기
- 협력 관계와 유통 네트워크 구축하기

효율성 높이기

- 인프라 구축하기
- 효율적인 실행 역량 키우기

커뮤니티 발전시키기

- ‘신뢰자 커뮤니티’ 구축하기

통과하기 전부터 아름다운 곳에서 사진을 찍을 수 있는 기회, 그냥 소비자가 아닌 '게스트'의 지위와 함께 시작된다. 테마파크의 '캐스트 멤버'(공원에서 일하는 직원을 부르는 말)들은 무료 사진 촬영 기회를 제공하는 등 손님에게 마법과 같은 순간을 선사한다. 디즈니 캐릭터 분장을 한 배우들은 손님과 함께 포즈를 취하고 수집용 배지를 교환하기도 한다. 그곳은 우리가 좋아했던 디즈니 영화의 세트장처럼 완벽하게 꾸며져 있다. 배우들은 쓰레기가 땅에 떨어지기도 전에 줍고, 곳곳에서 흘러나오는 음악은 분위기를 한껏 고조시킨다. 손님들은 모바일 앱을 가지고 놀이기구 탑승 예약을 하거나 대기 시간을 확인하고 음식을 주문할 수도 있다. 다양한 쇼와 영화, 놀이기구, 쇼핑, 깜짝 놀랄만한 퍼레이드 등이 펼쳐지며, 낮에 충분히 구경하지 못했더라도 밤의 불꽃놀이가 기다리고 있다. 게다가 디즈니 리조트에서 숙박을 한다면 마법은 하루 종일 이어진다.

이와 같은 통합 솔루션과 가격 정책에 더해 항해 모드에서 주요한 두 가지 차이점이 있다. 하나는 세일즈맨이 아닌 레인메이커에 주목한다는 점, 또 하나는 고객들 사이의 '신뢰자 커뮤니티'를 강조한다는 점이다. 이에 관해서는 잠시 후 자세히 살펴보도록 한다.

다른 한편으로, 항해 모드는 대부분의 기업이 이미 하고 있는 활동과 실질적인 수요 창출과 고객에게 더 큰 영향을 미치려는 노력을 모두 포괄한다. 항해의 범위는 대단히 광범위하며 수십 권의 책과 방법론, 다양한 정보의 원천이 각각의 단계와 내부의 하위 주제를 다룬다. 나는 이 장에서 기본적인 사항은 다루지 않을 것이다. 대신에 각 단계에서 필요한 특별한 정보, 인터뷰와 광범위한 연구 및 내가 직접 겪은 문제로부터 얻은 교훈에 집중하고자 한다.

전통적인 관점에서 항해 모드는 비즈니스 운영을 포괄한다. 이는 다음과 같은 일반적인 기능을 다룬다.

- 수요 창출과 현장 마케팅(점화 모드에서 했던 일을 기반으로 함)
- 비즈니스 개발과 세일즈
- 솔루션 개발, 가격 책정, 마케팅과 관리
- 솔루션 실행
- 비즈니스 운영

다음은 항해 모드 동안 수행해야 할 과제다.

- 솔루션을 설계하고 구축하고 홍보 업무를 진행하는 과정에서 도움을 줄 초기 고객 확보하기
- 솔루션을 개발하고 홍보하도록 도움을 줄 파트너 발견하기
- 건전한 공헌 이익을 제공하는 가치 기반의 가격 정책과 더불어 통합 솔루션 개발하기
- 솔루션을 적극적으로 홍보하면서 빠른 다수에 도달할 때까지 혁신가와 얼리어답터에 집중하기
- 수요 창출과 세일즈 활성화 프로그램을 통해 직접적인 판매 활동을 지원하고 판매 주기 가속화하기
- 세일즈 인력을 신중하게 관리하고 책임 부과하기
- 솔루션을 실행하고 성공을 보장해 고객에게 객관적인 혜택 인식 시키기
- 성장을 뒷받침하기 위해 필요한 위치에 기업 포지셔닝하기

• 커뮤니티 개발하기

항해 모드의 단계는 다음과 같다.

1. 통합 운영 계획 수립하기
2. 세일즈 지원 자료와 팀, 절차 마련하기
3. 소수의 '앞서가는' 고객에게 솔루션을 판매하고, 실행하고, 다듬기
4. 가치를 기준으로 가격을 책정하고 내외부의 자원과 제품, 서비스 등을 활용하는 완성된 솔루션(완전한 제품) 개발하기
5. 잠재 고객을 목표로 삼고, 관계를 구축하고, 솔루션 판매 시작하기
6. 효율적인 솔루션 실행 역량(고객 서비스, 채용, 문화화, 훈련, 유통 채널, 파트너, 방법론 등) 구축하기
7. 신중하게 기회를 관리하고 핵심 고객과 기반 다지기
8. 산업 내 '신뢰자 커뮤니티' 구축하기
9. 규모 확장을 위해 조직의 인프라 확대하기
10. 관찰하고, 측정하고, 다듬기

세부적인 내용은 잠시 후 살펴볼 것이다. 다른 모드와 마찬가지로 항해 모드의 실행은 반복적인 형태로 이뤄진다. 일반적으로 대기업의 핵심 원동력은 예산과 인력이다. 이는 가용한 자원으로 얻을 수 있다고 합리적으로 예측할 수 있는 부분이다. 예를 들어, 조직의 규모와 상관없이 첫 번째 해에는 가능한 최소의 솔루션, 수요 창출을 위한 기본적인 디지털 마케팅 활동, 하나의 시장에 집중하도록 도움을 주는 핵심 마케팅 파트너와 같은 몇 가지 핵심 사항만 실행에 옮길 수 있다. 두 번

째 해에는 이를 기반으로 세일즈 툴과 솔루션 2.0, 추가적인 시장에 접근하도록 도움을 줄 파트너를 개발한다. 스토리는 그렇게 계속된다.

아폴로 스페이스 프로그램은 영리를 추구하는 조직이 아니었음에도 항해 모드를 충실하게 실행해 수익을 투자자, 즉 미국 납세자에게 돌려줘야 했다. 그리고 인간을 달에 데려가는 약속을 실행하고, 그 임무의 가치를 계속해서 입증해야 했다. 그것은 가격표가 결과에 달린, 실질적으로 통합된 제안이었다. 우리는 항해 모드의 모든 단계를 아폴로 프로그램에 적용해볼 수 있다. 가장 먼저, 아폴로 프로그램은 특별한 운영 계획과 협력이 필요한 엄청나게 복잡한 과제였다. 1961년 1월 케네디가 백악관에 입성했을 때, NASA 직원은 1만 200명이었고, 협력체는 3만 6,500곳에 달했다. 1962년 말에 직원 수는 2만 3,700명, 협력체 수는 11만 5,000곳으로 증가했다. 그리고 1960년대 중반에는 2만 곳에 달하는 기업 파트너, 협력 관계를 맺은 수십 곳의 대학, 3만 4,000명의 직원, 37만 5,000곳의 협력체를 확보했으며, 미국 전역 및 해외 지역에 걸친 수백 곳에서 팀을 운영했다.

아폴로는 끊임없이 예산을 확보하고 판매를 해야만 했다. 그들에게 '벤처 캐피털리스트(스타트업 및 성장 초기 단계의 벤처 기업에 지분을 투자하거나 자금을 지원해 기업의 성장을 돕는 투자 전문가—편집자)'에 해당하는 존재는 의회 의원들이었다. 그리고 목표 달성을 위해 필요한 예산을 지속적으로 확보하기 위해 끊임없이 노력해야 했다. 예산은 결코 거저 주어지지 않았다. 1960년대에 걸쳐 아폴로 프로그램의 가치를 놓고 예산을 삭감해야 하는지, 아니면 우선순위를 바꿔야 하는지 잦은 논쟁이 벌어졌다. 비용을 고려하지 않았을 때 미국 국민의 80퍼센트가 아폴로 프로그램을 찬성했지만, 비용을 고려했을 때 찬성 비중은 50퍼센트 미만이었다. 미 의회와 NASA는 그들의 고객, 즉 미국 국민에 대한 책임이 있었다. NASA는 서로 다른 세 행정부 밑에서 일했기 때문에 언제든 중단될 가능성이 있었다. NASA는 정치적 로비 활동 외에도 언론 및 기업 파트너의 마케팅 부서를 활용해 미국 국민을 대상으로 아폴로 프로그램을 지속적으로 '판매'했다. 델몬트$^{Del\ Monte}$와 오메가^{Omega}, 포드, 제너럴푸드$^{General\ Foods}$와 같은 기업은 수많은 광고 캠페인을 통해 아폴로 프로그램과의 관계를 널리 홍보했고, "달에 갔던 사람들 모두 스토퍼즈$^{Stouffer's}$를 먹습니다"와 같은 광고 문구를 통해 대중의 호기심을 자극했다.

다른 한편으로, NASA가 개발하는 로켓과 우주선은 혁신적인 제품 그 이상이어야 했다. 그들의 '완제품'은 다양한 요소를 포함했다. 가령 위성 커뮤니케이션, 임무 통제, 발사를 위한 인프라, 방대한 컴퓨팅 자원, 그리고 달에 착륙시켰다가 다시 달의 궤도로 올려보내기 위한 물리학 등의 연구가 들어 있었다. 비록 외부 파트너에 많은 것을 의존하기는 했지만, 그럼에도 NASA는 솔루션을 완전히 책임져야 했다. 일반적인 기업과 마찬가지로 NASA는 수천 명의 인재를 선발해 교육하고, 보잉^{Boeing}과 록히드^{Lockhead}, 포드와 같은 파트너와 함께 협력하며, 수준 높은 결과를 보장하는 접근 방식을 구축함으로써 효율적인 공급망과 실행 역량을 확보해야 했다. 이 모두는 대단히 길고 힘든 과제였다. 새턴 5호 로켓에만 너트와 볼트, 와셔, 회로판, 트랜지스터 등 300만 개의 부품이 들어갔다. 사령선과 보조 우주선에는 200만 개에 가까운 부품이 들어갔으며, 착륙선은 100만 개의 부품이 필요했다. 무게는 매우 민감한 요소였기 때문에, NASA는 주요 협력 업체인 그루먼(지금은 노스롭그루먼$^{Northrop\ Grumman}$)에게 우주선 설계 과정에서 1파운드를 줄일 때마다 5만 달러(오늘날 화폐가치로 환산하면 38만 달러가 넘는다)의 보너스를 지급했다.

아폴로는 우주선을 비롯한 다양한 설비를 개발하는 제조 기업이었다. 우주 비행사가 정교한 시뮬레이터를 통해 도킹 작업을 하도록 도움을 주는 서비스 기업이기도 했다. 또한 지리학, 두터운 우주복을 입고서 토양 샘플을 채취하는 방법, 무중력 상태에서 움직이는 방법, 우주선을 작동하는 방법, 해상 착륙이 계획대로 진행되지 않았을 때 정글이나 사막에서 살아남는 방법에 관해 우주 비행사에게 교육을 실시하는 훈련 캠프이기도 했다. 실제로 전문가 팀이 모든 임무와 우발적인 사고

아폴로 스페이스 프로그램 임무(인류 최초의 달 착륙)는 엄청나게 복잡한 과제였다. (이미지 출처: NASA)

에 대비해 우주 비행사들을 엄격하게 교육시켰다.

그 과정은 항상 순조롭지만은 않았다. 아폴로 1호의 임무를 준비하는 과정에서 세 명의 우주 비행사가 목숨을 잃었다(이 이야기는 6단계에서 자세히 살펴보자). 의회는 예산에 대해 애매모호한 입장을 취하곤 했다. 아폴로 8호는 계획이 예정대로 흘러가지 않아 마지막에 수정하는 바람에 달 착륙선 없이 달을 향해 출발해야 했다. 그건 큰 위험을 무릅쓴 도전이었다. 아폴로 13호에서 그랬던 것처럼 중대한 문제가 발생했을 때 달 착륙선은 일종의 구명 보트 기능을 하기 때문이었다. 제프리 크루거는 아폴로 8호와 관련해 인간이 달을 향해 날아갔던 첫 번째 순간을 이렇게 묘사했다.

> 위험은 계획의 수립에, 하드웨어와 소프트웨어가 작동하도록 해야 하는 모든 과정에, 그리고 이륙과 TLI(trans-lunar injection, 달전이궤도투입), LOI(lunar orbit insertion, 달궤도진입)의 모든 임무 속에 있다. 모든 것이 제대로 작동한다고 해도, 모든 중요한 순간은 위험이 따른다. 모든 것 하나하나가 위험하다. 그전에 한 번도 해본 적이 없기 때문이다.

아폴로는 항해 모드에서 두 가지 신뢰자 커뮤니티를 구축했다. 그 두 가지 모두 대중의 지지와 지속적인 예산 마련의 핵심적인 요소였다. 첫 번째 공동체는 언론이었다. NASA의 공보부와 기업 파트너들은 기자들끼리 개인적인 관계를 맺고, 상호 협력하도록 도움을 주고, 그들이 대중에게 정확한 지식을 전달하도록 필요한 세부적인 정보를 제공하고, 이틀간의 심포지엄을 통해 우주선이 실제로 어떻게 달에 착륙하는지에 관한 세부 사항을 제공해 강한 공동체 인식을 형성하도록 했다.

두 번째 공동체는 미국 대중이었다. NASA는 분위기를 고조시키고 아폴로 프로그램을 홍보하기 위해 우주 비행사들을 시민 단체와 학교로 보내 연설하도록 했다. 교육 다큐멘터리도 제작해 배포했다. 거대한 예산 편성에 찬성하는 상하원 의원을 위해 우주 비행사들이 유권자에게 연설하도록 했다. 이들 의원은 개인적인 교류를 바탕으로 납세자들이 아폴로 프로그램의 가치를 인식하도록 만들어야 했다.

프로그램 규모가 커지면서 인프라 규모 역시 증가했다. 1960년에 NASA는 워싱턴 D.C.에 소규모 본사 건물과 더불어 세 곳의 연구소를 운영하고 있었다. 이후 아폴로 프로그램이 출범하면서 NASA는 기존 연구소를 확장하고 휴스턴과 케이프커내버럴, 미시시피에 새로운 시설을 추가했다.

NASA는 '관찰하고, 측정하고, 수정하기' 위해 진행 중인 절차를 상세하게 설명했다. 아마도 이 주제만으로도 한 권의 책을 쓸 수 있을 것이다. 여기에는 모든 과정의 기술적인 평가, 현장 운영에 기반한 지출을 추적하고 관리하기 위한 분기별 프로그램 운영 계획, 품질 보증 팀과 철저한 프로그램 관리, 일정, 핵심 성과 지표가 포함되어 있었다. 예를 들어, 아폴로 1호의 화재로 이어졌던 원인(6단계에서 살펴본다)을 검토하는 동안, NASA는 엔지니어링 순서(설계 변경)처럼 다시 검토해야 할 정확한 기준을 갖고 있었다(사령선이 작동했던 시점에 실행되지 않은 113건, 모듈 작동 이후에 제출된 623건, 전혀 기록되지 않은 22건).

아폴로는 대규모 프로그램이었다. 그렇다면 소기업이나 스타트업의 경우는 어떨까? 작은 규모라도 이 모든 과정을 동일하게 적용해야 할까? 그렇다. 그건 단지 규모의 문제일 뿐이다. 항해 모드는 규모와 상관없이 가장 힘든 모드이며, 아폴로 프로그램뿐 아니라 모든 기업,

특히 스타트업을 위한 과정이다. 고객이 기꺼이 값을 지불하고자 하는 제품과 서비스를 만들어낼 수 있는가? 고객은 기업에게 지속적으로 더 많은 것을 요구할 것인가? 매출과 지속적인 비즈니스를 위해 충분한 이익을 빨리 만들어낼 수 있는가? 충성심 강한 고객 기반을 구축할 수 있는가?

2008년 스탠퍼드 대학 연설에서 일론 머스크는 스페이스X와 테슬라 모두 처음에 얼마나 형편없었는지를 떠올렸다.

> 스페이스X와 테슬라를 출범했을 때, 성공 가능성은 정말로 낮아 보였습니다. 분명 성공할 거란 생각은 들지 않았죠. 전 성공 가능성을 10퍼센트로 봤습니다. 그렇습니다, 2008년 두 회사는 성공과는 거리가 멀었습니다. 스페이스X 로켓 발사는 세 번이나 실패했습니다. 그 세 번 동안 아무것도 이뤄내지 못했죠. 경제 상황은 엉망이었습니다. 대침체를 맞이했어요. 테슬라는 투자를 받지 못했습니다. GM이나 크라이슬러 같은 기업이 파산에 직면한 마당에 신생 자동차 기업이 투자를 받는다는 것은 너무도 어려운 일이었으니까요.
>
> 하지만 다행스럽게도 2008년 말 네 번째 발사에 성공했습니다. 우리가 시도할 수 있었던 마지막 도전이었죠. 그리고 아시다시피 2008년 크리스마스이브에 테슬라의 투자 라운드도 성공적으로 끝났습니다. 마지막 날, 마지막 순간에 말이죠.

다시 한번 강조하건대, 이 장에서는 일반적인 비즈니스 범주에 해당하는 광범위하고 복잡한 활동을 다룬다. 이를 하나의 장에서 깊이 있게 다루기는 힘들 것이다. 또한 아래에서 소개하는 단계들이 순서대로 나열되어 있기는 하지만, 실제로는 동시다발적으로 일어나는 경우가 많다는 사실에 유의하자. 그 순서는 우리가 처한 상황이나 가용한 자원과 시장에 따라 얼마든지 달라질 수 있다. 다른 단계를 실행하기 전까지 하지 말아야 할 사항도 있다. 자신이 활동하는 시장을 이해하고 목표를 달성하기 위해 필요한 최소한의 일을 실행하는 것이 중요하다. 항상 전략적으로, 효율적으로 움직이고 최대한 집중하자. 거기서부터 성공을 향해 나아가자.

1단계:
통합 운영 계획 수립하기

NASA 행정관(기업의 CEO에 해당한다) 제임스 웹은 종종 아폴로의 성공이 다른 무엇보다 적절한 관리의 결과물이라고 말하곤 했다. 기술적인 과제는 얼마든지 해결이 가능했다. 중요한 것은 다양한 업무와 파트너, 프로젝트를 지휘하는 일이었다. 이를 위해 아폴로 프로그램은 통합적인 프로그램 관리 접근 방식을 개발했고, 이를 바탕으로 설계, 공학, 조달, 시험, 건설, 제조, 예비 부품, 물류, 교육, 운영을 집중적으로 통제할 수 있었다. 1986년 과학 잡지 『사이언스』는 아폴로 프로그램의 접근 방식을 이렇게 평가했다.

(우주 프로그램에서) 파생될 가장 가치 있는 효과는 기술적인 것이 아니라 인간적인 것으로 드러날 것이다. 그것은 다름 아닌 위대한 사회적 프로젝트를 성취하기 위해 필요한 엄청나게 다양한 조직 활동을 계획하고, 조율하고, 감시하는 방법에 관한 향상된 역량이다.

많은 기업이 공통적으로 저지르는 실수는 시장과 솔루션 개발, 운영 계획을 조직 내에서 따로따로 관리한다는 것이다. 심지어 세일즈 팀과 마케팅 팀끼리도 따로 움직인다. 기업은 내부의 모든 조직이 상호 협력하도록 만들어야 한다. 이를 위해 목표 고객의 목록이 핵심적인 원동력이 되도록 해야 한다. 무엇을 팔 것인가? 누구에게 팔 것인가? 어떻게 효과적으로 팔 것인가? 계획은 기간을 구체적으로 고려해야 하며, 비즈니스 목표(원하는 결과), 구체적인 전략, 마감 시한, 책임자, 투자 예산, 재정적 추산 등을 포함해야 한다.

『인사이드 애플』(청림출판)을 쓴 『포춘』 편집자 애덤 라신스키는 애플이 비즈니스의 모든 측면을 대단히 신중하게 통합했다고 말한다. 그들은 "치밀하게 통제되고, 이정표 중심적이고, 계획된 방식으로" 디자인과 마케팅, 제품 관리, 제조, 엔지니어링을 비롯한 모든 다양한 업무를 통합했다. 또한 그 존재 이유가 말해주듯이, 애플은 무엇보다 디자인을 우선시한다. "애플에서는 재무 담당자가 디자이너에게 이렇게 말하는 것은 상상할 수 없다. '그건 불가능해요. 돈이 너무 많이 드니까요.'"

2014년 픽사 애니메이션 스튜디오 공동 설립자이자 픽사와 월트 디즈니 애니메이션 스튜디오 대표를 지낸 에드 캐트멀은 스탠퍼드 학생들 앞에서 다양한 업무 간 긴밀한 통합의 중요성을 강조하면서 이렇게 말했다. "제게 그 모델이 의미하는 바는, 기술적인 것과 창조적인 것 사이에 선을 그을 수 없다면 우리는 하나로 통합된 조직이라는 겁니다."

이제 각 단계를 살펴보고 다음 질문에 대답해보자. 이 장을 읽고 내용을 숙지하는 데 도움이 될 것이다.

• 누구를 목표로 삼을 것인가?

- 고객의 여정은 어떤 모습이어야 할까? 그리고 어떻게 고객이 그 여정을 평생 이끌어 갈 수 있도록 만들까?
- 어떻게 고객이 판매 구입 경로에 진입해 계속 나아가도록 만들 것인가?
- 고객에게 무엇을 팔 것인가?
- 어떤 지식재산권 및 다른 제안 요소를 개발해야 할 것인가?
- 어떻게 고객에게 제안을 전달하고 그들이 결과를 얻도록 도움을 줄 것인가?
- 어떻게 신뢰자 커뮤니티를 구축할 것인가?
- 조직 및 인프라와 관련해 어떤 점이 요구되며 이를 어떻게 충족시킬 것인가?
- 핵심 성공 지표는 무엇이며, 어떻게 이를 인식하고, 측정하고, 대응할 것인가?

우리는 계획을 대단히 명료하게 짜고 모든 이의 목표가 조화를 이루도록 만들어야 한다. 예를 들어, 마케팅과 세일즈가 함께 움직여 세일즈 과정을 '충실하게' 수행하는 노력이 중요하다. 잠재 고객을 세일즈 과정으로 들어서게 만드는 것은 단지 마케팅의 역할만은 아니다. 마찬가지로 잠재 고객이 구매 과정을 따라 나아가도록 만드는 것이 단지 세일즈의 역할만은 아니다. 이는 팀 작업이다. 특히 B2B 기업에게 중요하다.

마케팅과 운영 역시 조화를 이뤄야 한다. 칠면조 육류를 판매하는 기업인 버터볼^{Butterball}은 거의 40년 동안 11월과 12월에 '칠면조 토크 라인'이라는 서비스를 운영하고 있다. 그 기간 동안 50명 이상의 칠면조 전문가들이 10만 건이 넘는 연락을 받아 해동 및 요리와 관련해 우리가 상상할 수 있는 모든 질문을 받는다. 이 서비스는 문자와 이메일로도 이뤄진다. 이러한 상황에서 버터볼 마케팅 팀이 고객이 토크라인으로 더 많이 전화하도록 유도하는 캠페인을 벌인다면 어떨까? 당신은 아마도 콜센터 직원을 더 많이 고용하면 된다고 생각할 것이다. 하지만 아니다. 칠면조 토크라인은 그리 쉬운 업무가 아니기 때문이다. 첫째, 그 업무에 지원하려면 식품 관련 분야의 4년제 대학 학위가 필요하다. 둘째, 채용은 오로지 추천으로만 이뤄진다. 셋째, 토크라인 업무로 입사한 모든 직원은 광범위한 현장 교육을 이수해야 한다. 전화가 갑자기 많이 걸려 오면 마케팅 팀은 기뻐하겠지만, 미리 대비책을 마련해놓지 못한 운영 팀은 큰 피해를 입을 것이다. 기업 내 어떤 팀도 아무것도 준비되지 않은 상태에서 일을 할 수는 없다.

기업은 계획을 실행하기 시작하면서 몇몇 결과에 대해 더 많은 통제력을 가질 수 있다. 이메일 캠페인의 마감 시한을 정하는 일은 어렵지 않다. 하지만 잠재 고객이 얼마나 빠른 속도로 구매 과정에 진입해 이동할 것인지 통제하는 것은 거의 불가능하다. 하지만 목표와 일정은 필요하다. 계획을 실행하는 동안 많은 변수가 나타날 것이기 때문이다. 기업은 현실에 재빨리 적응할 준비가 되어 있어야 한다. 가령, 판매가 예상보다 느리게 이뤄질 때 기업은 매출이 상승할 때까지 어떤 부분의 투자를 줄여야 할지 파악해야 한다.

마찬가지로 판매 주기가 예상보다 3~5배 더 길어질 것으로 예상된다면 이에 따라 계획을 변경해야 한다. 이는 채용을 비롯한 여러 다른 지출을 고려할 때 더욱 중요하다. 기업의 기대만큼 시장이 빨리 반응하는 경우는 드물다. 기업의 예상만큼 거래가 빨리 마무리되는 경우 역시 드물다. 잠재 고객은 기업의 일정에 따라 움직이지 않는다. 자신의 일정에 따라 움직일 뿐이다. 게다가 어떠한 요인도 예정된 매출을 연기시킬 수 있다. 거래가 마무리되었다고 하더라도 고객 입장에서 발생한 변수 때문에 업무의 실행이 미뤄지기도 한다. 이는 고객이 완제품을 빨리 받아보고자 할 때도 해당한다.

2단계:
세일즈 지원 자료와 팀, 절차 마련하기

가장 이상적인 시나리오는 발사 모드에서 만든 것을 기반으로 솔루션 원형 개발, 디자인, 계획 수립, 개발 절차가 모두 이뤄지는 것이다. 이를 위해 솔루션 구체화, 포지셔닝, 메시지 전달, 가치 제안, 이후 마케팅 과정에 필요한 다양한 정보를 이해해야 한다. 대기업이라면 경쟁 상황과 엘리베이터 피치 등을 기술하는 계획 자료와 세일즈 지원 자료가 필요하며, 이는 논의와 시험, 수정을 거쳐야 한다. 여러 부서에 걸친 다양한 이해관계자들이 함께 참여해 솔루션을 시장에 분명하게 전달하고 제시할 방법에 대한 합의에 최종적으로 도달해야 한다. 이러한 정보는 최종적인 형태의 세일즈 및 마케팅 자료를 위한 기반이 되고, 이 자료는 현장 세일즈 팀에게 배포된다. 이 단계는 고객과 함께 제안을 개발한 이후에 찾아온다.

그러나 현실 세상은 다르다.

나는 대부분의 기업이 이러한 초기 계획 활동을 사려 깊고 체계적인 방식으로 이어나갈 만큼 끈기가 없다는 사실을 깨달았다. 이러한 활동을 추진하기에 시장은 지나치게 빨리 움직이거나 변화한다. 게다가 기업은 자사가 개발하는 제품 또는 서비스가 고객이 정말로 원하는 것인지 확인하기 위해 디자인이나 프로토타입 개발 단계에 고객들을 충분히 참여시키지 않는다.

기업 내부에서는 곧바로 판매를 시작하라는 압박이 종종 생긴다. 특히 세일즈 주기가 길 때, 세일즈 팀은 마케팅 활동을 즉각 시작하기를 원한다. 이러한 경우에 마케팅 자료의 초안은 (구매자 시선으로 평가하는) 솔루션의 마케팅 스토리를 요약하기 위한 기반이 되고 솔루션 로드맵을 개선하기 위한 방법이 된다. 특히 솔루션이 너무 광범위하거나 복잡해 프로토타입으로 제작할 수 없는 경우(예를 들어, 제품과 서비스의 조합이 필요한 복잡한 기업 솔루션)에 그렇다.

나는 예전에 데이터 분석 소프트웨어 및 서비스 기업이 대형 은행을 대상으로 신용카드 비즈니스를 확장하는 데 도움을 주는 상품을 출시하는 과정에 참여한 적이 있다. 약 4,000만 달러의 가격표가 붙은 대단히 복잡한 솔루션이었다. 쉽게 프로토타입을 제작하거나 시연을 할 수 없는 종류의 것이었다. 대신에 우리는 솔루션 팀과 영업 사원들과 함께 세일즈 및 마케팅 자료를 제작했다. 그리고 그들에게 자료를 고객에게 전달하도록 하고, 필요하다면 수정하도록 했다. 그들이 프레젠테이션을 한 후에 우리는 그 회의가 어땠는지, 고객의 피드백은 어떠했는지 자세한 보고를 받았고, 그들이 접근하고자 하는 다음 고객을 위해 스토리를 수정했다. 솔루션 팀은 모든 피드백을 솔루션 로드맵과 계획으로 통합했다.

이 과정 자체가 이상적이지 않고 덜 효율적일 수 있지만, 효과를 기대할 수 있었다. 여기서 중요한 것은 발사와 점화 모드에서 했던 것처럼 고객의 피드백을 재빨리 확인하고 무엇이 고객의 마음을 사로잡거나 사로잡지 못하는지 확인하는 과정이었다.

이러한 접근 방식에는 장점이 있다. 솔루션/제품 관리 팀이 아무리 객관적인 시선을 유지하려고 노력한다 해도, 자신이 지금 사랑에 빠진 제품과 스토리를 내부자의 편향에서 완전히 벗어나서 바라보기란 현실적으로 거의 불가능하다. 기업은 솔루션이 완전히 개발되기 이전이라고 해도, 마케터에게 시장을 직시하는 객관적 자료를 바탕으로 일하도록 요구하는 과정에 영업 팀이 관여하게 함으로써 마케팅 스토리와 제품 포지셔닝에서 결함을 발견할 수 있다. 예를 들어, 가치 제안이 자신이 생각했던 것만큼 명료하지 않다는 사실을 알아챌 수 있다. 혹은 엘리베이터 피치가 수많은 비즈니스 문제에 익숙하지 않은 인플루언서에게 이야기할 때처럼 일대일 고객 상황에서 신선하고 설득력 있게 들리지 않는다는 사실을 확인할 수도 있다.

앞서 소개한 은행 사례의 경우, 우리는 영업 사원이 편안한 방식으로 전달하기에는 그 스토리가 너무 전문적이고 복잡하다는 사실을 금방 깨달았다. 그래서 교육받은 전문가들이 고객과의 회의에 영업 사원과 동행하고 프레젠테이션도 함께 진행하도록 했다. 이는 다음에 살펴볼 SWAT 팀에서 소개하는 전략이다.

우리는 이러한 절차를 통해 완전히 다른 시장, 즉 애초에 목표로 삼았던 것보다 더 구매 준비가 되어 있는 시장을 발견할 수 있다. 1984년 애플이 매킨토시 128을 출시했을 때, 목표 고객과 비즈니스 워드프로세서 시장으로부터 호평은커녕 혹평을 받았다. 하지만 매킨토시는 데스크톱 출판과 그래픽, 디자인, 교육처럼 고해상도와 고유한 그래픽 사용자 인터페이스, 편의성을 중요하게 여기는 시장을 장악했다. 애플은 시장의 피드백에 귀를 기울였고, 당시로서는 혁명적인 '레이저라이터 레이저 프린터'와 '페이지메이커 소프트웨어'를 출시해 데스크톱 출판 혁명의 시작을 알렸고, 개인용 컴퓨터 시장을 완전히 바꿔놨다. 사람들은 이제 수동 그래픽 레이아웃 기술을 사용하지 않으며, 오프라인 프린트 매장을 가지 않고 스스로 출판물을 제작할 수 있게 되었다.

새로운 솔루션을 출시하는 초기 단계에서 수요 촉진을 위해 공식화된 툴과 절차를 마련하는 방식은 시기상조일 수 있다. 다시 말해, 앞서가는 고객의 데이터베이스를 구축하고 그들이 드립 캠페인(잠재 고객을 끌어들이기 위한 꾸준한 정보 제공 및 상호작용)과 함께 구매 경로를 따라 움직이도록 만들고자 디지털 마케팅 프로그램과 같은 활동을 준비하려는 시도는 너무 이르거나 비효율적일 수 있다. 우리는 그중 일부를 5단계에서 다루지만, 이러한 역량을 갖추고 있지 않거나 자신의 새로운 솔루션과 관련된 기회를 얻기 위해 기존의 고객 기반을 활용할 수 없다면 다른 프로그램의 출범은 상당히 늦춰질 것이다. 초기 단계에서 대부분의 경우, 기업은 자신들이 주목하는 문제를 적극적으로 해결하고 싶어하는 소수의 혁신적인 고객 또는 잠재 고객과 함께 세일즈 절차를 가속화시키는 활동에 주목할 것이다. 다른 거대한 전통적인 활동 및 디지털 마케팅 활동은 일단 우리가 시장 탄력과 초기 고객을 성공적으로 확보한 이후에 시작된다.

세일즈를 뒷받침하는 계획 수립

트위터는 흔히 B2C 기업으로 알려져 있지만, 그들은 또한 『포춘』 500대 기업과 마케팅 에이전시 및 협력 업체를 대상으로 대규모 기업 세일즈 사업부도 운영하고 있으며, 1,200명이 넘는 영업 사원이 속해 있다. 새로운 솔루션을 출시할 때, 기업은 영업 사원이 고객을 만나서 같은 지평에서 이야기를 나눌 수 있도록 만들어야 한다.

이러한 일은 영업 지원을 통해 가능하며, 영업 지원이란 세일즈 팀이 고객에게 제안을 전달할 수 있도록 역량과 자격을 지원하는 절차를 뜻한다. 여기에는 콘텐츠, 콘텐츠 관리, 훈련, 자문을 비롯한 여러 다양한 방법이 있다. 이 과정에서 다양하고 핵심적인 마케팅 및 세일즈 지원 자료를 필요로 하겠지만, 가능한 한 최소한도로 시작해야 한다. 자원은 제한되어 있으며, 무엇이 시장과 고객의 반응을 이끄는지 배우는 동안 모든 것이 어떤 형식으로든 변할 수 있기 때문이다.

전략은 산업 분야와 상황에 따라 다르겠지만, 인터넷(웹사이트)을 통해 많은 업무를 처리한다면 웹사이트로 할 수 없는 추가적인 업무만 남을 것이다(예를 들어, 많은 기업이 아직도 제품 사양서를 만들고 있다. 웹사이트에서 제공하는 콘텐츠 속에서 쉽게 확인할 수 있는데도 말이다).

우선 시장과 조직이 정말로 필요로 하는 것을 면밀히 들여다보자. 영업 사원들은 때로 부수적인 자료를 요구한다. 하지만 중요한 것은 필수적이고 효과적인 자료를 만드는 것이다. 일부 영업 사원은 이러한 자료에 의존한다. 기업이 주목해야 할 점은 '전형적인' 영업 사원이 아니다. 기업은 레인메이커와 함께 일하길 원한다(이에 관해서는 나중에 더 자세히 다룬다). 기업은 그들에게 이렇게 물어야 한다. "이것(제품/서비스)을 팔기 위해 최소한으로 필요한 것은 무엇입니까?" 세일즈 주기와 고객의 여정을 깊이 숙고하고, 올바른 시장 가능성을 점치기 위해 필요한 요소에 먼저 주목하자. 그리고 잠재 고객이 구매 경로로 진입하도록 하자. 첫 만남의 기회를 잡고 그 시간을 진두지휘하자. 제안서나 계약서처럼 구매 경로의 후반부에 필요한 것은 뒤로 미뤄도 좋다.

중요한 점은 시점에 맞는 자료를 만드는 것이다. 첫 고객이 구매 경로의 입구에 도달하고 그 경로를 따라 나아가도록 만들기 위해 필요한 자료를 만들자. 이렇게 한다면 많은 시간과 돈을 아낄 수 있다. 나는 과거에 이 교훈을 힘들게 배웠다. 당시 영업 지원용 자료를 어렵사리 만들었지만, 시장 피드백을 받고 나서 완전히 수정해야 했다. 앞서 살펴봤던 은행 사례처럼 그때에도 첫 번째 고객과 대화를 나누고, 이를 바탕으로 자료를 수정하고 보완했다면 좋았을 것이다.

미리 형식을 갖춰 세운 계획은 팀이 집중력을 유지하는 데 도움을 준다. 좋은 기회와 제안이 언제, 어디서 불쑥 나타날지 모르기 때문이다. 그 기회는 CEO와 이사회, 세일즈 팀, 솔루션 팀, 외부 기업 등으로부터 찾아온다. 가능성을 내포한 그러한 목록들은 기업의 예산 및 실행 역량을 훌쩍 넘어설 것이다. 다음은 일반적으로 초기 단계에 필요한 것들이다. 우선순위대로 나열했다.

- 기본적인 영업 지원 자료와 활동(다음 부분 참조)
- 특정 고객을 잘 아는 영업 사원과 함께 실질적인 판매 활동을 수행할 전문가로 구성된 SWAT 팀
- 웹사이트 콘텐츠
- 시연/시험/샘플
- 원스톱 마케팅 지원
- 기본적인 세일즈 절차와 운영
- 기본적인 현장 마케팅과 비즈니스 개발 과정

위 항목들 모두 그 자체로 중요한 주제다. 각각의 항목에 대해 몇 가

지 실무적인 방법을 살펴보도록 하자.

세일즈 팀 지원

제임스 카우프먼은 자신의 책 『우주를 팔다』(Selling Outer Space)에서 NASA의 프로그램을 대표하는 핵심 인사들이 해당 프로그램을 의회와 대중에 '판매'하도록 만든 방법을 이렇게 설명했다.

> NASA는 우주 비행사들과 함께 협력하는 것은 물론, 그 관리자들이 프로그램에 관한 질문에 대답하도록 준비시키는 데 많은 노력을 기울였다. 특히 의회의 지출 및 권한 위원회에 참석·발표했던 인물들에게 집중했다. NASA는 관리자들이 의회 청문회에 출석해 증언하는 방법에 관한 자문을 제공한 것은 물론, 프로그램을 설명하고 근거를 제시하는 자료를 위원회에 직접 제출했다. 그러한 자료는 계속 늘어났고, 1963년 (NASA의 책임자인) 웹은 네 권에 달하는 '근거 자료'를 제출했다.

이 단계에서 기업은 시장에 상품을 내놓기 위해 영업 조직(대표 혼자든 다수의 영업 사원이든 간에)을 준비시켜야 한다.

이러한 노력은 다양한 형태로 나타난다. 일반적으로 내부 조직에 집중한 자료가 필요하다. 세일즈 팀에게 상품 교육을 실시하고, 고객의 잠재적 가능성에 주목하도록 만들고, 누가 잠재 고객인지 어떻게 팔 것인지 파악하도록 도움을 주고, 그들을 유능한 영업사원으로 만들기 위한 교육 프로그램이 필요하다.

여기서는 적은 것이 많은 것이다. 특히 당신이 제시하는 상품이 특정 세일즈 팀이 고객에게 제시하는 많은 상품 중 하나라면 더욱 그렇다.

오라클이나 IBM 콘아그라, 펩시를 비롯한 대형 광고 및 마케팅 기업처럼 다양한 제품군을 갖춘 대기업은 특정 고객에게 제안하기 위한 수십 가지 잠재적 제품 및 솔루션을 갖추고 있다. 이러한 기업의 영업 사원은 고객에게 설명할 상품을 숙지해야 하지만, 사실 그렇게 많은 것을 이해하고 기억하지 못한다. 따라서 그들이 쉽게 이해하고 핵심 관심사를 편안하게 설명할 수 있도록 간략한 정보를 제공해야 한다. 다시 말해, 다음과 같은 질문에 대한 대답을 담아야 한다. "어떻게 고객의 문제를 해결할 것인가?" "투자에 대한 수익은 무엇인가?" "본인이 필요한 자료는 무엇인가?" 적어도 초반에는 표에 열거한 자료만으로 충분하다.

다음은 참고 자료에 관한 사례다.

1~2쪽 참고 자료	• 엘리베이터 피치('왜/무엇을/어떻게'를 담은 하나의 문장) • 시장 문제(누구에게 영향을 미치고, 왜 영향을 미치며, 그 규모는 얼마나 큰지 파악) • 관점(선언과 관련된 짧은 요약) • 메시지 플랫폼('왜/무엇을/어떻게'에 관한 세 문장) • 목표 시장 • 솔루션에 대한 설명 • 솔루션에 대한 인포그래픽 • 핵심 요소 • 가치 제안(가능하다면 정량화시킴) • 사례, 성공 스토리, 증언, ROI 활용하기 • 제공 모델 • 구매자 특성과 적절한 질문 • 기대하는 목표/우려, 예상된 반응 • 경쟁 상황에 대한 개략적인 검토 • 승패 분석 • 자주하는 질문 • 내부 지원 자원
	• 프레젠테이션과 회의록에 대한 대략적인 검토(내부 활용을 위함)
	• '제품/서비스가 무엇이며 어떻게 팔 것인가'에 관한 훈련 프로그램
	• 임원 프레젠테이션(홍보 연설에서 다뤘던 것보다 더 많은 것이 필요할 경우)

SWAT 팀

특히 성과 중심적이고 혁신적인 솔루션을 제안하는 초기 단계에서는 실질적으로 판매 프로세스를 거의 전담하는 전문가로 구성된 소규모 'SWAT 팀'에게 혁신가와 얼리어답터 고객을 할당하는 방식이 가장 좋다. 팀은 솔루션에 대해 깊이 있고 신뢰할 만한 전문성을 갖춘 한 명 이상의 인력으로 구성되며, 이들은 기회가 있을 때마다 계속해서 스토리를 전달하는 역할을 한다.

아폴로 프로그램을 발표한 뒤 곧바로 역풍에 직면한 상황에서, 웹과 부책임자인 휴 드라이덴이 NASA의 SWAT 팀에 속했다. 두 사람은 18개월에 걸쳐 프레젠테이션을 128회나 했다. NASA는 조직과 아폴로 프로젝트의 일관된 이미지를 보여주고자 많은 노력을 기울였다.

현실적으로 말해서, 최고의 영업 팀 임원조차 기업의 핵심 관점과 고유한 접근 방식을 효과적으로 전달하지 못할 수 있다. 물론 그들은 고객을 정말로 잘 안다. 하지만 일반적으로 전반적인 시장 비전이나 시장 간 비즈니스 문제에 대해 (고객이 뭔가 새로운 것을 배울 수 있는) 깊이 있는 전문성을 갖추고 있지는 않다. 솔루션에 대한 심오한 기능적·기술적 전문성도 없다. 다시 말해 고객과 이야기를 나눌 때 필요한 자신감과 확신, 신뢰성이 없다는 뜻이다. 기업에게 필요한 인재는 특정 주제에 관한 전문성을 바탕으로 고객에게 다음과 같이 처방을 내려줄 인물이다. "우리는 시장에서 ~한 상황을 목격하고 있습니다. 당신은 아마도 앞으로 ~한 문제에 직면하게 될 것입니다. 이와 관련해 당신이 해야 할 일은 ~입니다." 이는 특히 고위 임원을 설득할 때 중요하다. 현장 영업 사원은 세부적인 비즈니스 사안으로 파고들거나 이의를 제기할 수 없을 것이다. 그들은 자기 분야의 전문가다. 그들의 임무는 기회에 대비하고, 회의를 하고, SWAT 팀을 투입시켜 메시지를 전하고 판매를 하는 것이다. 영업 사원과 SWAT 팀 구성원은 협력해 전략적으로 회의를 준비하고, 회의를 진행하고, 차후 사항을 결정해야 한다.

앞서 액센츄어에서 CIG(초창기 시절 명칭)를 이끌었던 알 버제스에 대해 살펴봤다. 버제스는 당시 커뮤니케이션 산업이 직면하고 있던 트렌드와 도전 과제 및 기회, 특히 결제 및 고객 서비스에 특출난 전문가였다. 그가 새로운 사업부를 맡았을 때, 다양한 지역에서 일하고 있던 액센츄어 임원들은 전 세계 주요 고객과 관계를 맺고 있었지만, 전문적인 지식은 부족했다. 그들은 『포춘』 50대 기업의 최고정보관리책임자(CIO)에게 자신 있게 접근하지는 못했기 때문에 그들과 대등하게 이야기를 나눌 수 있는 전문가와 함께하고자 했다. 그래서 버제스는 액센츄어 임원들에게 고객 기업의 고위 간부와 회의를 한다면 언제든 비행기를 타고 날아가서 자신이 대신 프레젠테이션을 하겠다고 제안했다. 이 방법은 대단히 효과가 좋았다. 당시 그의 신규 사업부의 목표는 3년 안에 1억 5,000만 달러 매출을 달성하는 것이었다. 하지만 그 사업부는 목표를 훌쩍 넘어섰고, 3,000만 달러 규모의 거래를 일상적으로 성사시켰으며, 이전에 액센츄어에 비우호적이었던 고객과도 관계를 맺기 시작했다. 한 사람으로 구성된 SWAT 팀의 일원이었던 버제스는 전문성을 가진 동료로서, 그리고 상당한 구매력을 지닌 고위급 임원과 어깨를 나란히 할 수 있는 동료로서 개입했다. 거기서 그는 고객이 이전에 고려하지 못했던 문제에 대해 고집스러운 관점을 제시했으며, 투자수익률(ROI)이 비용을 웃도는 솔루션을 제안했다. 이를 시작으로 지역의 액센츄어 임원들은 지속적으로 관계를 강화하고 새로운 비즈니스를 개척해나갔다.

솔루션 참고 시트: (솔루션 이름 기재)

엘리베이터 피치	시장 문제	관점

메시지 플랫폼	목표 시장	

솔루션에 대한 설명	솔루션 인포그래픽	핵심 요소

가치 제안	사례/성공 스토리/증언과 ROI 활용	

실행 모델

구매자 특성과 예상 질문	예상되는 반론 및 반응

경쟁 상황에 대한 대략적인 설명	승패 분석

자주하는 질문	내부 지원 자원

세일즈 임원(혹은 고객 관계를 관리하는 임원)을 해당 분야의 전문가 역할에서 배제하는 방식에 따른 이익은 그들이 계속 고객의 편에 서 있을 수 있도록 만드는 데 있다. 즉, 초기 단계에서 직접 나눈 대화를 통해 고객에게 가장 이로운 방식을 추구하도록 만드는 것이다.

여기서 나서야 하는 사람은 점화 모드에서 기업의 얼굴 역할을 맡았던 인물이다. 스타트업의 경우라면 설립자나 CEO가 그 역할을 맡게 될 것이다. 보다 탄탄한 기반을 확보한 기업의 경우에는 최고 주제 전문가나 솔루션 관리자, 솔루션 마케팅 책임자가 될 것이다. 일부 기업은 이러한 차원에서 '사전 판매'에 집중하는 책임자를 두고 있다. 목표 고객과 지위나 직급이 비슷한 사람이 그 역할을 맡는 게 가장 좋다. 가령 CEO 고객은 CEO 협력자와 거래를 원한다. 부사장 고객은 적어도 부사장 협력자를 원할 것이다. 그러나 핵심 열쇠는 초반에 사고 리더십 프레젠테이션 활동을 통해 전문가의 관점을 전달하는 것이다. 단지 광범위하고 피상적인 지식만 가진 보통의 영업 사원이 효과적으로 고객을 교육하고, 고객에게 정확한 정보를 전달하고, 고객이 무엇을 요구하는지, 어떻게 솔루션을 통해 이를 충족시킬 것인지 이해하도록 기대만 해서는 안 된다. 이러한 노력을 통해 좀 더 일관적인 프레젠테이션과 효율적인 고객 관계, 더 높은 품질을 확보할 수 있다.

이러한 인물(혹은 팀)은 발사 모드를 거쳐가는 동안, 판매 과정의 첫 번째 단계로서 당신이 개발한 가두연설을 하게 될 것이다. 이 과정은 잠재 고객의 상황에 따라 달라지며, 다음 단계로 넘어가면서 메시지를 더 세밀하고 심도 있게 다룬다.

이러한 SWAT 팀 접근 방식은 잠재 고객과 개인적으로 만나는 것이 불가능할 때 예외적인 상황을 맞닥뜨린다. 하지만 이러한 상황에서도 몇몇 기업은 여전히 비용 효율이 높은 방식으로 동일한 전략을 실행하고 있다. 1995년 여드름 치료제 기업 프로액티브는 캐시 필즈와 케이티 로던 박사가 전문적인 지식이나 처방에 관한 조언을 공유하는 방식으로 광고를 하면서 폭발적인 성장을 이끌었다. 비슷한 사례의 최신 버전으로는 웹사이트나 유튜브, 여러 온라인 채널에 대표가 직접 출연해 영상으로 프레젠테이션을 하는 경우를 꼽을 수 있겠다. 애플 스토어는 또 다른 접근 방식을 보여준다. 우리가 애플 스토어로 걸어 들어가면 누군가가 환영하고 무엇이 필요한지 묻는다. 그런 다음 전문적인 지식을 갖춘 사람에게 우리를 안내한다. 모든 영업 사원은 기본적인 도움은 줄 수 있지만, 복잡한 요구 사항일 경우에는 적절한 전문가에게 안내한다.

웹사이트

이 단계에서 웹사이트와 관련된 큰 함정은 많은 기업이 '현재'의 고객 기반이 아니라 '미래'의 고객 기반을 대상으로 이야기한다는 데 있다.

현재의 고객 기반은 핵심 목표 시장 속 혁신가와 얼리어답터 들이다. 이들은 문제를 인식하고, 그 문제와 관련해 일상적인 어려움을 겪고 있으며, 이를 해결하기 위한 솔루션을 적극적으로 찾는다. 기업은 이렇게 이미 문제를 겪고 있는 사람들의 요구에 주목해야 한다. 관심을 기울여야 할 대상은 아직 문제를 인식하고 있지 않은 미래의 고객이 아니다. 이들에게 판매하는 일은 배로 힘들다. 이들은 시장이 어느 정도 움직였을 때 비로소 모습을 드러낸다. 문제 자체에 대한 정보를 지나치게 많이 제공해야 한다면, 목표 대상과 관련해 중요한 부분을 놓치고 있는 셈이다.

웹사이트와 관련된 세일즈 및 마케팅 활동에 관심을 보이는 이들에 대한 사례를 살펴보자. 세일즈포스 초창기 시절에 롭 애커는 오라클을 떠나 세일즈포스가 리드 육성(잠재 고객과 지속적으로 교류함으로써 구매를 유도하는 활동—옮긴이) 팀과 고객 관리 팀을 구축하는 과정에 참여했다. 그 과정에서 애커는 데이터 속에서 흥미로운 점을 발견했다. 마크 베니오프의 설명을 들어보자.

> 롭은 모든 기준을 확인한 후에 우리가 소기업(직원 수 30명 미만의 작은 조직)을 대상으로 하는 비즈니스에서 성공을 거두고 있다는 사실을 발견했습니다. 그는 내게 보다 작은 시장에 좀 더 집중해보자고 했습니다. 이러한 노력이 신기술을 지원하는 과정에서 발전 가능성이 있다고 봤죠. 그는 이렇게 말했습니다. "그곳에 거대한 기회가 있습니다. 비록 수익성이 높아 보이지는 않더라도 금광으로 발전할 수 있습니다."
>
> 저는 롭에게 우려를 표했지만, 그는 확신했습니다. 롭은 자신의 주장을 뒷받침하기 위해 조사를 실시했습니다.
>
> 그 결과, 롭의 제안은 아주 훌륭한 판단인 것으로 드러났습니다. 거래 성공률은 높아졌고 판매에 들어가는 시간과 비용은 낮아졌죠. 우려했던 것과는 다르게 우리는 그 분야에서 뚜렷한 성장을 목격했고, 영업 사원의 수는 6개월 만에 네 명에서 스무 명으로 늘어났습니다.

세일즈와 마케팅 활동만큼 웹사이트 관리도 열심히 해야 한다는 사실을 명심하자. 이 과정에서 기업의 목표는 웹사이트를 통해 콘텐츠와 툴을 제공해서 잠재 고객의 머릿속에서 종소리가 "딩!딩!딩!" 울리도록 만드는 것이다. 기업은 그들이 재빨리 뛰어들어 이렇게 외치도록 해야 한다. "이봐요! 저 여기 있어요. 당신들이 했던 일을 지켜보고 있었다고요!"

시연/체험/샘플

시연이나 체험, 샘플은 고객이 상품 구매 전에 실제로 경험할 수 없거나 시도해볼 수 없는 뭔가를 팔고 있을 때 특히 가치가 있다. 이 방식은 기업들이 자주 활용해 주변에서 쉽게 사례를 찾아볼 수 있으므로, 우리는 그 효과를 직접 확인하고 자신의 상황에 어떻게 적용할지 생각해볼 수 있다. 자동차 기업은 고객에게 차량을 시운전할 기회를 제공한다. 많은 온라인 서비스 기업은 소프트웨어를 무료 버전으로 배포하며, 이후에 사용자는 월 사용료를 지불하고 정식 버전으로 업그레이드할 수 있다. 코스트코와 같은 유통 업체는 식품 브랜드들이 고객에게 무료 샘플을 제공하도록 허용한다. 샘플이나 체험의 기회를 제공할 수 없는 복잡한 엔터프라이즈 소프트웨어 기업은 시연 행사를 주최한다. 내가 알고 있는 한 엔터프라이즈 분석 소프트웨어 기업은 잠재 고객이 가져온 실제 데이터 파일을 예측 분석하는 시연을 해서 그 소프트웨어가 어떤 기능을 하는지 보여줬다. 자, 다시 한번 기억하자. 지금은 "음, 예전에 한 번도 생각해본 적은 없지만 흥미롭기는 한데…"라고 말하며 망설이는 구매자가 아니라 "최대한 빨리 구해야 해"라고 말하는 앞서가는 구매자에게 주목해야 한다.

여기서 대부분이 간과하는 점은 시연/체험/샘플의 목적은 '판매'가 아니라는 것이다. 이들은 판매를 뒷받침하는 도구일 뿐이다. 실제 판매는 당신이 시운전하는 동안 옆자리에 앉아 있는 영업 사원이 당신의 시선을 사로잡는 다른 무언가를 발견하고, 차이를 언급하고, 당신이 평소에 꿈꾸던 자동차를 눈앞에 보여줄 때 이뤄진다. 코스트코에서 바이타믹스 시연장을 지나갈 때, 사람들이 접하게 되는 것은 소도구와 마이크, 신선한 과일과 채소로 완벽하게 차려진 '연출'이다. 사람들은 판매사원들이 오렌지를 껍질째 갈아 혼합물을 만들면서 끊임없이 건강한 영양 섭취를 강조하는 '연출 상황'을 구경한다. 하루에만 수만 명이 판매 사원들의 설명에 귀를 기울이면서 이상하면서도 맛있는 혼합물을 맛본다. 그리고 많은 사람이 500달러를 지불하고 집에 가서 다양한 혼합물을 직접 만들어보고는 더 건강한 삶을 다짐한다. 웹사이트에서, 또는 개인적으로 진행하는 기술 시연은 다음과 같은 오랜 속담에 주목해야 한다. "스테이크가 아니라 구울 때 나는 지글거리는 소리를 팔아라."

고객 간 개인적인 상호 교류나 그 밖의 다른 준비가 필요할 경우, 시연과 무료 체험, 샘플에 적지 않은 비용이 들어갈 수 있다. 그러므로 가능하다면 사전에 잠재 고객의 범위를 정해두도록 하자. 더불어 결과를 염두에 두고 시연과 체험 과정을 설계해야 한다. 그래서 "당장 사야해!"라는 반응을 이끌어내도록 하자. 시연과 체험, 경험을 설계할 때, 팀 구성원들은 종종 내부적인 견해를 우선시하는 경향이 있다. 외부 시장과 고객도 개입해 영향력을 행사하도록 허용하자.

홈페이지의 설명 영상(첨단 장비나 소프트웨어의 사용법을 알려주는 영상—옮긴이)은 사람들의 관심을 자극하고 스스로 선택하도록 유도하는 훌륭한 방법이다. 일부 고객은 이러한 방식을 선호한다. 일정을 잡을 필요도 없고, 직접적인 교류의 부담을 느낄 필요도 없기 때문이다. 영상 마지막에는 콜투액션call-to-action(소비자가 특정한 행동을 하도록 유도하는 메시지)을 포함해 심도 있는 라이브 시연과 회의, 백서 등을 담도록 하자.

시연을 활용하기 힘든 금융과 같은 순수 서비스 분야에서는 전문성과 사고 리더십 자료, 무료 컨설팅이 똑같은 기능을 한다. 점화 모드에서 만든 백서와 기사는 기업이 확보한 전문성을 '무료 샘플'로 보여주는 기능을 한다. 잠재 고객과 대화를 나눌 때는 브랜드의 지식을 무료로 공유함으로써 샘플을 대신할 수 있다. 이는 시연이 힘든 복잡한 비즈니스 솔루션을 판매하는 경우에도 마찬가지다.

원스톱 마케팅 지원

전문가로 구성된 SWAT 팀에 더해, 조직에 원스톱 마케팅 지원 활동을 제공하는 노력은 대단히 중요하다. 특히 기업이 규모 확장을 시작할 무렵에는 더욱 그렇다. 이 말은 세일즈 팀이 정확한 정보를 찾아 헤매거나, 그러한 정보가 존재하는지조차 모르는 문제 상황을 겪지 않도록 일종의 업무 지원 센터를 마련한다는 의미다. 많은 기업이 온라인 아카이브에 세일즈 지원 자료를 보관해두고 있다. 하지만 인적 지원 역시 그것만큼이나 중요하다. 인공지능이 따라잡기 전까지, 오로지 인간만이 조직 간의 활동을 조율하고 서로 도울 수 있으며, 수평적 사고를 가능하게 하고, 인재를 연결해 시너지 효과를 발휘할 수 있도록 한다. 예를 들어, 서로 다른 두 팀이 서로 다른 두 고객과의 관계 속에서 비슷한 기회를 모색하고 있을 때 협력은 업무 효율성을 높여준다.

앞서 우리는 NASA의 소규모 공보부 조직이 어떻게 그러한 역할을 수행했는지, '아폴로 우주선 뉴스 레퍼런스'와 같은 깊이 있는 두꺼운 기술 자료를 제공해 어떻게 언론이나 많은 협력체의 커뮤니케이션 조직을 지원했는지 살펴봤다. NASA의 공보부와 리포지토리(조직 내 흩어져 있는 정보를 모아놓고, 서로 공유할 수 있게 한 정보 저장소)는 소중한 원천으로 기능했다.

스스로 무슨 이야기를 하는지 알고 있다고 생각하는 사람들조차 자신의 규칙을 어기고 나중에 깊이 후회하기도 한다. 나는 우리가 액센츄어의 CIG를 위해 세일즈 지원 기능에 집중했던 것이 탁월한 성공 요인이라고 늘 생각해왔다. 우리는 누구든지 그 분야에 있는 사람에게 대뜸 연락해 세일즈 기회를 통해 조언을 얻고, 세일즈 지원 자료를 안내받고, 가치 있는 정보를 얻고, 어떤 때는 단지 질문을 던지기도 했다. 처음에는 한 사람이 다른 업무와 함께 이 역할을 수행했다. 그리고 비즈니스가 성장하는 과정에서 하나의 전화번호를 통해 세일즈와 관련된 모든 지원 업무를 처리했다. 그러나 내가 최고 마케팅 책임자로 있던 서비스 관리 스타트업에서는 이 과제를 제대로 수행하지 못했고, 이는 결국 비용 부담이라는 결과로 돌아왔다.

3단계:
선택된 앞서가는 고객과 함께 시작하기

시장에 혁신을 내놓을 때마다, 당신은 아마도 앞서 6장에서 소개했던 혁신 수용 곡선을 마주하게 될 것이다. 내가 언급했던 것처럼, 당신의 첫 고객은 혁신가와 얼리어답터가 될 것이다. 이들은 가장 앞서고 싶어 하며 경쟁 우위나 개인적인 특권을 누리기 위해 기꺼이 도전하는 개인이나 조직이다. 2006년 산타모니카 런칭 파티의 마지막에 테슬라 로드스터 시험 모델이 고장 나 이상한 소음을 내기 시작했지만, 테슬라는 가격이 10만 달러에 달하는 초기 스페셜 에디션 모델의 주문을 127건이나 받았다. 테슬라 공동 설립자이자 최고기술경영자(CTO)인 J. B. 스트로벨의 설명에 따르면, "(시운전) 자동차는 완전히 망가졌다." 머스크는 초기 로드스터 모델이 "아주 불안정했으며 매번 고장이 났고 제대로 작동하지 않았다"고 말했다. 그럼에도 혁신가 고객들은 거의 2년을 기다려 그 자동차를 받았다. 그리고 그 결함까지도 사랑했다.

혁신가 고객이 구매하는 또 다른 이유는 그들이 직면한 문제가 대단히 중요해 '시간'이 핵심 요소이기 때문이다. 그들은 불완전한 상품으로부터 얻는 이익이 기업의 실험 대상이 되는 위험을 상쇄하고도 남는다고 생각한다. 그들은 위험을 최소화하기 위해 당신과 손을 잡고 솔루션을 개발하는 것은 물론, 가치를 극대화하고 가격을 결정하는 과정에 참여하고자 한다. 조금이라도 더 빨리 문제를 해결하기 위해 상품의 불완전한 측면을 감내하고자 한다. 여기서 당신은 문제를 해결하기 위한 기회를 발견할 수 있다. 이와 관련해 제프리 무어는『제프리 무어의 캐즘 마케팅』에서 자세한 이야기를 한다. 더 많은 정보를 얻고 싶다면 이 책을 읽어보도록 하자.

예전에 함께 일했던 한 기업에서, 몇몇 앞서가는 최초 고객은 프록터앤갬블과 콘아그라와 같은 대형 소비재 기업이었다. 2002년 우리는 이들 기업이 첨단 디지털 마케팅 기술과 치밀한 분석 기술을 활용해 경쟁자보다 한참 앞서서 정확하고 집중화된 방식으로 고객에게 직접 마케팅을 할 수 있도록 도움을 줬다. 이들 기업은 솔루션 개발과 개선에 깊이 관여했기 때문에 본질적으로 솔루션 개발 팀의 일부였다. 이러한 모습은 비즈니스 서비스 분야에서, 특히 IT 분야에서 대단히 일반적이다. '실험실' 안에서 프로토타입이나 솔루션을 개발하기는 거의 불가능하다. 결국 우리는 고객 기업으로부터 얻은 실시간 정보와 피드백을 바탕으로 신속하고 반복적으로 제품을 개발해야 했다.

이러한 접근 방식은 이제 데이비드 켈리의 '디자인 씽킹(Design

Thinking)' 스티브 블랭크의 '고객 개발(Customer Development)' 에릭 리스의 '린 스타트업(Lean Startup)'과 같은 방법론으로부터 힘을 얻어 점차 주류가 되어가고 있다. 이 접근 방식은 디자이너가 실험하고 즉각적인 피드백을 얻도록 하는 빠른 프로토타입 개발처럼, 실무 차원에서 고객 개입을 강조하고 사용자가 디자인 과정에 예전보다 더 많이 관여하도록 한다.

고객들과 함께하는 솔루션 개발 과정은 허술하고, 반복적이고, 때로는 비효율적으로 진행된다. 주된 이유는 모두가 어둠 속을 걸어가고 있다고 느끼기 때문이다. NASA를 달 사령선 개발을 감독했던 노스 아메리칸 항공North American Aviation과 같은 협력 업체의 앞서가는 고객으로 생각한다면, 고객과의 협력이 얼마나 완벽하게 이뤄져야 하는지 상상할 수 있을 것이다. 초기 고객은 우리가 문제를 바로 잡을 수 있는 소중한 기회다. 점화와 항해 모드에 걸쳐 고객과 함께 일을 한다면, 기업의 솔루션이 나중에 더 광범위한 시장에 진출할 때 최고의 기회를 맞이할 준비가 되어 있을 것이다. 테슬라는 대규모 시장에 모델 S를 출시하기 위해 제한적인 형태로 개발된 로드스터를 하나의 학습 경험으로 활용했다. 로드스터 출시 후 첫해에만 테슬라는 판매 차량의 75퍼센트를 리콜해야 했다. 기술자를 사용자의 집으로 보내 조향장치에 중요한 볼트를 수리하도록 했다. 그밖에도 다양한 문제와 리콜이 있었지만, 그럼에도 모델 S는 플러그인 방식의 전기차로서 2015년과 2016년에 전 세계적으로 최고의 판매고를 기록했다.

우리가 유념해야 할 한 가지 중대한 함정은 더 넓은 시장이 찾을 솔루션을 합리적인 시간의 틀 안에서 개발해내야 한다는 점이다. 나는 기업이 크고 복잡한 솔루션을 첫 세 곳의 대규모 고객에게 판매한 뒤 성공을 낙관하는 모습을 계속 목격했다. 그러나 실제로 그것은 앞서가는 첫 세 고객만이 준비되어 있었던 것이거나, 아니면 그들이 그 솔루션을 원하고 필요로 했던 '유일한' 고객일 수 있다.

점화 모드에서 보다 광범위한 시장 피드백을 확인하는 과정을 통해 이러한 일이 벌어지지 않도록 막을 수 있다. 그렇지만 이러한 함정에 빠지지 않도록 항상 주의하자.

4단계:
가치를 기준으로 가격을 책정하고 내외부 자원과 제품, 서비스 등을 활용하는 완성된 솔루션(완전한 제품) 개발하기

경찰은 범인을 특정하고 체포하는 과정에서 얼마나 자주 파손 차량의 도움을 얻을까? 2019년 4월 9일 모델 제드 프랭클린은 샌프란시스코 도심에서 가봉 작업을 위해 리바이스 스트라우스Levi Strauss&Co. 본사에 머물고 있었다. 그때 스마트폰에 설치한 테슬라 앱에서 경고 메시지가 날아왔다. 그 메시지는 자신의 차량에서 무슨 일이 벌어지고 있다고 말하고 있었다. 최근 업데이트된 도난 방지를 위한 센트리 모드 덕분에 차량에 탑재된 카메라들이 문제를 감지하고 작동하기 시작했다. 프랭클린이 온라인으로 게재한 당시 영상에 현장 상황이 생생하게 녹화되었다. 흰색 혼다 시빅 차량이 프랭클린의 차 앞에 멈춰서더니 가로 주차를 했고, 차량 번호판이 분명하게 찍혔다. 영상 속에서는 한 남자가 조수석에서 내리더니 몸을 웅크리고는 테슬라 쪽으로 살금살금 다가왔다. 또 다른 각도의 카메라 영상에는 그가 테슬라 차량의 뒤쪽 조수석 창문 옆에 쭈그리고 앉아서 팔꿈치로 창문을 내려치는 장면이 찍혔다. 그는 차량 안을 들여다보고 손을 뻗어 뒤적이더니 재빨리 시빅으로 돌아갔다. 그러고는 그 자리를 떠났다. 이 모든 과정이 1분도 채 걸리지 않았다. 프랭클린은 그들이 아무것도 가져가지 않았다고 말했다. "어린이용 카시트나 텅 빈 장바구니는 필요하지 않았나 봅니다." 지역 경찰은 그 영상을 퍼뜨렸고, 결국 범인을 특정하고 2급 강도 및 가석방 위반 혐의로 체포했다.

고성능 전기차를 개발하고 상류층 고객의 전기차에 대한 수요를 높이기 위해 테슬라는 자동차 이상의 가치를 제공해야 한다고 생각했다. 그들은 고유하고 '완전한 솔루션'을 내놓아야 했다. 다시 말해, 소프트웨어 업데이트, 슈퍼차저(전기차 시장 확산을 위해 테슬라가 개발한 태양광 기반 고속 전기 충전소—옮긴이) 네트워크, 슈퍼차저 위치를 안내하는 네비게이션, 충전 중 사용할 수 있는 편의 시설, 모바일 앱을 통해 자동차의 일부 기능을 원격으로 조정 가능한, 점점 스마트해지는 자동차를 선보여야 했다. 네비게이션 지도를 업데이트할 때마다 요금을 부과하는 다른 자동차 기업과는 달리, 테슬라는 네비게이션 업데이트를 넘어서 새로운 기능을 추가하는 자동 소프트웨어 업데이트 서비스를 제공하고 있다. 어떤 구매자는 테슬라 모델3을 구매한 몇 주 뒤 소프트웨어 업데이트를 통해 뒷좌석에 열선 기능이 추가되었다는 사실을 알게 되었다. 게다가 제동 거리가 개선되었다는 테슬라의 발표 소식도 들었다. 부가 가치 방식의 일환으로 테슬라는 자동차 산업의 유통 구조를 거부하고 고객 경험 전체를 직접 통제하고 있다. 대리점에서 주문 제작하는 방식이 아니라, 쇼핑센터 내에 전시장을 설치하는 방식으로 직접 자동차를 판매하고 관리한다. 테슬라는 차량에 탑재된 다양한 센서를 통해 방대한 데이터를 끊임없이 수집하며, 이를 바탕으로 성능을 개선할 뿐만 아니라 차량 주변에서 무슨 일이 일어나는지(다른 자동차, 건물, 보행자, 표지판 등)를 배운다. 이러한 데이터는 무선 통신망을 거쳐 클라우드로 전송되고, 현재와 미래, 자율 주행 기술 발전과 같은 목적을 위해 끊임없는 분석이 이뤄진다. 가령, 운전자가 갑자기 브레이크를 밟으면, 테슬라는 카메라와 운전대, 브레이크로부터 얻은 데이터를 조합해 당시 상황을 파악하고, 그 정보를 미래의 시점에 활용한다.

제프리 무어는 『제프리 무어의 캐즘 마케팅』에서 첨단 기술 기업들을 위해 빌 데이비도우의 '완전완비제품'이라는 개념을 언급했다. 이는 여기서도 마찬가지로 중요한 개념이다. 완전완비제품 개념은 다양한 제조사와 업체 들의 협력이 제품의 개발 과정에 얼마나 관여했는지와 상관없이, 고객은 제품이 '사용할 준비가 되었을 때' 보다 적극적으로 그것을 받아들인다는 이야기를 들려준다. 이와 관련해 무어는 개인용 컴퓨터(PC)를 사례로 제시했다. PC가 시장에 처음 출시되었을 때, 사람들은 컴퓨터를 구매하고 사용하기 위해 기술 전문가가 되어야만 했다. 그들은 PC 본체와 운영체제, 소프트웨어, 모니터 등을 각각 구매해야 했다. 또한 모든 소프트웨어를 일일이 설치해야 했고, 이들 소프트웨어가 함께 잘 작동하도록 만들어야 했다. 당연한 결과였지만, 시장의 수용 속도는 더뎠다. 이후 제조사들이 하드웨어와 운영체제, 기본적인 소프트웨어가 갖춰진 상태로 PC를 판매하기 시작했을 때, 판매는 급증했다. 구매자는 이제 상자에서 PC를 꺼내 곧바로 전원을 켜고 사용할 수 있게 되었다. 아무런 전문 기술도 필요하지 않았다.

이러한 점은 특히 솔루션을 판매할 때 중요하다. 기업은 가치 있는 결과를 만들어내기 위해 필요한 모든 것을 제공해야 한다(혹은 모든 것에 접근할 준비가 되어 있어야 한다). 기업은 제품을 그저 구매자의 책상에 놓아두고 나머지 일은 고객이 모두 알아서 처리하도록 그 자리를 떠나서는 안 된다. 기업은 파트너의 입장에서 고객이 원하는 결말을 맞이하도록 힘써야 한다. 기업은 결과를 성취하기 위해 필요한 요소와 인력을 제공받든 못 받든 상관없이 그것들을 하나로 결합해야 한다. 우리는 고객의 관점(고객의 문제나 비즈니스 문제)에서 출발하고, 조직의 안팎으로부터 제품과 서비스를 조합해야 한다.

자동차 비즈니스에 완전히 무지했던 기존 테슬라 설립자들은 자동차 산업에서 거의 대부분이 아웃소싱으로 이뤄지고, 제조사는 엔진 설계과 조립, 마케팅, 재무와 관련된 일만 관리한다는 사실을 깨달았을 때 흥미를 느꼈다. 설립자들은 혁신적인 배터리 설계에만 집중하고, 나머지 대부분의 일은 협력 업체에 맡기면 될 것으로 내다봤다(하지만 이후에 드러났듯이, 완전히 차별화된 솔루션을 제공하려면 원래 계획보다 많은 것을 처음부터 설계하고 만들어내야 했다).

다른 한편으로, 아폴로 스페이스 프로그램은 계약한 외부 업체들에게 크게 의존했고 연구, 프로그램 관리, 품질 보증, 우주 비행사 훈련, 임무 수행과 같은 업무에 집중했다. 수많은 대학을 비롯해 보잉과 그루먼, RCA, 하니웰**Honeywell**, IBM, 제너럴일렉트릭**General Electric**, 록히드, 스페리랜드**Sperry Rand**, 오메가, 레이시온**Raytheon** 등 2만여 곳의 기업이 로켓과 엔진, 부품, 설비를 제작했다. 그들은 궤도를 설계하고 분석했으며, 지구와 달 사이 통신을 가능하게 했다. 우주 비행사들의 식량을 만들고 시계와 테이프 레코더를 개발하고 우주복을 제작했다. 업무의 복잡성과 범위는 상상하기 힘든 수준이었는데, 정부와 민간 사이의 거대한 협력 네트워크가 이를 가능하게 했다.

1968년 록히드 전자 부사장 제리 실리그는 이렇게 말했다. "우주 항공을 비롯한 다양한 산업과의 협력 없이 정부의 힘으로만 하려고 했다면 NASA가 임무를 완수하는 일은 불가능에 가까웠을 것이다."

솔루션은 복잡하지 않아도 얼마든지 효과적이고 가치가 높을 수 있다. 세일즈포스는 지극히 기본적인 CRM 시스템으로 비즈니스를 시작했다. 여기서 그들은 분명하고 단순한 가치를 제안해 비즈니스맨이라는 특정한 청중에 집중했고, 시장에서 아주 빨리 동력을 얻을 수 있었다("이 시스템을 사용하면 영업 사원들이 더 많은 거래를 성사시키고 더 많은 돈을 벌어들일 것입니다"). 그리고 실행하고 사용하는 과정에서 경쟁 제품에 비해 훨씬 쉽고 적은 비용이 들었다. 세일즈포스는 그로부터 5년이 흘러서야 이를 강력한 플랫폼으로 확장했으며, 개발자들은 이를 기반으로 고객 어플리케이션을 만들었다.

앞서 소개한 프로액티브의 솔루션인 여드름 키트는 소비재 제품의 좋은 사례다. 여기서는 다양한 요소가 함께 작용해 문제를 해결했다. 또한 달러 쉐이브 클럽Dollar Shave Club이 내놓은 스타터 면도 키트에는 면도기와 카트리지, 스크럽제, 면도 크림, 애프터 쉐이브 등 면도를 시작하기 위해 필요한 모든 것이 포함되어 있다.

5단계:
잠재 고객을 목표로 삼고, 관계를 구축하고, 솔루션 판매 시작하기

아주 많은 서적이 솔루션을 판매하는 방법, 영업 조직을 구축하고 운영하는 방법, 고객을 목표로 삼고 접근하는 방법을 다루고 있다. 그보다 더 많은 책이 고객의 여정을 계획하고 고객을 지속적으로 만족시키는 방법을 다루고 있다. 이 책에서는 이러한 논의를 뒷받침하기 위한 몇 가지 실용적인 팁을 소개한다.

레인메이커

> 높이뛰기에서 우승할 육상 팀을 원한다면, 1피트를 뛰는 일곱 명이 아니라 7피트를 뛰는 한 명을 찾아야 한다.
>
> _프레더릭 터먼
> 前 스탠퍼드 대학 학장이자 교수, 실리콘밸리의 아버지

이 책에서 제시하는 모든 전략 및 마케팅 조언을 뒤로하고, 단 한 가지 필수적인 요소를 꼽아야 한다면 바로 '레인메이커'다. 레인메이커는 거래의 기회를 포착하고 마무리 짓는 재능을 타고난 인재다. 레인메이커는 비즈니스 시작 단계부터 있어야 한다. 이들은 발이 넓고 조언을 제공하는 영업 사원으로, 새로운 거래처를 발굴하고 고객의 요구를 이해하며 솔루션을 판매하는 데 능하다. 온라인에서 수요를 웹사이트로 집중시키는 데 탁월한 능력을 발휘하는 마케터가 된다. 어느 쪽이든 레인메이커는 누구에게나 무엇이든 팔 수 있는 유형의 인물이다. 최고의 레인메이커는 놀랍도록 창조적이고 관행으로부터 자유로운 반면, 아이러니하게도 겸손한 구석이 있다. 그들은 장애물이 아닌 기회만 바라본다. 대단히 협력적이고 주변의 전문 지식을 효율적으로 활용하지만, 부수적인 여러 판매 도구를 필요로 하지 않는다. 자신의 지식

과 확신, 그리고 문제를 해결하는 대인 관계 기술을 내세워 고객을 모색한다. SWAT 팀을 레인메이커로 구성해야 하는 것은 물론이고, 영업 사원도 이러한 특성을 갖춘 레인메이커가 되어야 한다. 액센츄어 CIG의 초창기 무렵에 한 파트너는 단 한 고객으로부터 (오늘날 기준으로) 1억 6,000만 달러의 매출을 기록했다. 다른 파트너는 다른 한 고객으로부터 8,000만 달러의 매출을 이끌어냈다. 또 다른 파트너는 2,000만 달러의 성과를 올렸다. 오해하지는 말자. 모든 파트너에게는 지원 팀이 있었다. 그러나 이들 세 사람은 리더십을 발휘하고 고객 기업의 최고 의사결정자와 관계를 형성함으로써 사업부의 연간 매출 절반 이상을 책임졌다.

스타트업의 경우, 설립자나 CEO가 레인메이커 역할을 맡아야 한다. 하지만 그들에게 그러한 재능이 없다면 조직 내 다른 누군가가 그 역할을 대신해야 한다. 마크 베니오프는 오라클에서 레인메이커였고, 그 재능을 세일즈포스에서 꽃피웠다. 달러 쉐이브 클럽의 마이클 두빈은 첫해에 350만 달러 매출을 기록했다. 그는 입소문을 타고 퍼진 유머러스한 영상을 제작하고 직접 출연해서 불과 48시간 만에 1만 2,000건의 주문을 받았다. 두빈은 무엇을 어떻게 말해야 하는지 아는 인물이었다.

이러한 인재는 첫 단계에서부터 필요하다. 당신이 상품을 내놓고 마케팅을 하는 동안 그들은 밖으로 나가 실제로 판매를 해야 하기 때문이다. 모든 모드를 연속적으로 완벽하게 실행하기 위해 충분한 시간이나 예산은 없다는 사실을 다시 한번 상기하자. 현실에서 모든 모드는 동시다발적으로, 그리고 반복적으로 이뤄진다.

비즈니스 초반에 당신은 영업 팀에게 단호한 입장을 취해야 한다. 기업들이 반복적으로 저지르는 중대한 실수 중 하나는 무능한 영업 사원을 너무 오래 붙잡아둔다는 것이다. 언제나 이렇게 말하는 유형이 있다. "중요한 계약이 성사 직전에 있습니다. 몇 달만 여유를 주시면 마무리 지을 수 있습니다!" 혹은 "지원이 부족했습니다. 더 나은 ~만 있었다면 거래를 성사시킬 수 있었습니다." 다른 사람이 대부분의 일을 처리하길 기대하고 자신의 일은 계약서에 사인을 받는 것이라고 생각하는 유형도 있다. 이러한 유형은 일부 영역에서 성공할 수도 있지만, 관계 중심적인 비즈니스라면 스스로 밖으로 나가 고객을 발굴하고, 고객이 구매 경로를 통해 신속하게 움직이도록 만드는 데 능한 인재가 필요하다.

주 고객 목록

많은 기업이 저지르는 또 하나의 중대한 실수가 있다. 적극적으로 모색해야 할 주 고객의 목록을 작성하거나 조사하지 않는 것이다. 특히 B2B 분야의 기업은 주 고객의 목록을 반드시 작성해야 한다. 앞서 소개했듯이 액센츄어의 CIG 주 고객 목록은 30곳의 기업으로 구성되어 있었으며, 이들 각각의 잠재 매출 규모는 2억 달러 이상이었다. 우리는 잘 정의된 목표 고객의 (짧은) 목록을 작성해야 한다. 다시 말해, 기업이 제품을 판매하길 바라는 이상적인 기업이나 개인의 지극히 세부적인 프로필을 작성해야 한다. 가령, 달러 쉐이브 클럽은 처음에 젊은 남성을 공략했다. 젊은 남성 고객층은 값싸고 믿을 수 있고 흔적을 남기지 않는 면도 경험을 원했다. 온라인으로 주문해 제품이 집으로 배송되는 방식을 선호했다. 당연한 말처럼 들릴 수 있지만, 이 사례는 고객에 대한 대단히 구체적인 심리학적 프로파일링이 요구된다는 사실을 확인할 수 있다. 이를 바탕으로 주 고객층에게 메시지를 직접 전달했던 설립자의 초기 마케팅 시도를 발견할 수 있다. 설립자 역시 그들 중 한 명이었던 것이다.

구체적인 목표를 지정하지 않는다면, 세일즈와 마케팅 활동은 협소하게 정의된 시장에서조차 초점을 잃고 말 것이다. 영업 팀은 누구를 목표로 삼아야 하는지 기준을 잃어버리고 세일즈 활동은 산만해질 것이다. 마케팅 팀에는 다이렉트 마케팅 활동과 소셜 미디어 및 기존 언론에 대한 접근과 같은 광범위한 노력과 함께, 누구에게 접근해야 하는지 지침을 전달해야 한다. 그렇지 않으면 영업과 마케팅 활동은 조직 내에서 아무런 시너지 효과를 발휘하지 못한다.

기업 고객을 대상으로 복잡한 판매 과정이 필요할 경우(즉각적으로 구매를 하는 단일 의사 결정자가 아니라, 대규모 조직 전반에 걸쳐 다양한 관계를 다뤄야 하는 경우), 최근 많은 이들이 언급하는 '고객 기반 마케팅'을 약간 수정해 적용해볼 수 있다. 하지만 이 책에서는 이러한 접근 방식을 전반적으로 다루지는 않을 것이다. 이미 수많은 기사와 서적이 비슷한 주제를 다뤘다. 그러나 몇 가지 논의해볼 지점들은 있다(세일즈 모형이 단순하거나 고객에게 직접 판매하는 경우, 특정 온라인 및 오프라인 소모임, 조직 등 사람들이 모여드는 곳에서 대단히 협소하고 구체적인 미세 영역을 공략하는 방식을 적용해볼 수 있다. 이어지는 설명에서 '기업' 대신에 '미세 영역'을 집어넣어도 무방하다).

첫째, 목표 시장 다트판에서 명중 영역에 대한 조사를 실시하자. 발사 모드에서 작성한 프로필을 바탕으로 목표 기업의 목록을 만들자. 혁신 수용 곡선상에서 기업을 분류하고 어디를 먼저 공략할지 우선순위를 결정하자. 예를 들어, 주요 대도시 병원을 목표로 삼고 있다면 다른 병원에 앞서 혁신적인 기술을 받아들이려는 특정 병원을 확인할 수 있을 것이다. 여기서 우리의 목표가 목록에 오른 80곳의 병원에 모두 접근하는 것이라고 해도, 초기에는 혁신가와 얼리어답터, 빠른 다수에 해

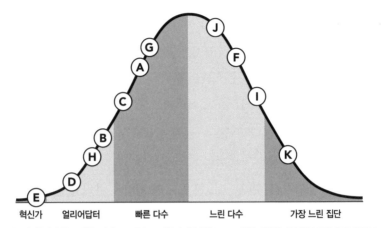

| 혁신가 | 얼리어답터 | 빠른 다수 | 느린 다수 | 가장 느린 집단 |

로저스의 혁신 수용 곡선을 기반으로 주요 고객층과 (알파벳으로 표시한) 영역을 구분함으로써 목표 영역과 구매자의 우선순위를 결정하는 사례를 보여주는 그래프다. 이러한 방식을 통해 첫 구매 가능성이 높은 목표 고객에게 노력을 집중할 수 있다.

당하는 20곳의 병원을 목표로 삼아야 한다. 저비용 콘텐츠 마케팅에 80곳을 모두 포함시킬 수 있지만, 초반에는 직접적인 판매 활동을 20곳에만 집중하는 것이 좋다.

다음으로 고객 기업 내에서 구매 의사 결정에 큰 영향력을 행사하는 인물들의 구매자 유형 특성을 정의하자. 또한 얼마나 효과적으로 잠재 고객 집단에 접근할 수 있는지를 기준으로 구분하자. 이러한 목록은 상황에 따라 역동적으로 변할 수 있지만, 최대한 안정된 형태로 작성하자. 이러한 노력은 지속적으로 누적되어야 하며, 오늘 여기 있다가 내일 사라질 누군가로 인해 허비되어서는 안 된다.

마찬가지로 아폴로 프로그램 역시 지속적인 예산 확보 및 후원을 보장받기 위해 과학계와 의회, 대중을 전략적으로 공략했다. 제임스 카우프먼은 『우주를 팔다』에서 그들의 노력을 소개했다.

1963년 말 우주 비행사들은 부부 동반으로 워싱턴을 방문했다. 백악관 축하연에서 상을 받기 위해서였다. 마침 그날, 하원에서는 NASA의 지출 법안을 놓고 중요한 논의가 벌어지고 있었다. 이 기회를 놓치지 않고 조지 밀스 의장은 원내 토론이 벌어지고 있는 동안에 우주 비행사와 그 아내들이 하원을 방문하도록 초대했다.

기업의 매출 주기는 생각보다 길어질 수 있다. 기업은 고객이 제품에 관심을 가질 때 그들을 잡아야 한다. 기업은 고객의 레이더 화면에 줄곧 머물러야 한다. 그래야 고객이 필요할 때 기업이 도움을 줄 수 있다는 사실을 떠올릴 것이다.

액센츄어의 CIG 시절 우리는 무척 운이 좋았다. 당시 주요 커뮤니케이션 기업은 약 30곳에 불과했기 때문이다. 물론 그들은 혁신 수용 곡선에서 서로 다른 지점에 위치했다. 초기에 우리는 그중 여덟 곳을 집중 공략했다. 물론 각각의 기업은 대단히 복잡하고 정치적인, 그 자체로 하나의 시장이었다. 그래도 우리는 수월하게 일을 할 수 있었다. 다른 22곳의 기업에게는 보다 일반적인 방식으로 접근할 수 있었다.

하지만 그렇지 않은 경우, 즉 시장에 수천 곳의 고객 기업이 있을 때는 어떻게 해야 할까? 어떻게 그들을 선택하고, '얼마나 많이' 선택해야 할까? 충분한 수를 고려해야 하지만, 그렇다고 해서 넘쳐서는 안 된다. 노력이 분산되기 때문이다. 이에 대한 대답은 백서 한 권 분량으로 다뤄야 할 정도다. 하지만 여기서는 아주 단순화된 접근 방식을 소개하고자 한다. 기업은 목표 고객을 확인하고 통합적인 영업 및 마케팅 캠페인을 수행해 고객이 구매 경로로 들어서도록 만들어야 한다. 이를 위해서 마케팅 팀과 세일즈 팀 간의 긴밀한 협조가 필요하다. 그 과정은 구매 경로를 뒤집는 것(혹은 예상된 구매 경로)에서부터 시작된다. 특정 단계의 구매 경로에서 필요한 매출과 이에 상응하는 잠재 고객의 수를 계산하자. 이를 통해 우리는 궁극적인 매출 목표를 달성하기 위해 얼마나 많은 잠재 고객에게 집중해야 하는지 확인할 수 있다.

1. 성장 목표를 포함한 향후 2~3년간의 매출 모형을 만들자. 얼마나 빨리 성장할 수 있는지에 기반해 현실적으로 작성하자.
2. 목표 범위나 평균적인 계약 규모를 고려해 매출을 달성하기 위해 얼마나 많은 고객과 계약해야 할지 계산하자.
3. 계약 성사 비율(잠재 고객이 유료 고객으로 전환되는 비율)을 기준으로 얼마나 많은 기업이 구매 경로의 맨 꼭대기에 있어야 할지 계산해 보자. 이는 목표 고객 목록에 들어가는 숫자다(과거 데이터가 없다면 주변에 물어보고 추산하자. 하지만 아주 신중해야 한다).
4. 앞서 작성한 목표 기업 목록을 들여다보고 3번에서 도출한 수를 참고해 줄이거나 늘리자. 여기서 우리는 가장 가능성이 높은 목표 고객 100곳을 선별한다.
5. 잠재 구매자, 혁신가, 얼리어답터 집단에 해당하는, 적어도 3~5명의 임원들을 확인하고 연락처를 구하자.
6. 세일즈와 마케팅 팀이 이러한 개인 및 기업 고객 사이의 접촉을 추적할 수 있도록 CRM 데이터베이스를 작성하자. 각각의 목표 고객에 관한 최대한 많은 정보를 집어넣자.

통합 세일즈 및 마케팅

이제 본격적으로 나아갈 시간이다. 세일즈 측면에서, 주 고객 목록을 기업과 관계를 맺고 있는 개별 영업 사원들에게 할당하자. 잠재 고객 기업에 접근하고 이들을 고객으로 전환하는 일은 이제 영업 사원들의 몫이다. 영업 사원은 기업의 솔루션에 대한 개별 고객 기업의 '의향'을 파악해야 하며 그들의 안팎 사정을 알아야 한다. 영업 사원은 스스로를 소개하고, 보고를 총괄하고, 마케팅 팀의 도움을 받아 개별 기업과 지속적으로 접촉해야 한다. 예를 들어, 첫 번째 단계는 상호 접촉을 통해 따뜻한 인사말로 시작하는 한편, 철저한 조사를 바탕으로 맞춤화된 소개 이메일을 발송하는 것이다. 영업 사원은 기업의 전자책을 비롯한 다른 유용한 정보를 함께 보낼 수 있다. 가능하다면 반응과 피드백을 얻기 위해 짧은 미팅도 요청할 수 있다. 목표 고객이 어떤 방식으로든 관여하게 만드는 것이 최소한의 목적이며, 연락을 지속적으로 유지하는 것에 긍정적인 답변을 받았다면 가장 이상적일 것이다. 이는 전적으로 고객의 선택이다. 영업 사원은 고객과의 모든 접촉 사항을 CRM에 기록해야 한다.

다른 한편으로, 마케팅 조직은 이메일과 소셜 미디어, 정기적인 우편, 브리핑 행사, 웨비나를 비롯해 잠재 고객이 참여하도록 유도해야 한다. 적어도 그들의 마음속에 자리 잡기 위해 설계된 다양한 콘텐츠 마케팅 전술을 통해 커뮤니케이션을 원활하게 하고, 관계를 적절하게 구축하고, 유용한 흐름을 만들어내 직접적인 판매 활동을 뒷받침해야 한다. 점화 모드에서 제작한 모든 콘텐츠를 활용하되, 그것은 청중에게 대단한 가치가 있는 것이어야 한다. 또한 마케팅 활동은 웹사이트를 중심으로 적절한 사람을 끌어모으고, 무료 분석 툴이나 다양한 팁, 진단 프로그램, 정보와 같이 가치 있는 제안을 통해 참여를 유도하도록 설계된 내부 지향적 활동을 수반해야 한다. 리드 마그넷lead magnet(사용자 정보를 수집하기 위해 무료로 제공하는 물품이나 서비스—옮긴이)이라는 용어를 들어본 적이 있는가? 사실 나는 그 용어를 별로 좋아하지 않는다. 거래적이고 착취적인 느낌이 들기 때문이다. 기업의 목적은 계속해서 가치를 제공해 신뢰를 기반으로 지속적인 관계를 형성하고 강화해나가는 것이다. 또한 전화 캠페인과 같은 다양한 방식도 마련해야 한다.

마케팅 활동의 핵심은 목표 구매자와 그들을 움직이게 만드는 요인에 대한 깊이 있는 분석이다. 목표 구매자의 관심을 이끌어내고 그들이 움직이도록 동기를 부여하는 몇몇 중요한 전술을 파악하자.

이 과정의 전체적인 목적은 집중적으로 노력해야 할 대상을 좁히고, 동시에 충분히 많은 잠재 고객이 구매 경로의 꼭대기에 도달하도록 만드는 일이다. 다음으로 그들이 구매 경로를 따라 이동하도록 만들고, 직접 판매 활동에 대한 보조 역할을 수행하게 해야 한다. 기업은 고객과 신뢰를 쌓고, 인지도를 높이고, 잠재 고객이 대화에 참여하도록 하고, 판매 활동을 위한 기반을 닦아야 한다.

앞서 언급했듯이, 나는 이러한 활동을 리드 육성이라고 표현하는 것을 좋아하지 않는다. 이러한 표현은 거래적 면모를 드러내기 때문이다. 리드 육성의 목적은 거래를 성사시키는 것이다. 하지만 기업이 추구해야 하는 것은 거래가 아니다. 대신 매우 가치가 높은 윈-윈 관계를 목표로 삼는다. 따라서 우리는 문제 해결에 도움을 줄 수 있는, 일생에 걸친 파트너십 태도를 가져야 한다. 우리의 목적은 신뢰와 장기적인 상호 혜택에 기반한 관계를 시작하고 강화하는 것이다. 이 관계는 결과적으로 높은 이익을 가져다줄 매출 흐름으로 이어질 것이다. 모든 콘텐츠는 문제를 해결하기 위한 기업의 핵심 관점과 솔루션을 포인트로 삼아야 한다.

적극적인 영업과 다이렉트 마케팅 활동은 신중하게 선택한 목표 기업 목록을 중심으로 이뤄져야 한다. 하지만 목록에 없는 다른 기업도 기회로 다가올 것이다. 그것은 분명 좋은 일이다. 그 기업이 본인의 기준에 부합한다면 기회를 잡도록 하자. 하지만 어디까지나 목표 고객 목록에 있는 기업을 우선해 적극적으로 투자 계획을 세우고, 그들을 '자격 있는 잠재 고객'으로 대우하자.

세일즈 및 마케팅 활동에 일찍 투자를 시작할수록 좋다. 이는 단거리 달리기가 아닌 마라톤이다. 구매자는 기업의 일정을 따르지 않는다. 기업에게 기회란 바로 '그때 그곳'에 있다. 고객이 구매할 준비가 되었을 때, 기업은 그들이 쉽게 떠올릴 수 있는 존재가 되어야 한다. 이를 위해 오랜 노력이 필요하다. 결과는 결코 하룻밤 새에 이뤄지지 않는다.

내가, 그리고 다른 많은 기업이 저질렀던 실수는 퍼널^{funnel}을 끝까지 진행하기까지 너무 오랫동안 기다렸다는 것이다. 그로 인해 세일즈 팀은 매우 초조해지고, 마케팅 팀이 수완을 부려 그들을 위해 판매 경로를 이끌어주기를 기대하게 된다. 이는 잘못된 일이다. 세일즈와 마케팅 사이의 관계는 장기적으로 보고 협력적이면서 서로를 보완하는 형태가 되어야 한다.

복잡한 기업 솔루션의 경우, 마케팅 활동은 세일즈 활동과 대인 관계 구축을 지원하고 보완한다. 수천 혹은 수백만 고객을 목표로 하는 B2C나 기업을 대상으로 하지 않는 B2B의 경우, 순전히 규모의 문제로 인해 직접 판매 활동보다 마케팅 활동에 더욱 의존한다. 이 경우에는 정교한 분석과 디지털 마케팅 기술을 더 많이 활용해야 한다.

세일즈와 마케팅 채널

앞서 NASA가 어떻게 계약 업체의 마케팅 부서를 해당 프로그램의 가치를 전달하고 '판매'하기 위한 채널로 활용했는지 살펴봤다. 동시에 다른 채널도 활용했다. 한 가지 사례로, NASA는 클리블랜드 플레인 딜러Cleveland Plain Dealer와 손을 잡고 우주과학 박람회를 주최했다. 이는 클리블랜드 시민을 위한 열흘간의 행사로, 전시회와 영화, 프레젠테이션, 아이들과 학교를 위한 프로그램 등 다채로운 볼거리를 제공했다.

시장 내 인지도를 끌어올리고 고객 기반을 처음부터 구축하는 과제는 비용이 많이 들며 힘들고 더디게 진행된다. 세일즈 및 마케팅 채널을 조직 내부에 갖고 있지 않다면 따로 개발할 필요가 있다. 뒤에는 파트너와 협력함으로써 기업이 확보하지 못한 솔루션을 얻는 방법에 관해 이야기할 것이다. 목표 고객과 이미 관계를 형성하고 있고 서로의 제안을 보완해줄 수 있는 파트너 기업이 있는지 확인하자. 그들에게 고객을 연결시켜주는 조건으로 매출을 나눠 갖자고 제안하자. 만약 시장이 협소하다면, 당신 기업의 제안과 겹치지 않는 제안을 가지고 있는 동료 기업을 어렵지 않게 발견할 수 있다. 우리는 이를 통해 미-투 기업을 이길 수 있는 경쟁력을 확보하게 된다. 미-투 기업들은 너무도 광범위하게 포진해 있어 우리는 실질적으로 모두와 경쟁을 벌여야 하는 상황에 직면한다.

아마존은 출범 후 1년이 지난 1996년에 제휴 마케팅 프로그램을 통해 엄청난 성공을 거뒀다. 그들은 온라인 광고 접속 링크로부터 비롯된 매출에 대해 5~15퍼센트에 달하는 수수료를 제공했다. 소비재 브랜드들은 소셜 미디어 인플루언서를 채널로 활용해 성공을 거둔다. IT 분야에서 중요한 채널은 '가치를 부가하는 유통 업체'다. 이들 업체는 기존에 나와 있는 제품에 새로운 요소나 서비스를 부가해 최종 사용자에게 판매한다. 세일즈포스는 앱익스체인지^{AppExchange}를 내놨다. 제삼자가 핵심 제품을 위해 개발하는 부가적인 프로그램이 거래되는 시장을 말한다. 앱익스체인지는 세일즈포스의 제안에 새로운 가치를 부가하는 것 외에 세일즈 및 마케팅 채널로서도 중요하게 기능한다. 2018년 9월 파트너들에게 전하는 메시지에서 세일즈포스는 이렇게 언급했다. "2분기 수익 결산 회의를 진행하는 동안, 메시지는 크고 분명했습니다. 세일즈포스가 로켓을 타고 있다면, 파트너는 우리가 계속 나아가게 만들어주는 원동력입니다."

스타트업은 세일즈와 마케팅 채널에서 불리한 입장을 취한다. 특히 기업을 대상으로 삼고 있다면 더욱 그렇다. IBM 내부의 수직적 솔루션 제안처럼 대규모 조직의 한 사업부가 되는 편이 훨씬 더 쉽다. 많은 기업이 고객 관리 팀을 통해 많은 목표 고객과 관계를 유지하고 있다. 이런 경우, 초기 판매 중 상당 부분은 내부적으로 이뤄진다. 기업은 자신의 제안이 고객에게 이익을 가져다주고 고객에게 쉽게 접근할 수 있다는 사실을 널리 알려야 한다. 바로 이 과정에서 SWAT 팀의 진가가 드러난다. 영업 사원은 자신들이 아는 것만 판매한다. 만약 충분히 전문적이라고 느끼지 않는다면, 제안을 소개하는 일을 포기할 것이다. 하지만 SWAT 팀이 힘든 과제를 처리할 준비가 되어 있다는 사실을 안다면, 제안을 소개하기 위해 미팅을 보다 적극적으로 추진할 것이다.

대기업에 속해 있지 않은 상황에서 대기업을 대상으로 판매하고 있다면, 파트너 관계를 일찍 구축하는 것이 무엇보다 중요하다. 여기서 우리는 전문적이고 도전적인 관점을 하나의 출발점으로 보고, 파트너가 우리의 제품을 시장에 내놓을 만한 강력한 동기를 제공해야 한다.

6단계:
효율적인 솔루션 실행 역량(고객 서비스, 채용, 문화화, 훈련, 유통 채널, 파트너, 방법론 등) 구축하기

일반적인 제품과는 달리, 솔루션은 "즐거운 시간 되세요!"라고 말하면서 고객의 문 앞에 놓아두고 떠날 수 있는 제품이 아니다. 솔루션을 실행하는 단계에서 기업의 역할은 기업이 가져올 가치의 큰 부분을 차지하며, 다른 기업과 차별화시키는 요소이다. 또한 고객과의 관계를 결속할 좋은 기회다. 기억하자. 우리(기업)는 평생 고객을 원한다. 따라서 고객에게 '결과'를 가져다줘야 한다.

기업은 고객 경험을 무엇보다 중요하게 생각해야 한다. 수많은 훌륭한 책과 기사가 이 주제를 다루고 있지만, 많은 기업이 무엇이 탁월한 경험을 만들어내는지, 어떻게 그러한 경험을 제공할 수 있는지 깊이 들여다보고 있지 않다는 사실이 놀라울 따름이다.

바이타믹스는 100년에 가까운 역사에 걸쳐 고객과 대단히 긴밀한 관계를 유지해오고 있다. 이는 결코 우연이 아니다. 바이타믹스에서 직접 판매와 고객 경험을 책임지고 있는 홀리 해커의 이야기를 들어보자.

우리는 고객 경험을 대단히 진지하게 생각하고 있습니다. 고객 경험은 고객이 바이타믹스를 처음 접했을 때, 잠재적으로 한 세대 또는 그 이상에 걸쳐 고객에게 생활의 일부가 되도록 하는 것과 밀접한 관련이 있기 때문입니다. 2013~2014년 무렵에 우리는 고객 여정을 파악하기 위한 연구에 착수했습니다. 라이프 사이클을 살펴보면서 우리 자신에게 이렇게 물었습니다. "사람들은 어떤 단계를 거쳐 나아가는가? 구매 여정을 계속하고 궁극적으로 제품의 열광적인 해커는 바이타믹스가 맞닥뜨렸던 문제를 브랜드 충성도를 높일 기회로 전환한 한 가지 사례를 들려줬다. "우리는 휴일 내내 아주 바빴습니다. 특정 모델의 재고가 동이 났죠. 우리는 따로 시간을 마련해 700명의 고객에게 전화를 걸었고, 더 나은 모델로 업그레이드해주거나 해당 제품을 정말로 원할 경우에는 확대 목록에 올렸습니다. 모두가 무언가를 얻었고 만족했습니다."

판매자는 아마존 풀필먼트 서비스를 통해 완전한 솔루션을 누릴 수 있다. 그는 개별 서비스를 조합할 필요가 없다. 아마존이 결제, 물품 확인, 포장, 배송에 이르기까지 모든 업무를 한꺼번에 처리해주기 때문이다. 판매자는 쉽게 최종 결과에 도달한다. 즉, 그 물품은 예정대로 고객의 집 앞으로 배송된다.

효율적인 설계를 하지 못할 경우, 제품과 서비스를 제공하는 과정에서 엄청난 비용이 발생할 수 있다. 따라서 유능한 인재를 최대한 활용하고, 자신과 고객을 위해 수고와 위험을 줄여줄 툴을 개발하고, 규모를 확장할 수 있는 방법을 찾아야 한다.

아마존이 성공할 수 있었던 한 가지 요인은 14제곱킬로미터에 달하는, 175곳이 넘는 풀필먼트 센터를 효율적으로 이용한 데 있다. 2001년 제프 윌크가 아마존 소비재 사업부 CEO 자리에 오르면서, 그간 제조업에서 경력을 쌓는 동안 배운 최고의 경험을 아마존의 창고 및 유통 운영에 활용했다. 윌크 팀은 일일 배송을 보장하기 위해 소프트웨어를 개선하고, 창고를 재편하고, 패스트트랙이라는 이름하에 린 제조 기술을 실행에 옮겼다. 결국, 주문에서 배송까지 걸리는 시간을 기존 24시간에서 단 3시간으로 줄일 수 있었다.

월크는 이렇게 말했다. "매일 업무를 마무리하면서 각 시설 관리자들이 제게 이메일을 보내 문제가 발생한 건에 대해 이유를 설명하도록 지시했습니다. 모든 문제를 말이죠. 그 작업을 1년 정도 진행해 절차가 원활하게 돌아가도록 만들고 나서야 외부에 자신 있게 내놨습니다."

2012년 아마존은 26곳에 달하는 물류 센터에 직원과 함께 일하는 로봇을 도입했다. 10만 개 이상의 로봇이 상자와 팔레트를 옮기고, 나아가 업무 흐름과 안정성, 효율성을 개선하는 과정에 기여했다.

솔루션에 제조 요소가 있다면 공급망 문제를 고려해야 하고, 품질과 비용 절감 사이에서 균형을 잡아야 한다. 서비스 요소가 있다면 규모를 확장하면서도 품질을 유지해야 한다. 그래픽디자인 기업은 어떻게 반복 가능한 절차를 제공하고, 새로 입사한 디자이너들이 모두 일관적인 결과를 만들어내도록 교육하는 걸까? 우리는 기술과 절차, 방법론, 도구의 관점에서 솔루션을 완전하게 실행하기 위해 무엇이 필요한지 분명히 알아야 한다. 그것을 스스로 또는 파트너의 도움을 통해 만들어내야 한다.

혁신이나 대단히 창조적인 도전을 추구할 때, 우리는 효율성과 효과 사이에서 균형을 잡아야 한다. 2006년 디즈니가 픽사를 인수했을 때, 픽사 사장인 에드 캐트멀은 월트 디즈니 애니메이션 스튜디오 사장직도 겸하게 되었다. 그는 두 기업을 통합해 효율성을 높일 수 있었지만, 두 기업은 전적으로 다른 조직이며 분리해 유지해야 한다고 믿었다.

캐트멀은 디즈니 애니메이션이 1990년대에 〈인어 공주〉와 〈라이온 킹〉과 같은 엄청난 성공을 거둔 이후에 왜 주춤하고 있는지 이유를 조사했다. 그리고는 기업 프로세스 전문가들이 비용을 절감하고 효율성을 높이기 위해 제작 접근 방식을 통제하고 있다는 사실을 확인했고, 이로 인해 형편없는 작품이 잇달아 나오고 있었다. 이에 대해 캐트멀은 이렇게 설명했다.

제가 그곳에 갔을 때, 무려 세 직급의 사람들이 감독에게 지시를 내리고 있었습니다. 그런데 그들 중 누구도 영화를 제작해본 경험이 없었죠. 가장 먼저 손을 봐야 할 지점이었습니다. 하지만 감독을 찾아가 "그들의 지시에 귀를 기울이지 않아도 됩니다. 마찬가지로 우리 지시에도 따를 필요는 없습니다"라고 말을 한 다면, 그건 (디즈니 프로덕션 팀에게) 충격적인 일이었을 것입니다.

대신에 픽사 팀은 소위 '브레인 트러스트brain trust' 접근 방식을 기반으로 디즈니 팀을 교육했다. 여기서는 누구나 감독에게 직접 정직한 의견을 제기할 수 있지만, 감독은 완전한 의사 결정 권한을 그대로 유지한다. 그저 그런 작품을 잇달아 내놨던 팀은 그 후로 〈라푼젤〉, 〈주먹왕 랄프〉, 그리고 지금까지 최고 수익을 기록한 애니메이션 작품 〈겨울왕국〉을 제작하는 쾌거를 낳았다.

기억하자. 여기서 전반적인 목표는 다음과 같다.

1. 고객이 중대한 결과와 성과를 인식하도록 하기
2. 고객의 기대를 적절하게 관리하면서 긍정적인 고객 경험을 창출하기
3. 비용을 적절하게 줄이기
4. 확장을 위한 포지셔닝 구축하기

이를 위해 효율적인 팀, 강력한 운영 시스템 및 절차, 고객에 대한 충분한 집중이 필요하다.

비즈니스의 성공이 인재의 역량에 더 많이 의존할수록, 직원들이 기업 문화를 이해하고 실천하도록 도움을 줄 수 있는 교육과 문화화의 중요성은 더 높아진다. 경영 컨설팅 분야의 고-투 기업인 맥킨지앤컴퍼니McKinsey&Company는 연간 교육비로 적어도 1인당 1만 달러를 투자한다. 기술 컨설팅 및 아웃소싱 서비스 분야의 고-투 기업인 액센츄어는 직원 교육에 연간 약 10억 달러를 투자한다. 마크 베니오프는 비즈니스 초창기부터 직원들이 다른 동료에 대한 존경과 공감을 표하는 '알로하 정신'을 실천하도록 했다. 덕분에 하와이 셔츠는 세일즈포스 초창기에 조직 문화를 구축하는 다양한 수단의 일환으로 비공식적인 유니폼이 되었다.

10년에 걸쳐 모든 도전을 뒷받침해온 NASA의 아폴로 프로그램 문화는 이러한 것이었다. "한 번도 해본 적 없지만 도전해보자." 달 착륙 장소를 물색하는 작업을 이끌었던 노먼 크래빌에 따르면, 이러한 문화는 부분적으로 케네디에게 영향을 받았다고 한다.

1935년 12월 23일, 월트 디즈니는 당시 기업의 교육 프로그램을 담당한 서나드 예술 학교에서 디즈니 애니메이터들에게 예술 강의를 했던 돈 그래엄에게 여덟 쪽짜리 편지를 썼다. 그 편지에서 디즈니는 본사가 생각하는 유능한 애니메이터의 조건을 열거했다. 또한 기업이 영화를 통해 전달하고자 하는 코미디의 장르와 감정적 유대감을 애니메이터들에게 교육하기 위한 공식적이고 엄격한 접근 방식도 분명하게 밝혔다.

애니메이터는 무엇이 웃음을 만들어내는지 이해해야 합니다. 왜, 어떤 것이 사람들을 웃음 짓게 하는지 말이죠. 저는 이 비즈니스에 대한 과학적인 접근 방식이 존재한다고 믿습니다. 그리고 이들 젊은이에게 그것을 교육하는 방법과 관련해서 우리가 할 수 있는 전부를 알아낼 때까지 멈춰서는 안 된다고 생각합니다.

이후에 그 스튜디오 역시 〈백설 공주와 일곱 난쟁이〉, 〈피노키오〉, 〈판타지아〉, 〈덤보〉와 같은 수작을 내놓아 애니메이션의 역사를 써내려갔다.

극단적인 경우로, 내외부 협력 부서 간에 충분한 의사소통이 이루어지지 않고 직면하는 변동 상황을 적절하게 지휘하지 못할 때, 이는 재앙으로 이어질 수 있다. 아폴로가 최초 유인 우주선 임무를 위해 준비하는 과정에서 직접 경험한 사례이기도 하다. 1967년 1월 27일, 세 명의 우주 비행사가 반복적인 발사대 테스트를 위해 작은 아폴로 1호 우주선에 모였다. 그러나 예기치 못한 작은 불꽃이 튀면서 산소로 밀폐된 모듈은 순식간에 '지옥의 불구덩이'로 변하고 말았다. 우주선 안에 있던 우주 비행사 거스 그리섬과 에드 화이트, 로저 캐피는 목숨을 잃었다. 매우 절망적이고 모두의 사기를 꺾는 비극적인 사건이었다. 조사와 외부 검토를 진행하는 과정에서 NASA는 많은 실수가 있었음을 인정했고 설계와 개발, 조립, 우주선 테스트를 하면서 많은 교훈을 배웠다. 실제로 그리섬을 포함한 NASA 내부의 많은 이들은 그 우주선이 아직 발사 준비가 되지 않았다고 생각했다. 사고가 있기 불과 며칠 전, 그리섬은 뭔가를 예감했던지 자신의 마당에서 레몬을 따다가 비행 시뮬레이터 위에 올려놨다(영어권에서 레몬은 속어로 '불량품'이라는 의미를 가지고 있다—편집자). 이번 사고 이후로 많은 변화가 있었다. 우주선 내부에 산소 모듈과 모든 가연성 물질은 사라지고, 해치^{hatch}는 안에서 밖으로 여는 방식으로 바뀌었다.

NASA 내부에서, 그리고 수많은 협력 업체 사이에서 이뤄지는 의사소통이 모든 일의 근본이었다. 공저자 데이비드 미어먼 스콧과 리처드 쥬렉이 그들의 책 『달을 마케팅하다』에서 언급했듯이, 검토 보고서는 이렇게 결론을 내렸다. "NASA 내부의 권력 구조가 재앙을 촉발한 한 가지 요소였다. 효과적인 의사소통은 아폴로 프로그램의 성공에서 대단히 중요하다." 사고가 있고 3주일이 지난 후 여전히 절망과 무력감에서 벗어나지 못했던 어느 NASA 프로그램 관리자는 내부 관료와 협력사 임원들에게 이렇게 요청했다.

어떻게든지 우리는 대단히 높은 수준의 동기부여에 도달해야 합니다. 이를 위해서 조직 내부의 사람들이 책임감을 느끼고, 자신의 업무를 진정으로 이해하고, 모든 발사 과정에서 일부를 담당하고 있다고 느끼도록 만들어야 합니다.

스콧과 쥬렉은 이렇게 썼다. "긴 시간, 친밀한 우정, 공통된 목적은 (아폴로 이전) 머큐리, 제미니 계획 동안 NASA 직원과 협력체, 언론 사이에서 긴밀하게 통합된 공동체를 만들어냈다." 이는 아폴로 프로그램으로 이어졌지만, 프로그램의 규모가 기하급수적으로 성장하면서 점차 희박해지고 말았다. "사건 직후에 모두는 상황이 얼마나 쉽게, 얼마나 빠르게 잘못 돌아갈 수 있는지를 뼈저리게 깨달았다."

방대한 설계와 운영 변화를 거쳐 NASA가 인간을 우주로 보낸 것은 18개월이 지난 뒤였다. 그들의 노력은 보상받았다. 엄청난 리스크가 존재했지만 더 이상 인명 피해는 없었다.

7단계:
신중하게 기회를 관리하고 핵심 고객과 기반 다지기

이 단계에서는 기존 고객의 내부에서(B2B의 경우), 또는 미세 시장 내에서 기업이 차지하는 지위를 높여야 한다. 새로운 고객을 추가적으로 발굴하거나 시장 침투도 강화해야 한다. 이러한 노력은 비즈니스의 원동력이다. 솔루션이 아무리 훌륭하더라도 아무도 구매하지 않으면 의미가 없다.

기업 판매에 초점을 맞춰 이야기를 진행하기 위해, 나는 '기회 관리'를 역동적인 세일즈 기회(잠재 고객이 구매에 관심을 가지는)의 질과 양을 관리하고, 그 기회를 세일즈 채널을 통해 적절한 시기에 계약으로 이어지게 하는 과정으로 정의하겠다. 솔루션을 기반으로 나아가는 항해 모드에서 기업은 제안을 받아들일 준비가 되어 있는 고객에게 노력을 집중해야 한다. 앞에서 우리는 목표 고객의 목록을 작성하고 신중하게 검토했다. 판매 경로에는 여러 건의 거래가 있기 때문에, 앞으로 어떤 것이 성공으로 이어지고 어떤 것이 그렇지 않을지 비판적인 시각으로 바라볼 필요가 있다.

이러한 노력은 중요하다. 우리가 확보한 세일즈 및 마케팅 자원은 제한적이므로 그 자원을 어떻게 할당할 것인지 우선순위를 정해야 한다. 성공 가능성이 희박한 거래에 자원을 낭비하면서 수익성 높은 다른 기회를 놓쳐서는 안 된다.

일반적으로 기업들은 매출을 예측하고 비즈니스를 관리하기 위해 거래의 성사 가능성이 어느 정도인지, 언제 성사될 것인지 예상한다. 이를 위해 많은 기업은 특정 거래가 판매 경로 속 어디에 위치하는지를 기준으로 성공 가능성을 가늠하는 '가중 기술'을 활용한다(예를 들어, 신뢰할 만한 잠재 고객이 적극적인 관심을 보이면 25퍼센트의 점수를 주고, 그다음에는 50퍼센트, 다음은 75퍼센트로 나아간다. 95퍼센트에 이르렀다는 것은 구두 합의를 거쳤고 계약서에 서명할 일만 남았다는 의미다). 하지만 이러한 방식은 거래 성사는 '모 아니면 도'라는 점을 간과한다. 즉, 거래는 성사되거나 성사되지 않거나 둘 중 하나다. 그리고 현실적으로 판매 경로에서 동일한 지점에 있다고 해서 거래가 성사될 확률이 동일한 것은 아니다. 많은 요인이 변수로 작용한다.

여기서 기업이 저지르는 또 다른 중대한 실수는 영업 사원에게 책임을 부과하고 판매 경로 속에 있지 않은 거래를 목록상에서 제거하는 등 판매 경로를 관리하는 일에 충분히 단호하게 대처하지 못한다는 점이다. 영업 사원의 보고서는 성사로 이어지는 현실적인 거래 흐름이 아닌 희망의 언어로 가득하다. 다시 말해, 기회라고 할 수 없는 기회를 추구하느라 시간을 낭비한다. 이와 같은 부실한 예측은 비즈니스에 재앙을 몰고 온다. 언제 거래가 성사될지 예상하지 못한다면 언제 매출이 발생할지도 예상할 수 없다. 이는 투자자와 이사회, 조직의 재무 상태를 바라보는 다른 이해관계자들의 믿음을 저버리는 행위이다.

작은 실험을 해보자. 영업 사원 중에서 하위 50퍼센트를 선정해 그들의 현재 판매 경로를 살펴보자. 세일즈 주기가 4개월이라고 가정한다면, 그들이 95퍼센트 확률로 예측한 거래 중 얼마나 많은 거래가 6개월 동안 '성사 직전'까지 갔는가? 과거 판매 경로 보고서를 살펴보고 당시 예측을 실제 결과와 비교해보자. 얼마나 많은 부분이 일치했는가? 성사되거나 성사되지 않을 거래를 얼마나 현실적인 시각으로 바라봤는가? 여기서 만성적으로 실수를 저지른 영업 사원은 내보내자.

다음으로 전반적인 판매 경로에 대해 비슷한 분석을 하자. 과거 예측이 얼마나 정확했는지 들여다보자. 결과가 좋지 않다면 방식을 수정하고, 보다 신중하게 접근하고, 판매 경로 보고 방식을 다시 생각해보자. 기존 모형(또는 세일즈 예측 방식)을 수정하고 판매 경로의 특정 단계에서 기회의 가중된 매출 가치를 결정하는 두 가지 이상의 요인을 통합하자. 영업 사원의 과거 거래 성사율(또는 전환율), 특정 거래가 성사될 가능성을 의미하는 기회 전환율을 추가하자. 기존 고객인지 새로운 고객인지, 조직 내 정치적 문제들이 얼마나 복잡한지, 기업의 재무건전성은 어떤지 등 과거 경험에 기반을 둔 체크리스트를 바탕으로 표준화해 볼 수 있다.

우리는 이와 똑같은 일반 원칙을 B2C와 엔터프라이즈가 아닌 B2B 세일즈 예측에 적용할 수 있다. 즉, 과거 예측의 정확성을 분석하고, 어디에 결함이 있는지 확인하고, 향후 정확성을 높이도록 하자.

세일즈와 매출 예측을 정확하게 해내는 작업이 정말로 중요하다. 이 과제는 현금 흐름과 수익성, 투자자 지원과 더불어 전반적인 신뢰성을 높일 수도 있고, 무너뜨릴 수도 있다.

8단계:
산업 내 '신뢰자 커뮤니티'를 구축하기

록 스타에겐 신뢰자 커뮤니티가 있다. 연예계 유명 인사도 마찬가지다. 기업도 팬클럽을 확보할 필요가 있다. 사람들이 기업의 관점과 제안에 열광하는 시기가 비교적 이르다면, 그들은 관점의 팬이다. 팬들은 기업이 무언가에 도전하고 있다고 느끼며 함께하길 원한다. 그들은 내부 자가 되길 바란다. 산업 흐름에 영향력을 행사하기 위해 적극적으로 참여하고자 한다. 이제 기업은 그들을 기업의 외교관으로 대우해야 한다.

할리데이비슨은 기업의 재무적인 차원에서 어려움을 겪었던 1983년에 H.O.G.(Harley Owner's Group, 할리 오너스 그룹)을 만들었다. 처음에 50명이었던 회원 수는 첫해에만 무려 3만 3,000명으로 늘었다. 할리데이비슨은 마케팅에 거의 돈을 쓰지 않는 대신, 그 모임을 비즈니스의 풀뿌리 기반으로 인식하고 이를 통해 충성심 높은 고객과 관계를 강화하고자 했다. 모임의 위력은 할리데이비슨이 처음 기대했던 것을 훌쩍 넘어섰다. 오늘날 전 세계적으로 1,400곳의 챕터(지역 조직)에서 100만 명이 넘는 회원이 활동하고 있다. 이 모임의 회원들은 다른 할리데이비슨 바이크 소유주에 비해 상품이나 휴가, 행사와 관련해서 30퍼센트나 더 많이 소비하는 경향을 보인다. 할리데이비슨은 판매 대리점이 챕터를 후원하도록 해서 유통 업체와 지역 고객 사이의 관계를 보다 긴밀하게 만들었다. 일반적으로 챕터의 운영은 회원들이 자원해 맡는다. 할리데이비슨은 전 세계 모임 행사를 후원하며, 이러한 행사에는 2만 5,000명이 참여한다. 여기서 할리데이비슨은 새로운 모델을 선보이고 회원들이 직접 시승해보도록 한다. 그들은 신제품과 소비자 경험에 대한 모든 피드백을 수집하고, 이는 다시 제품의 의사 결정 기반이 된다. 챕터 회원들의 열정은 그야말로 뜨겁다. 이는 전 세계 수많은 H.O.G. 행사장에서 회원들이 오토바이를 보여주는 블로그 속 사진만 봐도 쉽게 알 수 있다.

공동체에는 거대한 힘이 존재한다. 기업은 마케팅과 (잠재)고객의 관계, 지속적인 마케팅 역량의 차원에서 그 힘을 활용하고자 한다. 기업은 공동체 구성원들이 기업과 다른 구성원과 상호 교류하길 바란다.

아폴로 프로그램이 진행되는 동안에도 언론과 NASA 공보부, 여러 협력 업체를 대표하는 마케터들 사이에서 긴밀한 공동체가 형성되었다. 이스케이프 벨로시티 프레스 클럽The Escape Velocity Press Club은 프라이빗 회원제 클럽으로, 회원들은 이 모임을 통해 교류했다. 이 클럽의 영향력은 막강했다. 실제로 NASA는 앨런 셰퍼드의 역사적인 머큐리호 비행을 축하하는 클럽 모임에서 아폴로 1호에 대한 애도 기간이 끝났음을 선언하기도 했다. 세상을 떠난 우주 비행사들의 아내들과 다른 우주 비행사들이 참석했던 그 모임의 목적은 언론 사이에서, 더 넓게는 대중 사이에서 아폴로 프로그램을 향한 열정을 다시 불타오르게 만들었다. 당시 아폴로 공보부의 밥 버튼은 그 클럽에 대해 이렇게 설명했다.

> 유인우주센터에서 10년 동안 이어진 사교 모임이었습니다. 모임이 끝났을 때 사람들은 미국을 우주의 달로 보내기 위한 새로운 에너지와 열정을 가득 안고 돌아갔습니다. 그 모임은 이제 공식적으로 종료되었습니다.

그 밖에도 협력 업체가 주도하는 JIPC(Joint Industry Press Center, 산업 활동 언론 센터)가 휴스턴에서 있었고, 아폴로 협력 업체 정보 센터가 플로리다에서 있었다. 사람들은 이러한 모임을 통해 기삿거리를 듣고, 술을 마시고, 사교 활동을 했다. 이 세 모임은 아폴로의 사회적 인정 및 성공과 관련해 언론과 협력 업체, NASA 사이에서 공동의 주인 의식을 형성하는 데 핵심적인 역할을 했다.

여기서 기업이 해야할 것은 자신의 관점과 자신이 개발한 솔루션을 믿는 신뢰자 커뮤니티를 구축하는 일이다. 기술 분야라면 소프트웨어와 제품 사용자 그룹을 떠올려볼 수 있겠다. 하지만 이들 집단은 기업과 독립적으로 운영하려는 경향이 있다. 여기서 기업은 공동체를 조직하고 유지하도록 만드는 접착제 역할을 맡아 구성원들이 기업의 파트너로서 계속 솔루션을 개선해나가도록 만들어야 한다. 이러한 공동체는 온라인으로 운영하자. 동시에 오프라인 모임을 열어 구성원끼리 개인적인 관계를 맺도록 하자.

에어비앤비는 집주인과 손님 모두를 위한 에어비앤비 오픈 콘퍼런스를 통해, 애플은 연례 개발자 콘퍼런스를 기반으로 위와 같은 노력을 하고 있다. 액센츄어는 이를 위해 글로벌 커뮤니케이션 포럼을 조직했다. 커뮤니케이션 산업 내 고위 임원들을 대상으로 하는 회원제 모임인 이 포럼은 현재 12년 넘게 이어져 오고 있다. 이는 애초에 교육과 네트워킹, 액센츄어 브랜드에 대한 감성적 연결의 조합이었다. (골프와 멋진 저녁, 원양 낚시와 같은 즐거운 단체 활동을 통해) 이 포럼은 여러 기업에서 온 고위 임원들이 편하게 만나서 동료와 아이디어를 나누는 안전한 장소가 되었다. 또한 연중 계속되는 교류를 바탕으로 강력한 세일즈 및 마케팅 모임으로 자리 잡았다.

애플이 그랬던 것처럼 신뢰자 커뮤니티를 '모두가 참석하고 싶어 하는 파티'가 되도록 만들자. 구성원 모두가 특별한 클럽의 일원인 것처럼 느끼게 하자. 그들에게 특혜를 제공하자. 무엇보다 그들이 들려주는 이야기에 귀를 기울이자. 이러한 모든 노력이 순조롭게 흘러간다면, 공동체는 정보와 유행, 비즈니스의 금광이 될 것이다. 이들 구성원은 기업의 외교관이 되어줄 것이며, 기업을 대신해 이야기를 만들고 널리 퍼뜨려줄 것이다. 기업의 목표는 이러한 공동체를 육성하고 구성원의 충성심을 강화해 정치에서 말하는 '지지 기반'을 다지는 일이다.

9단계:
비즈니스 확장을 위해 조직의 인프라 확대하기

기업은 더 많은 인력을 채용하고, 시설과 기술 시스템을 확장하고, 지금까지 수작업으로 했던 업무 중 일부를 자동화하는 등을 처리해야 한다. 이 단계에서 최대의 도전 과제는 스티븐 코비가 『성공하는 사람들의 7가지 습관』(김영사)에서 언급했듯이 급박한 과제에 몰두하느라 중요한 과제를 놓쳐서는 안 된다는 것이다. 급박한 과제란 제안서를 제출하고 활동의 품질을 관리하는 일이다. 이보다 덜 급박하지만 여전히 중요한 과제로는 채용 시스템을 마련하거나 세일즈 보상 모형을 새롭게 생각하는 일 등이다.

핵심은 너무 많이 또는 너무 일찍 투자하는 일 없이 균형을 유지해 효율성을 높이는 것이다. 마치 전기료를 내기도 빠듯한 상황에서 성장기 아이를 위해 새 신발을 사는 것과 같다. 우리는 꼭 필요하기 전까지 새 신발을 사지 않는다. 아이의 발가락이 신발의 끝에 닿을 때까지 기다린다. 새 신발을 구매해야 할 때도 최대한 오래 신을 수 있는 넉넉한 사이즈를 선택한다.

제프 베이조스는 처음에 창고에서 아마존 회사를 시작하면서 포장 및 라벨 작업을 일일이 수작업으로 했다. 그러다가 아마존은 점차 규모를 확장했고 시설의 수도 꾸준히 증가했다. 3년 만에 아마존의 작업 공간은 3만 4,700제곱미터가 되었다. 2018년 말을 기준으로 아마존은 27제곱킬로미터의 땅을 임대하거나 소유하고 있었다.

여러 번의 호황과 불황을 겪은 이후로 사람들은 인프라에 너무 빨리 투자하는 일의 위험성을 뼈저리게 깨닫게 되었다. 수요가 떨어지는 가운데 충분히 빠른 속도로 발맞춰 규모를 줄이지 못한 기업들은 간접 비용의 부담을 이기지 못해 시장에서 퇴출되고 말았다. 내가 과거에 몸담았던 한 기업은 거의 하룻밤 새에 8,000만 달러 이상의 매출이 사라져버렸다. 경기가 급락하면서 고객들이 갑작스럽게 발을 뺐기 때문이다. 당시 우리 기업은 판매하던 서비스를 뒷받침하기 위해 인프라에 막대한 투자를 하면서 각종 의무 사항에 발목을 붙잡히고 말았다. 사무실 임대와 채용, 임원 퇴직금, 지출 계약 등 말이다.

기업은 언제나 일시적 상황 변화에 대비해야 한다. 실리콘밸리는 그러한 교훈을 배웠고, 2008년 경기 침체가 시작되었을 때는 이미 준비가 되어 있었다. 벤처 자본가들은 투자 포트폴리오를 구성하는 기업을 회의에 불러들여 규모 삭감을 지시했다. 그들은 이렇게 경고했다. "시장에 더 이상 벌어들일 돈이 없을지 모릅니다. 그러니 최대한 몸집을 가볍게 해야 합니다."

품질을 유지하면서 사업 규모를 확장하기 위한 핵심 성공 요인을 다루고 있으며 객관적인 연구를 바탕으로 한 최고의 책을 원한다면 로버트 서튼과 허기 라오의 『성공을 퍼트려라』(한국경제신문)을 읽어보자. 고위 임원들과 행한 인터뷰에서 얻은 많은 실용적인 팁과 흥미로운 이야기를 발견할 것이다.

10단계:
관찰하고, 측정하고, 다듬기

아마존은 언제나 기업의 고-투 지위를 기준으로 평가했고, 제프 베이조스는 처음부터 고-투 지위가 기업의 핵심 원동력이라고 강조했다. 아마존이 처음 상장했던 1997년에 주주들에게 보낸 서한에서 베이조스는 이렇게 썼다.

> 우리는 언제나 이러한 관점에서 의사결정을 내리고 있습니다. 우리는 처음에 시장 리더십을 가장 잘 드러내는 기준으로 스스로를 평가했습니다. 즉, 고객과 매출 성장, 고객이 반복적으로 물건을 구매하는 빈도, 브랜드의 힘을 기준으로 말이죠. 지금까지 우리는 지속적인 독점 사업권을 구축하면서 고객 기반과 브랜드, 인프라를 적극적으로 활용하고 확장하는 데 투자해왔으며, 앞으로도 계속 공격적으로 투자할 것입니다.

점화 단계에서 그랬던 것처럼, 기업은 목표를 향해 얼마나 나아갔는지 정확하게 말해주는 평가 절차를 마련해야 한다. 항해 모드에서 가장 중요한 세 가지 측정 항목은 다음과 같다.

1. 판매 경로 채우기(목표 고객을 활성화된 기회로 전환하기)
2. 활성화된 기회를 성사된 거래(장부에 기록된 매출)로 전환하기 위해 판매 경로의 단계를 관리하기
3. 실제 매출로 이어지는 솔루션 및 결과(고객을 위한 제품 및 서비스의 품질) 도출해내기. 비즈니스가 힘을 얻을수록 고객 관련 기준은 더욱 중요해진다.

1997년 초 베이조스는 워크숍을 통해 아마존은 '기준의 문화'를 구축할 거라고 발표했다. 다음으로 그는 어떤 기준이 아마존의 성과 개선에

가장 많은 도움을 줄 것인가를 주제로 그룹 브레인스토밍 시간을 가졌다. 전직 아마존 직원인 제임스 마커스는 2004년 자신의 저서『아마조니아』(Amazonia)에서 당시의 대화를 이렇게 요약했다.

(베이조스는) 우리에게 말했다. "홈페이지에서 가장 먼저 어떤 것을 측정해야 할지 파악해야 합니다. 예를 들어, 고객의 즐거움을 측정한다고 해봅시다. 어떻게 해야 할까요?"

침묵이 흘렀다. 이때 누군가 이렇게 말했다. "고객들이 사이트에서 얼마나 많은 시간을 보내는지를 알아봐야 할까요?"

제프는 대답했다. "충분히 구체적이지는 않군요."

다른 누군가가 이렇게 말했다. "고객이 사이트에서 몇 분을 보냈는지는 어떨까요? 숫자가 클수록 고객은 즐거운 시간을 보내고 있었던 거죠."

나는 자신 있게 이렇게 말했다. "그런데 구매 여부는 어떻게 고려해야 할까요? 즐거움의 기준일까요?"

눈에 띄지 않았던 검은 머리의 한 여성이 이렇게 말했다. "방문의 빈도수로 고려해야 합니다. 많은 사람이 아직도 그 끔찍한 모뎀을 사용해 웹에 접속하고 있습니다. 그렇게 네 번 방문한 것이 T-1으로 한 번 방문한 것만큼 좋을 수 있습니다. 어쩌면 더 나은 것일지도 모르죠."

제프는 말했다. "좋은 지적입니다. 어쨌든, 즐거움은 시작에 불과합니다. 최종적으로 우리는 고객의 만족도를 측정해야 합니다."

여전히 상황 파악을 위해 노력하고 있었던 아마존의 초창기 시절, 오늘날 정교한 데이터 분석 기술이 나오기 전에 아마존이 '기준'을 활용해 얼마나 신중하게 접근했는지 들여다보는 것은 흥미로운 일이다. 이는 규모와 상관없이 비즈니스 성공 기준을 어떻게 찾아야 하는지 영감을 던져준다.

또한 우리는 솔루션 개발, 인력의 채용과 관리 부분에서 발전 상황을 추적해야 한다. 성공의 핵심 기준을 결정하고, 그것을 처음처럼 아주 단순하게 유지하고 관찰하자. 필요할 때 계획과 행동을 수정하자. 여기서 핵심은 면밀하게 관찰하고, 사람들에게 책임을 부여하고, 문제가 발생했을 때 신속하게 대응하는 것이다.

핵심 🚀 정리

항해 모드에서 기업은 약속을 실행에 옮긴다. 여기서 기업의 목적은 고객이 문제 해결을 향한 여정을 따라 나아가게 하고, 기업이 제공한 가치 있는 결과에 대해 기꺼이 가격을 지불하도록 유도하고, 기업을 다른 이에게 홍보하도록 만드는 것이다. 항해 모드는 세일즈와 마케팅, 솔루션 개발, 실행, 운영을 모두 포괄한다.

항해 모드에서 기업은 앞서가는 고객과 함께 실질적으로 시장에서 힘을 얻기 시작한다. 이 단계에서 기업은 솔루션을 제시하고 이와 함께 의미 있는 영향력을 행사한다. 다른 한편으로는 효율성을 높이고 비용을 절감하는 방법을 모색하고, 이를 통해 가치 기반의 가격 책정과 더불어 건전한 이익을 확보한다. 기업은 레인메이커와 SWAT 팀 접근 방식을 활용해 세일즈 효율성을 높일 수 있다. 솔루션 전문가는 일반적인 영업 사원과 세일즈 팀을 지원한다. 신중하게 선택하고, 목표 고객이나 미세 시장의 우선순위 목록을 작성하고, 적극적인 세일즈 및 마케팅 노력을 집중시킨다. 또한 전반적인 비용을 낮추는 방법을 모색해 운영 효율성을 높인다.

'신뢰자 커뮤니티'를 통해 시장 리더로서 위상을 강화하자. 이러한 공동체는 기업의 관점과 접근 방식을 전달하는 외교관이 되어줄 것이다. 적절한 속도로 인프라를 확장하고, 발전 상황을 측정하고, 이에 따라 수정하자.

나무들 사이에서 길을 잃지 말자. 우리의 목표는 고객이 가치 있는 결과를 향해 '항해'하도록 도움을 주고, 기꺼이 프리미엄을 지불하도록 만드는 것이다.

실천 과제

다음 쪽의 항해 계획표를 작성해보자. 이 장에서 소개한 단계를 모두 실행했다면 더없이 좋다. 하지만 그러지 못했다고 해도 지금 당신이 있는 지점을 기반으로 어떤 방식으로든 시작해보자.

항해

고객의 여정을 안내하기
업무 계획표

■ **고객과 세일즈** ■

당신에게 필요한 세일즈 지원 팀 또는 SWAT 팀의 최소 규모는 어떠한가?

_____

_____

당신의 레인메이커는 누가 될 것인가?

_____

_____

초기 구매 목표자의 프로필(특성, 지역, 구매자 형태, 구매자 가치, 사회 구조 및 문화 등)을 나열해보자.

_____

_____

위에서 나열한 요소 중 가장 이상적인 고객, 상황, 구매 유형 세 가지를 선택해보자(필요하다면 구매자의 형태로 정의하자).

_____

_____

고객을 구매 경로로 나아가게 만들기 위한 가장 효과적인 세 가지 세일즈 및 마케팅 전술은 무엇인가?

_____

_____

목표 고객을 위해 어떤 고객 서비스 접근 방식이 필요한가?

_____

_____

어떤 세일즈 및 유통 채널을 가지고 있는가? 또는 구축해야 하는가? (고객 팀, 제삼자 관계 등)

_____

_____

■ 솔루션 ■

제안을 구축하기 위해 무엇이 필요한가?

_____

_____

곧바로 제안하기 위해 무엇을 준비해야 하는가?

_____

_____

고객에게 솔루션을 제공하기 위해 어떤 절차가 필요한가?

_____

_____

어떤 핵심 파트너가 필요한가?

_____

_____

제품 또는 서비스를 가장 효과적으로 전달하게 해주는 것은 무엇인가?

_____

_____

▪ 커뮤니티 ▪

어떤 방법을 통해 산업 내 '신뢰자 커뮤니티'를 구축할 수 있는가?

_____

_____

▪ 운영 ▪

성공을 어떻게 추적하고 측정할 것인가?

_____

_____

어떤 추가적인 인프라 또는 절차가 필요한가?

_____

_____

어떤 인재가 필요한가? 어떤 방식으로 채용하고, 사내 문화에 적응시키고, 교육할
것인가?

_____

_____

8장

가속 모드:
시장 변화와 경쟁에 앞서기

올바른 길 위에 들어섰다고 해도, 그냥 앉아만 있으면 차에 치이고 말 것이다.

_월 로저스

최초의 크라우드펀딩 사이트인 아티스트쉐어ArtistShare가 2003~2005년에 성공을 거두고 난 뒤, 다른 사이트들도 모습을 드러내기 시작했다. 2008년에는 인디고고Indigogo가, 2009년에는 킥스타터Kickstarter가 등장했다. 이제 이러한 사이트는 20곳이 넘는다.

2007년 출시된 아이폰은 하나의 혁명이었다. 그러나 얼마 지나지 않아 수많은 기업에서 시장에 비슷한 것을 내놨다.

고전 공상과학영화 〈외계의 침입자〉를 보면, 외계에서 온 씨앗으로부터 자라난 식물이 잠든 인간의 몸속으로 들어가 영혼과 감정이 사라진 로봇과 비슷한 복제 인간을 만들어낸다. 마찬가지로 아무리 개성이 강한 브랜드라고 해도 비즈니스를 출범하고 시장을 장악하기 시작할 때, 언제나 미-투가 따라온다. 그리고 잠시 한눈판 사이 우리를 복제한다. 영화 속 복제 인간과 마찬가지로, 미-투 브랜드에게는 우리가 가진 열정과 전문성이 없다. 그럼에도 사람들은 원제품과 복제품을 구분하지 못한다. 결국 우리는 그렇게 상품으로 전락하고 만다.

아무리 견고한 고-투 지위를 확보했다고 해도, 기업은 언제나 뒤를 조심하고 무리를 앞서 나가야 한다.

시장 상황은 끊임없이 변한다. 변화는 때로 자신에게 유리하지만 때로는 불리하다. 스즈키Suzuki는 일본의 앞서가는 방직기 회사였다. 그러나 1951년 면화 시장이 무너지면서 스즈키는 모터가 달린 이동 수단 시장으로 눈을 돌렸다. 규제와 기술, 산업 트렌드, 정치를 비롯한 수많은 요인이 기업을 압박한다. 이러한 상황에서 절대 가만히 있을 수 없다. 주변에서 벌어지는 상황을 끊임없이 관찰하고, 시장을 분석하고, 이에 따라 움직여야 한다. 수많은 경쟁자와 고객은 기업이 '가속'하도록 압박한다. 시장을 지배하길 원한다면 우리는 경로를 바꿔야 한다.

가속 모드의 핵심 전략은 속도를 높이고, 비즈니스를 확장하고, 시장 속으로 더 깊이 침투하고, 주변 상황을 관찰하고, 시장 변화를 예측하는 것이다. 그러지 못할 때, 우리의 비즈니스는 시들고 말 것이다. 블록버스터에 주목해보자.

블록버스터는 비디오 대여 시장의 고-투였다. 1999년 48억 달러의 시가총액으로 상장했을 때, 시장에서 가장 사랑받는 기업이 되었다. 하지만 그들이 모르는 사이에 시장 한쪽에서는 태풍이 성장하고 있었다. 그로부터 2년 전, 소프트웨어 사업가인 리드 해스팅스는 블록버스터 매장에서 (우연하게도) 아폴로 13호 비디오를 빌렸다가 6주나 늦게 반납했다. 그 바람에 발생한 40달러 연체료 때문에 그는 잔뜩 화가 났다. 사실 비디오 연체료는 블록버스터의 매출과 이익에서 상당 부분을 차지하고 있었다. 이후 DVD를 우편으로 쉽게 발송할 수 있다는 사실을 깨달은 해스팅스는 우편으로 DVD를 주문하거나 반납할 수 있고 연체 수수료가 없는 서비스를 시작하기로 결심했다. 2000년 넷플릭스가 월간 구독 서비스를 시작했음에도 블록버스터는 기존 비즈니스를 그대로 이어나갔다. 이후 넷플릭스를 단돈 5,000만 달러에 사들일 기회가 여러 차례 있었지만, 블록버스터는 모두 고사했다. 게다가 넷플릭스가 제안한 협력 관계마저 거절했다. 넷플릭스의 전 CFO인 배리 매카시는 스탠퍼드 대학생이 진행하는 팟캐스트 방송에 출연해, 당시 블록버스터 CEO와 가졌던 회의에 대해 이렇게 설명했다.

> 2000년 어느 날 리드 해스팅스, (넷플릭스 공동 설립자인) 마크 랜돌프와 함께 비행기를 타고 텍사스주 댈러스로 가서 존 안티오코를 만났죠. 리드는 대담하게도 우리가 그들의 브랜드를 온라인으로 운영하고, 그들이 매장에서 (우리) 브랜드를 취급하는 방식을 제안했어요. 하지만 그들은 비웃으며 우리를 사무실에서 내보내려고 하더군요. 초반에 그들은 우리를 아주 작은 회사라고 생각했을 겁니다. 우리가 점차 시장을 넓혀나가면서 생각이 바뀌기는 했겠지만, 처음 만났을 때 그들은 우리를 무시했고 그건 우리에게 유리하게 작용했습니다.

시장 흐름을 예상하지 못한 데다 충분히 빨리 대응하지도 못했던 블록버스터는 결국 무너지고 말았다. 불과 6년 만에 블록버스터의 시가 총액은 5억 달러로 줄어들었고, 넷플릭스 구독자가 600만 명이었던 것에 반해 블록버스터 구독자 수는 200만 명에 불과했다. 상황은 이후로 더 나빠졌다. 1년 후 블록버스터 이사회는 스트리밍 서비스를 주장했던 CEO(넷플릭스를 비웃으며 사무실에서 쫓아내려 했던 바로 그 인물)를 해고

하고, 스트리밍 서비스에 투자하기보다 단기적인 수익에 주목하고 온라인 구독 서비스에 의심을 갖고 있던 부사장의 손을 들어줬다. 넷플릭스와 아마존을 비롯한 여러 다른 기업이 스트리밍 서비스 시장에서 힘을 키워나가고 있는 동안에도 블록버스터의 이사회와 새 CEO는 시장이 어디로 흘러가는지 알지 못했고, 심지어 몇 년 전 폐지한 인기 없는 연체료 제도를 다시 도입했다. 2008년 대침체가 터졌을 때, 거대한 규모의 부채는 블록버스터의 발목을 잡았다. 부채가 9억 달러에 달하고 5억 달러의 순손실을 기록하면서 블록버스터는 결국 2010년에 파산을 신청했다. 당시 블록버스터 시가총액은 2,400만 달러에 불과했다.

개관

나는 9살 때까지 체서피크 베이에서 배를 타고 자랐다. 나중에 샌프란시스코 베이에어리어로 이사했을 무렵, 나는 꽤 유능한 선원이라고 자부했다. 거기서 나의 첫 항해는 고객과 함께한 것이었다. 그런데 불과 몇 시간 동안 바람이 전혀 불지 않다가 갑자기 시속 45킬로미터로 불기 시작했고, 맑은 하늘에 수면은 잠잠했다가 갑자기 2미터 높이의 파도가 일었다. 바람이 불면서 기온은 섭씨 24도에서 영하 4도로 곤두박질쳤고 안개로 인해 한 치 앞도 보이지 않았다. 상황은 시시각각 변해 도무지 예상할 수 없었다. 무척 당황스러웠다. 그러나 내 고객은 그렇지 않았다. 이러한 상황을 여러 번 경험했다고 했다. 언제 무슨 일이 벌어질지 정확하게 알지는 못했지만, 예기치 못한 일이 벌어질 때마다 항상 경계하고 있었고, 경로를 수정하거나 안전하게 항해를 계속하기 위해 필요한 모든 것을 할 준비를 갖추고 있었다.

요트에서는 조정 장치와 돛을 계속 움직이고, 몸의 위치를 바꿔서 바람을 최적으로 활용하고, 속도를 최대한 높여야 한다. 바람과 날씨는 외부 요인이다. 기업은 외부 요인에 휘둘리거나 자신에게 유리한 방향으로 활용하거나, 둘 중 하나다.

이것이 가속 모드의 전부다. 아폴로 접근 방식의 네 가지 모드는 반드시 순서대로 일어나는 것은 아니라는 말 기억하는가? 가속 모드는 여정의 중간에 위치할 수도 있다. 이때 기업은 과정 중반에 방향을 수정해야 한다. 스타트업은 이를 '피봇pivot'이라 부른다. 피봇이란 목표 대상이나 제안 내용에 관한 근본적인 변화를 의미한다. 트위터는 팟캐스트 서비스를 운영하던 오데오Odeo라는 기업이 시도한 피봇의 결과물로 탄생한 기업이다. 페이팔은 암호 기술과 무선 결제에서 궁극적인 웹 기반 결제 시스템에 이르기까지 적어도 두 번의 피봇을 시도했다(혹자는 다섯 번이라고 말한다). 케네디 대통령은 아폴로 스페이스 프로그램이 속도를 높일 때 그 프로그램을 주요한 피봇으로 밀어붙였다.

가속 모드는 여러 측면에서 앞선 모드의 반복처럼 보이지만, 여기서

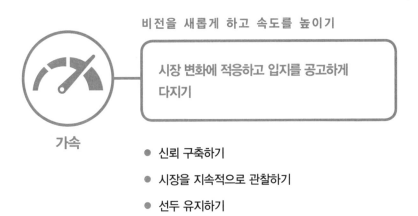

비전을 새롭게 하고 속도를 높이기

시장 변화에 적응하고 입지를 공고하게 다지기

가속

- 신뢰 구축하기
- 시장을 지속적으로 관찰하기
- 선두 유지하기

기업은 여러 가지 핵심을 실행하게 된다. 역시 중요한 점은 적응해나가야 한다는 사실이다.

- 제대로 돌아가지 않는 것을 수정하기
- 시장 내에서 자신의 존재감을 강화하고 고객의 충성도 높이기
- 제안을 확대하기
- 시장 흐름과 추가적인 경쟁을 예측하기

애초에 아폴로 스페이스 프로그램의 유일한 목표는 인간을 달에 보낸 후 다시 돌아오게 만드는 것이었다. 이 책의 표현으로 설명하자면, NASA는 발사와 점화, 항해 모드를 통해 인간을 처음으로 달에 보내고, 가속 모드를 통해 열 번 더 달에 착륙해 추가적인 탐사를 벌일 계획이었다. NASA는 이러한 시도를 통해 달 탐사에 들어간 250억 달러(2018년 기준으로 1,120억 달러)가 넘는 투자의 가치를 극대화하고, 소련이 계속 우주 경쟁을 벌일 경우 우주에 대한 지배력을 지속적으로 확보할 수 있을 것이라 믿었다. 실제로 소련은 경쟁을 이어나갔고, 1971년에는 최초 우주 궤도 정거장을 발사했다. 1966년 존슨 행정부가 미국의 주도권을 강화하기 위한 방안으로 아폴로 어플리케이션 프로그램이라는 추가적인 프로그램을 마련했다. 2주일 동안 달의 표면을 돌아다니면서 탐사 작업을 수행하는 것이었다. 이 프로그램에 따르면, 우주 비행사는 캠퍼camper 착륙선에서 지내면서 '딱딱한' 우주복을 입고, 이동 수단을 타고 돌아다니면서 먼 거리를 여행하고, 달 표면을 깊이 파 내려가는 임무를 수행한다.

실제로 아폴로 프로그램은 계속되었다. 기업이 시장에서 존재감과

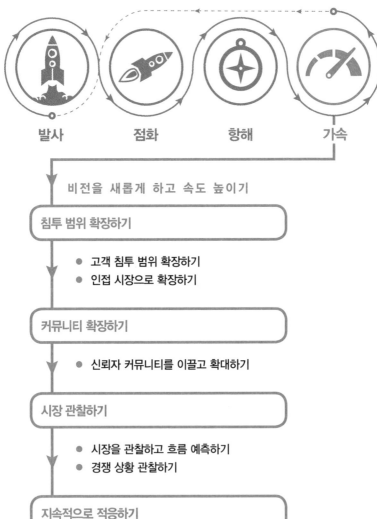

■ 앞서가기 위해 가속하기 ■

발사   점화   항해   가속

비전을 새롭게 하고 속도 높이기

침투 범위 확장하기

- 고객 침투 범위 확장하기
- 인접 시장으로 확장하기

커뮤니티 확장하기

- 신뢰자 커뮤니티를 이끌고 확대하기

시장 관찰하기

- 시장을 관찰하고 흐름 예측하기
- 경쟁 상황 관찰하기

지속적으로 적응하기

- 관점 검토하기
- 필요한 경우 전략과 제안 등을 수정하기

제안을 확장하는 것처럼, 1969~1972년에 있었던 여섯 차례가 넘는 아폴로 임무는 달에 착륙한 뒤 무사히 귀환한다는 기존의 목표를 한층 더 확대했다. 그동안 우주 비행사들은 달의 여러 지역을 탐험하고, 정확한 지점에 착륙하고, 며칠 동안 머물고, 달의 표면을 따라 이동하고, 총 382킬로그램에 달하는 지질학 샘플을 채집했다.

하지만 1970년대 초 시장에 나타난 다양한 힘들이 미국 사회의 우선순위를 바꿔놨다. 엄청난 예산이 투입된 베트남전쟁과 거대한 연방 예산 적자, 우주 지배에 대한 선언은 달 탐사에 대한 지속적인 투자를 옹호하기 힘들게 만들었다. 게다가 소련과 관계를 완화하기 위한 노력이 성과를 드러내기 시작했다. 리처드 닉슨 대통령은 아폴로 프로그램을 마무리 짓고 NASA가 비용이 덜 드는 재사용 가능한 우주선 사업에 집중하기를 원했다.

결국 1975년에 아폴로 사령선 모듈(우주 비행사를 달 궤도로 보내고 지구로 귀환시키는 임무를 맡은 모선)이 소련의 소유즈 캡슐과 만날 약속을 했고, 미국과 소련의 사령관들은 두 우주선을 연결하는 해치를 통해 처음으로 국제적인 악수를 나눴다.

일각에서는 아폴로 스페이스 프로그램이 흐지부지 끝났다고 주장하지만, 사실 아폴로 11호 이후 프로젝트는 우주 탐험 분야에서 장기적인 지배의 시작일 뿐이었다. NASA는 과거의 영광에 의지하지 않고 시장 흐름과 경쟁을 예측했고, 지속적인 변화를 통해 달 탐사를 훌쩍 뛰어넘는 혁신적인 프로젝트로 확장했다. 카시니(토성 연구), 주노(목성 연구), 뉴호라이즌 탐사(명왕성 연구), 허블 우주 망원경, 보이저(성간 탐사), 케플러(새로운 행성 발견), 화성 탐사가 그 예다. 또한 NASA는 우주가 자유와 국제 협력의 공간임을 보여주겠다는 케네디의 목표를 그대로 이

어받았다. 앞서 언급한 많은 노력은 국제 우주 정거장과 함께 세계적으로 수많은 협력체의 참여를 이끌어냈다.

아폴로 스페이스 프로그램은 명목상으로 끝이 났다. 당시 『에어로스페이스』 잡지에서는 이렇게 평가했다. "아폴로의 이번 마지막 비행은 하나의 시대를 마무리하고 새로운 시대를 열었다." 실제로 우주 탐험의 새로운 시대를 알리는 서막이었다.

시장 지배를 쟁취하고 포지션을 지속적으로 유지하기 위해 노력하는 가운데, 가속 모드에서 밟아나가야 할 단계는 다음과 같다.

1. 현재 상태를 분석하고 바로잡기
2. 기존 고객 내에서 기반을 강화하기
3. 신뢰자 커뮤니티를 이끌고 확장하기
4. 빠른 다수와 그 너머의 고객으로 침투하기
5. 시장을 관찰하고 필요할 때 전략을 수정하기
6. 필요할 때 관점과 솔루션을 업데이트하기
7. 변화하는 시장에 계속 적응하고 앞서 나가기
8. 고-투 지위를 유지하면서 신중하게 확장하기

1단계:
현재 상태를 분석하고 바로잡기

2008년 스티브 잡스는 폭발했다. 아이클라우드의 전신이라 할 수 있는 모바일미MobileMe는 일정과 연락처, 사진과 같은 항목을 애플 장비에 동기화하는 유료 서비스였다. 잡스는 모바일미 개발 팀을 강당에 불러놓고는 이렇게 물었다. "모바일미가 무슨 기능을 하는지 말해주실 분?" 한 엔지니어가 대답했다. 그러자 잡스는 이렇게 호통을 쳤다. "그런데 대체 왜 제대로 기능을 못하는 거죠?"

많은 문제가 있었다. 우선 서비스 가입이 까다로웠다. 새로운 서비스로 전환하려면 사용자는 딜레이(지연) 현상을 겪었고, 그동안 장비 동기화는 중단되었다. 서비스가 중단되면서 많은 사용자가 떠났다. 서비스의 정체를 놓고 시장에서 많은 혼선이 있었다. 이후 문제를 개선하기 위한 많은 노력이 있었지만, 2012년 잡스는 결국 모바일미 서비스를 중단하기로 결정했다. 그 기능 중 일부는 아이클라우드로 흡수되었고, 다른 일부는 완전히 사라졌다.

이 시점에서 당신은 아마도 특정한 시장 문제를 해결하기 위해 고유한 접근 방식을 제시하는 고-투 지위를 향해 나아가고 있을 것이다. 목표에 이르렀는가? 시장이 당신을 찾고 많은 사람이 당신의 이름을 가장 먼저 떠올리는 지점에 도달했는가? 앞서 2장에서 논의한 기준의 전부 혹은 대부분을 충족시켰는가? 그렇지 않다면 다시 앞으로 돌아가 약점은 무엇인지, 어디서 잘못했는지 분석하도록 하자.

성공을 향한 여정에는 수많은 장애물이 존재한다. 앞서 살펴봤듯이 테슬라는 실패할 뻔했다. 레고도 난관에 봉착했고 이를 힘들게 극복했다. 월트 디즈니는 자신의 목표를 추구하는 과정에서 수차례 파산의 위험에 직면했다.

할리데이비슨 역시 힘든 시기를 겪었다. 1981년 그들은 78년 비즈니스 역사에서 처음으로 적자를 기록하면서 직원 40퍼센트를 감원해야 했다. 10년이 넘는 기간 동안 대형 오토바이 시장에서 확고하게 자리 잡았던 독점적 지위에서 고작 시장점유율 30퍼센트의 기업으로 추락했다. 이에 값싼 일본 오토바이를 비난하면서 수입 제품에 관세를 부과하기 위해 로비를 벌였다. 하지만 이면에는 그들이 인정하기 싫어했던 많은 이야기가 있었다. 할리데이비슨의 최고 경영자 본 빌즈는 이렇게 말했다. "문제는 그들이 아니라 우리 자신이라는 사실을 깨닫게 되었습니다." 힘겨운 자기평가를 거친 뒤, 할리데이비슨은 제품군을 새롭게 하고, 생산 라인을 효율적으로 개선해 품질을 크게 향상시켰다. 그리고 H.O.G.를 만들었으며, 교육과 지원을 통해 유통 채널과 관계를 돈독히 했다. 2007년 할리데이비슨은 20년 연속 매출 및 수익 성장을 기록했으며, 세계에서 가장 수익성 높은 오토바이 기업으로 거듭났다. 마침내 미국에서 가장 성공적인 제조 기업이자 브랜드로 인정받았다.

당신은 어쩌면 적당한 인플루언서를 발견하지 못했을 것이다. 점화 모드에서 충분히 집중하지 못했거나 솔루션이 충분히 설득력 있지 않았을 것이다. 어쩌면 지나치게 광범위한 시장을 목표로 삼았는지 모른다. 다시 말해, 존재감을 드러내고 힘을 얻기에 충분히 구체적이지 못했을 것이다.

당신이 처음 원했던 방식으로 주목을 받지 못한 데는 아마도 많은 이유가 있을 것이다. 앞서 소개한 방법을 통해 한 걸음 물러서서 어느 지점에서 방향 수정이 필요한지 생각해보자.

어쩌면 당신은 기본적인 과제는 성취했지만, 모든 것을 다음 단계로 이동시켜야 할 필요가 있을지도 모른다. 예전에 나는 2년 동안 발사와 점화, 항해 모드를 모두 추진해야 하는 프로젝트에 참여했다. 그때 우리는 아이디어를 대략적으로 스케치하는 화가와 같았다. 이후 오랫동안 그 모드들을 다시 한번 거쳤다. 처음에 관점과 접근 방식을 시험하고 이에 대한 지원을 얻고 난 뒤, 더 많은 인플루언서 청중에게 우리의 관점을 보다 자신 있게 알리고 경쟁력 있는 제안을 만들어낼 수 있었다. 우리는 캔버스를 채워나가고 있었던 것이다.

넷플릭스는 DVD를 우편으로 대여하는 사업을 시작했고, 그 분야에서 고-투 기업으로 자리 잡았다. 이후 제삼자가 제작한 콘텐츠에 대한 스트리밍 서비스를 제공하는 사업으로 이동해 그 분야에서도 고-투 기업이 되었다. 마침내는 지금처럼 오리지널 콘텐츠를 제작하고 스트리밍 서비스를 제공하는 사업으로 넘어갔다.

마지막으로 자신의 강점을 확인하고 이를 적극적으로 활용하자. 링크드인을 이끌었던 엘리엇 쉬머클러는 이용자 수가 어떻게 13명에서 1억 7,500만 명으로 성장할 수 있었는지 설명했다. 2008년 링크드인은 성장 채널을 분석했고, 이를 통해 새로운 가입자 중 40퍼센트가 홈페이지를 통해 유입되고 있다는 사실을 확인했다. 반면, 이메일 초대를 통한 가입은 겨우 4퍼센트에 불과했다. 링크드인은 홈페이지를 통한 가입을 유도하는 활동에 집중하면서 사람들이 최대한 쉽게 가입할 수 있도록 개선했다. 이후 4개월에 걸쳐 지난 2년간 유입된 것과 맞먹는 규모의 신규 사용자가 개선된 홈페이지를 통해 가입했다.

2단계:
기존 고객 기반 강화하기

물론 기존 고객은 기업에게 혈액과 같은 역할을 한다. 기업은 기존 고객을 계속 만족시켜야 한다. 동시에 기존 고객 내에서 교차 판매를 하고 매출을 확대해야 한다. 즉, 고객 내 다른 부분에서 기회를 모색한다. 기존 고객에게 판매하는 것이 새로운 고객을 유입시키는 것보다 훨씬 더 경제적인 선택이라는 이야기를 하기 위해 굳이 논문이나 통계 자료까지 인용할 필요는 없다. 당신도 이미 알고 있다. 그러나 많은 기업이 그 기회를 충분히 활용하지는 못하고 있다.

현실의 기업들은 새로운 고객을 발굴하는 데 집중한다. 그들은 새로운 고객을 발견하기 위해 영업 사원을 배치하고, 기존 고객을 위해 고객 관리 인력을 배치한다. 이들 고객 관리 인력은 업셀링(기존 제품보다 더 비싼 제품을 구매하도록 만드는 판매 전략―옮긴이)이나 범위 확대 및 관련 프로젝트를 유도하는 데 능하다. 하지만 그들이 기존 고객에게 기업의 존재감을 확장하는 일보다 일반적인 업무에 더 익숙해졌다는 사실이 위험하다. 기존 프로젝트에 몰두해 마감에 맞춰 업무를 추진하고 있을 때, 그들은 기존 고객에게서 새로운 기회를 발견하려고 노력하지는 않을 것이다. 그들은 굳이 새로운 관계를 발전시키려고 노력하지 않는다. 이는 오랜 시간이 필요하고, 예측하기 힘들며, 완전히 다른 접근 방식을 요구하기 때문이다. 그러므로 기존 고객 내에서 비즈니스를 확장하려면 종종 다른 유형의 인물이 필요하다.

몇 년 전 나는 동료 두 명이 보여준 개성의 차이에 관한 놀라운 이야기를 들었다. 워싱턴 D.C.에 있는 주요 컨설팅 기업에서 고위 임원으로 있는 스튜어트(가명)는 주요 커뮤니케이션 서비스 기업에서 많은 업무를 관리하고 있었다. 스튜어트는 뛰어난 엔지니어였고 복잡한 기술 프로젝트 관리에 대단히 능했다. 같은 기업의 비즈니스 개발 임원인 레이(가명)는 스튜어트와 팀을 이루어 기존 고객 내부에서 비즈니스를 확장하는 임무를 맡고 있었다. 레이는 예전에 IBM에서 마케터로 오랜 경력을 쌓은 적이 있었다. 두 사람은 훌륭한 팀을 이루었다. 레이는 고객 기업의 임원들과 관계를 유지하면서 항상 좋은 기회를 물색하고 있었다. 그가 회의 자리를 마련하면 스튜어트가 전문적인 기술로 고객 기업의 임원들을 설득하고 거래를 마무리 지었다.

그러던 어느 날 아주 흥미로운 일이 벌어졌다. 당시 두 사람이 얼마나 다른 방식으로 반응했는지 살펴보자. 그날 두 사람은 대형 기업 고객의 CIO와 함께 시카고로 여행을 떠났다. 기업의 혁신 센터를 구경시켜주면서 미래를 위한 비전을 그에게 심어주고자 했다. 일정을 마치고 다시 워싱턴으로 돌아오기 위해 오헤어 공항에 도착했을 때, 갑자기 폭설이 내리기 시작했다. 기술 전문가인 스튜어트는 항공사로 전화를 걸어 그날 밤 그들이 워싱턴을 향해 떠날 수 있을지 알아봤다. 그는 고객이 공항에 갇혀 초조함에 미치는 것을 원치 않았다. 반면, 비즈니스 개발 전문가인 레이는 리무진과 함께 시카고에 있는 최고급 레스토랑과 세 개의 호텔 방을 예약했다. 당시 스튜어트의 머리에 가장 먼저 떠오른 생각은 이랬다. "오, 안 돼!" 반면 레이는 이런 생각을 했다. "좋았어! 고객과 좋은 시간을 보낼 수 있겠군!" 그리고 무슨 일이 벌어졌을까? 결국 세 사람은 시카고에서 하룻밤을 보냈고, 고객과 함께 잊지 못할 최고의 저녁을 함께했다. 다음 날 워싱턴에 도착했을 때 세 사람은 친구가 되어 있었다. 이후로 많은 비즈니스 거래가 이어졌다.

또 다른 함정은 기업 고객을 담당하는 영업 사원이 다른 서비스나 제품을 교차 판매하는 데 서툴다는 사실이다. 그들이 기존 서비스나 제품에 집중한다는 말은, 일반적으로 특정 영역에서는 전문가이지만 그 분야를 벗어나서 판매하는 과제에 익숙하지 않다는 사실을 의미한다. 물론 최선을 다하겠지만, 다른 제품이나 서비스 라인에 대한 자신감의 부족은 스스로 발목을 붙잡는다. 이들 영업 사원은 새로운 솔루션에 대한 기회를 파악하고, 그것을 담당하는 조직에 그 기회를 전달하는 일에 익숙하지 않다. 이러한 문제를 예방하려면 앞서 컨설팅 기업이 했던 것처럼 해당 과제를 비즈니스 개발 인력에게 맡겨야 한다. 해당 인물은 고객의 비즈니스와 완전한 솔루션의 전문가가 되어 새로운 기회를 포착하고, 그 기회를 실현하기 위해 적절한 주제 전문가(예를 들어, SWAT 팀)에게 도움을 요청하는 일을 맡을 것이다.

이 시점에서 필요한 것은 고객을 하나의 시장처럼 취급하는 고객 팀이다. 우리는 기존 고객 내부에서 아폴로 접근 방식의 축소 버전을 실행할 수 있다. 즉, 동일한 단계를 밟고, 분석을 통해 메시지를 다듬고, 고객의 구체적인 상황에 맞게 점화 활동과 솔루션 등을 조정할 수 있다. 이 모든 노력이 기업의 상위 전략과 포지셔닝 및 제안 등에서 비롯되고 추진되어야 한다. 고-투로서 기업의 지위를 구축하기 위한 전반적인 목표에 맞지 않는 마케팅에 투자하는 것은 결국 역효과로 이어질 따름이다. 모든 투자는 전략적 가치를 담고 있어야 한다.

소비재 비즈니스와 관련해 아마존 프라임은 기존 고객에 대한 교차 판매 및 업셀링 전략을 보여주는 좋은 사례다. 아마존 프라임은 무료 및 신속 배송, 스트리밍 콘텐츠 서비스와 같은 특전을 통해 1억 명 이상의 사용자를 연간 유료 고객으로 전환했다. 이들 프라임 고객은 일반 사용자에 비해 30퍼센트 이상 더 많이 지출하는 경향이 있다. 게다가 유료 회원의 갱신률은 90퍼센트에 달한다.

당신이 어떻게 하고 있는지 한번 면밀히 들여다보자. 이를 위해 적절한 인력을 배치하고 적절한 프로그램을 실행하고 있다면, 돈이 잔뜩 쌓인 테이블이 당신을 기다리고 있을 것이다.

3단계:
신뢰자 커뮤니티를 이끌고 확장하기

신뢰자 커뮤니티와 긴밀한 관계를 유지하자. 글로벌 고객 콘퍼런스와 같은 행사를 주최해 사람들을 한곳에 끌어모으자.

커뮤니티가 브랜드에 미치는 영향력을 과소평가해서는 안 된다. 특히 고객이 기업을 대신해 다른 고객에게 메시지를 전달하는 경우에는 더욱 그렇다. 항해 모드에서 처음으로 신뢰자 커뮤니티를 구축할 때, 기업은 커뮤니티를 지휘해 힘을 얻고 관성을 구축해야 한다. 하지만 가속 모드의 목표는 기업이 직접 관여하지 않아도 커뮤니티가 스스로 굴러가도록 만드는 일이다.

애플의 사례를 보자. 애플의 사용자와 개발자, 애플 생태계의 또 다른 구성원들은 다양한 포럼을 통해 애플의 관여 없이도 서로 교류한다. 애플이 모바일미 서비스 중단을 결정했을 때(해당 서비스에는 웹사이트와 사진, 동영상 등 공식적으로 가용한 콘텐츠가 포함되어 있었다), 아카이브 팀이라고 하는 자원봉사자 그룹이 나서서 38만 명의 모바일미 사용자들이 제공했던 272테라바이트에 해당하는 콘텐츠를 보존하는 작업을 수행했다. 이러한 참여는 주로 온라인과 콘퍼런스를 통해 이뤄진다. 하지만 사람들이 얼마나 적극적으로 참여하는지 지켜보는 것은 대단히 놀라운 일이다. 나는 얼마 전 맥 컴퓨터를 구매했는데, 데이터를 옮기는 과정에서 문제가 생겼다. 나는 온라인 검색을 통해 모든 의문에 대한 답변을 구할 수 있었다. 한 게시판에서는 다른 지역의 사용자가 그가 사는 지역의 애플 매장을 찾아가서 문제를 해결했다는 글도 확인할 수 있었다.

신뢰자 커뮤니티를 성공적으로 구축하고 확장한 또 다른 기업 사례로 세일즈포스를 꼽을 수 있다. 2003년 세일즈포스는 드림포스 사용자 콘퍼런스를 주최했고, 그 자리에는 1,300명이 참석했다. 2019년에는 100개국 이상의 17만 명이 참석자 등록을 했다. 당시 2,700건 이상의 프로그램 및 워크숍이 열렸고, 이는 첫해 참석자 수의 두 배를 넘어선 것이었다. 2015년에는 참석자를 모두 수용하지 못해 추가적인 공간을 마련하려고 유람선까지 동원해야 했다. 예전에 나는 드림포스 행사의 마지막 날에 참석하고자 샌프란시스코 국제공항에 갔는데, 전례 없이 긴 발권 및 보안 대기 줄 때문에 비행기를 거의 놓칠 뻔했다. 세일즈포스는 오늘날 기업의 활동 범위와 영향력을 확장하는 데 중요한 역할을 맡고 있는 방대한 비즈니스 생태계에서 스스로를 성공적으로 포지셔닝했다.

4단계:
빠른 다수와 그 너머로 침투하기

이 단계에서 기업은 발사, 점화, 항해 모드에서 투자했던 노력의 결실을 거두기 시작하면서 시장에서 관성을 얻는다. 이제 우리는 자신의 분야에서 하나의 고-투 기업으로서 보다 폭넓은 시장 인지도와 다양한 성공 스토리를 가질 수 있다. 새로운 접근 방식을 받아들이는 데 조금은 느린, 그리고 위험을 회피하는 성향이 강한 목표 고객 집단은 당신의 접근에 조금 더 편안하게 대응할 것이다. 그들은 기업의 접근 방식이 효과적이라는 증거와 증언에 관심을 기울인다. 빠른 다수 집단은 새로운 접근 방식을 처음으로 받아들이지는 않지만, 가장 규모가 크고 수익성이 높은 집단이다. 이제 기업은 이들이 누구인지 확인하고 쫓아야 한다.

세일즈포스는 주로 소기업들로부터 상당한 힘을 얻었고, 출범 2년 만에 3,000곳의 기업 고객을 확보했다. 당시 모건 스탠리는 세일즈포스를 가장 빠르게 성장하는 CRM 기업으로 선정하기도 했다. 몇 달 후 세일즈포스는 대기업을 대상으로 한 엔터프라이즈 에디션을 출시해 빠른 다수 시장을 공략하기 시작했다. 매출은 1년 만에 네 배로 성장했다.

빠른 다수 집단은 지금에서야 접근해볼 수 있는, 또는 원래 목표 시장에 존재하는 여러 기업일 수 있다. 아니면 목표 시장 다트판에서 두 번째 링에 있는 산업 영역일 수 있다.

링크드인의 혁신가 집단은 실리콘밸리의 고위 임원들로 구성되어 있었다. 이들은 설립자의 친구이거나 이 친구들과 가까운 동료들이었다. 다음으로 링크드인은 샌프란시스코 베이에어리어 기술 지평, 다시 말해 얼리어답터 시장으로부터 힘을 얻었다. 이들 얼리어답터는 당시 IT 분야에서 전국적인 네트워크를 기반으로 비즈니스를 확장해 나가고 있었다. 이 시점에서 링크드인은 여건을 완화하고 일부 기능을 바꿔서 홈페이지가 빠른 다수 집단과 더불어 같이 성장하도록 했다. 이들 빠른 다수는 기술과 상관없는 세일즈 및 마케팅 임원들, 그리고 네트워킹을 중요하게 여기는 리크루터(기업 등 조직에 필요한 사람을 찾아 모집·공급하는 사람—편집자)들이었다.

이와 똑같은 흐름이 소비자 시장에서도 나타났다. 페이스북의 첫 혁신가 집단은 하버드 학생들이었고, 그다음으로는 앞서 언급했던 여덟 개 대학의 초기 그룹이었다. 얼리어답터는 대학생과 그들의 친구들이었다. 빠른 다수는 이들 친구의 친구, 형제, 십대 들이었고, 그 뒤를 부모와 친척 등이 따랐다.

이후에 다음 소비자 집단, 즉 보다 보수적인 느린 다수가 흐름에 합류하는 것이 좋겠다는 생각을 하기 시작한다. 이러한 움직임을 보여주는 어떤 신호를 발견한다면 우리는 그들에 대한 투자를 시작해야 한다 (한 가지 신호는, 우리의 관점과 관련된 사안이 일반적인 비즈니스 출판물에서 다뤄지기 시작하는 것이다).

마지막으로 가장 느린 집단이 흐름에 합류한다. 하지만 이들을 쫓아다닐 필요는 없다. 이들은 혁신을 가장 늦게 받아들이며, 일반적으로 가격에 대단히 민감하다. 이들을 앞서 공략할 필요는 없다.

5단계:
시장을 관찰하고 필요할 때 전략 수정하기

나의 고조할아버지는 마차에 페인트칠을 하는 사람이었다. 그러나 1900년대 초에 자동차가 등장했을 때 그 흐름에 편승하지 못했고, 10년 가까이 일자리를 구하지 못했다. 그는 변화를 선택하는 대신, 당신 경력의 가치가 완전히 사라져버릴 때까지 바라보고만 있었다.

가문 대대로 내려오는 이 이야기는 내게 강한 인상을 남겼고, 나는 많은 회의에서 임원들에게 마차 페인트공이 되어서는 안 된다고 경고했다.

블록버스터 외에도 많은 기업이 경쟁이나 시장 변화를 예측하고 충분히 빨리 대응하지 못하면서 역사 속으로 사라져갔다. 코닥**Kodak**과 제록스^{Xerox}, 음반사, 신문, 서점을 비롯한 많은 기업이 디지털 혁명의 가치를 과소평가했다. 아마존이나 애플과 같은 기업이 등장해 기존 비즈니스를 몽땅 빼앗아버릴 것이라고는 전혀 상상하지 못했다.

애플은 다양한 시장 지배 사례와 여러 번의 기록 갱신, 획기적인 성장으로 잘 알려진 기업이다. 하지만 이런 애플도 1997년에 파산의 위기를 맞은 적이 있다. 계속해서 손실을 기록하고, 주요 엔터프라이즈 시장에서 힘을 얻지 못하고, 마이크로소프트 운영체제 및 어플리케이션에 밀리고 있었다. 다양한 제품들이 서로의 시장을 잠식했고, 여러 가지 사업을 벌이면서 핵심 비즈니스에 충분히 집중하지 못했으며, 핵심 사명에 대한 비전도 잃어버리고 말았다. 그때 스티브 잡스가 자신의 기업인 넥스트를 인수하고 애플로 복귀하면서 CEO 자리에 올랐다. 이후 그는 가차 없이 기존 관행을 공격했다. 심지어 그중 일부는 마이크로소프트를 노골적으로 싫어했던 잡스가 처음 애플을 떠나기 전에 직접 장려했던 것들도 포함되어 있었다. 잡스는 '이길 수 없다면 함께하라'라는 마음가짐을 바탕으로 기존 접근 방식을 완전히 뒤집어서 맥 사용자가 MS 오피스에 매력을 느끼도록 통합하는 5년 계약에 서명했다. 그의 말을 들어보자.

> 앞으로 나아가고자 한다면, 애플이 다시 번영하는 모습을 보고자 한다면 여기서 우리는 몇 가지를 버려야 합니다. 그중 하나는 애플이 이기고 마이크로소프트가 져야만 한다는 생각입니다.

잡스는 경영진이 모인 자리에서 이렇게 말했다. "이 기업에서 무엇이 문제인 줄 아십니까? 제품이 엉망이에요. 매력적인 것을 도무지 찾아볼 수 없군요." 그는 애플의 제품 전략을 완전히 뒤집어놨다. 제품군을 줄이고 소수 제품에 새롭게 집중했으며, 여러 다양한 프로젝트를 중단했다. 1998년에는 다채로운 색상의 아이맥 제품을 출시해 기본으로 돌아갔다. 아이맥은 5개월 만에 80만 대 판매고를 기록하면서 애플을 다시 흑자로 돌려놨다. 1998년 애플은 3년 만에 흑자를 기록했다. 1년 후 순이익은 95퍼센트 성장했고 주가는 140퍼센트나 뛰었다.

할리데이비슨의 주가는 대침체에 맞서 싸우면서 2014년에 정점을 찍은 후 최근 하락세를 보이고 있다. 주요한 이유는 바로 인구 구성의 변화로, 이는 기업의 통제 범위를 벗어난 것이다. 할리데이비슨의 주요 소비자 집단인 베이비부머 세대는 이제 나이가 들어가고 있고, 젊은 소비자는 반항아 이미지나 값비싼 대형 오토바이가 아닌, 적절한 예산에 어울리는 '손쉬운 교통수단'을 원한다. 다시 말해, 할리데이비슨이 지향하는 가치의 정반대를 원한다. 2018년 할리데이비슨은 차세대 글로벌 라이더 구축을 위한 2027 성장 전략을 발표했다. 여기에는 새로운 시장을 위해 출시한 최초의 전기 오토바이를 비롯한 신상품, 새로운 유통 채널, 딜러와 소비자 경험을 강화하기 위한 방안이 담겨 있었다. 하지만 중대한 질문은 여전히 남아 있다. 할리데이비슨은 과연 다시 속도를 높일 수 있을 것인가?

가장 뛰어난 전략에 기반해 발사 모드를 시작했다고 해도, 기업은 지속적으로 경계하고 언제라도 전략적 변화를 취할 태세가 되어 있어야 한다. 무엇보다도 우리는 고도로 역동적인 세상에서 살고 있으며, 이곳에서는 어떤 일이라도 일어날 수 있다. 신기술이든, 새로운 규제든, 갑작스러운 경제 침체나 테러 공격이든 간에 말이다. 무한한 가능성이 언제나 열려 있다. 우리는 시간이 흐르면서 떠오르는 트렌드를 발견하고, 기회를 맞이하거나 새로운 도전 과제를 직면할 것이다. 그러니 언제나 주위를 둘러보자.

지평선을 살피는 임무를 할당하기

비교적 최근까지도 '전략'은 많은 임원의 도움을 받아 CEO(혹은 사업부 책임자)가 책임져야 할 과제였다. 하지만 최근 최고 전략 책임자(CSO)가 모습을 드러내기 시작하고 있다. 우리는 대단히 빠른 변화의 속도에 직면하는 에어비앤비나 세일즈포스, 우버와 같은 기업에서 그들의 존재를 찾아볼 수 있다. 기업이 공식적인 직함을 발표하지 않는다고 해도, 조직 내 누군가는 바로 그러한 역할을 수행하고 있다. 유타주 병원 22곳으로 이뤄진 의료 시스템의 한 최고전략책임자는 전략을 책임지는 고위급 인물의 필요성, 인력의 일상 업무를 감시하는 역할을 분담하는 일의 중요성을 이렇게 설명한다.

> 전략의 중요성이 높아지는 가장 큰 이유는 우리를 둘러싼 세상이 변하는 속도입니다. 변화의 일부는 의식적으로 이루어진 것으로, 일관적인 방향으로 진행되지만 많은 부분이 대단히 혼란스러워서 오늘은 이 방향으로 갔다가 내일은 저 방향으로 움직입니다. 정확한 경로를 이해하는 과제는 제가 처음 일을 시작했을 때보다 훨씬 더 어려워졌습니다.

당신의 비즈니스 역시 시속 500마일의 속도로 변화하고 있을 것이다. 속도가 너무도 빠르기 때문에 동일한 인물이 기업의 방향을 결정하고, 매시간 의사 결정을 책임지는 동시에 지평선을 바라보면서 장기적인 계획을 수립할 수 없다. 경영자에게는 목적지를 알고, 시장 변화를 거시적인 안목으로 바라보고, 여정을 헤쳐나가고, 언제 방향을 바꿔야 할지 아는 조타수가 필요하다. 경영진이 중요한 전략적 결정을 내리는 동안, 우리는 또 다른 사람(혹은 거대 조직이라면 팀)을 지목해 장기적인 차원에서 여정을 헤쳐나가도록 해야 한다. 이러한 인물의 과제는 시장과 경쟁 상황을 끊임없이 관찰하고, 시장 흐름을 평가하거나 예측하고, 전략적인 수정 사항을 확인하는 일이다. 이러한 인물이나 팀은 일상적인 업무를 처리하거나 단기적인 재정 성과의 압박을 받도록 해서는 안 된다. 대신에 그 팀은 단기적인 성과 때문에 받는 부담에서 벗어나 장기적인 관점을 유지할 수 있어야 한다. 그러지 못할 때, 기업은 결국 곤궁에 처하게 된다. 이는 경기장을 가로질러 달려오는 상대편을 수비할 선수 하나 없이 모두가 공격에 가담하는 것과 다를 바 없다.

주기적인 흐름을 타는 산업에서 비즈니스를 운영하고 있다면, 우리는 상향과 하향이 일어나는 패턴을 배워야 한다. 예를 들어, 부동산 시장에서 과열을 말해주는 한 가지 분명한 신호는 콘도 전환(아파트를 콘도로 바꾸는 것—옮긴이)이다. 콘도 전환은 구매 수요가 많고 가격이 대단히 높아서 임대를 통한 자본 수익률이 아주 낮다는 의미다. 그럴 때, 아파트를 임대하는 것보다 매각하는 편이 합리적인 선택이다. 부동산 산업에 종사하는 이들은 이러한 사실을 잘 안다. 시장이 정점을 찍고 나면 하락세가 시작된다. 물론 그 정확한 시점을 아는 사람은 없지만, 그래도 현명한 이들은 신호에 주시하고, 준비를 하고, 하향세를 이용하기 위한 태세로 전환한다.

자신의 분야에서 이와 같은 선행 신호를 관찰하고 확인하는 노력이 중요하다. 어떤 이들에게 그 신호는 유가가 될 수도 있고, 주택 착공 건수나 비정규직 근로자 채용의 증가와 감소, 혹은 기업공개(IPO) 건수가 될 수도 있다. 기술 분야에서 한 가지 신호는 마케팅 인력 고용이 치솟았다가 떨어지는 것이다. 이러한 시장 신호를 파악하고 준비하자.

직접적인 경쟁이나 고객이 선택할 수 있는 경쟁 대안에도 주목하자. 우리가 시장 지배 전략을 기반으로 큰 성공을 거뒀다면, 시장은 조만간 미-투로 가득 찰 것이기 때문이다.

6단계:
필요할 때 관점과 솔루션을 업데이트하기

시장이 끊임없이 변화하는 가운데 가만히 서 있을 수 없듯이, 관점과 솔루션 역시 시장에 맞게 변화해야 한다. 우리는 끊임없이 시장과 교류하고 자신의 관점과 제안에 대한 피드백을 얻어야 한다. 시장이 역동적일수록 우리는 더 많은 관점을 업데이트하고 새롭게 제시해야 한다.

발사 모드에서 모든 단계를 실행하고 잠재력 높은 트렌드에 따라 발생하는 복잡한 문제에 집중하기로 결정했다면, 당신의 관점은 아마도 안정적이고 꽤 오랜 시간 동안 많은 수정을 요구하지 않을 것이다. 그러나 함정은 언제나 세부적인 사항과 실행 속에 숨어 있으므로 기업은 솔루션을 끊임없이 수정해나가야 한다.

세일즈포스는 설립 후 20년 동안 극적인 진화 과정을 거쳤다. 초반에는 소규모 세일즈 팀에 집중했지만, 이제는 세일즈와 마케팅, 고객 교류 전반을 아우르는 방대한 규모의 클라우드 기반 솔루션을 제공하고 있다. '소프트웨어의 종말'이라는 주제는 지금도 여전히 유효하지만, 세일즈포스는 최근 새로운 유형의 개척자를 주제로 사용자와 개발자에게 메시지를 전달하는 데 집중하고 있다. 오늘날 이러한 모습은 세일즈포스의 점화 모드 전반에 걸쳐 쉽게 찾아볼 수 있다. 2019년 최고 마케팅 책임자 스테파니 부세미는 이렇게 말했다. "두 가지 주제를 뒷받침하는 전제는 동일합니다." 그러나 현재 '노 소프트웨어No Software' 로고는 사라졌다. 요즘에는 더 이상 큰 의미가 없기 때문이다. 이제 서비스형 소프트웨어와 클라우드 컴퓨팅이 주류로 자리를 잡았다.

지속적인 차별화를 위한 기업이 해야 할 일에 대해 내 견해는 지난 10년간 크게 변하지 않았다. 아폴로 접근 방식의 근간은 달라지지 않았다. 하지만 아폴로 접근 방식의 의미와 세부 사항, 실행 방식은 크게 변화했다. 인터넷, 언제든 사용할 수 있는 분석 서비스, 캠페인 관리 툴을 비롯한 다양한 기술은 언론 홍보와 다이렉트 마케팅, 신뢰자 커뮤니티와 상호작용할 수 있는 역량 등을 완전히 바꿔 놨다. 발사, 점화, 항해, 가속 모드에서 실행해야 할 전략의 일부는 시간의 흐름에 따라 바뀌었다. 하지만 근본적인 전략과 단계는 여전히 그대로다.

앞서 언급한 경쟁 역시 마찬가지다. 3장에서 논의했던 것처럼 고-투 기업은 언제나 열정을 유지하며, 성공을 당연하게 받아들이지 않는다. 다른 기업들은 언제나 번지르르하게 말만 잘하지만, 결코 그들이 우리처럼 행동할 수 없도록 만들어야 한다. 언제나 자신의 솔루션과 함께 몇 발자국 앞서 가야 한다. 자신의 솔루션을 항상 비판적인 시각으로 평가하고, 다른 이들이 흉내 내거나 뛰어넘을 수 없는 방법을 모색해야 한다. 그리고 가속을 통해 항상 앞서 나가야 한다. 이제 다음 단계로 넘어가보자.

7단계:
변화하는 시장에 계속 적응하고 앞서 나가기

유명 카레이서 리처드 페티는 온타리오 모터 스피드웨이 500마일 경주에서 우승을 차지하려면 얼마나 빨리 달려야 하는지 질문을 받은 적이 있다. 그의 대답은 이러했다. "그건 2등이 얼마나 빨리 달릴 것인지에 달렸죠."

당신이 지금 1등을 목표로 삼고 있고, 수십 명의 경쟁자가 뒤따르고 있다고 상상해보자. 시장이 어디로 흘러가는지 항상 살피고, 그에 따라 전환할 준비를 해야 한다. 언제나 비상 계획을 마련해두고, 다양한 시나리오에 준비가 되어 있어야 한다.

아폴로 스페이스 프로그램이 출범한 지 약 30개월이 흐르고 다음 선거까지 1년의 시간이 남았을 때, 케네디는 NASA 행정관 제임스 웹과 사적인 만남에서 나쁜 소식을 전해 들었다. 케네디가 비록 재선에 성공한다고 해도, 그가 백악관에 있는 동안에는 미국이 달에 가지 못할 것이라는 이야기였다. 다음은 기록된 대화 내용을 발췌한 것이다.

케네디: 재선이 된다고 해도 임기 동안에 달에 가지는 못하겠군요. 그렇죠?

웹: 그렇습니다. 달에 가지는 못할 겁니다. 그보다 더 오랜 시간이 걸릴 겁니다.
　　힘든 일이죠. 정말로 힘든 일입니다.

케네디: 인간을 달에 보내는 게 좋은 생각일까요?

웹: 아마도 후회하지는 않을 겁니다.

케네디는 선거 기간에 들어갈 막대한 장기 투자에 대해, 특히 소련과의 긴장 고조에 대해 이미 많은 고민을 하고 있었다. 이틀 후, 케네디는 UN 연설에서 미국과 소련이 함께 달 착륙을 하면 좋을 것이라고 제안하면서 NASA와 미 의회, 그리고 전 세계를 충격에 빠트렸다.

이후 거센 역풍이 일자 케네디는 자신의 입장을 뒤집을 준비가 되어 있었다. 그러나 달 착륙을 향한 미국의 열정을 다시 한번 확인할 연설을 하러 가는 길에 그는 총에 맞고 말았다.

이는 NASA와 아폴로 프로그램, 아폴로 이후의 미국 우주 프로그램이 지속적으로 추적 관찰하고 적응해야 했던 많은 불확실성의 한 가지 사례에 불과했다. 이후 백악관의 행정과 정책이 바뀌었고, 우주 탐사에 대한 여론과 예산 지원이 바뀌었다. 오늘날에는 스페이스X와 버진 갤럭틱, 블루 오리진과 같은 민간 프로젝트가 경쟁을 벌이고 있다.

애플 역시 한 번도 멈추지 않았다. 하드웨어에서 소프트웨어로, 다시 스트리밍 서비스로 이동했다. 아마존 또한 시장 변화와 흐름에 끊임없이 적응했다.

산업에 영향을 미치는 흐름을 주시하자. 세계 대학 순위 최상위권을 차지하는 학교를 포함한 전 세계 대학은 온라인 학습 동향을 신중하게 분석하고 있으며, 이러한 흐름이 고등 교육의 미래에 지대한 영향을 미칠 것으로 내다보고 있다. 자동차와 관련된 모든 분야는 자율 주행 기술의 잠재적 영향력에 주목하고 있다. 해당 분야로는 자동차 제조 업체를 포함한 공급 업체, 보험사, 차량 공유, 택시, 주요소, 편의점, 주차장, 교통 관련 정부 기구 등이 있다. 유튜브와 스트리밍 서비스는 유료 TV 시장의 매출을 잠식하고 있다. 2018년에 미국에서만 약 3,300만 명이 유료 케이블 서비스를 취소했는데, 이 수치는 2017년보다 32.8퍼센트나 더 높다. 골프 채널 역시 2008년 이후로 미국에서만 500만 명의 구독자를 잃어버렸다. 오늘날 밀레니얼 세대는 수많은 산업에 걸쳐 변화를 주도하고 있다. 그들은 가공식품을 멀리하고, 사치품을 소유하기보다는 대여하는 방식을 선호하고, 학자금 대출에서 벗어나기 위해 안간힘을 쓰면서 고급 백화점보다 할인 매장을 즐겨 찾는다.

참고할 만한 한 가지 사례로, 시벨 시스템은 1990년대에 영업 자동화 소프트웨어 분야의 고-투 기업이었다(이후 그들은 고객 관계 관리 시장으로 확장했다). 설립 후 5년이 흐른 1993년에 시벨은 시장에서 강력한 세력으로 성장했다. 연 매출은 20억 달러에 달했고, 직원 수는 8,000명, 그리고 시가총액은 300억 달러에 육박했다. 어떤 경쟁자도 따라오지 못했다. 그러나 경기 침체가 시작된 2001년 무렵, 시벨은 인수 합병을 통해 덩치를 두 배로 불린 상태였고 충분히 빠른 속도로 조직을 감축하지 못했다. 많은 주요 기업처럼 시벨은 경기 침체로 큰 타격을 입었다. 난관을 타개하기 위해 제안의 일부를 클라우드로 전환해 고객 수요를 회복하고 세일즈포스와 같은 신흥 기업을 따라잡고자 했다. 하지만 때는 너무 늦었다. 2005년 오라클은 시벨을 58억 5,000만 달러에 인수했다. 그동안 세일즈포스는 지금처럼 거대한 규모로 성장했다.

8단계:
고-투 지위를 유지하면서 신중하게 확장하기

우리는 앞서 세일즈포스가 어떻게 영업 자동화를 기반으로 비즈니스를 시작했고, 이후로 어떻게 고객 관계 관리와 마케팅 분야로 넘어갔는지 살펴봤다. 일단 고-투 지위에 오르면 우리는 전략적으로 신중하게 인접 시장으로 확장할 수 있다. '인접'이라는 용어에는 큰 의미가 있다. 여기서 중요한 사실은 우리가 활동하는 모든 시장이 상호보완적이어서 자원을 효율적으로 활용할 수 있다는 점이다. 이 말은 동일한 고객에게 보다 광범위한 솔루션을 판매하는 것일 수도 있고, 동일한 솔루션을 보다 광범위한 고객 집단에게 판매하는 것일 수 있다. 아니면 또 다른 핵심 경쟁력을 활용해 새로운 솔루션을 새로운 고객에게 판매하는 것일 수도 있다. 중요한 점은 모든 계란을 하나의 바구니에 몽땅 담아서는 안 된다는 것이다. 하지만 이러한 노력도 일단 견고한 기반을 다진 후 시작해야 한다.

아마존은 세 가지 모두를 성공적으로 해냈다. 가장 먼저 도서 시장을 장악하고 난 뒤, 음반을 시작으로(당시 CD를 판매했다) 고객들에게 추가적인 제품을 '제안'하기 시작했다. 그다음으로는 휴가 기간에 몰려드는 엄청난 트래픽을 활용해 주택 개조 용품, 소프트웨어, 비디오게임, 선물 등 인기 있는 카테고리로 비즈니스를 확장했다. 또한 인수 합병을 통해 거대한 고객 집단을 새롭게 확보했다. 2015년 아마존은 우리가 생각할 수 있는 거의 모든 제품으로 시장 영역을 넓혔고, 월마트의 시가총액을 앞지르면서 미국에서 아홉 번째로 큰 유통 업체로 성장했다.

그러나 그게 다가 아니다. 아마존은 사람들이 눈치채지 못하는 사이에 클라우드 컴퓨팅(원격 데이터 저장 및 처리) 시장에서 고-투 기업이 되었다. 다른 기업이 아마존의 유통 시스템과 통합할 수 있도록 정교한 데이터 센터 시스템과 소프트웨어 플랫폼을 구축하고 난 뒤, 그들은 이러한 핵심 경쟁력을 바탕으로 시장이 충족시키지 못한 수요에 집중하기 시작했다. 리서치 기업 가트너에 따르면, 상당한 규모의 부가 사업으로 성장한 아마존의 AWS는 2017년에 놀랍게도 51퍼센트의 시장점유율을 차지했다. 2018년에는 260억 달러 규모의 비즈니스로 성장했으며, 마이크로소프트와 IBM, 오라클 등 많은 기업을 누르고 클라우드 인프라 분야의 고-투 기업으로 우뚝 섰다.

다른 한편으로, 테네코의 비즈니스 여정은 우리에게 무엇을 하면 안되는지를 잘 보여준다. 테네코는 미국에 최대 천연가스 파이프라인 네트워크를 구축하면서 1940년대와 1950년대에 가스 수송 시장의 고-투 기업으로 성장했다. 1950년대에는 여러 석유 기업을 인수했으며, 1980년에는 석유 및 광물 기업을 사들였다. 여기까지는 좋았다.

이후 테네코는 수렁으로 빠져들었다. 1970년대에는 기업들이 기존 핵심 제품과 관련 없는 비즈니스 분야로 다각화하는 흐름이 나타나기 시작했다. 테네코 역시 이러한 유행에 편승하면서 그들의 핵심 비즈니스와 조화를 이루지 못하는 자본 집약적인 기업을 12곳 넘게 인수했다. 여기에는 뉴포트 뉴스 조선소와 J. I. 케이스(농업 및 건설용 기계 제조), 영국 화학 기업, 자동차 부품 회사, 보험사, 가정용품 기업 등이 포함되었다. 심지어 한때 테네코는 최대 건조 견과류 및 과일 가공업체로서 하우스오브아몬드House of Almonds나 모로우스넛하우스Morrow's Nut House와 같은 브랜드까지 소유한 적이 있었다. 또한 네 곳의 유통 센터와 과자 제조 공장을 비롯해 미국 전역에 수십 곳에 달하는 유통 매장을 운영했다.

나는 이 모두를 직접 목격했다. 우리 아버지는 조선소에서 토목 기사로 사회생활을 시작했다. 아버지는 거기서 항공기 운반선 설계에 참여했고, 나중에는 고위 관리직에 오르셨다. 나는 수리를 대비해 선박의 예비 부품을 사들이는 일을 하는 엔지니어링 물류 팀에서 여러 해에 걸처 단기 인턴으로 일한 적이 있었다. 홍보 팀에서 일을 하기도 했었다. 어릴 적 아버지가 베이커스필드로 출장을 다녀오시면서 아몬드를 사 오신 것을 보고 조선소를 운영하는 기업이 땅콩 사업까지 하는 게 이상 하다고 생각했다.

물론 실제로 이상한 일이었다. 1980년대 테네코는 여러 계열사를 매각하는 과정에서 주주들과 갈등을 빚었고, 인수 대상으로 떠오르기 도 했다. 이후 테네코는 일부 사업부을 매각하고 집중 전략을 펼쳤다. 그럼에도 1991년 새로 취임한 CEO는 해고와 매각, 배당 감축 등 극단 적인 처방을 내려야만 했다. 『블룸버그 비즈니스위크』는 그를 "힘든 (tough) 시기를 돌파하기 위한 냉정한(tough) 보스"라고 불렀다. 결국 테 네코는 3년 만에 지난 2년간 기록했던 20억 달러 손실에서 벗어나 4억 2,600만 달러의 순수익을 달성했으며, 부채 자본 비율을 70퍼센트에서 49.3퍼센트로 낮추는 데 성공했다.

테네코는 인접 시장으로 확장하는 전략에 기반해 자동차 부품을 생 산하고 납품하는 기업으로 진화했다. 주가의 꾸준한 성장으로 알 수 있 듯이 새로운 전략은 효과적이었다. 2001년 말에서 2017년 초까지 테네 코의 주가는 주당 2달러 미만에서 67달러 이상으로 치솟았다. 게다가 테네코는 회계 기업인 PwC로부터 자동차 납품 업체 중 주주에게 최고 의 수익을 돌려준 것으로 상을 받기까지 했다. 이야기는 아직 끝나지 않았다. 치솟는 원자재 가격, 자동차 산업의 위축, 주요 인수 합병의 흐 름에 직면한 가운데 테네코가 얼마나 효과적으로 이러한 폭풍을 헤쳐 나갈 것인지는 앞으로 더 지켜봐야 할 것이다.

일단 최고의 자리에 올랐다면 어떻게 그 자리를 지킬 것인지 고민해 야 한다. 어느 누구도 예외가 아니다.

핵심 🚀 정리

가속 모드에서 우리는 비전을 새롭게 하고 속도를 높여 시장 변화와 경쟁에 앞서 나가야 한다. 우리는 계속해서 변화하는 상황 속에서 비즈니스를 운영하고 있기 때문에 항상 적응할 준비를 하고 방향을 수정할 수 있어야 한다. 비전, 전략, 관점, 솔루션, 운영을 필요할 때마다 수정하고 자신의 현재 상황을 객관적으로 평가하는 것으로 시작하자. 다른 한편으로 고객 관계를 강화하고, 확장하고, 빠른 다수 집단을 공략하고, 다른 영역으로 확장해나가자. 시장 전반에 걸쳐 지속적으로 리더십을 발휘하고, 신뢰자 커뮤니티를 구축해 시장 인플루언서와 고-투 기업으로 지위를 강화하자. 무엇보다 건강한 열정을 유지하자. 아무리 기반을 탄탄하게 다졌다고 해도 언젠가는 시장이 미-투로 가득 찰 것이기 때문이다.

1997년 제프 베이조스는 아마존의 기업공개와 관련해 이를 잘 묘사했다. 당시 그는 처음으로 '첫날(Day 1)'이라는 개념을 소개했다. 이 개념은 기업이 언제나 첫날인 것처럼 비즈니스를 운영해야 한다는 믿음을 일컫는다.

> 두 번째 날은 정체(Stasis)된 상태일 겁니다. 그 뒤로는 무관심과 고통스런 추락, 죽음만이 있을 뿐이죠. 그러므로 우리는 언제나 '첫날'이어야만 합니다. 궤도에 오른 기업은 수십 년간 두 번째 날을 보내며 수확하겠지만, 그 끝을 막을 수는 없습니다.

이와 관련해 베이조스는 최근 서한에서 이렇게 언급했다.

트렌드를 재빨리 받아들이지 않으면 세상은 우리를 두 번째 날로 밀어 넣을 것입니다. 흐름에 맞서 싸우는 것은 곧 미래에 맞서 싸우는 것입니다. 흐름을 받아들이고 순풍을 맞이하십시오.

실천 과제

다음의 가속 업무 계획표를 작성해보자. 늘 강조하건대, 당신과 당신의 팀이 이 장에서 소개한 단계를 모두 실행한다면 가장 좋겠지만, 만약 그럴 수 없다면 자신의 현재 상황에 기반해 어떻게든 첫발을 내디뎌보도록 하자.

비전을 새롭게 하고 속도를 높이기

업무 계획표

가속

현재 무엇이 제대로 운영되고 있지 않은가? 진행 방향의 수정이 필요한가?

_____

_____

기존 고객에게 교차 판매와 업셀링이 가능한가?

_____

_____

신뢰자 커뮤니티를 이끌고 확장하려면 무엇이 필요한가?

_____

_____

빠른 다수를 대상으로 폭넓게 침투할 준비가 되어 있으며, 시장에서 힘을 얻고 성공담을 구축할 준비가 되어 있는가? 이를 위해 무엇이 필요한가? 누구를 목표로 삼을 것인가?

_____

_____

어떤 방식으로 시장을 끊임없이 주시하고 필요할 때 재빠르게 전략을 수정할 것인가? 항상 앞서 나가기 위해 어떻게 해야 할까?

_____

_____

경쟁 시장에서 무슨 일이 벌어지고 있는가?

_____

_____

시장 트렌드는 당신의 시장과 관점, 전략과 솔루션에 어떤 영향을 미치는가?

_____

_____

관점은 아직도 유효한가? 수정이 필요한가? 수정 사항을 어떻게 시험할 것인가?

_____

_____

새로운 관점을 발견했는가? 이에 따라 솔루션을 수정해야 하는가?

_____

_____

목표 시장 다트판에서 두 번째 링으로, 또는 인접 시장으로 확장할 준비가 되어 있는가? 목표 고객 전략을 바꿔야 할까? 그렇다면 누구를 목표로 삼겠는가?

_____

_____

9장

1페이지 비행 계획서

지금까지 4단계 모드를 모두 살펴봤다. 그런데 우리에게는 너무나 방대한 과제다. 당신은 어쩌면 과제의 규모에 압도당했을지도 모른다. 도대체 어디서부터 시작해야 할까? 나는 1페이지 비행 계획서와 30일 챌린지를 추천한다. 이를 통해 곧바로 성과를 확인할 수 있다.

나는 한 권(또는 그 이상)의 바인더를 채우기에 충분히 광범위한 계획을 이야기했다. 하지만 그것을 1페이지로 정리할 수 있다면 부담은 크게 줄어들 것이다. 그 1페이지를 양파의 가장 바깥 껍질이라고 생각해 보자. 우리는 필요할 때 언제나 껍질을 벗길 수 있다. 아폴로 접근 방식은 본질적으로 '전략'이다. 우리는 상황에 따라 전략을 수정할 수 있고, 이를 실행에 옮기기 위해 필요한 전술 활동을 확인해야 한다. 자신의 계획을 1페이지로 요약해보는 활동을 통해 우리는 앞으로 나아가기 위해 필요한 '몇 가지 핵심' 행동에 집중하게 된다. 아폴로 접근 방식의 전부를 단 한 번의 노력으로 실행에 옮길 수 있는 조직은 거의 없을 것이다. 당신은 아마도 여러 단계를 거쳐 이를 실행할 것이다.

1페이지 비행 계획서를 작성하려면 앞의 5~8장 마지막에 작성했던 업무 계획표가 필요하다. 앞선 장들에서 소개한 과제를 실행하고, 시장을 잘 알고 있다면 작성은 어렵지 않을 것이다. 하지만 당신이 활동하고 있는 시장이 복잡하거나 빠르게 변화하고 있다면 쉽지 않은 과제였을 것이다. 아직 계획표를 작성하지 않았다면 지금 당장 해보자.

특정 부분에서 앞으로 나아가지 못하고 있다면, 지금은 건너뛰고 나중에 다시 살펴보자. 일단 자신의 현재 상황에 기반해 작성한 뒤 나중에 수정해도 좋다. 일부 과제는 아마도 더 많은 조사와 분석이 필요할 것이다. 이를 퍼즐 맞추기처럼 할 수 있는 만큼 조금씩 채워나가도 좋다. 그러나 1페이지 비행 계획서로 요약한다면 분석 과정에서 발생하는 버퍼링 사태를 피하면서 시작할 수 있다.

어쨌든 1페이지 비행 계획서는 간결한 지름길이다. 핵심은 간결해야 한다. 다음 쪽에서 볼 수 있듯이 한 장의 종이에 모든 것을 집어넣을 수 있어야 한다.

앞서 우리는 시장 지배를 위한 아폴로 접근 방식의 각 모드와 관련해 많은 세부적인 사항을 다뤘다. 하지만 그렇게 복잡하지는 않을 것이다. 모든 조직은 한 번에 여러 과제를 실행할 수 있는 역량을 갖추고 있기 때문이다.

이제 평가하자

모든 업무 계획표를 작성했다면 이제 당신이 손에 쥐고 있는 것은 시장 지배를 위한 청사진이다. 이 자료가 거시적인 시각을 갖추고 전체

시장 지배를 위한 아폴로 접근 방식 (1페이지 비행 계획서)

발사　　점화　　항해　　가속

이 이미지는 1페이지 비행 계획서를 한눈에 보여주는 것이다. 자세한 내용은 앞에서 소개한 것과 같다.

적으로 조화를 이루는지, 논리적인지, 적절한지 판단해보자. 누락된 부분이 있다면, 양식을 수정하거나 추가하자. 자신의 상황과 비즈니스에 맞게 수정하면 된다.

다음으로 계획표에서 각 항목을 훑어보고 얼마나 고유한지, 본격적으로 준비가 되어 있는지 5점 만점을 기준으로 점수를 매겨보자. 예를 들어, 관점이 신선하거나 고유하지 않고 현재 상태만 반영한 것인가? 그렇다면 1점을 주자. 제안은 고유하지만 실질적인 결과를 가져다주는 '완전한 솔루션'이 아니라 아직 제품이나 서비스 단계에 불과한가? 그렇다면 3점을 주자. 이런 식으로 계속해나가면 된다. 이제 당신은 자신의 강점과 약점, 할 수 있는 일, 수정해야 하는 부분을 이해할 수 있을 것이다.

널리 퍼뜨리기

내부 이해관계자를 시작으로 주요 이해관계자들 사이에서 이 자료를 널리 퍼뜨리자. 그들이 비판자 입장에 서서 허점을 발견하도록 하자. 그들이 검사 역할을 맡고, 당신이 변호인 역할을 맡도록 하자. 그들에게서 피드백을 얻고 반응을 확인하자. 대화를 통해 자료를 좀 더 개선하고, 모든 모드의 구성 요소인 피드백 과정을 실행하는 기반으로 삼자. 여기서 산업 분석가와 전문가의 조언이 큰 도움이 될 수 있다.

이 계획표를 지속적으로 업데이트하고 개선할 수 있는, 자료라고 생각하자. 우리는 모든 대화로부터 뭔가를 배울 수 있다. 조직 내외부의 신뢰하는 사람들로부터 조언을 받아들인다면, 우리는 놀라운 통찰력과 더불어 계획에 대한 확신을 얻을 수 있다.

시작하기

이제 우리는 전략적인 계획을 수립하고, 이를 전술적인 행동 계획(업무 계획)으로 전환했다. 다음으로 전체 일정을 시각적으로 보여주는 간트 차트^{Gante chart}를 작성하자. 스프레드시트나 프로젝트 관리 툴을 활용해 작성한다. 간단한 스프레드시트 양식으로 시작해볼 수 있다.

30일 챌린지에 착수하기

업무 계획서가 너무 어려운 과제처럼 보이고 즉각적인 성과를 얻기 위해 도움이 필요하다면, 쉬운 30일 챌린지 프로그램으로 시작해보자. 이 장의 마지막에서 자세한 내용을 확인할 수 있다. 이 프로그램은 일일 과제와 더불어 굉장히 구체적으로 짜여 있다. 메시지 전달과 포지셔닝, 가치 제안, 실행 면에서 조금씩 개선해나간다면 의미 있는 변화를 확인할 수 있을 것이다.

놓치기 쉬운 함정을 피하는 방법

이 자료는 많은 측면에서 이야기를 나누기는 아주 쉽지만, 큰 장애물이 없다고 해도 실행하기란 매우 힘들다. 고-투가 되려는 기업의 노력을 무산시키는 공통적인 장애물이 존재한다. 이는 대부분 조직 내부에서 비롯된다. 다음은 네 가지 공통적인 함정과 그 함정을 피하거나 극복하는 방법이다.

• 너무 많은 기업가가 조직을 서로 다른 방향으로 이끈다

특히 서비스 기업에서 공통으로 나타나는 문제다. 자신이 원하는 '한 가지' 방향을 결정하는 과정에서 의견을 구하고, 모두가 동의하지 못한다면 일부가 물러나도록 하자. 애플의 경우, 공동 설립자인 스티브 잡스와 스티브 워즈니악이 더 이상 의견을 일치시키지 못하자, 워즈니악은 자신의 개입을 줄이기로 결정하면서 이렇게 말했다. "애플은 지난 5년간 잘못된 방향으로 나아갔다."

• 팀의 구성원 모두가 비전과 기업의 목표를 분명하게 이해하는 것은 아니다

내부적으로 의사소통하고, 의사소통하고, 또 의사소통해야 한다. 그와 더불어 교육해야 한다. 외부의 메시지를 받아들이기 전에 조직 내모든 사람이 노래를 알고 따라 부를 수 있어야 한다. 우리는 앞선 사례에서 마크 베니오프가 세일즈포스 브랜드의 정의와 비전을 팀원들이 제대로 공유하고 있지 않다는 사실을 어떻게 발견했는지, 그리고 교육과 훈련을 통해 그것을 바로잡는 일이 왜 그토록 중요한지 확인했다.

• 자신의 고-투 포지션이 고유하고, 설득력 있고, 핵심에 충분히 집중하고 있다고 생각하지만, 사실은 그렇지 않다

일단 고-투 포지션에 도달했다고 생각한다면 검증하고, 검증하고, 또 검증하자. 그다음 결함을 찾아내자. 특히 고객이나 잠재 고객, 시장 인플루언서들이 그렇게 하도록 허락하자. 미국은 1950년대 말 우주 경쟁에서 고-투 지위를 확보하지 못했다. 그들은 소련이 미국보다 앞서가고 있다고 생각했으며, 케네디에게 무엇을 해야 할지 알아내도록 촉구했다.

• 시장에 너무 일찍 도착했다

흔히 말하길, 좋은 첫인상을 줄 수 있는 기회는 단 한 번뿐이다. 실제로 기업들은 약속을 분명히 지킬 수 있다는 사실을 확인하기도 전에 베이퍼웨어(개발 과정에서 요란하게 광고하지만 완성될 가능성은 거의 없는 소프트웨어—옮긴이)를 섣불리 판매하기 시작한다. 물론 늘 완벽한 제품을 가지고 시장에 나가야 하는 것은 아니다. 최소한으로 '생존 가능한' 제품을 들고 시장에 나갈 수도 있다. 그러나 여기서 중요한 것은 '생존 가능한' 때라는 것을 명심하자. 그만큼도 준비가 되어 있지 않다면, 신뢰를 잃는 건 기본이고, 최악의 경우에는 시장에서 완전히 쫓겨날 수도 있다.

한 가지 사례로 아이오메가의 악명 높은 '죽음의 클릭(Click of Death)'을 살펴보자.

1990년대 말 아이오메가는 소비자 시장을 확장하고 앞서가는 외장 저장 업체가 되기 위해 집드라이브Zip Drive라는 제품을 합리적인 가격에 출시했다. 집드라이브는 고용량 미니 디스크를 사용하는 획기적인 저장 장치로서, 사용자는 이곳에 대용량 파일을 백업해두거나 장치 간에 데이터를 전송할 수 있었다(당시는 소비자들이 느려터진 모뎀으로 인터넷을 하던 '암흑의 시대'였다. USB 드라이브나 고용량 외장 하드를 사용하기까지는 그로부터 오랜 세월이 걸렸다). 집드라이브는 엄청난 히트를 쳤다. 그런데 한 가지 문제가 있었다. 일부 드라이브에서 이상한 클릭 음이 들리기 시작한 것이다. 소음이 들린다는 것은 드라이브 헤드 정렬에 문제가 발생해 더 이상 디스크를 읽을 수 없다는 뜻이었다. 그러나 문제는 거기서 끝이 아니었다. 고장 난 드라이브에 삽입된 디스크는 영구적인 손상을 입었다. 잠깐, 문제는 더 있었다! 손상된 디스크를 다른 정상 드라이브에 넣을 경우, 손상된 디스크는 정상 드라이브의 헤드까지 망가뜨렸다. 고장 난 드라이브는 또 다시 다른 디스크를 손상시키고, 그렇게 문제는 일파만파 커졌다. 백업해둔 소중한 파일을 날려버린 사용자들은 이를 '죽음의 클릭'이라고 불렀고, 이 말은 급속도로 퍼져나갔다. 끝내 이 문제를 해결하지 못한 아이오메가는 결국 다른 기업에 인수되고 말았다.

학창 시절에 한 과목만 D를 맞아도 전체 성적은 크게 떨어지고, 그걸 되돌리려면 오랜 시간이 필요했다는 사실이 기억나는가? 브랜드의 평판 역시 마찬가지다.

아무리 노력한다고 해도 함정은 어디에나 있다. 지금까지 우리는 이 책을 통해 차별화와 성장 목표를 지속적으로 성취해온 고-투 브랜드의 다양한 사례를 확인했다. 하지만 이들 역시 매일같이 도전 과제를 맞이하며, 계속해서 혁신하고 적응하고 앞서나가지 못하면 그들도 위험에 처할 수 있다.

문제가 발생하다

1960년대 미국이 우주 경쟁에서 승리를 쟁취하도록 실질적인 도움을 줬던, 시장 지배를 위한 아폴로 접근 방식의 4단계 모드는 이제 크고 작은 기업이 시장에서 고-투 브랜드로 성장하도록 도움을 주고 있다. 우리는 그 원칙과 기술을 적용해 성공 가능성을 크게 높일 수 있다. 그렇다고 모든 위험을 제거할 수 있는 것은 아니라는 사실을 명심하자. 훌륭한 기업에도 때로 나쁜 일이 벌어진다.

2001년 9월 10일, 링에 올라선 많은 기업들이 자본 시장과 기업의 수익을 질식시킨 닷컴 버블로 18개월 동안 수차례 강펀치를 맞고 나서, 간신히 로프에 기대 만신창이가 된 피투성이의 몸을 추스르려고 안간힘을 쓰고 있었다. 그리고 다음 날, 최악의 테러가 미국의 보안망을 찢었다. 그날은 미국 역사상 가장 어두운 날이었다. 경제적인 관점에서 볼 때, 그 사건은 많은 기업을 말 그대로 KO 시켜버린 재앙이었다.

7년 후인 2008년 9월, 미국 사회는 가장 자랑스러워했던 독립 투자은행 두 곳을 제외하고 모든 은행을 헐값에 팔아넘겨야 할 위기에 처했다. 패니메이Fannie Mae와 프레디맥Freddie Mac은 이들 금융기관이 모두 지불 불능 상태라고 선언했다. 연방준비제도는 아메리칸 인터내셔널 그룹에 850억 달러의 구제 금융을 제공해야만 했다. 앞서가고 있던 보험회사는 구제 금융이 없었더라면 파산을 선언해야 했을 것이다. 미국의 금융 위기는 세계 금융시장을 회복 불가능할 정도로 흔들어놨다. 신용은 갑작스럽게 얼어붙었다. 미국 경제를 비롯해 세계 경제의 대부분이 위기에 직면했다.

어떠한 시장 분석과 계획과 예측도 위의 두 사건을, 그리고 과거와 현재, 미래의 많은 다른 사건을 예상하지 못했다. 이러한 상황에서 기업이 할 수 있는 일은 비즈니스를 관리하고, 최대한 면밀하게 시장을 관찰하고, 최선을 다해 위험을 최소화하고, 성공 가능성을 끌어올리는 것이다.

다행스럽게도 이러한 재앙은 매우 드물게 일어난다. 게다가 어둠의 시기 동안에도 새로운 기업을 설립하거나 시장 문제에 대한 솔루션을 개발할 수 있는 기회가 있다. 가령 디즈니는 대침체 한가운데에서 최초의 장편 애니메이션 영화인 〈백설공주와 일곱 난쟁이〉를 개봉했다. 암울한 마음을 달래기 위해 즐길 거리를 찾던 미국인들은 이 영화를 기꺼이 받아들였다. 일렉트로닉 아츠Electronic Arts와 어도비는 1980년대 초 깊은 경기 침체 속에서 출범했다. 애플은 9·11 테러가 터지고 나서 일주일이 지나기도 전에 아이팟을 출시했다. 금융 기술 및 대출 기업인 캐비지Kabbage는 대침체 한가운데서 출범했고, 2017년 2억 달러의 매출을 기록했다. 세일즈포스는 닷컴 위기와 대침체 속에서 로켓처럼 날아올랐다. 킥스타터와 인스타그램 모두 세계 경제가 금융 위기로부터 회복되는 시점에 출범했다. 또한 넷플릭스는 대침체가 정점을 찍었던 2009년에 새로운 스트리밍 서비스를 선보이면서 300만 명의 신규 고객을 유치했다.

차별화를 통한 시장 지배

시장 지배를 위한 아폴로 접근 방식의 목표는 당신이 고-투 브랜드로서 기반을 구축하도록 도움을 준다는 것이다. 이 접근 방식은 경쟁이 치열한 시장에서 '지속 가능한 차별화'를 이룩하도록 도움을 준다. 합리적인 가격 책정 및 비용 절감을 통해 지속적이고 더 높은 총이익으로 이어질 것이다. 더 높은 이익은 다시 미래를 위한 투자로 이어지며 '지속 가능하고 수익성 높은 성장'에 박차를 가할 것이다. 무엇보다 시장 지배를 위한 아폴로 접근 방식은 탁월한 가치와 결과를 고객에게 선사하도록 만드는 청사진을 제공하고, 이를 통해 고객의 삶과 비즈니스를 크게 개선할 것이다. 고객의 성공은 당신의 성공으로 이어질 것이다.

마지막으로 이 접근 방식을 요약해보자.

- 발사: 공통적이고, 중요하고, 급박한 시장 문제에 대한 고유한 관점, 그리고 고유하고 결과 중심적인 솔루션을 개발하자. 다음으로 시장에 뛰어들어 문제의 소유권을 선언하자.
- 점화: 영향력 있는 인물이나 앞서가는 소비자와 함께 자신의 관점과 접근 방식을 기반으로 시장의 움직임을 촉발하고 지속적으로 점화해나가자.
- 항해: 고객이 기꺼이 높은 가격을 지불할 완전하고, 결과 중심적인 솔루션을 마련하고, 약속을 실천하고, 고객이 문제 해결을 향한 여정을 헤쳐 나갈 수 있도록 도와주자.
- 가속: 미-투가 등장하고 끊임없이 변화하는 시장 환경에 적응하고 속도를 높여 앞서나가자.

시장 지배를 위한 아폴로 접근 방식의 4단계 모드를 반복적으로 실행함으로써 지속적인 궤도(끊임없는 개선 흐름)에 머물자. 이를 통해 지속 가능한 시장 리더십을 얻고 고-투 브랜드로서 건전한 가격 정책을 실행하자.

출범 이후 60년 가까운 세월이 흐른 오늘날에도 아폴로 스페이스 프로그램은 경쟁과 급격한 변화에 직면한 상황에서 인간이 거둔 가장 뛰어난 성취를 보여주는 사례다. 우리 모두는 아폴로 스페이스 프로그램의 성공으로부터 얻은 소중한 교훈을 기반 삼아 비즈니스 경쟁에서 승리할 수 있다. 아폴로 프로그램은 탁월한 롤 모델로 기능하고, 많은 기업이 집중적인 접근 방식을 취하도록 격려한다. 구체적인 시장에서 시장 지배라고 하는 목표를 선언하고, 그 목표를 중심으로 모든 이해관계자의 자원을 집결하자. 아폴로 스페이스 프로그램이 보여줬듯이, 시장 지배는 하나의 과정이다. 즉, 용기와 투자, 조직, 끈기를 요구하는 장기적인 프로젝트다.

■ 30일 챌린지 ■

Week 1. 발사

Day 1	핵심 목표 시장을 확인하라. 5장을 참고해 가장 가능성 있는 분야로 범위를 좁히고, 당신의 타깃이 될 혁신가들의 프로필을 작성하자. 당신이 현재 알고 있거나 쉽게 알아낼 수 있는 정보에 기반해 지금 할 수 있는 일에 최선을 다하자. 그다음에는 당신이 소유하길 원하는 공통적이고, 중요하고, 긴급한 시장 문제를 고르고, 그 문제를 바라보는 당신의 관점을 발전시키자. (왜 문제가 발생했는지, 문제를 해결하기 위해서 무엇이 필요한지 등)
Day 2~3	당신의 '제안'을 최대한 결과 지향적인 '솔루션'으로 바꿔라. 제안을 한눈에 보여줄 청사진을 만들자.
Day 3	당신의 왜/무엇을/어떻게 메시지의 틀과 포지셔닝 선언문을 제작하자. 현재 당신이 어디에 위치하는지, 어디에 위치하고 싶은지 등의 이야기를 담으면 좋다.
Day 4~5	피드백과 조언을 얻기 위해 당신이 쓴 글을 최소 여섯 명 이상의 외부 전문가 또는 고객에게 보내라.
Day 6~7	피드백을 참고해 글을 수정하고 마무리 지어라.
Day 7	당신의 선언문을 웹사이트나 블로그, 여러 소셜 미디어에 게재해 널리 알리고 말뚝을 박아라(소유권을 게재해라).

Week 2. 점화

Day 8	당신의 선언문을 30분 정도의 짧은 프레젠테이션으로 요약하자. 갑작스러운 요청에도 흔쾌히 응해줄 세 명 이상의 영향력 있는 인사에게 연락하자.
Day 9	인터뷰나 미팅 자리에서 당신의 메시지를 전달하는 연습을 하자. 가능하다면 당신에게 조언해줄 멘토나 코치와 함께하고, 그게 어렵다면 직접 녹화하는 등의 시도를 해볼 수 있다.
Day 10~13	최소 세 명 이상의 친근한 유력 인사와 만남을 가지자. 당신의 관점과 솔루션 콘셉트를 전달하고 피드백을 요청하자. 그들을 당신의 관점으로 끌어들이자. 피드백에 기반해 필요에 따라 각각의 프레젠테이션을 다르게 수정할 수 있다.

Day 13	시장 점화의 출발점이 되어줄 한 가지 핵심 주제를 선택하고 그 주제를 전개시킬 전략을 계획하자. 예를 들어, 간행물에 기사를 싣거나 미팅을 잡거나 팟캐스트 인터뷰를 하는 등 여러 가지 방법이 있다.
Day 14	계획한 것을 본격적으로 실행하자. 기사의 지면을 차지하기 위해, 인터뷰 기회를 얻기 위해 홍보하고 날짜를 잡자.

Week 3. 항해

Day 15	당신의 핵심 타깃인 '혁신가'를 조사하고, 그들을 가장 빨리 당신의 편으로 포섭할 한 가지 세일즈 마케팅 전략을 정의하자.
Day 16~20	당신의 솔루션에 대해 구성원 모두가 협력하고, 최소한의 시제품이나 프로토타입을 제작하는 가장 쉽고 빠른 방법을 확인하자.
Day 21	가장 높은 잠재력을 가진 타깃을 대상으로 당신의 세일즈 전략을 전개하자.
Day 22~23	가장 높은 잠재력을 가진 타깃을 대상으로 당신의 마케팅 전략을 전개하자.
Day 24	최고의 가치와 결과를 제공하는 과정에서 가능한 한 가장 효율적으로 당신의 솔루션을 전달하기 위해 필요한 운영 인프라를 확인하자.

Week 4. 가속

Day 25~26	당신의 시장이 어디로 움직이는지, 기술·경제·정책 등의 큰 변화가 어떤 영향을 미치는지 조사하고 신중하게 분석하자. 이는 당신의 고객과 기업에 어떤 변화를 일으킬 것인가? 당신은 이에 대처하기 위해 어떤 준비를 해야 하는가?
Day 27	지난 3주간의 활동을 분석하자. 어떤 점을 잘 실행했고 어떤 점이 아쉬운가? 놓친 점은 없는지, 수정해야 할 사항이 있는지 살펴보자.
Day 28	당신이 이미 어느 한 집단에 속해 있다면, 그들을 '신뢰자 커뮤니티'로 끌어들이고 열정을 북돋을 방법을 찾아보자.
Day 29	지난 3주간 개발한 제품을 다시 논의하고, 위에서 수행한 분석을 참고해 수정하자.
Day 30	앞으로 나아가기 위해 계획을 발전시키자. 아직 작성하지 않았다면 '1페이지 비행 계획서'와 업무 계획표를 작성하고 실행하자.

저자 노트

무엇이든 지금 당장 시작해보자. 1페이지 계획서를 작성하거나, 이 책 어딘가에서 소개된 한 가지 과제를 선택해 즉시 활용해보자. 행동하지 않는 아이디어는 의미 없다. 이 책에서 소개하는 행동 과제를 실천하면 당신의 비즈니스 재무와 브랜드 평판에 긍정적인 영향을 미칠 수 있다. 그 결과를 확인하면 아마도 깜짝 놀랄 것이다.

- **리뷰와 메일:** 이 책을 즐겁게 읽었다면 부디 아마존이나 굿리즈와 같은 온라인 사이트에 리뷰를 올리고 내게 메일을 보내주길 바란다. 나는 모든 리뷰를 찾아서 읽고, 받은 메일은 개인적으로 답변을 한다. 나는 당신의 이야기와 경험, 그것들이 불러올 모든 제안이나 새로운 아이디어를 언제든 적극적으로 받아들이고 싶다. 당신의 소식을 기대한다! theresa@apollomethod.com
- **추가 자료(영어 지원):** 이 책에 소개하지 못한 많은 이야기와 깊이 있는 연구, 실제 사례를 통해 발견한 정보들이 있다. apollomethod.

com에서 이 책에서 언급한 많은 아폴로 접근 방식 양식과 툴을 확인할 수 있다. 나는 사이트의 FAQ를 통해서도 질문을 받고, 모든 질문에 답변한다. 보너스 자료와 추천 도서도 함께 소개한다.

- **커뮤니티:** 기업에서 아폴로 접근 방식을 활용하고 있는 다른 사람과 교류하고 싶다면, apollomethod.com을 방문해 아이디어 공유를 위한 커뮤니티에 가입하자. 나는 당신이 직접 커뮤니티를 만들고, 내가 도와줄 수 있는 일이 있다면 알려주기를 기대한다.

여정을 함께해준 것에 감사의 마음을 전한다. 이제 고-투가 되자!

감사의 글

시장 지배를 위한 아폴로 접근 방식은 뛰어난 동료나 고객과 함께 겪은 직접적인 업무 경험, 현장에서 경영자들과 함께 나눈 수백 건의 공식 인터뷰, 그밖에 다양한 연구가 모여 완성된 결과물이다. 이 모든 일은 알 버제스와 더불어 시작되었다. 액센츄어 시절 내 상사였던 그는 내가 CIG를 시작하고 키워나가도록 독려했다. 그 경험은 내게 실질적으로 MBA 과정과 같은 것이었다. 알은 독창적이면서도 전략적인 사고 방식의 소유자다. 만약 그의 아이디어를 병에 담아 팔 수 있었다면, 세상의 수많은 기업이 성공을 거뒀을 것이다. 내가 액센츄어에서 방황했을 때도 그는 나의 잠재력을 알아봐줬다. 조직이 의심할 때도 내가 본격적인 기업가처럼 활동할 수 있도록 권한을 줬다. 무엇보다 그는 당시 젊고 미숙한 나를 기업의 경영진이 참여하는 주요 회의에 참석시켰고, 많은 정치적 경험을 통해 다양한 가르침을 줬다. 언제나 나를 가능성의 한계로 밀어붙였는데, 이는 지금까지도 내게 소중한 경험으로 남아 있다. 그는 진정한 리더의 모범이었으며 지금도 마찬가지다. 나는 그에게서 배운 것에 대해, 그리고 그가 나를 위해 해준 모든 일에 대해 앞으로도 영원히 감사하며 살아갈 것이다.

우리 조직은 전 세계에서 온 많은 명석한 파트너와 관리자, 직원 들과 더불어 뛰어난 마케팅 팀이 함께하고 있다. 내가 함께 일하는 행운을 누렸던 몇몇 인물을 언급하자면, 페이에 섀넌, 벨린다 데이튼, 로이스 콜본, 뎁 칼라리티스를 꼽을 수 있겠다. 스킵 배틀, 짐 머피, 마이클 크라우스에게도 감사를 표하고 싶다. 이들은 통찰력 넘치는 리더십을 발휘해 최고의 글로벌 브랜드를 이끌어줬고, 알과 내가 새로운 것을 시도하면서 어려움을 겪을 때마다 아낌없이 지원했다. 이들 모두는 책에서 소개한 아이디어에 직간접적으로 기여했다.

티나 실리그, 톰 바이어스, 캐시 아이젠하트에게도 큰 고마움을 표한다. 이들은 내가 고-투 브랜드로서 스탠퍼드 기술 벤처 프로그램(STVP)에 기여할 수 있는 흥미진진한 기회를 선사했다. 밥 서튼에게도 감사를 전한다. 함께 일하는 동안 내게 많은 영감과 더불어 놀라운 모습을 보여줬다. 마찬가지로 스탠퍼드 경영대학원, 스탠퍼드 공과대학의 경영공학부(MS&E)에도 깊은 감사를 전한다. 특히 MS&E의 뜨거운 열정을 뒷받침하고 있는 멜린다 맥기와 교수진 전체, 훌륭한 직원들에게 감사드린다. 내가 지금까지 10년 넘게 지원하고 있는 스탠퍼드 마케팅 그룹의 우수한 학생들은 내가 최신 유행에 민감하게 반응하도록 도움을 줬다.

내가 이 책을 쓰는 동안에 마케터인 리처드 주렉과 데이비드 미어먼 스콧은 치밀한 연구에 기반을 둔 『달을 마케팅하다』를 출간했다. 이 책은 내 이론을 지지해주는 흥미로운 이야기로 가득한 금광이다. 두 사람은 전화 통화와 이메일을 통해 다양한 보완 자료와 함께 새로운 방향을 제시해줬다. 아폴로 스페이스 프로그램의 교훈에 대한 열정을 나와 함께 나눈 두 사람을 만날 수 있다는 건 참으로 대단한 행운이다.

마찬가지로 직접적인 경험을 내게 공유해준 NASA 직원들, 협력업체, 아폴로 스페이스 프로그램 팀원들에게 감사드린다. 특히 영면에 든 아폴로 우주 비행사 딕 고든, 노먼 크래빌, 제리 실리그, 조 영, 그리고 이제 고인이 된 그의 아내이자 1세대 NASA 프로그래머였던 캐시 영에게 고마운 마음을 전한다. 좀 이상하게 들릴 수 있겠지만 톰 행크스와 론 하워드, 브라이언 그레이저, 마이클 보스틱에게도 진심으로 감사드리고 싶다. 그들 모두 HBO의 놀라운 미니시리즈 〈지구에서 달까지〉를 만들어줬다. 내가 아폴로 스페이스 프로그램과 기업이 고-투 브랜드가 되기 위해 필요한 역량과 프로세스 사이에서 유사성을 발견하고 이해할 수 있었던 것은 바로 이 프로그램 덕분이었다. 덕분에 나는 시장 지배를 위한 아폴로 접근 방식을 세상에 내놓을 수 있었다.

처음으로 이론을 완성했을 때, 나는 신뢰하는 친구나 동료와 함께 검증했고, 솔직한 반응을 보여주고 개선에 도움을 줄 만한 고객들에게 적용해보았다. 이와 관련해 수많은 이에게 감사의 마음을 전한다. 로빈 존스턴, 티나 실리그, 케이 영, 페기 버크, 제인 웨스턴, 제인 롬바드, 자넷 스트라우스, 미셸 배리, 티나 스미스, 로렌 에스케나지, 수전 앤더슨, 크레이그 스티븐슨, 매릴린 슐리츠, 톰 바이어스, 폴라 코트니, 폴 워커, 로즈마리 무어, 톰 코스닉, 스티브 블랭크, 제인 매크라켄, 조앤 보겔, 패티 스티븐스, 존 올트먼, 그레쉬 브레바흐, 웬디 굿이어, 브리짓 테일러, 커티스 밀러, 게리 스티븐스, 매리 갯치, 로라 하인리히, 리즈 그리어, 엘런 구스타프손, 패티 존슨, 캐서린 마빈, 스콧 마이즈, 페더 힉콕스, 주디 왓슨, 수잔느 베이스, 조앤 버제스, 메일라 클락, 산드라 에워스, 미셸라 주코바, 엘리어스 어와드, 레슬리 켈리, 수전 해링턴, 이밖에 언급은 못 했지만 많은 도움을 준 이들의 이름은

apollomethod.com에서 확인할 수 있다. 또한 많은 사람에게 존경받는 마케팅 전공 교수인 샌디 슈미트와 이제 세상을 떠난 존 그윈에게도 감사의 말씀을 전한다. 두 분 덕분에 나는 지금의 길을 선택할 수 있었다.

이 책은 팀워크의 결과물이다. 출판 에이전트 맷 와그너가 내 아이디어의 잠재력을 처음으로 알아봐줬을 때, 나는 희망의 빛을 발견할 수 있었다. 그는 내가 글을 쓰기 시작하도록 이끌어줬다. 앞서 소개한 많은 이들이 내 원고를 검토하고 소중한 피드백을 전해줬다. 이 점에 대해서도 무척 감사드린다. 편집자 할 클리포드, 출판 매니저 나탈리 어뷰다우드의 탁월한 조언과 재촉 연락에도 감사드린다. 덕분에 나는 이 책을 마침내 완성할 수 있었다.

앞서 언급한 이름 중 많은 사람이 개인적으로도 가까운 친구다. 나의 이론과 원고가 형태를 갖추는 동안 나에게 전해준 용기에 대해 무엇보다 감사드리고 싶다. 그들을 친구라고 부를 수 있다는 건 내게 큰 행운이다.

나의 훌륭한 부모님과 형제들에게도 마땅히 감사를 표하고 싶다. 가족들 모두가 친절하고, 사랑스럽고, 너그럽고, 뛰어난 롤모델이 되어줬다. 힘이 되어준 가족은 내게 축복이다.

끝으로, 가장 사랑하는 남편 마이클에게 감사함을 전한다. 그는 인내심을 발휘해 내가 이번 프로젝트를 마칠 수 있도록 도움을 줬다. 원고의 많은 부분을 지적해줬을 뿐 아니라 내게 끊임없는 웃음을 선사했다. 종종 집안일을 전부 도맡아주기도 했다. 나의 딸들도 빼놓을 수 없다. 나는 하루에도 수백 번 사랑한다고 말하지만, 아이들은 아마도 내 사랑이 얼마나 깊은지 알지 못할 것이다. 딸들아, 내가 하는 모든 일은 다 너희를 위한 것이란다.

참고 문헌

이 책은 철저한 연구에 기반해 집필되었으며, 450개가 넘는 인용을 담고 있다. 더욱 포괄적이고 자세한 해설이 담긴 주석은 apollomethod.com을 참조하길 바란다.

프롤로그

Roger Launius, "*Sputnik* and the Origins of the Space Age," nasa.gov, accessed November 11, 2019, https://history.nasa.gov/sputnik/sputorig.html.
"*Sputnik*: 'Intellectual Earthquake' That Led to *Apollo 11*," Agence France-Presse, September 30, 2007, http://www.spacedaily.com/2006/070930005912.gy10716s.html.
"May 25, 1961: jfk's Moon Shot Speech to Congress," Space.com, May 25, 2011, https://www.space.com/11772-president-kennedy-historic-speech-moon-space.html.
David Scott and Richard Jurek, *Marketing the Moon: The Selling of the Apollo Lunar Program*, (Cambridge, MA: MIT Press, 2014).

1장 범용화는 최고의 적이다

"Win/Loss Trend Analysis," OmniTech Consulting Group, Inc., April 25, 1998, internal company document, used with permission.
Andrew Holmes and John Ryan, "Commoditization—Coming to a Company Near You," *International Journal of Business and Management* 3, no. 12 (December 2008): 3.
David Chau, "Amazon on Track to Dominate Australian Retail within Seven Years, despite a Shaky Start," Text, *ABC News, December 26, 2018*, https://www.abc.net.au/news/2018-12-26/amazon-dominate-retail-within-years-slow-start/10667884.
Joan Capelin, "Confronting Commoditization," August 9, 2013, https://www.di.net/articles/confronting-commoditization/.

2장 시장 문제 해결사가 되자

Michael Cabanatuan, "A-maze-ing/ His Reputation on the Line, Contractor Finishes Repair Early, and I-580 Opens," *sfGate*, May 25, 2007, https://www.sfgate.com/bayarea/article/A-MAZE-ING-His-reputation-on-the-line-2592154.php.

Clint Myers, Phone Interview with Theresa Lina, September 25, 2019. Kevin Kelleher, "Amazon Is Still Executing Bezos's 1997 Plan," *VentureBeat*, May 15, 2017, https://venturebeat.com/2017/05/15/amazon-is-still-executing-bezoss-1997-plan/.

Stephen Diorio, "The Financial Power of Brand Preference," *Forbes*, January 22, 2019, https://www.forbes.com/sites/forbesinsights/2019/01/22/the-financial-power-of-brand-preference/.

"Brand Strategy That Shifts Demand: Less Buzz, More Economics," *Bain*, November 14, 2012, https://www.bain.com/insights/brand-strategy-that-shifts-demand/.

Eugene Kim, "Amazon Is Growing Its Gross Profit at a Staggering Rate," CNBC, May 14, 2018, https://www.cnbc.com/2018/05/14/amazon-gross-profit-growth-bigger-than-top-five-retailers-combined.html.

3장 고객이 찾아오는 브랜드는 무엇을 다르게 하는가

Space.com, "JFK Moon Speech."

Al Ries, *Focus: The Future of Your Company Depends on It* (New York: HarperBusiness, 1996), viii.

Andrew S. Grove, *Only the Paranoid Survive: How to Exploit the Crisis Points That Challenge Every Company* (New York: Crown, 2010), 151.

David Robertson and Bill Breen, *Brick by Brick: How LEGO Rewrote the Rules of Innovation and Conquered the Global Toy Industry* (New York: Crown, 2013).

The Economist, "How LEGO Become the World's Hottest Toy Company," Business Insider, accessed November 13, 2019, https://www.businessinsider.com/how-lego-become-the-worlds-hottest-toy-company-2014-3.

Richard Milne, "LEGO Suffers First Drop in Revenues in a Decade," *Financial Times*, September 5, 2017, https://www.ft.com/content/d5e0b6b0-9211-11e7-a9e6-11d2f0ebb7f0.

"Chronology of Defining Events in NASA History," accessed November 13, 2019, https://history.nasa.gov/40thann/define.htm.

Geoffrey Moore, *Crossing the Chasm*, 3rd ed. (New York: Collins Business Essentials, 2014), 80-81.

Andrew Wray, "Former Apple Manager Tells How the Original iPhone Was Developed, Why It Went with Gorilla Glass," February 4, 2012, https://www.imore.com/apple-manager-tells-original-iphone-born.

"Marc Benioff: A Brand Is Not Just a Logo—It's Your Most Important Asset," *Salesforce* blog, accessed November 13, 2019, https://blogs.salesforce.com/company/2013/07/

marc-benioff-logo-brand-advice.html.

Diane Gage Lofgren and Debbie Cantu, "Five Lessons from Kaiser Permanente's Thrive Campaign," *Marketing Health Services*, 2010.

Dave Hamilton, "Why *did* Apple Create the iTunes Music Store?" *The Mac Observer*, accessed November 13, 2019, https://www.macobserver.com/tmo/article/why_did_apple_create_the_itunes_music_store.

Erik Sherman, "What It Was Like to Work at Amazon 20 Years Ago," *Fortune*, July 15, 2015, https://fortune.com/2015/07/15/amazon-startup-employees/.

Guy Kawasaki, "Guy Kawasaki—The Art of Evangelism," *Guy Kawasaki*(blog), April 29, 2014, https://guykawasaki.com/the-art-of-evangelism/.

"Recipients of the Bernard M. Gordon Prize for Innovation in Engineering and Technology Education," *NAE*, accessed November 13, 2019, https://nae.edu/55293/GordonWinners.

Chris Beard, "Safeguarding Choice and Control Online," *The Mozilla Blog*, July 30, 2015, https://blog.mozilla.org/blog/2015/07/30/safeguarding-choice-and-control-online.

Fred R. Ricker and Ravi Kalakota, "Order Fulfillment: The Hidden Key to e-Commerce Success," *Supply Chain Management Review*, 1999, http://www.pearsoned.ca/highered/divisions/text/cyr/readings/Ricker_KalakotaT3P1R2.pdf.

"Amazon's Competitive Advantage Tied to Fulfillment | JOC.Com," November 16, 2015, https://www.joc.com/international-logistics/distribution-centers/amazon%e2%80%99s-competitive-advantagetied-fulfillment-operations_20151116.html.

Grove, *Only the Paranoid Survive*, 68.

4장 시장 지배를 위한 아폴로 접근 방식

Business Insider, LEGO.

Brian Merchant, "The Secret Origin Story of the iPhone," *The Verge*, June 13, 2017, https://www.theverge.com/2017/6/13/15782200/one-device-secret-history-iphone-brian-merchant-book-excerpt.

5장 발사 모드: 책임감을 가지고 시장 문제 해결하기

"Memo from President John F. Kennedy to Vice President Lyndon Johnson," April 20, 1961, https://www.visitthecapitol.gov/exhibitions/artifact/memo-president-john-f-kennedy-vice-president-lyndon-johnson-april-20-1961.

Martin Eberhard, "Lessons from the Electric Roadster," *Entrepreneurial Thought Leaders*, Stanford eCorner, October 10, 2007, https://ecorner.stanford.edu/podcasts/lessons-from-the-electric-roadster/.

Faith Storey, "The Early Days at Salesforce—From Salesforce First Investor(Video)", 2018, https://www.saastr.com/how-customers-saves-salesforce/.

Dr. Kathy Fields, Phone Interview with Theresa Lina, March 20, 1998.

John M. Logsdon, *John F. Kennedy and the Race to the Moon* (New York: Palgrave Macmillan, 2010), 80-118.

"Strategic Plan," *Alzheimer's Association*, accessed November 17, 2019, https://www.alz.org/about/strategic-plan.

"Our Vision," Stanford University, accessed November 17, 2019, https://ourvision.stanford.edu/.

"REI Is Creating Some Great Marketing That Capitalizes on Black Friday," Brand Culture, October 30, 2015, https://brandculture.com/insights/black-friday-good-marketing-for-rei/.

Roger Launius, "NASA and Its Interagency, Academic, Industry and International Partners," accessed November 17, 2019, https://www.nasa.gov/50th/50th_magazine/partners.html.

"Airbnb: The Growth Story You Didn't Know," GrowthHackers, accessed November 17, 2019, https://growthhackers.com/growth-studies/airbnb.

6장 점화 모드: 문제와 솔루션을 중심으로 시장 흐름 주도하기

Karen Breslau, "The Resurrection of Al Gore," *Wired*, May 1, 2006, https://www.wired.com/2006/05/gore-2/.

David Parker, "Let's Talk about the Elephant in the Room," *A Changemaker in the Making* (blog), February 10, 2010, https://davidparker9.wordpress.com/tag/social-media/.

Nicholas Confessore and Karen Yourish, "$2 Billion Worth of Free Media for Donald Trump," *The New York Times*, March 15, 2016, https://www.nytimes.com/2016/03/16/upshot/measuring-donald-trumps-mammoth-advantage-in-free-media.html.

Malcolm Gladwell, *The Tipping Point: How Little Things Can Make a Big Difference* (New York: Bay Back Books, 2002), 12.

James Kauffman, *Selling Outer Space: Kennedy, the Media, and Funding for Project Apollo, 1961-1963* (Tuscaloosa: University of Alabama Press, 2009).

David Scott and Richard Jurek, *Marketing the Moon: The Selling of the Apollo Lunar*

Program (Cambridge, ma: mit Press, 2014), 113.

Susan Strasser, "Opinion | What's in Your Microwave Oven?" *The New York Times*, April 14, 2017, https://www.nytimes.com/2017/04/14/opinion/whats-in-your-microwave-oven.html.

Brittany Spanos, "Lady Gaga's 'The Fame' at 10: How Her Debut Was a Self-Fulfilling Prophecy," *Rolling Stone* (blog), August 19, 2018, https://www.rollingstone.com/music/music-news/lady-gagas-the-fame-at-10-how- her-debut-was-a-self-fulfilling-prophecy-711142/.

"Lady Gaga's Social Media Strategist on How She Helped Build an Empire," *Business News Daily*, June 8, 2012, https://mashable.com/2012/06/08/lady-gaga-strategist/.

Scott and Jurek, *Marketing the Moon*, 17-44.

Richard Jurek, Phone Interview with Theresa Lina, July 3, 2019.

"Apollo Press Kits: The David Meerman Scott Collection," Cover image used with permission, accessed November 22, 2019, https://www.apollopresskits.com/.

Everett M. Rogers, *Diffusion of Innovations*, 5th ed. (New York: Free Press, 2003).

Bob Sorokanich, "Elon Musk Admits to Shareholders That the Tesla Roadster Was a Disaster," *Road & Track*, June 1, 2016, https://www.roadandtrack.com/new-cars/news/a29378/elon-musk-admits-to-shareholders-that-the-tesla-roadster-was-a-disaster/.

Jocelyn McClurg, "John Gray Looks Back at 'Men Are from Mars,'" *USA Today*, October 30, 2013, https://www.usatoday.com/story/life/books/2013/10/30/men-are-from-mars-women-are-from-venus/3297375/.

Stephanie Buck, "Fear of Nuclear Annihilation Scarred Children Growing Up in the Cold War, Studies Later Showed," *Timeline*, August 29, 2017, https://timeline.com/nuclear-war-child-psychology-d1ff491b5fe0.

"Who Are Your Centers of Influence?" *CUInsight*, March 26, 2013, https://www.cuinsight.com/who-are-your-centers-of-influence.html.

Tom Kosnik, Text Message to Author, July 1, 2019.

Elizabeth Lesly Stevens, "The Power Broker," *Washington Monthly*, July 7, 2012, https://washingtonmonthly.com/magazine/julyaugust-2012/the-power-broker/.

Eugene Kim, "The Epic 30-Year Bromance of Billionaire ceos Larry Ellison and Marc Benioff," *Business Insider*, accessed November 22, 2019, https://www.businessinsider.com/larry-ellison-marc-benioff-relationship-2015-8.

Megan Garber, "Astro Mad Men: nasa's 1960s Campaign to Win America's Heart," *The Atlantic*, July 31, 2013, https://www.theatlantic.com/ technology/archive/2013/07/astro-mad-men-nasas-1960s-campaign-to-win-americas-heart/278233/.

Scott and Jurek, *Marketing the Moon*, 8.

"Harley-Davidson History Timeline | Harley-Davidson USA," Harley-Davidson, accessed

November 22, 2019, https://www.harley-davidson.com/us/en/museum/explore/hd-timeline.html.

"Collaborating for Good," REI, accessed November 22, 2019, https://www.rei.com/stewardship/outdoor-industry-collaboration.

Sarah Leary, "Celebrating Lorelei, America's First Nextdoor Neighborhood," *Nextdoor Blog*, May 22, 2017, https://blog.nextdoor.com/2017/05/22/ celebrating-lorelei-americas-first-nextdoor-neighborhood/.

7장 항해 모드: 고객을 문제 해결의 여정으로 안내하기

Betsy Mason, "The Incredible Things nasa Did to Train Apollo Astronauts," *Wired*, July 20, 2011, https://www.wired.com/2011/07/moon-landing-gallery/.

Elon Musk, "Elon Musk's Vision for the Future," interview by Steve Jurvetson, Stanford, October 7th, 2015, https://stvp-static-prod.s3.amazonaws.com/uploads/sites/2/2015/10/3620.pdf.

Ed Catmull, "Creativity, Inc.," interview by Bob Sutton, Stanford, April 30, 2014, https://stvp-static-prod.s3.amazonaws.com/uploads/sites/2/2014/04/3321.pdf.

Emily Petsko, "11 Secrets of Butterball's Turkey Talk-Line Operators," November 16, 2018, https://www.mentalfloss.com/article/563246/butterball-turkey-hotline-secrets.

Jerry Seelig, Phone Interview with Theresa Lina, August 31, 2019.

"Dollar Shave Club | Look, Feel, & Smell Your Best," Dollar Shave Club, accessed November 27, 2019. https://www.dollarshaveclub.com.

Mark Fidelman, "How Vitamix Serves Up a Unique Blend of Customer Experiences To Cope With Explosive Growth | CustomerThink," August 3, 2017, http://customerthink.com/how-vitamix-serves-up-a-unique-blend-of-customer-experiences-to-cope-with-explosive-growth/.

Jason Del Rey, "The Making of Amazon Prime, the Internet's Most Successful and Devastating Membership Program," *Vox* , May 3, 2019, https://www.vox.com/recode/2019/5/3/18511544/amazon-prime-oral-history-jeff-bezos-one-day-shipping.

"How to Train an Animator, by Walt Disney," June 15, 2010, http://www.lettersofnote.com/2010/06/how-to-train-animator-by-walt-disney.html.

Scott and Jurek, *Marketing the Moon*, 49-52.

James Marcus, *Amazonia: Five Years at the Epicenter of the Dot.com Juggernaut* (New York: The New Press, 2004), 52.

Megan O'Neill, "How Netflix Bankrupted and Destroyed Blockbuster," *Business Insider*, March 1, 2011, https://www.businessinsider.com/how-netflix-bankrupted-and-destroyed-blockbuster-infographic-2011-3.

"iinnovate Presents Barry McCarthy, Chief Financial Officer of Netflix," *The Unofficial Stanford Blog*, accessed November 27, 2019, http://tusb.stanford.edu/2008/01/barry_mccarthy_chief_financial.html.

Don Reisinger, "Blockbuster Streaming: Too Late," *CNET*, March 28, 2009, https://www.cnet.com/news/blockbuster-streaming-too-late/.

"After Apollo, Budget Realities Limit nasa Options," *Houston Chronicle*, June 27, 2019, https://www.houstonchronicle.com/local/space/ mission-moon/article/After-Apollo-budget-realities-limit-NASA-options-14045367.php.

David Portree, "Ending Apollo (1968) ," *Wired*, September 22, 2013, https://www.wired.com/2013/09/ending-apollo-1968/.

John T. Correll, "From a Bucket and a Rope," *Airman*, July 1975.

Timothy B. Lee, "How Apple Became the World's Most Valuable Company," *Vox*, November 17, 2014, https://www.vox.com/2014/11/17/18076360/apple.

Josh Lowensohn, "MobileMe, a Rare Apple Screwup, Finally Bites the Dust," *CNET*, June 29, 2012, https://www.cnet.com/news/mobileme-a-rare-apple-screwup-finally-bites-the-dust/.

"2 Years of Losses at Harley-Davidson," *The New York Times*, January 26, 1983, https://www.nytimes.com/1983/01/26/business/2-years-of-losses-at-harley-davidson.html.

Alyson Shontell, "The Greatest Comeback Story of All Time: How Apple Went from Near Bankruptcy to Billions in 13 Years," *Business Insider*, October 26, 2010, https://www.businessinsider.com/apple-comeback-story-2010-10.

"Harley-Davidson Struggling as Millennials Seek Easy Transportation, Not Flashy Motorcycles," *Washington Examiner*, January 30, 2019, https://www.washingtonexaminer.com/red-alert-politics/harley-davidson-struggling-as-millennials-seek-easy-transportation-not-flashy-motorcycles.

"Harley-Davidson Accelerates Strategy to Build Next Generation of Riders Globally," July 30, 2018, https://www.harley-davidson.com.

Bruce Cleveland, "Lessons from the Death of a Tech Goliath," *Fortune*, January 23, 2014, https://fortune.com/2014/01/23/lessons-from-the-death-of-a-tech-goliath/.

Julie Bort, "Amazon's Cloud Is Now a Profitable $7 Billion+ Business," *Business Insider*, July 23, 2015, https://www.businessinsider.com/amazon-cloud-grows-even-bigger-2015-7.

"Tenneco History | Tenneco Inc," accessed November 27, 2019, https://www.tenneco.com/careers/tenneco_history/.

"Tenneco Wins 2006 Automotive Shareholder Value Award | Tenneco Inc," January 20, 2005, https://www.tenneco.com/tenneco_wins_2006_automotive_shareholder_value_award/.

Reuben Gregg Brewer, "Why Tenneco Stock Plummeted 36% in March," *The Motley Fool*, April 4, 2019, https://www.fool.com/investing/2019/04/04/why-tenneco-stock-plummeted-36-in-march.aspx.

"What Is Jeff Bezos's 'Day 1' Philosophy?" *Forbes*, April 21, 2017, https://www.forbes.com/sites/quora/2017/04/21/what-is-jeff-bezos-day-1-philosophy/.

9장 1페이지 비행 계획서

Paul Festa, "'Click of Death' Strikes Iomega," *CNET*, January 30, 1998, https://www.cnet.com/news/click-of-death-strikes-iomega/.

Kimberly Amadeo, "This Bailout Made Bernanke Angrier than Anything Else in the Recession," *The Balance*, November 20, 2019, https://www.thebalance.com/aig-bailout-cost-timeline-bonuses-causes-effects-3305693.

Megan Ritter, "5 Businesses That Survived the Recession and Why," January 27, 2015, https://www.business2community.com/finance/5-businesses-survived-recession-01137706.

"Unrecognized Apple ii Employees Exit," *Infoworld*, April 15, 1985, 35.

고객이 찾아오는 브랜드는 무엇이 다른가

1판 1쇄 발행 2023년 8월 10일
1판 2쇄 발행 2023년 9월 6일

발행인 박명곤   **CEO** 박지성   **CFO** 김영은
기획편집 채대광, 김준원, 박일귀, 이승미, 이은빈, 강민형, 이지은
디자인 구경표, 구혜민, 임지선
마케팅 임우열, 김은지, 이호, 최고은
펴낸곳 (주)현대지성
출판등록 제406-2014-000124호
전화 070-7791-2136   **팩스** 0303-3444-2136
주소 서울시 강서구 마곡중앙6로 40, 장흥빌딩 10층
홈페이지 www.hdjisung.com   **이메일** support@hdjisung.com
제작처 영신사

ⓒ 현대지성 2023

"Inspiring Contents"
현대지성은 여러분의 의견 하나하나를 소중히 받고 있습니다.
원고 투고, 오탈자 제보, 제휴 제안은 support@hdjisung.com으로 보내 주세요.

현대지성 홈페이지